主编 胡立法
副主编 徐俊

红色理论宣讲实践教程

THE PRACTICAL TUTORIAL FOR
PROPAGANDA AND PRESENTATION OF RED THEORY

SSAP 社会科学文献出版社
SOCIAL SCIENCES ACADEMIC PRESS (CHINA)

编 委 会

主　　　编　胡立法

副 主 编　徐　俊

编委会成员　（按章节撰写顺序排列）：

平成涛　周申倡　王雪婷　崔慧丽　梁　坤

杨绍琼　高志军

序

社会主义高校的根本任务在于立德树人，思政课则是落实立德树人根本任务的关键课程。在世界多极化、经济全球化、文化多样化、社会信息化的历史条件下，世界百年未有之大变局加速演进，世界进入新的动荡变革期，随着国际社会的变化，我国社会经济结构的变化非常迅速，也非常大，从而产生的社会矛盾和社会问题也非常多。所有这些矛盾和问题必然会对高校学生的思想状况产生影响，也会给高校的思政课教学带来新的挑战。把思政课打造成学生真心喜爱、教师富有成就感、党和政府十分满意的“金课”，成为摆在每一位思政课教师面前的难题。扬州大学马克思主义学院在贯彻落实习近平总书记关于推动思政课改革创新重要论述的实践中，进行了富有建设性和创新性的探索，取得了极为丰硕的研究成果。他们聚焦思政课实践课改革创新的热点难点，注重发挥扬州大学文科底蕴深厚、学科门类齐全等办学特色，依托扬州地域性的红色资源，秉承“以党的创新理论武装人、以红色理论宣讲实践育人”的教学理念，从2012年开始在扬州大学本科生中开设了“红色理论宣讲”社会实践课程。

十几年来，这门课程的教学已经历了三个发展阶段:（1）试点探索阶段（2012—2014年）。主要依托扬州大学马克思主义学院的“大学生红色理论宣讲团”及其实践活动开展尝试性教学，教学内容包括主题报告、文创产品、志愿服务等宣讲形式，开课对象为扬州大学马克思主义学院思想政治教育专业的本科生。（2）优化提升阶段（2014—2017年）。这一阶段调整和拓展了课程教学内容，增加了经典诵读、情景剧、实地讲解等宣讲形式，开课对象为扬州大学文科学院1–3年级的本科生。（3）全面推广阶段（2017年至今）。这一阶段进一步完善了课程教学内容，增加了情境体验、经典研学等宣讲形式，开课对象扩大到面向全校1–3年级所有专业的本科生。扬州大学“红色理论宣讲”社会实践课程的开设和不断完善，充分反映了习近平总书记对思政课教学的要求。习近平总书记强调：“要高度重视思政课的实践性，把思政小课堂同社会大课堂结合起来，在理论和实践的结合中，教育引导学生把人生抱负落实到脚踏实地的实际行动中来，把学习奋斗的具体目标同民族复兴的伟大目标结合起来，立鸿鹄志，做奋斗者”①。“思想政治理论课能否在立德树人中发挥应有作用，关键看重视不重视、适应不适应、做得好不好。思政课的本质是讲道理，要注重方式方法，把道理讲深、讲透、讲活，老师要用心教，学生要用心悟，达到沟通心灵、启智润心、激扬斗志。”②

经过十几年的探索和实践，“红色理论宣讲”社会实践课程逐步形成了鲜明的特色。主要表现在：第一，挖掘“苏中元素”，创新叙事化教学模式。该课程在开设过程中，除了在一般层面上关照全国性红色课程资源之外，重点将课程资源的建设聚焦对扬州革命烈士陵园、江上青烈士史料陈列馆、盐城新四军纪念馆、周恩来纪念馆（淮安市）、中国人民解放军海军诞生地纪念馆（泰州市）等“苏中元素”的挖掘，活化用好本土红色资源，创新叙事化的教学模式，全方位展现红色历史，讲好红色故事、传承好红色基因、发扬好红色传统。第二，锻造“一院一品”，推

---

① 习近平：《思政课是落实立德树人根本任务的关键课程》，《求是》2020年第17期。

② 《习近平在中国人民大学考察时强调：坚持党的领导传承红色基因扎根中国大地 走出一条建设中国特色世界一流大学新路》，《人民日报》2022年4月26日。

广专业化实践形式。该课程在开设过程中，充分发挥扬州大学作为地方综合性大学学科门类齐全优势，针对不同学院的学科和专业特点及其学生的知识背景差异，强化学科导向、融入专业元素、突出特色塑造，打造“一院一品”，形成了“一个学院一种特色、一个专业一种特色”的专业化实践形式。第三，实施“六化两制”，建构立体化教学体系。该课程在开设过程中，坚持教学主体协同化、教学内容多样化、教学目标靶向化、教学资源区域化、教学方法特色化、教学成果专业化以及专题制、菜单制相统一的原则，致力于建构契合学生身心特点的立体化教学体系。

正是因为有了鲜明特色和独特优势，“红色理论宣讲”社会实践课自开设以来，在课程建设、人才培养、师资队伍建设等方面取得了显著成绩，在省内外产生了较大影响力，受到了同行专家、学生等的高度评价以及国家级媒体的持续关注。第一，在课程建设方面，已先后获批江苏省首批省级一流本科课程（实践类课程）（2021）、第二批国家级一流本科课程（实践类课程）（2023）。第二，在人才培养方面，已获得全国性奖项 8 项、省级奖项 25 项。其中，代表性的有 2014 年“创青春”全国大学生创业大赛公益创业竞赛金奖、共青团中央第十四届“挑战杯”中航工业全国大学生课外学术科技作品竞赛特等奖（2015）、《中国青年报》“长征·触摸热血青春”优秀传播团队（2016）等。第三，在师资队伍建设方面，已有 20 余人次获得省部级各种荣誉称号和奖项，其中 1 人受邀参加全国学校思想政治理论课教师座谈会并得到习近平总书记亲切接见。第四，在示范效应方面，已有 50 多家省内外高校的同行来扬州大学马克思主义学院交流学习，并给出了高度评价。比如，南京师范大学王永贵教授评价道：“本课程最大的亮点是：始终结合世情、国情、党情、民情，在每一个重大的时间节点上，与时俱进地设定红色理论宣讲主题，并通过多样化的形式开展宣讲活动，为新时代高校的红色理论宣讲打造了一个具有标志性的实践教学课程样本”；同济大学陈大文教授评价道：“作为社会实践类课程，‘红色理论宣讲’课程与理论课堂之间形成了良好的互动互补效应，并在校内外、省内外形成了较大的影响力，具有可复制可推广的价值。”第五，在学生满意度方面，学生评教满意度达95%以上。第六，在媒体关注方面，已受到中央电视台、新华社、《人民日报》《光明日报》《中国教育报》《中国青年报》等多家国家级新闻媒体宣传报道100余次。事实表明，“红色理论宣讲”社会实践课程，已在课程建设、人才培养、师资队伍建设等方面，探索出了可供社会各界学习借鉴的教学模式和经验，成为高校思政课社会实践类课程研究与探索领域应予以关注的精品课程。

令人欣喜的是，以扬州大学马克思主义学院院长胡立法教授为首席专家的“红色理论宣讲”社会实践课程建设团队，把十几年来的课程建设经验及教学心得以教材的形式呈现了出来。也许，“红色理论宣讲”社会实践课教材还存在些许缺憾或不足，但它却是“以培养堪当民族复兴大任时代新人为己任”的课程建设团队，十几年来贯彻落实习近平总书记推动思政课改革创新精神、勇于在教学实践中积极探索而形成的鼎力之作，无疑是值得肯定的。当然，教学实践是无止境的，教学成果的追求也是无止境的。期望广大思政课教师、从事该领域研究的专家学者，以及广大读者能够给予更多建设性的批评意见，以促进“红色理论宣讲”社会实践课程和教材的不断完善。

是为序。

2023年11月15日

目　录

导 论

红色理论宣讲是中国共产党在长期的革命、建设、改革过程中孕育、形成并不断发展的一种宣传马克思主义尤其是中国化时代化马克思主义的重要形式，它是把马克思主义宣传思想同中国具体实际相结合、同中华优秀传统文化相结合的一种实践成果，对于推动马克思主义大众化尤其是中国化时代化马克思主义大众化、增进全党全国各族人民对于马克思主义的立场、观点、方法以及中国化时代化马克思主义的精髓要义、主要飞跃成果、理论与实践指导意义等的认知、认同、信仰和践行具有极为重要的作用。从某种意义上而言，中国共产党自创立以来，之所以能在艰难困苦中不断成长与壮大、创造一个又一个伟大胜利和人间奇迹，就是因为她善于运用红色理论宣讲这种无产阶级及其政党所创造的马克思主义理论宣传形式，与时俱进地把马克思主义尤其是党的理论创新成果以广大人民群众喜闻乐见的多样化的形式加以宣讲，既达到了传播马克思主义真理、明晰党的方针政策的目的，又在指导全党全国各族人民沿着正确方向凝心聚力干革命、搞建设、促改革、谋发展的过程中实现了自身的不断发展和社会的不断进步，使中国人民和中华民族实现了由站起来、富起来向强起来的伟大飞跃。

由于中国共产党在革命、建设、改革的不同历史时期所面临的中心任务有所不同，其红色理论宣讲所承担的重点任务也就有所不同。新民主主义革命时期，“党面临的主要任务是，反对帝国主义、封建主义、官僚资本主义，争取民族独立、人民解放，为实现中华民族伟大复兴创造根本社会条件”[①]。针对这一中心任务，中国共产党领导并开展的红色理论宣讲主要是对马克思列宁主义尤其是中国化时代化马克思主义、毛泽东思想以及其中关于无产阶级及其政党领导人民夺取政权思想的宣讲。社会主义革命和建设时期，“党面临的主要任务是，实现从新民主主义到社会主义的转变，进行社会主义革命，推进社会主义建设，为实现中华民族伟大复兴奠定根本政治前提和制度基础”[②]。改革开放和社会主义现代化建设新时期，“党面临的主要任务是，继续探索中国建设社会主义的正确道路，解放和发展社会生产力，使人民摆脱贫困、尽快富裕起来，为实现中华民族伟大复兴提供充满新的活力的体制保证和快速发展的物质条件”[③]。针对这一中心任务，中国共产党领导并开展的红色理论宣讲在保持对马克思列宁主义、毛泽东思想进行宣讲的同时，聚焦邓小平理论、“三个代表”重要思想、科学发展观的宣讲。中国特色社会主义新时代，“党面临的主要任务是，实现第一个百年奋斗目标，开启实现第二个百年奋斗目标新征程，朝着实现中华民族伟大复兴的宏伟目标继续前进”[④]。针对这一中心任务，中国共产党领导并开展的红色理论宣讲在保持对马克思列宁主义、毛泽东思想、邓小平理论、“三个代表”重要思想、科学发展观宣讲的同时，聚焦当代中国马克思主义、二十一世纪马克思主义——习近平新时代中国特色社会主义思想的宣讲。党的百年奋斗历程表明，

---

① 《中共中央关于党的百年奋斗重大成就和历史经验的决议》，人民出版社，2021，第3页。

② 《中共中央关于党的百年奋斗重大成就和历史经验的决议》，人民出版社，2021，第9页。

③ 《中共中央关于党的百年奋斗重大成就和历史经验的决议》，人民出版社，2021，第14-15页。

④ 《中共中央关于党的百年奋斗重大成就和历史经验的决议》，人民出版社，2021，第23页。

正是因为我们党能够正确把握不同时期的历史方位、主要矛盾和中心任务，与时俱进地领导和开展红色理论宣讲，才确保了中国的革命、建设、改革能够不断成功、向前推进。

“红色理论宣讲”作为一门主要面向本科高校1-3年级所有专业开设的思想政治理论课选修的社会实践课程，所学习的内容涵盖中国共产党所领导和开展的红色理论宣讲的主要形式、历史成就、基本经验、当代发展，其重点内容是学习如何传承，运用并创新党在革命、建设、改革过程中所形成的长期行之有效的红色理论宣讲的形式、方法及经验来重点宣讲中国特色社会主义新时代党的理论创新成果，特别是当代中国马克思主义、二十一世纪马克思主义——习近平新时代中国特色社会主义思想。

一 红色理论宣讲的教学目标及主要内容

“红色理论宣讲”作为一门思想政治理论课社会实践课程，总体教学目标是使学生在深入把握马克思主义中国化时代化的历史进程及其中国化时代化的理论成果的同时，能够通过各种宣讲实践的锻炼达到运用马克思主义的立场观点方法，尤其是坚持好、运用好贯穿习近平新时代中国特色社会主义思想中的立场观点方法，正确认识建党百年来党的苦难和辉煌、增强对马克思主义真理性、中国共产党英明性、中国特色社会主义制度优越性的认同。

（一）红色理论宣讲的教学目标

“红色理论宣讲”课程注重发挥扬州大学文科底蕴深厚、学科门类齐全等的办学特色，聚焦立德树人的根本任务，依托扬州地域性的红色资源，秉承“以党的创新理论武装人，以红色理论宣讲实践育人”的教学理念，拟在知识、能力、价值三方面达到如下教学目标。

第一，知识目标。知识是“人类认识的成果或结晶”①，依据不同的划分标准可以分为生活常识知识和科学知识、经验知识和理论知识、直接知识和间接知识等类型。尽管知识的具体样态不尽相同，但总体而言它们都是人在后天的社会实践活动中形成的，是对现实的能动反映。究其本质，社会实践是一切知识的基础和检验知识的标准。青年大学生正处于增长知识的关键时期，所以，学习并掌握前人创造并积累的已有知识则成为高等教育的重要任务和知识目标。“红色理论宣讲”尽管是一门社会实践课程，但是对于青年大学生进行系统性的马克思主义理论知识传授，尤其是系统化的中国化时代化马克思主义理论知识的教育则是开设该门课程的主要目的之一。可以说，知识目标实现程度如何，在很大程度上直接影响“红色理论宣讲”教学目标的达成效度，显然确立并达成知识目标至关重要。鉴于此，“红色理论宣讲”在知识目标上要求学生，通过本课程的学习能够比较全面深入地掌握马克思主义理论尤其是马克思主义中国化时代化的最新理论成果。

第二，能力目标。能力是人“成功地完成某种活动所必需的个性心理特征”②，主要分为一般能力和特殊能力两种类型。其中，前者是指进行各种活动都必须具备的基本能力，如观察力、记忆力、抽象概括力等；后者是指从事某些专业性活动所必需的能力，如数学能力、音乐绘画能力或飞行能力等。然而，无论是一般能力还是特殊能力，都是人在已有素质的基础上通过后天的学习、生活和社会实践而逐渐形成和发展起来的。青年大学生作为社会主义建设者和接班人，要想成为能够担当民族复兴大任的时代新人，除了要系统掌握各种有用的知识尤其是中国化时代化马克思主义理论知识之外，还要具备能够运用所学的各种科学理论知识去提升认识世界和改造世界的能力，只有这样才能为更好地实现自己的人生价值和社会价值奠定坚实的基础。“红色理论宣讲”作为一门思

---

① 夏征农、陈至立主编《辞海·第六版缩印本》，上海辞书出版社，2010，第2440–2441页。
② 夏征农、陈至立主编《辞海·第六版缩印本》，上海辞书出版社，2010，第1366页。

想政治理论课社会实践课，它确立并致力于达到的能力目标就是，通过本课程的学习，全面培养和提升学生正确运用马克思主义理论认识社会、研究社会、理解社会和服务社会的能力。

第三，价值目标。价值是指“对象物所具有的满足人的各种需要的客观特性”[①]，其本质则是人的需要与满足需要的关系。一般而言，如果某种对象物具有能够满足人的各种需要的客观特性越多，那么它所具有的价值就越大，相反则价值就越小。就“红色理论宣讲”这门思想政治理论课社会实践课而言，其开设的目的并不是仅仅丰富青年大学生的马克思主义理论知识储备和提高他们正确运用马克思主义理论观察问题、分析问题和解决问题的能力，而是在达成上述两个教学目标的基础上满足党和国家事业发展对能够担当民族复兴大任时代新人培养的需要。也就是说，通过本课程的学习，使学生深刻认识到红色政权来之不易、新中国来之不易、中国特色社会主义来之不易，深刻认识到中国共产党为什么能、马克思主义为什么行、中国化时代化马克思主义为什么行、中国特色社会主义为什么好，从而能够自觉地团结在中国共产党的周围，听党话、跟党走，增强“四个意识”、坚定“四个自信”、做到“两个维护”。

（二）红色理论宣讲的主要内容

红色理论宣讲课程为 3 个学分，共计 48 学时，主要由理论学习和实践学习构成。其中，理论学习 1 个学分，共计 16 学时，学习内容包括党史、新中国史、改革开放史、社会主义发展史（以下简称“四史”）以及马克思主义理论尤其是中国化时代化马克思主义的最新理论成果等，其功能主要是为实践学习提供理论指导；实践学习 2 个学分，共计 32 学时，学习内容包括经典研学、专题报告、文创产品、调查研究、实地讲解、

① 夏征农、陈至立主编《辞海·第六版缩印本》，上海辞书出版社，2010，第 876 页。

志愿服务、巡回展演等，它们是理论学习的实践延伸和实现形式。具体内容如下。

“经典研学”实践教学内容主要体现为，要求学生从马克思主义经典著作中选择一篇文稿或文章进行研读并撰写一篇研学心得等。

“专题报告”实践教学内容主要体现为，要求学生聚焦一个主题通过深入校内外作专题报告来宣讲马克思主义尤其是中国化时代化马克思主义的最新理论成果以及中国共产党的方针政策等。

“文创产品”实践教学内容主要体现为，要求学生聚焦一个主题通过创作年画、刺绣、小人书等文创形式来宣讲马克思主义尤其是中国化时代化马克思主义的最新理论成果以及中国共产党的方针政策等。

“调查研究”实践教学内容主要体现为，要求学生聚焦一个主题通过深入校内外发现问题、分析问题、解决问题并借助撰写和公开调查报告的形式来宣讲马克思主义尤其是中国化时代化马克思主义的最新理论成果以及中国共产党的方针政策等。

“实地讲解”实践教学内容主要体现为，要求学生聚焦一个主题通过深入烈士陵园、纪念馆、博物馆、展览馆等实地来宣讲马克思主义尤其是中国化时代化马克思主义的最新理论成果以及中国共产党的方针政策等。

“志愿服务”实践教学内容主要体现为，要求学生聚焦一个主题通过参与“三下乡”、乡村振兴、社区建设、环境保护、重大节庆庆典、大型赛会、应急救助、红色巴士等公益形式来宣讲马克思主义尤其是中国化时代化马克思主义的最新理论成果以及中国共产党的方针政策等。

“巡回展演”实践教学内容主要体现为，要求学生聚焦一个主题通过深入校内外演绎小品、话剧、歌剧、红歌会唱等文艺形式来宣讲马克思主义尤其是中国化时代化马克思主义的最新理论成果以及中国共产党的方针政策等。

以上所列出的学习内容和形式只是本课程学习内容的一部分，并没有涵盖本课程所有的学习内容。除此之外，由于国内外形势的变动不居性以及党和国家中心任务不断调整，本课程在主要学习内容上始终坚持与时俱进、动态调整的原则，将根据党和国家的事业发展以及党的理论创新成果宣传的具体需要，不断丰富和创新红色理论宣讲的学习内容和实践形式。

二　开设红色理论宣讲实践课的重要意义

“青年是国家的希望、民族的未来。”① 作为青年中的特殊群体，大学生能否对马克思主义尤其是中国化时代化马克思主义最新理论成果有一个全面深入的认识并积极加以践行，事关党的革命、建设、改革伟大事业能否后继有人，更事关新时代新征程能否为全面建设社会主义现代化国家、全面推进中华民族伟大复兴源源不断输送堪当大任的时代新人。在此意义上，开设红色理论宣讲这门实践课就尤显必要。

首先，有助于增进大学生对马克思主义尤其中国化时代化马克思主义最新理论成果的认识。马克思主义是由马克思恩格斯创立并经列宁、斯大林、毛泽东等为主要代表的马克思主义后继者们不断丰富和发展的科学理论体系，它正确揭示了人类社会由原始社会到共产主义社会发展的基本规律，为全世界无产阶级和一切被压迫、被剥削的劳动人民实现自身解放、进而实现自由而全面的发展提供了行动指南。尽管大学生在前期的各个学习阶段都不同程度地学习了包括中国化时代化马克思主义在内的马克思主义理论知识，但是各种主客观原因所致部分大学生对于马克思主义尤其中国化时代化马克思主义最新理论成果的认识还不够全面和深入。相比之下，红色理论宣讲这门思想政治理论课实践课程，凭借选修课的性质以及丰富多样的学习内容和生动鲜活的体验形式，则能在很大程度上激发大学生学习的积极性和主动性，进而能有效增进他们

---

① 习近平：《在北京大学师生座谈会上的讲话》，《人民日报》2018 年 5 月 3 日。

对马克思主义尤其是中国化时代化马克思主义最新理论成果的认识。

其次，有助于提高大学生运用马克思主义尤其是中国化时代化马克思主义最新理论成果观察问题、分析问题、解决问题的能力。众所周知，马克思主义之所以是科学真理，不仅因为它是对自然界、人类社会以及人的思维的客观规律的正确反映，而且也因为它能为人们认识世界和改造世界提供科学的世界观和方法论。从某种意义上而言，与其他思想理论体系相比，马克思主义尤其是中国化时代化马克思主义最显著之处则在于它更为关注人们运用这一科学武器去观察问题、分析问题和解决问题，而不是引导人们远离鲜活的实践去做脱离尘世的“经院哲学家”。如果是这样的话，那么马克思主义特别是中国化时代化马克思主义也就丧失了其革命本色，中国共产党的理论创新也就失去了存在的意义。就红色理论宣讲这门课程而言，我们学习的目的并不仅仅是增进大学生对马克思主义尤其是中国化时代化马克思主义最新理论成果的认识，更是进一步提高大学生运用马克思主义尤其是中国化时代化马克思主义最新理论成果观察问题、分析问题、解决问题的能力。

再次，有助于增强大学生对思想政治课尤其是实践课的认同度以及参与思想政治课学习的积极性和主动性。思想政治课是落实立德树人根本任务的关键课程，肩负着培养一代又一代社会主义建设者和接班人的神圣使命。可以说，“思政课作用不可替代”①。然而，一段时间以来，由于人们对思想政治课重要性认识的不足、学科归属认识的不清、学术话语体系认识的偏颇以及课堂教学效果不佳、教材内容不够鲜活、实践教学流于形式和高校教育产业化、功利化、实用化等因素影响，思想政治课在大学所开设课程中长期处于不被重视的地位，大学生认同度不高以及由此导致其学习缺乏积极性、主动性等则是主要问题。针对这些突出问题，红色理论宣讲这门实践课程则致力于通过多样化的实践教学形式以及切身的虚实结合学

① 习近平:《思政课是落实立德树人根本任务的关键课程》,《求是》2020 年第 17 期。

习体验，使大学生在参与实际教学的过程中形成对思想政治课尤其是实践课的新认识，进而消除对思政课的刻板印象和偏见、增强对其的认同度以及学习思想政治课的积极性和主动性。

最后，有助于提升大学生对成长为堪当民族复兴大任时代新人的使命意识和责任意识的自觉性、认同度与践行力。当代大学生已经是以“00”后为主体的青年群体，他们出生并成长于新中国成立以来最富有和美好的时代，没有经历先辈们的国破家亡、悲惨屈辱、朝不保夕的痛苦历程，对于自己在实现中华民族伟大复兴中国梦中的地位、职责和作用的认识还不到位，有时还存在岁月静好、人生苦短、及时行乐等不正确的思想认识，部分学生缺乏为实现中华民族之崛起而努力奋斗的使命意识和责任意识，等等。尽管当代大学生群体中出现这些不好现象的社会因素是多方面的，但是缺乏为实现中华民族伟大复兴而舍我其谁、奋斗终生的使命意识和责任意识却是其中一个重要的因素。针对这种情况，红色理论宣讲实践课程则致力于通过虚实结合、形式多样的实践教学形式，让学生在亲身体验中增进对近代以来中华民族在中国共产党的正确领导下如何不分男女老幼共赴国难、众志成城、百折不挠，如何成功把“小我”的修齐治平与“大我”的伟大复兴有机融合的奋斗历程，以此达到自觉增强为实现中华民族伟大复兴而积极成长成才的使命意识和责任意识。

三 学习红色理论宣讲实践课的基本方法

由上可知，红色理论宣讲是一门思政课社会实践课程，其主要特点是以必要的理论学习为基础、以鲜活的实践学习为重点。该课程的鲜明特点决定了我们在学习这门课程的过程中必须注重以下几种方法。

第一，端正学习态度，态度决定一切。一段时间以来，人们对思政课实践课的错误认识以及教学过程中的随意性、形式化等因素影响，导致大学生对于思政课实践课的认识发生偏差、产生误解，有不少同学甚至认为思政课实践课就是“走走形式”或“玩玩而已”。在这种不正确思想观点影响下，很大一部分同学在对待思政课实践课的学习态度上不够端正，从而严重影响了思政课实践教学的实际效果。红色理论宣讲尽管是一门选修性的思政课实践课程，但是也不能完全排除部分同学是抱着“混学分”的心态来学习的。因此，同学们在学习这门课程的过程中，必须坚决纠正各种不正确的思想观念，认真思考为什么要选修这门课程，进而以负责任的心态来学习这门课程。

第二，打好理论基础。“工欲善其事必先利其器”，扎实的理论知识是确保实践成功的前提条件。红色理论宣讲虽然是一门社会实践课程，注重培养学生深入校内外基层一线进行实地宣讲的能力，但是具备一定扎实的关于红色理论宣讲所需要的各种理论知识却是必要的。很难想象，一个对马克思主义尤其是中国化时代化马克思主义不熟悉、对宣讲技巧不了解的人，能够把宣讲内容讲深、讲透、讲活，进而让受众爱听、听懂、接受和践行。与其他理论课相比，红色理论宣讲对于理论知识学习的要求其实并不低，在某种意义上甚至会更高些。这就要求同学们，在本课程理论课学习环节千万不能忽视对理论知识的学习，否则，在实践课学习环节就可能出现讲错、生硬、难懂以及宣讲效果差等问题。

第三，掌握宣讲艺术。就方法论意义而言，艺术是“人类把握世界的一种特殊方式，即通过感知、判断、想象、情感等审美创造活动和一定的形式、手段、方法、技巧，再现现实和表现情感理想，实现审美主体和审美客体的互相对象化。”[①] 宣讲艺术主要是指宣讲者所采用的形式、手段、方法、技巧。从某种意义上而言，对于同一个宣讲主题，不同的人或同一个人所采用的形式、手段、方法、技巧不同，其宣讲效果就可能有天壤之别。对此，早在革命战争时期毛泽东同志就在揭批“党八股”

---

① 夏征农、陈至立:《大辞海·哲学卷》，上海辞书出版社，2015，第651页。

的几大罪状中指出了宣讲艺术的重要性。他阐释道："共产党员如果真想做宣传，就要看对象，就要想一想自己的文章、演说、谈话、写字是给什么人看、给什么人听的，否则就等于下决心不要人看，不要人听。……做宣传工作的人，对于自己的宣传对象没有调查，没有研究，没有分析，乱讲一顿，是万万不行的。"[①] 同样，我们在学习红色理论宣讲这门课程的过程中，必须通过理论课的基础理论学习来掌握一些宣讲艺术，否则我们的宣讲就可能变为自说自话。

第四，强化团队意识。"万众一条心，黄土变成金"这句格言十分形象而准确地表达了团结对于事业成功的重要性。尽管同学们选修红色理论宣讲这门课程大多是出于个人的考虑和决定，但是社会实践课的根本性质决定了同学们在具体学习这门课程的过程中必须把增强团队意识放在重要位置。这是因为，一方面，红色理论宣讲这门课程的宣讲属性及其特点决定了同学们只有在与他人的接触和协作中才能完成学习任务；另一方面，同学们学习这门课程的主要目的除了获得学分之外，更为重要的是通过该课程的学习增强运用马克思主义尤其是运用中国化时代化马克思主义最新理论成果认识世界和改造世界的能力，进而增进对中国共产党为什么能、中国特色社会主义为什么好、马克思主义为什么行、中国化时代化马克思主义为什么行等的认识和理解。然而，无论是从哪一方面来讲，人在本质上"是一切社会关系的总和"[②] 的特性，决定了学生们必然是在与他人的交流交往中才能完成红色理论宣讲这门实践课程的学习任务。种种理由说明，注重并强化团队意识是我们这门课程必须掌握的一种重要方法。

第五，坚持问题导向。"问题是时代的声音，回答并指导解决问题是理论的根本任务。今天我们所面临问题的复杂程度、解决问题的艰巨程度明显加大，给理论创新提出了全新要求。我们要增强问题意识，聚焦

---

① 《毛泽东选集》第 3 卷，人民出版社，1991，第 836-837 页。

② 《马克思恩格斯文集》第 1 卷，人民出版社，2009，第 501 页。

实践遇到的新问题、改革发展稳定存在的深层次问题、人民群众急难愁盼问题、国际变局中的重大问题、党的建设面临的突出问题，不断提出真正解决问题的新理念新思路新办法。”① 这是习近平总书记在党的二十大报告中针对新形势下推进党的理论创新所提出的要求，也是坚持问题导向学习红色理论宣讲这门社会实践课程必须掌握的科学方法。究其原因，红色理论宣讲这门社会实践课尽管是同学们获得学分的一门选修课程，但是它最显著的特征之一就是要求同学们必须带有问题意识、聚焦实践中遇到的各种问题以一定的宣讲艺术来完成学习任务。从某种意义上而言，能否聚焦并解答受众所关心的各种理论与实践问题，则是决定一场红色理论宣讲成功的关键影响因素。历史与现实也证明，一场与受众急难愁盼没有任何关系的红色理论宣讲注定是要失败的。

第六，深入基层一线。与其他课程相比，深入学校、社区、机关、企事业单位等基层一线进行理论宣讲，既是红色理论宣讲这门社会实践课教学设计的根本初衷之一，也是其教学目标得以完成的根本方法与手段。同学们如果只是在校内课堂上来学习这门课程而不深入“象牙塔”之外“烟火气”十足的广阔天地，那么即便他们最终“完成了”相关的学习任务、获得了这门课程的学分，事实上他们并没有真正达到学习红色理论宣讲这门社会实践课程的根本要求。这不仅浪费了同学们的宝贵时间，也使开设红色理论宣讲社会实践课的重要意义大打折扣。因此，同学们在学习这门课程的过程中，一定要敢于、乐于踏出大学校园，深入广阔天地，关注受众的急难愁盼问题，用他们的语言和习惯来宣讲党的理论创新成果及其鲜活实践成就，这样既可以真正达到学习这门课程的根本目的，又可以在宣讲实践过程中与受众打成一片，增进对民情、党情、国情和世情的认识与了解。

第七，勤于总结反思。从哲学层面来看，总结反思是主体通过对自

① 习近平：《高举中国特色社会主义伟大旗帜 为全面建设社会主义现代化国家而团结奋斗：在中国共产党第二十次全国代表大会上的报告》，人民出版社，2022，第 20 页。

己或他者认识世界与改造世界的实践活动及其效度的能动性反映过程，对于主体调整认识世界与改造世界的方式方法、加深对自然、社会以及人的思维的规律性认识意义重大。从某种意义上而言，勤于总结反思不仅是人类正确认识世界与改造世界应该具备的宝贵品质，也是同学们学习红色理论宣讲这门社会实践课理应掌握的重要方法。之所以如此，是因为红色理论宣讲虽然是一门注重学习者亲身体验的社会实践课程，不但教学形式多样，而且教学内容丰富有趣，但是它十分注重要求学习者对自己的学习活动及其效度进行总结与反思，以此来增进对学习的方式、内容的认识以及对学习效度与意义的考量。可以说，如果缺少了勤于总结反思这一环节，那么同学们在学习的过程中就可能因过多关注红色理论宣讲五彩斑斓的活动形式与内容而缺失深层思考的能力，这与我们开设和学习这门课程的根本目的是相抵牾的。简言之，同学们在学习红色理论宣讲这门课程的过程中，务必把勤于总结反思这一方法贯穿始终，争做善作善成的“学习达人”。

实践项目一

经典研学

经典研学是对马克思主义经典著作的研究学习，它是红色理论宣讲的重要实践形式。马克思主义经典著作是红色理论的源头活水，只有“学懂”马克思主义经典著作，“悟透”经典马克思主义基本原理，才能“用好”马克思主义的科学方法，从而坚定红色理论宣讲的“红色”方向，保证宣讲不褪色、不变色，也才能夯实红色理论宣讲的“理论”基础，确保宣讲有话可说、话理有据。中国共产党有着研学马克思主义经典著作的优良传统，在党的百余年历史中，理论学习是加强党的自身建设的重要法宝，对马克思主义经典著作的思想、观点和方法的反复研学，在党制定路线方针、进行战略决策、反对错误思想等方面发挥着重要作用。红色理论宣讲要延续我们党经典研学的传统，发扬党在百年党史中沉淀形成的研学经验和精神。同时，经典研学要有科学有效的方案路径，不仅要求研学过程要始终保持着问题意识，带着问题去学去读，而不可“眉毛胡子一把抓”，而且要不断拓展更多有效可行的研学形式，不能死记硬背、教条学习。这些是经典研学获得实效的基本要求。

一　追寻红色足迹

在中国共产党的百余年历史中，尽管在不同历史时期面对着不同的历史任务，但我们党始终坚持对马克思主义经典著作的学习和研究，并形成了研学马克思主义经典的历史经验。简要回顾党研学经典的总体历程，学习其中的历史经验，对在红色理论宣讲中开展经典研学有着重要传承和借鉴意义。

（一）中国共产党研学马克思主义经典著作的历史梳理

在中国共产党早期组织建立时，中国共产党特别重视马克思主义的宣传教育工作。1920 年 8 月，上海共产党早期组织的社会主义研究社出版了陈望道翻译的《共产党宣言》。中国共产党诞生之初，在上海成立人民出版社的主要任务就是翻译出版马列主义的理论著作，其中包括《共产党宣言》《工钱劳动与资本》《资本论入门》《劳农会之建设》《劳农政府之成功与困难》等马克思列宁系列书籍。学习这些马克思主义经典著作对许多共产主义者起到了启蒙的作用，从而为马克思主义在中国的广泛传播和深入扎根奠定了坚实基础。

在党的六届六中全会以及延安整风运动中，毛泽东一直强调共产党员特别是党的高级干部要阅读和研究马恩列斯的著作理论。在 1943 年 12 月召开的中央书记处会议上，他提出在高级干部中学习《共产党宣言》《社会主义从空想到科学的发展》《共产主义运动中的“左派”幼稚病》《社会民主党在民主革命中的两种策略》《联共（布）党史简明教程》这五本马列著作。这一学习活动在党的六届七中全会和中共七大上再次由毛泽东向全党提出。这一时期对马列著作的学习主要是解决全党思想认识问题，纠正包括党内“左”倾教条主义等思想路线的错误。

1949 年初，经毛泽东审批，党中央编审了一套“干部必读”的马列主义经典书目，其中包括：《社会发展史》《政治经济学》《共产党宣言》《社会主义从空想到科学的发展》《共产主义运动中的“左派”幼稚病》

《帝国主义是资本主义的最高阶段》《国家与革命》《联共（布）党史》等共12本著作。毛泽东在党的七届二中全会上又再一次强调学习研究这套书目的重要性。这一时期的经典研学，对于新中国成立初期提高全党政治理论水平和培养党员干部起到了重要作用。

在新中国进入大规模建设时期，我们党开始集中学习《联共（布）党史》九至十二章，向苏联学习建设社会主义经验。十年建设时期，由于对商品生产、价值规律等在社会主义条件下的作用等问题认识的局限，经历了经济建设过程中的曲折。此时，在毛泽东的带领下，我们党积极学习斯大林的《苏联社会主义经济问题》、《马恩列斯论共产主义社会》以及苏联《政治经济学教科书》等几本书目。对于这些经典著作，毛泽东曾强调："要联系中国社会主义经济革命和经济建设去读……以利指导我们伟大的经济工作。"① 1963年中宣部根据党中央的指示，拟定了30本党的干部要学习的马恩列斯著作。这一时期的经典研学对于提高党员干部理论水平和建设社会主义本领起到了针对性的作用，在困难时期坚持学习的精神也是一笔宝贵财富。

党的十一届三中全会以后，围绕着改革开放和经济建设这个中心，邓小平、江泽民、胡锦涛等党和国家领导人在不同场合多次号召党员干部重视对马克思主义经典著作的学习。针对当时社会上出现的否定毛泽东和毛泽东思想的声音，邓小平和陈云在1981年一致建议中央提倡学习，"主要是学习马克思主义哲学，重点是学习毛泽东同志的哲学著作。……《实践论》、《矛盾论》、《论持久战》、《战争和战略问题》、《论联合政府》等著作，选编一下。还要选一些马恩列斯的著作"②。20世纪80年代末90年代初，针对党内外面临的严峻形势，江泽民强调要把对经典著作的学习同党的建设紧密结合，号召党员干部"联系国际国内的形势和矛盾斗争，有的放矢地选读马克思主义的经典著作"③。在1996年1月全国宣传部长

① 《毛泽东文集》第3卷，人民出版社，1999，第432页。
② 《邓小平文选》第2卷，人民出版社，1994，第303-304页。
③ 江泽民:《论党的建设》，中央文献出版社，2001，第11页。

会议上，江泽民号召党员干部多读《马克思恩格斯选集》、《列宁选集》、《毛泽东选集》和《邓小平文选》这些经典文本。[①]2002 年 12 月，胡锦涛在第十六届中共中央政治局第一次集体学习时强调，“我们党历来高度重视学习问题”[②]。党的十六大以来，中央政治局集体学习制度和党委中心组学习制度正式形成。为推进马克思主义经典著作学习，中共中央多次重新编译出版了《马克思恩格斯全集》《列宁全集》《马克思恩格斯选集》《列宁选集》《马克思恩格斯文集》《列宁专题文集》等经典著作。

新时代以来，习近平高度重视对马克思主义经典著作的学习研究，指出“学习马克思主义基本理论是共产党人的必修课。”[③]在 2013 年 12 月中共中央政治局第十一次集体学习时，习近平强调，“党的各级领导干部特别是高级干部，要原原本本学习和研读经典著作”[④]。党的十八大以来，中共中央政治局集体学习制度更加健全，每 40 天左右召开一次集体学习，学习内容更加丰富，涵盖了党的建设、经济发展、生态文明、文化建设、国家安全、金融问题等多个领域，其中涉及“历史唯物主义基本原理和方法”“辩证唯物主义基本原理和方法”“马克思主义政治经济学基本原理和方法”“当代世界马克思主义思潮及其影响”“《共产党宣言》及其时代意义”等主要内容。需要强调的是，习近平总书记系列重要讲话阐述了研学马克思主义经典著作的意义、原则、方法和具体要求，形成了较为完整的马克思主义经典著作学习观，将研学马克思主义经典著作上升到新的高度。

（二）中国共产党研学马克思主义经典著作的历史经验

在中国共产党研学马克思主义经典著作的百余年历史中，形成了研学经典的宝贵历史经验，总结起来至少包括以下几个方面。

---

① 《江泽民文选》第 1 卷，人民出版社，2006，第 498 页。

② 姜华宣、张尉萍、肖生:《中国共产党重要会议纪事（1921-2006）》，中央文献出版社，2006，第 28 页。

③ 习近平:《学习马克思主义基本理论是共产党人的必修课》，《求是》2019 年第 22 期。

④ 习近平:《推动全党学习和掌握历史唯物主义 更好认识规律更加能动地推进工作》，《人民日报》2016 年 12 月 5 日。

第一，研学马克思主义经典著作要始终坚定政治信仰和政治立场。我们党对马克思主义经典的研学始终坚持马克思主义的指导，坚定的政治信仰和鲜明的政治立场是研学马克思主义经典著作的前提。在研学马克思主义经典著作的过程中，不能戴着西方价值观的滤镜来看待马克思主义，更不能受西方一些错误思潮的影响，要始终坚决维护马克思主义在意识形态领域的指导地位。

第二，研学马克思主义经典著作要同中国社会发展的具体实际相结合。习近平强调："关注和回答时代和实践提出的重大课题，是马克思主义永葆生机活力的奥妙所在。"[①] 我们党针对不同历史阶段所面对不同的社会问题和历史任务，有侧重性地研学马克思主义经典著作。这是因为，只有在解决实际问题中才能发挥出经典著作的科学性，而空谈空学马克思主义经典理论是没有意义的。

第三，研学马克思主义经典著作要保持主动性和积极性，不能有应付心理、懈怠心态。我们党对于马克思主义经典著作形成了优良的学习传统和学习制度，定期集中学习、持续学习、规范学习，时刻保持着"本领恐慌"的紧迫感。在 2018 年纪念马克思诞辰 200 周年大会上的重要讲话中，习近平总书记指出："共产党人要把读马克思主义经典、悟马克思主义原理当作一种生活习惯、当作一种精神追求，用经典涵养正气、淬炼思想、升华境界、指导实践。"[②]

第四，研学马克思主义经典著作要加强理论的宣传普及，让经典走进人民群众。习近平强调："要深化经典著作研究阐释，推进经典著作宣传普及，不断推出群众喜闻乐见、贴近大众生活的形式多样的理论宣传作品，让理论为亿万人民所了解所接受，画出最大的思想同心圆。"[③] 我们

---

① 习近平：《深刻感悟和把握马克思主义真理力量 谱写新时代中国特色社会主义新篇章》，《人民日报》2018 年 4 月 25 日。

② 习近平：《在纪念马克思诞辰 200 周年大会上的讲话》，《人民日报》2018 年 5 月 5 日。

③ 习近平：《深刻感悟和把握马克思主义真理力量 谱写新时代中国特色社会主义新篇章》，《人民日报》2018 年 4 月 25 日。

党对马克思主义经典著作的研学始终坚持以人民为导向，经典著作只有走进人民群众才能真正焕发出理论自身的磅礴伟力。要深入研究新形势所需要的理论传播方式，让经典著作以乐于、易于接受的方式走进党员干部和人民群众的日常生活。

二　实践操作指南

（一）主要目标及重要意义

1. 主要目标

第一，知识目标。了解中国共产党研学经典的简要历史，对所学马克思主义经典著作的核心观点、历史地位和当代意义，既要做到“熟知”，又要做到“真知”，真正掌握经典著作中所蕴含的理论魅力和重要精神，能够把握经典著作与中国革命、建设、改革历史进程之间的逻辑关系。

第二，能力目标。在忠实于经典著作原初思想的同时，能够将经典著作转化为系统的自我理解，并且能够将经典著作与当代社会现实问题结合起来，进而能够形成科学的宣讲结构、完整的宣讲体系、具有自我风格的宣讲话语、不断创新的宣讲形式和易于接受的宣讲渠道。

第三，价值目标。在研学经典中不断培养对马克思主义科学真理的求知精神，把经典研学的成果转化为坚定的理想信念和正确的世界观、人生观、价值观，更加坚定共产主义信仰，更加自觉做中国特色社会主义共同理想的坚定信仰者、忠实实践者，增强对中国式现代化道路的自信心和自豪感。

2. 重要意义

首先，理论意义。能够更加深入把握马克思主义基本原理及其观点，拓展马克思主义理论理解的问题域，进而从理论逻辑上理解经典马克思主义与中国化时代化马克思主义之间的本质关联，从科学社会主义角度把握中国革命、建设和改革进程中所蕴含的历史规律，进一步把握中国式现代化道路的科学性。

其次，实践意义。能够用历史唯物主义和辩证唯物主义的基本原理和方法论，更好把握和处理个人与社会、学习与生活、传统与现代、理想与现实之间的辩证关系，能够在把握社会发展规律基础上树立更加远大的志向，更好将个人发展与中国特色社会主义事业结合起来。

（二）具体形式及方案

在红色理论宣讲实践课程中开展“经典研学”项目，主要采取以下三种形式。

第一，自主阅读。项目成员从自身兴趣出发，带着问题去阅读马克思主义经典著作，并通过理论联系实际，进一步深入理解经典著作。

第二，指导阅读。在专业老师的指导下，精选部分马克思主义经典文献，以小组形式集体阅读，专业老师对其中的重点难点进行解读，然后小组内部进行研讨交流。

第三，讲座学习。邀请校内外专家开展学习马克思主义经典著作的讲座，为学生拓展相关研究主题的基础知识和相关背景，帮助学生理解和认识相关内容。

针对上述三种经典研学具体形式，可采取如下方案。

首先，专业老师针对项目学员的自主阅读，布置相应研学心得和读书报告，每学期至少完成三篇读书报告。

其次，定期举行经典阅读会，两周一次。阅读会上由学生分享研学心得或读书报告，专业老师进行点评；之后专业教师对精选的经典著作进行解读，并设计现场交流环节，老师与学生、学生与学生之间进行提问和互动。

最后，定期邀请校内外马克思主义研究领域的专家学者为项目成员进行辅导讲学，每月一场。根据项目成员研学的实际情况，提前为开讲专家指定辅导专题，保证讲座辅导的步骤性和整体性。

（三）成果展示及评价

经典研学项目的成果主要包括：项目成员的读书报告和经典阅读会的会议纪要。其中对项目学员的读书报告在每次经典阅读会上进行集中展示，并由专业老师从文本观点、逻辑结构、创新之处、写作规范等方面进行优秀评选；对经典阅读会的会议纪要，安排专人进行记录整理，并在阅读会结束后一周之内通过经典研学线上群、经典研学公众号等平台进行展示。

三　实践案例赏析

在这一部分，我们将选取四篇马克思主义文献或其节选，作为经典研学的案例以供欣赏阅读，并从形成背景、基本内容方面对其进行评析。在此基础上根据所选经典著作的基本内容和历史地位等文本特点，来介绍对其进行研学的方法。

➲ 案例欣赏

案例一：《共产党宣言》选读

一、资产者和无产者

至今一切社会的历史都是阶级斗争的历史。

自由民和奴隶、贵族和平民、领主和农奴、行会师傅和帮工，一句话，压迫者和被压迫者，始终处于相互对立的地位，进行不断的、有时隐蔽有时公开的斗争，而每一次斗争的结局都是整个社会受到革命改造或者斗争的各阶级同归于尽。

在过去的各个历史时代，我们几乎到处都可以看到社会完全划分为各个不同的等级，看到社会地位分成多种多样的层次。在古罗马，有贵族、骑士、平民、奴隶，在中世纪，有封建主、臣仆、行会师傅、帮工、农奴，而且几乎在每一个阶级内部又有一些特殊的阶层。

从封建社会的灭亡中产生出来的现代资产阶级社会并没有消灭阶级对立。它只是用新的阶级、新的压迫条件、新的斗争形式代替了旧的。

但是，我们的时代，资产阶级时代，却有一个特点：它使阶级对立简单化了。整个社会日益分裂为两大敌对的阵营，分裂为两大相互直接对立的阶级：资产阶级和无产阶级。

从中世纪的农奴中产生了初期城市的城关市民；从这个市民等级中发展出最初的资产阶级分子。

美洲的发现、绕过非洲的航行，给新兴的资产阶级开辟了新天地。东印度和中国的市场、美洲的殖民化、对殖民地的贸易、交换手段和一般商品的增加，使商业、航海业和工业空前高涨，因而使正在崩溃的封建社会内部的革命因素迅速发展。

以前那种封建的或行会的工业经营方式已经不能满足随着新市场的出现而增加的需求了。工场手工业代替了这种经营方式。行会师傅被工业的中间等级排挤掉了，各种行业组织之间的分工随着各个作坊内部的分工的出现而消失了。

但是，市场总是在扩大，需求总是在增加。甚至工场手工业也不再能满足需要了。于是，蒸汽和机器引起了工业生产的革命。现代大工业代替了工场手工业；工业中的百万富翁、一支一支产业大军的首领、现代资产者，代替了工业的中间等级。

大工业建立了由美洲的发现所准备好的世界市场。世界市场使商业、航海业和陆路交通得到了巨大的发展。这种发展又反过来促进了工业的扩展，同时，随着工业、商业、航海业和铁路的扩展，资产阶级也在同一程度上发展起来，增加自己的资本，把中世纪遗留下来的一切阶级排挤到后面去。

由此可见，现代资产阶级本身是一个长期发展过程的产物，是生产方式和交换方式的一系列变革的产物。

资产阶级的这种发展的每一个阶段，都伴随着相应的政治上的进展。它在封建主统治下是被压迫的等级，在公社里是武装的和自治的团体，在一些地方组成独立的城市共和国，在另一些地方组成君主国中的纳税的第三等级；后来，在工场手工业时期，它是等级君主国或专制君主国中同贵族抗衡的势力，而且是大君主国的主要基础；最后，从大工业和世界市场建立的时候起，它在现代的代议制国家里夺得了独占的政治统治。现代的国家政权不过是管理整个资产阶级的共同事务的委员会罢了。

资产阶级在历史上曾经起过非常革命的作用。

资产阶级在它已经取得了统治的地方把一切封建的、宗法的和田园诗般的关系都破坏了。它无情地斩断了把人们束缚于天然尊长的形形色色的封建羁绊，它使人和人之间除了赤裸裸的利害关系，除了冷酷无情的“现金交易”，就再也没有任何别的联系了。它把宗教虔诚、骑士热忱、小市民伤感这些情感的神圣发作，淹没在利己主义打算的冰水之中。它把人的尊严变成了交换价值，用一种没有良心的贸易自由代替了无数特许的和自力挣得的自由。总而言之，它用公开的、无耻的、直接的、露骨的剥削代替了由宗教幻想和政治幻想掩盖着的剥削。

资产阶级抹去了一切向来受人尊崇和令人敬畏的职业的神圣光环。它把医生、律师、教士、诗人和学者变成了它出钱招雇的雇佣劳动者。

资产阶级撕下了罩在家庭关系上的温情脉脉的面纱，把这种关系变成了纯粹的金钱关系。

资产阶级揭示了，在中世纪深受反动派称许的那种人力的野蛮使用，是以极端怠惰作为相应补充的。它第一个证明了，人的活动能够取得什么样的成就。它创造了完全不同于埃及金字塔、罗马水道和哥特式教堂的奇迹；它完成了完全不同于民族大迁徙和十字军征讨的远征。

资产阶级除非对生产工具，从而对生产关系，从而对全部社会关系不断地进行革命，否则就不能生存下去。反之，原封不动地保持旧的生产方式，却是过去的一切工业阶级生存的首要条件。生产的不断变革，一切社会状况不停的动荡，永远的不安定和变动，这就是资产阶级时代不同于过去一切时代的地方。一切固定的僵化的关系以及与之相适应的素被尊崇的观念和见解都被消除了，一切新形成的关系等不到固定下来就陈旧了。一切等级的和固定的东西都烟消云散了，一切神圣的东西都被亵渎了。人们终于不得不用冷静的眼光他们的生活地位、他们的相互关系。

不断扩大产品销路的需要，驱使资产阶级奔走于全球各地。它必须到处落户，到处开发，到处建立联系。

资产阶级，由于开拓了世界市场，使一切国家的生产和消费都成为世界性的了。使反动派大为惋惜的是，资产阶级挖掉了工业脚下的民族基础。古老的民族工业被消灭了，并且每天都还在被消灭。它们被新的工业排挤掉了，新的工业的建立已经成为一切文明民族的生命攸关的问题，这些工业所加工的，已经不是本地的原料，而是来自极其遥远的地区的原料；它们的产品不仅供本国消费，而且同时供世界各地消费。旧的、靠本国产品来满足的需要，被新的、要靠极其遥远的国家和地带的产品来满足的需要所代替了。过去那种地方的和民族的自给自足和闭关自守状态，被各民族的各方面的互相往来和各方面的互相依赖所代替了。物质的生产是如此，精神的生产也是如此。各民族的精神产品成了公共的财产。民族的片面性和局限性日益成为不可能，于是由许多种民族的和地方的文学形成了一种世界的文学。

资产阶级，由于一切生产工具的迅速改进，由于交通的极其便利，把一切民族甚至最野蛮的民族都卷到文明中来了。它的商品的低廉价格，是它用来摧毁一切万里长城、征服野蛮人最顽强的仇外心理的重炮。它迫使一切民族——如果它们不想灭亡的话——采用资产阶级的生产方式；它迫使它们在自己那里推行所谓的文明，即变成资产者。一句话，它按照自己的面貌为自己创造出一个世界。

资产阶级使农村屈服于城市的统治。它创立了巨大的城市，使城市人口比农村人口大大增加起来，因而使很大一部分居民脱离了农村生活的愚昧状态。正像它使农村从属于城市一样，它使未开化和半开化的国家从属于文明的国家，使农民的民族从属于资产阶级的民族，使东方从属于西方。

资产阶级日甚一日地消灭生产资料、财产和人口的分散状态。它使人口密集起来，使生产资料集中起来，使财产聚集在少数人的手里。由此必然产生的结果就是政治的集中。各自独立的、几乎只有同盟关系的、各有不同利益、不同法律、不同政府、不同关税的各个地区，现在已经结合为一个拥有统一的政府、统一的法律、统一的民族阶级利益和统一的关税的统一的民族。

资产阶级在它的不到一百年的阶级统治中所创造的生产力，比过去一切世代创造的全部生产力还要多，还要大。自然力的征服，机器的采用，化学在工业和农业中的应用，轮船的行驶，铁路的通行，电报的使用，整个整个大陆的开垦，河川的通航，仿佛用法术从地下呼唤出来的大量人口——过去哪一个世纪料想到在社会劳动里蕴藏有这样的生产力呢？

由此可见，资产阶级赖以形成的生产资料和交换手段，是在封建社会里造成的。在这些生产资料和交换手段发展的一定阶段上，封建社会的生产和交换在其中进行的关系，封建的农业和工场手工业组织，一句话，封建的所有制关系，就不再适应已经发展的生产力了。这种关系已经在阻碍生产而不是促进生产了。它变成了束缚生产的桎梏。它必须被炸毁，它已经被炸毁了。

起而代之的是自由竞争以及与自由竞争相适应的社会制度和政治制度、资产阶级的经济统治和政治统治。

现在，我们眼前又进行着类似的运动。资产阶级的生产关系和交换关系，资产阶级的所有制关系，这个曾经仿佛用法术创造了如此庞大的生产资料和交换手段的现代资产阶级社会，现在像一个魔法师一样不能再支配自己用法术呼唤出来的魔鬼了。几十年来的工业和商业的历史，只不过是现代生产力反抗现代生产关系、反抗作为资产阶级及其统治的存在条件的所有制关系的历史。只要指出在周期性的重复中越来越危及整个资产阶级社会生存的商业危机就够了。在商业危机期间，总是不仅有很大一部分制成的产品被毁灭掉，而且有很大一部分已经造成的生产力被毁灭掉。在危机期间，发生一种在过去一切时代看来都好像是荒唐现象的社会瘟疫，即生产过剩的瘟疫。社会突然发现自己回到了一时的野蛮状态；仿佛是一次饥荒、一场普遍的毁灭性战争，使社会失去了全部生活资料：仿佛是工业和商业全被毁灭了。这是什么缘故呢？因为社会上文明过度，生活资料太多，工业和商业太发达。社会所拥有的生产力已经不能再促进资产阶级文明和资产阶级所有制关系的发展；相反，生产力已经强大到这种关系所不能适应的地步，它已经受到这种关系的阻碍；而它一着手克服这种障碍，就使整个资产阶级社会陷入混乱，就使资产阶级所有制的存在受到威胁。资产阶级的关系已经太狭窄了，再容纳不了它本身所造成的财富了。资产阶级用什么办法来克服这种危机呢？一方面不得不消灭大量生产力，另一方面夺取新的市场，更加彻底地利用旧的市场。这究竟是怎样的一种办法呢？这不过是资产阶级准备更全面更猛烈的危机的办法，不过是使防止危机的手段越来越少的办法。

资产阶级用来推翻封建制度的武器，现在却对准资产阶级自己了。

但是，资产阶级不仅锻造了置自身于死地的武器；它还产生了将要运用这种武器的人——现代的工人，即无产者。

随着资产阶级即资本的发展，无产阶级即现代工人阶级也在同一程度上得到发展；现代的工人只有当他们找到工作的时候才能生存，而且只有当他们的劳动增殖资本的时候才能找到工作。这些不得不把自己零星出卖的工人，像其他任何货物一样，也是一种商品，所以他们同样地受到竞争的一切变化、市场的一切波动的影响。

由于推广机器和分工，无产者的劳动已经失去了任何独立的性质，因而对工人也失去了任何吸引力。工人变成了机器的单纯的附属品，要求他做的只是极其简单、极其单调和极容易学会的操作。因此，花在工人身上的费用，几乎只限于维持工人生活和延续工人后代所必需的生活资料。但是，商品的价格，从而劳动的价格，是同它的生产费用相等的。因此，劳动越使人感到厌恶，工资也就越减少。不仅如此，机器越推广，分工越细致，劳动量也就越增加，这或者是由于工作时间的延长，或者是由于在一定时间内所要求的劳动的增加，机器运转的加速，等等。

现代工业已经把家长式的师傅的小作坊变成了工业资本家的大工厂。挤在工厂里的工人群众就像士兵一样被组织起来。他们是产业军的普通士兵，受着各级军士和军官的层层监视。他们不仅仅是资产阶级的、资产阶级国家的奴隶，他们每日每时都受机器、受监工、首先是受各个经营工厂的资产者本人的奴役。这种专制制度越是公开地把营利宣布为自己的最终目的，它就越是可鄙、可恨和可恶。

手的操作所要求的技巧和气力越少，换句话说，现代工业越发达，男工也就越受到女工和童工的排挤。对工人阶级来说，性别和年龄的差别再没有什么社会意义了。他们都只是劳动工具，不过因为年龄和性别的不同而需要不同的费用罢了。

当厂主对工人的剥削告一段落，工人领到了用现钱支付的工资的时候，马上就有资产阶级中的另一部分人——房东、小店主、当铺老板等等向他们扑来。

以前的中间等级的下层，即小工业家、小商人和小食利者，手工业者和农民——所有这些阶级都降落到无产阶级的队伍里来了，有的是因为他们的小资本不足以经营大工业，经不起较大的资本家的竞争；有的是因为他们的手艺已经被新的生产方法弄得不值钱了。无产阶级就是这样从居民的所有阶级中得到补充的。

无产阶级经历了各个不同的发展阶段。它反对资产阶级的斗争是和它的存在同时开始的。

最初是单个的工人，然后是某一工厂的工人，然后是某一地方的某一劳动部门的工人，同直接剥削他们的单个资产者作斗争。他们不仅仅攻击资产阶级的生产关系，而且攻击生产工具本身；他们毁坏那些来竞争的外国商品，捣毁机器，烧毁工厂，力图恢复已经失去的中世纪工人的地位。

在这个阶段上，工人是分散在全国各地并为竞争所分裂的群众。工人的大规模集结，还不是他们自己联合的结果，而是资产阶级联合的结果，当时资产阶级为了达到自己的政治目的必须而且暂时还能够把整个无产阶级发动起来。因此，在这个阶段上，无产者不是同自己的敌人作斗争，而是同自己的敌人的敌人作斗争，即同专制君主制的残余、地主、非工业资产者和小资产者作斗争。因此，整个历史运动都集中在资产阶级手里；在这种条件下取得的每一个胜利都是资产阶级的胜利。

但是，随着工业的发展，无产阶级不仅人数增加了，而且结合成更大的集体，它的力量日益增长，而且它越来越感觉到自己的力量。机器使劳动的差别越来越小，使工资几乎到处都降到同样低的水平，因而无产阶级内部的利益、生活状况也越来越趋于一致。资产者彼此间日益加剧的竞争以及由此引起的商业危机，使工人的工资越来越不稳定；机器的日益迅速的和继续不断的改良，使工人的整个生活地位越来越没有保障；单个工人和单个资产者之间的冲突越来越具有两个阶级的冲突的性质。工人开始成立反对资产者的同盟；他们联合起来保卫自己的工资。他们甚至建立了经常性的团体，以便为可能发生的反抗准备食品。有些地方，斗争爆发为起义。

工人有时也得到胜利，但这种胜利只是暂时的。他们斗争的真正成果并不是直接取得的成功，而是工人的越来越扩大的联合。这种联合由于大工业所造成的日益发达的交通工具而得到发展，这种交通工具把各地的工人彼此联系起来。只要有了这种联系，就能把许多性质相同的地方性的斗争汇合成全国性的斗争，汇合成阶级斗争。而一切阶级斗争都是政治斗争。中世纪的市民靠乡间小道需要几百年才能达到的联合，现代的无产者利用铁路只要几年就可以达到了。

无产者组织成为阶级，从而组织成为政党这件事，不断地由于工人的自相竞争而受到破坏。但是，这种组织总是重新产生，并且一次比一次更强大、更坚固、更有力。它利用资产阶级内部的分裂，迫使他们用法律形式承认工人的个别利益。英国的十小时工作日法案就是一个例子。

旧社会内部的所有冲突在许多方面都促进了无产阶级的发展。资产阶级处于不断的斗争中：最初反对贵族；后来反对同工业进步有利害冲突的那部分资产阶级；经常反对一切外国的资产阶级。在这一切斗争中，资产阶级都不得不向无产阶级呼吁，要求无产阶级援助，这样就把无产阶级卷进了政治运动。于是，资产阶级自己就把自己的教育因素即反对自身的武器给予了无产阶级。

其次，我们已经看到，工业的进步把统治阶级的整批成员抛到无产阶级队伍里去，或者至少也使他们的生活条件受到威胁。他们也给无产阶级带来了大量的教育因素。

最后，在阶级斗争接近决战的时期，统治阶级内部的、整个旧社会内部的瓦解过程，就达到非常强烈、非常尖锐的程度，甚至使得统治阶级中的一小部分人脱离统治阶级而归附于革命的阶级，即掌握着未来的阶级。所以，正像过去贵族中有一部分人转到资产阶级方面一样，现在资产阶级中也有一部分人，特别是已经提高到能从理论上认识整个历史运动的一部分资产阶级思想家，转到无产阶级方面来了。

在当前同资产阶级对立的一切阶级中，只有无产阶级是真正革命的阶级。其余的阶级都随着大工业的发展而日趋没落和灭亡，无产阶级却是大工业本身的产物。

中间等级，即小工业家、小商人、手工业者、农民，他们同资产阶级作斗争，都是为了维护他们这种中间等级的生存，以免于灭亡。所以，他们不是革命的，而是保守的。不仅如此，他们甚至是反动的，因为他们力图使历史的车轮倒转。如果说他们是革命的，那是鉴于他们行将转入无产阶级的队伍，这样，他们就不是维护他们目前的利益，而是维护他们将来的利益，他们就离开自己原来的立场，而站到无产阶级的立场上来。

流氓无产阶级是旧社会最下层中消极的腐化的部分，他们在一些地方也被无产阶级革命卷到运动里来，但是，由于他们的整个生活状况，他们更甘心于被人收买，去干反动的勾当。

在无产阶级的生活条件中，旧社会的生活条件已经被消灭了。无产者是没有财产的；他们和妻子儿女的关系同资产阶级的家庭关系再没有任何共同之处了；现代的工业劳动，现代的资本压迫，无论在英国或法国，无论在美国或德国，都是一样的，都使无产者失去了任何民族性。法律、道德、宗教在他们看来全都是资产阶级偏见，隐藏在这些偏见后面的全都是资产阶级利益。

过去一切阶级在争得统治之后，总是使整个社会服从于它们发财致富的条件，企图以此来巩固它们已经获得的生活地位。无产者只有废除自己的现存的占有方式，从而废除全部现存的占有方式，才能取得社会生产力。无产者没有什么自己的东西必须加以保护，他们必须摧毁至今保护和保障私有财产的一切。

过去的一切运动都是少数人的，或者为少数人谋利益的运动。无产阶级的运动是绝大多数人的，为绝大多数人谋利益的独立的运动。无产阶级，现今社会的最下层，如果不炸毁构成官方社会的整个上层，就不能抬起头来，挺起胸来。

如果不就内容而就形式来说，无产阶级反对资产阶级的斗争首先是一国范围内的斗争。每一个国家的无产阶级当然首先应该打倒本国的资产阶级。

在叙述无产阶级发展的最一般的阶段的时候，我们循序探讨了现存社会内部或多或少隐蔽着的国内战争，直到这个战争爆发为公开的革命，无产阶级用暴力推翻资产阶级而建立自己的统治。

我们已经看到，至今的一切社会都是建立在压迫阶级和被压迫阶级的对立之上的。但是，为了有可能压迫一个阶级，就必须保证这个阶级至少有能够勉强维持它的奴隶般的生存的条件。农奴曾经在农奴制度下挣扎到公社成员的地位，小资产者曾经在封建专制制度的束缚下挣扎到资产者的地位。现代的工人却相反，他们并不是随着工业的进步而上升，而是越来越降到本阶级的生存条件以下。工人变成赤贫者，贫困比人口和财富增长得还要快。由此可以明显地看出，资产阶级再不能做社会的统治阶级了，再不能把自己阶级的生存条件当做支配一切的规律强加于社会了。资产阶级不能统治下去了，因为它甚至不能保证自己的奴隶维持奴隶的生活，因为它不得不让自己的奴隶落到不能养活它反而要它来养活的地步。社会再不能在它统治下生存下去了，就是说，它的生存不再同社会相容了。

资产阶级生存和统治的根本条件，是财富在私人手里的积累，是资本的形成和增殖；资本的条件是雇佣劳动。雇佣劳动完全是建立在工人的自相竞争之上的。资产阶级无意中造成而又无力抵抗的工业进步，使工人通过结社而达到的革命联合代替了他们由于竞争而造成的分散状态。于是，随着大工业的发展，资产阶级赖以生产和占有产品的基础本身也就从它的脚下被挖掉了。它首先生产的是它自身的掘墓人。资产阶级的灭亡和无产阶级的胜利是同样不可避免的。

（节选自《马克思恩格斯文集》第 2 卷，
人民出版社，2009，第 31-43 页。）

➲ 案例评析

（1）案例形成背景

《共产党宣言》（以下简称《宣言》）写作于 1847 年底，发表于 1848 年 2 月，是马克思和恩格斯受共产主义者同盟第二次代表大会委托起草的。《宣言》的发表标志着马克思主义的公开问世，也标志着科学社会主义的诞生。

《宣言》的发表有着深刻的历史背景，其中最重要的是资本主义经济危机的不断爆发和工人运动的蓬勃兴起。19 世纪上半叶，欧洲资本主义国家的生产关系迅猛发展，工业文明显现出巨大生命力。然而同时，这些资本主义国家开始频发经济危机，社会贫富分化严重，无产阶级和广大劳动人民与资产阶级之间的矛盾日益突出。从世界范围来看，资产阶级对外到处建立殖民地，民族国家之间的矛盾日益激化。19 世纪 30—50 年代，新兴的工人阶级不断反抗资产阶级的剥削，先后爆发了“欧洲三大工人运动”[①]，但由于缺乏科学理论的指导，这些工人运动都相继失败了。《宣言》就是在这样一个时代呼唤中写作的。

（2）案例内容解读

《宣言》有着丰富深刻的思想内容，从历史唯物主义基本原理和方法中揭示了人类社会发展的规律。本教材节选了《宣言》正文第一章的内容，概括起来有以下几个方面的主要内容。

第一，历史地考察了资产阶级的形成、发展及其历史作用。马克思恩格斯首先提出“至今一切社会的历史都是阶级斗争的历史”这一观点，并指出现代资产阶级并没有消灭阶级对立。进一步从阶级成员、世界市场、社会分工、上层建筑、交通变革等方面论证了现代资产阶级的形成过程，以此说明“现代资产阶级本身是一个长期发展过程的产物，是生产方式和交换方式的一系列变革的产物。”同时，马克思恩格斯指出，“资产阶级在历史上曾经起过非常革命的作用”，这主要体现资产阶级创造了巨大生产力、变革了生产关系、改变了人们的观念和开辟了世界历史等方面。

第二，指出了资产阶级生产方式内在的矛盾性。马克思恩格斯认为，资产阶级对生产力不断进步的要求，终于冲破了它自身的生产关系所能容纳的程度，“社会所拥有的生产力已经不能再促进资产阶级文明和资产阶级所有制关系的发展”。这意味着，资产阶级正在像它曾经反对的封建社会的一切，也成为被反对的对象。这就是历史辩证法，由此马克思恩格斯深刻指出，现代资产阶级社会“现在像一个魔法师一样不能再支配自己用法术呼唤出来的魔鬼了。”资产阶级生产方式这种内在的矛盾性最直接最本质的体现就是“生产过剩的瘟疫”，

① 欧洲三大工人运动，即 1831 年和 1834 年爆发的法国里昂工人运动、1836-1848 年的英国宪章运动和 1844 年普鲁士王国所属西里西亚纺织工人的起义。

危机频频出现。

第三，无产阶级从资产阶级的发展中产生，并且是真正革命的阶级。马克思恩格斯指出，“随着资产阶级即资本的发展，无产阶级即现代工人阶级也在同一程度上得到发展”，并且无产阶级的产生和发展的历史就是其反对资产阶级斗争的历史。他们历史地考察了无产阶级反对资产阶级的形式、对象、领域等方面的内容，并在此基础上系统地总结了无产阶级从自在阶级到自为阶级、从自发斗争到自觉斗争的历史经验。同时，马克思和恩格斯通过对比各个阶级对待现代生产力和资本主义私有制的态度指出，在所有反对资产阶级的阶级中，“只有无产阶级是真正革命的阶级”。因为，只有现代工人阶级是大工业本身的产物和现代社会的基础，且没有自私的利益必须加以保护，“无产阶级的运动是绝大多数人的、为绝大多数人谋利益的独立的运动。”

第四，提出了“两个必然”的论断，即资产阶级的灭亡和无产阶级的胜利是同样不可避免的。马克思恩格斯从生产力社会化和无产阶级不断发展壮大这两个必然趋势来论证了资本主义社会发展的必然趋势。生产力的社会化带来其与资本主义私有制之间的矛盾，并在这一过程当中使得无产阶级不断扩大并集中起来，从而使工人之间实现革命的联合。“于是，随着大工业的发展，资产阶级赖以生产和占有产品的基础本身也就从它的脚下被挖掉了。”这是对资本主义社会发展规律的科学揭示。

《宣言》有着重要的历史意义，是马克思主义哲学同工人运动相结合的光辉篇章。从理论上来说，《宣言》系统阐述了科学社会主义的一般原理，科学论证了社会主义替代资本主义的历史必然性；明确划清了科学社会主义与其他社会主义流派的界限；奠定了无产阶级政党学说的基础；揭示的人类社会最终走向共产主义的必然趋势，奠定了共产党人坚定理想信念、坚守精神家园的理论基础。从实践上来说，《宣言》为全世界无产阶级和劳动群众争取自由解放提供了强大的思想武器，深刻影响了人类历史的发展进程。

（3）案例研学方法

对《宣言》的研学，在形式上可以通过写作读书报告或集中研讨来进行，在内容上可从以下两个方面深入展开。

第一，通过建立文本之间的逻辑连接，更好地把握《宣言》中所蕴含的马克思主义基本立场、观点和方法。《宣言》是马克思恩格斯在1848年面向国际工人运动完成的经典著作，由于其文本的宣言式特征以及写作时的历史条件限制，其中所表达一些经典原理和论断并没有充分展开，这就需要结合马克思恩格斯之后的相关著作进行文本之间的对比和互解，以更加全面、更加深入地把握《宣言》。比如，从《宣言》中“两个必然”的论断出发，结合马克思在1859年所作《〈政治经济学批判〉序言》中的“两个决不会”，来更加深入把握资本主义社会发展的规律和趋势；结合马克思在1875年所作《哥达纲领批判》中对科学社会主义的丰富和发展，更加全面把握《宣言》中关于无产阶级专政、共产主义社会等理论的重要阐述。

第二，通过当今世界和当代中国社会发展中所面对的实际问题，更好理解《宣言》的重要历史意义。《宣言》中论述了资产阶级生产力和生产关系的辩证关系，揭示了资本主义社会发展的规律，可从中思考当代资本主义社会种种新变化发生的原因及其发展趋势，也可以更好理解当今资本主义和社会主义发展的世界格局；《宣言》中关于资本及资本主义的历史地位和作用做了深刻论述，可由此出发深刻考察中国式现代化进程中如何正确面对资本的问题；《宣言》阐述了科学社会主义原则，对于深刻认识无产阶级政党的历史作用，进而正确把握共产党的执政规律、社会主义建设规律、人类社会发展规律具有重要意义。

……………………………………………………………………

案例二:《矛盾论》选读

二、矛盾的普遍性

……

矛盾的普遍性或绝对性这个问题有两方面的意义。其一是说，矛盾存在于一切事物的发展过程中；其二是说，每一事物的发展过程中存在着自始至终的矛盾运动。

恩格斯说:“运动本身就是矛盾。”列宁对于对立统一法则所下的定义，说它就是“承认（发现）自然界（精神和社会两者也在内）的一切现象和过程都含有互相矛盾、互相排斥、互相对立的趋向”。这些意见是对的吗？是对的。一切事物中包含的矛盾方面的相互依赖和相互斗争，决定一切事物的生命，推动一切事物的发展。没有什么事物是不包含矛盾的，没有矛盾就没有世界。

矛盾是简单的运动形式（例如机械性的运动）的基础，更是复杂的运动形式的基础。

……

“高等数学的主要基础之一，就是矛盾……”

“就是初等数学，也充满着矛盾。……”

列宁也这样说明过矛盾的普遍性:“在数学中，正和负，微分和积分。

在力学中，作用和反作用。

在物理学中，阳电和阴电。

在化学中，原子的化合和分解。

在社会科学中，阶级斗争。”

战争中的攻守，进退，胜败，都是矛盾着的现象。失去一方，他方就不存在。双方斗争而又联结，组成了战争的总体，推动了战争的发展，解决了战争的问题。

人的概念的每一差异，都应把它看作是客观矛盾的反映。客观矛盾反映入主观的思想，组成了概念的矛盾运动，推动了思想的发展，不断地解决了人们的思想问题。

党内不同思想的对立和斗争是经常发生的，这是社会的阶级矛盾和新旧事物的矛盾在党内的反映。党内如果没有矛盾和解决矛盾的思想斗争，党的生命也就停止了。

由此看来，不论是简单的运动形式，或复杂的运动形式，不论是客观现象，或思想现象，矛盾是普遍地存在着，矛盾存在于一切过程中，这一点已经弄清楚了。但是每一过程的开始阶段，是否也有矛盾存在呢？是否每一事物的发展过程具有自始至终的矛盾运动呢？

从苏联哲学界批判德波林学派的文章中看出，德波林学派有这样一种见解，他们认为矛盾不是一开始就在过程中出现，须待过程发展到一定的阶段才出现。那末，在那一时间以前，过程发展的原因不是由于内部的原因，而是由于外部的原因了。这样，德波林回到形而上学的外因论和机械论去了。拿这种见解去分析具体的问题，他们就看见在苏联条件下富农和一般农民之间只有差异，并无矛盾，完全同意了布哈林的意见。在分析法国革命时，他们就认为在革命前，工农资产阶级合组的第三等级中，也只有差异，并无矛盾。德波林学派这类见解是反马克思主义的。他们不知道世界上的每一差异中就已经包含着矛盾，差异就是矛盾。劳资之间，从两阶级发生的时候起，就是互相矛盾的，仅仅还没有激化而已。工农之间，即使在苏联的社会条件下，也有差异，它们的差异就是矛盾，仅仅不会激化成为对抗，不取阶级斗争的形态，不同于劳资间的矛盾；它们在社会主义建设中形成巩固的联盟，并在由社会主义走向共产主义的发展过程中逐渐地解决这个矛盾。这是矛盾的差别性的问题，不是矛盾的有无的问题。矛盾是普遍的、绝对的，存在于事物发展的一切过程中，又贯串于一切过程的始终。

新过程的发生是什么呢？这是旧的统一和组成此统一的对立成分让位于新的统一和组成此统一的对立成分，于是新过程就代替旧过程而发生。旧过程完结了，新过程发生了。新过程又包含着新矛盾，开始它自己的矛盾发展史。

事物发展过程的自始至终的矛盾运动，列宁指出马克思在《资本论》中模范地作了这样的分析。这是研究任何事物发展过程所必须应用的方法。列宁自己也正确地应用了它，贯彻于他的全部著作中。

“马克思在《资本论》中，首先分析的是资产阶级社会（商品社会）里最简单的、最普通的、最基本的、最常见的、最平常的、碰到亿万次的关系——商品交换。这一分析在这个最简单的现象之中（资产阶级社会的这个‘细胞’之中）暴露了现代社会的一切矛盾（以及一切矛盾的胚芽）。往后的叙述又向我们表明了这些矛盾和这个社会各个部分总和的自始至终的发展（增长与运动两者）。”

列宁说了上面的话之后，接着说道：“这应该是一般辩证法的……叙述（以及研究）方法。”中国共产党人必须学会这个方法，才能正确地分析中国革命的历史和现状，并推断革命的将来。

三、矛盾的特殊性

矛盾存在于一切事物发展的过程中，矛盾贯串于每一事物发展过程的始终，这是矛盾的普遍性和绝对性，前面已经说过了。现在来说矛盾的特殊性和相对性。

这个问题，应从几种情形中去研究。

首先是各种物质运动形式中的矛盾，都带特殊性。人的认识物质，就是认识物质的运动形式，因为除了运动的物质以外，世界上什么也没有，而物质的运动则必取一定的形式。对于物质的每一种运动形式，必须注意它和其他各种运动形式的共同点。但是，尤其重要的，成为我们认识事物的基础的东西，则是必须注意它的特殊点，就是说，注意它和其他运动形式的质的区别。只有注意了这一点，才有可能区别事物。任何运动形式，其内部都包含着本身特殊的矛盾。这种特殊的矛盾，就构成一事物区别于他事物的特殊的本质。这就是世界上诸种事物所以有千差万别的内在的原因，或者叫做根据。自然界存在着许多的运动形式，机械运动、发声、发光、发热、电流、化分、化合等等都是。所有这些物质的运动形式，都是互相依存的，又是本质上互相区别的。每一物质的运动形式所具有的特殊的本质，为它自己的特殊的矛盾所规定。这种情形，不但在自然界中存在着，在社会现象和思想现象中也是同样地存在着。每一种社会形式和思想形式，都有它的特殊的矛盾和特殊的本质。

科学研究的区分，就是根据科学对象所具有的特殊的矛盾性。因此，对于某一现象的领域所特有的某一种矛盾的研究，就构成某一门科学的对象。……固然，如果不认识矛盾的普遍性，就无从发现事物运动发展的普遍的原因或普遍的根据；但是，如果不研究矛盾的特殊性，就无从确定一事物不同于他事物的特殊的本质，就无从发现事物运动发展的特殊的原因，或特殊的根据，也就无从辨别事物，无从区分科学研究的领域。

就人类认识运动的秩序说来，总是由认识个别的和特殊的事物，逐步地扩大到认识一般的事物。人们总是首先认识了许多不同事物的特殊的本质，然后才有可能更进一步地进行概括工作，认识诸种事物的共同的本质。当着人们已经认识了这种共同的本质以后，就以这种共同的认识为指导，继续地向着尚未研究过的或者尚未深入地研究过的各种具体的事物进行研究，找出其特殊的本质，这样才可以补充、丰富和发展这种共同的本质的认识，而使这种共同的本质的认识不致变成枯槁的和僵死的东西。这是两个认识的过程：一个是由特殊到一般，一个是由一般到特殊。人类的认识总是这样循环往复地进行的，而每一次的循环（只要是严格地按照科学的方法）都可能使人类的认识提高一步，使人类的认识不断地深化。我们的教条主义者在这个问题上的错误，就是，一方面，不懂得必须研究矛盾的特殊性，认识各别事物的特殊的本质，才有可能充分地认识矛盾的普遍性，充分地认识诸种事物的共同的本质；另一方面，不懂得在我们认识了事物的共同的本质以后，还必须继续研究那些尚未深入地研究过的或者新冒出来的具体的事物。我们的教条主义者是懒汉，他们拒绝对于具体事物做任何艰苦的研究工作，他们把一般真理看成是凭空出现的东西，把它变成为人们所不能够捉摸的纯粹抽象的公式，完全否认了并且颠倒了这个人类认识真理的正常秩序。他们也不懂得人类认识的两个过程的互相联结——由特殊到一般，又由一般到特殊，他们完全不懂得马克思主义的认识论。

不但要研究每一个大系统的物质运动形式的特殊的矛盾性及其所规定的本质，而且要研究每一个物质运动形式在其发展长途中的每一个过程的特殊的矛盾及其本质。一切运动形式的每一个实在的非臆造的发展过程内，都是不同质的。我们的研究工作必须着重这一点，而且必须从这一点开始。

不同质的矛盾，只有用不同质的方法才能解决。例如，无产阶级和资产阶级的矛盾，用社会主义革命的方法去解决；人民大众和封建制度的矛盾，用民主革命的方法去解决；殖民地和帝国主义的矛盾，用民族革命战争的方法去解决；在社会主义社会中工人阶级和农民阶级的矛盾，用农业集体化和农业机械化的方法去解决；共产党内的矛盾，用批评和自我批评的方法去解决；社会和自然的矛盾，用发展生产力的方法去解决。过程变化，旧过程和旧矛盾消灭，新过程和新矛盾发生，解决矛盾的方法也因之而不同。俄国的二月革命和十月革命所解决的矛盾及其所用以解决矛盾的方法是根本上不相同的。用不同的方法去解决不同的矛盾，这是马克思列宁主义者必须严格地遵守的一个原则。教条主义者不遵守这个原则，他们不了解诸种革命情况的区别，因而也不了解应当用不同的方法去解决不同的矛盾，而只是千篇一律地使用一种自以为不可改变的公式到处硬套，这就只能使革命遭受挫折，或者将本来做得好的事情弄得很坏。

为要暴露事物发展过程中的矛盾在其总体上、在其相互联结上的特殊性，就是说暴露事物发展过程的本质，就必须暴露过程中矛盾各方面的特殊性，否则暴露过程的本质成为不可能，这也是我们作研究工作时必须十分注意的。

一个大的事物，在其发展过程中，包含着许多的矛盾。例如，在中国资产阶级民主革命过程中，有中国社会各被压迫阶级和帝国主义的矛盾，有人民大众和封建制度的矛盾，有无产阶级和资产阶级的矛盾，有农民及城市小资产阶级和资产阶级的矛盾，有各个反动的统治集团之间的矛盾等等，情形是非常复杂的。这些矛盾，不但各各有其特殊性，不能一律看待，而且每一矛盾的两方面，又各各有其特点，也是不能一律看待的。我们从事中国革命的人，不但要在各个矛盾的总体上，即矛盾的相互联结上，了解其特殊性，而且只有从矛盾的各个方面着手研究，才有可能了解其总体。所谓了解矛盾的各个方面，就是了解它们每一方面各占何等特定的地位，各用何种具体形式和对方发生互相依存又互相矛盾的关系，在互相依存又互相矛盾中，以及依存破裂后，又各用何种具体的方法和对方作斗争。研究这些问题，是十分重要的事情。列宁说：马克思主义的最本质的东西，马克思主义的活的灵魂，就在于具体地分析具体的情况。就是说的这个意思。我们的教条主义者违背列宁的指示，从来不用脑筋具体地分析任何事物，做起文章或演说来，总是空洞无物的八股调，在我们党内造成了一种极坏的作风。

研究问题，忌带主观性、片面性和表面性。所谓主观性，就是不知道客观地看问题，也就是不知道用唯物的观点去看问题。这一点，我在《实践论》一文中已经说过了。所谓片面性，就是不知道全面地看问题。……列宁说:“要真正地认识对象，就必须把握和研究它的一切方面、一切联系和‘媒介’。我们决不会完全地作到这一点，可是要求全面性，将使我们防止错误，防止僵化。”我们应该记得他的话。表面性，是对矛盾总体和矛盾各方的特点都不去看，否认深入事物里面精细地研究矛盾特点的必要，仅仅站在那里远远地望一望，粗枝大叶地看到一点矛盾的形相，就想动手去解决矛盾（答复问题、解决纠纷、处理工作、指挥战争）。这样的做法，没有不出乱子的。中国的教条主义和经验主义的同志们所以犯错误，就是因为他们看事物的方法是主观的、片面的和表面的。片面性、表面性也是主观性，因为一切客观事物本来是互相联系的和具有内部规律的，人们不去如实地反映这些情况，而只是片面地或表面地去看它们，不认识事物的互相联系，不认识事物的内部规律，所以这种方法是主观主义的。

不但事物发展的全过程中的矛盾运动，在其相互联结上，在其各方情况上，我们必须注意其特点，而且在过程发展的各个阶段中，也有其特点，也必须注意。

事物发展过程的根本矛盾及为此根本矛盾所规定的过程的本质，非到过程完结之日，是不会消灭的；但是事物发展的长过程中的各个发展的阶段，情形又往往互相区别。这是因为事物发展过程的根本矛盾的性质和过程的本质虽然没有变化，但是根本矛盾在长过程中的各个发展阶段上采取了逐渐激化的形式。并且，被根本矛盾所规定或影响的许多大小矛盾中，有些是激化了，有些是暂时地或局部地解决了，或者缓和了，又有些是发生了，因此，过程就显出阶段性来。如果人们不去注意事物发展过程中的阶段性，人们就不能适当地处理事物的矛盾。

……

研究事物发展过程中的各个发展阶段上的矛盾的特殊性，不但必须在其联结上、在其总体上去看，而且必须从各个阶段中矛盾的各个方面去看。

……

由此看来，不论研究何种矛盾的特性——各个物质运动形式的矛盾，各个运动形式在各个发展过程中的矛盾，各个发展过程的矛盾的各方面，各个发展过程在其各个发展阶段上的矛盾以及各个发展阶段上的矛盾的各方面，研究所有这些矛盾的特性，都不能带主观随意性，必须对它们实行具体的分析。离开具体的分析，就不能认识任何矛盾的特性。我们必须时刻记得列宁的话：对于具体的事物作具体的分析。

这种具体的分析，马克思、恩格斯首先给了我们以很好的模范。

当马克思、恩格斯把这事物矛盾的法则应用到社会历史过程的研究的时候，他们看出生产力和生产关系之间的矛盾，看出剥削阶级和被剥削阶级之间的矛盾以及由于这些矛盾所产生的经济基础和政治及思想等上层建筑之间的矛盾，而这些矛盾如何不可避免地会在各种不同的阶级社会中，引出各种不同的社会革命。

马克思把这一法则应用到资本主义社会经济结构的研究的时候，他看出这一社会的基本矛盾在于生产的社会性和占有制的私人性之间的矛盾。这个矛盾表现于在各别企业中的生产的有组织性和在全社会中的生产的无组织性之间的矛盾。这个矛盾的阶级表现则是资产阶级和无产阶级之间的矛盾。

由于事物范围的极其广大，发展的无限性，所以，在一定场合为普遍性的东西，而在另一一定场合则变为特殊性。反之，在一定场合为特殊性的东西，而在另一一定场合则变为普遍性。资本主义制度所包含的生产社会化和生产资料私人占有制的矛盾，是所有有资本主义的存在和发展的各国所共有的东西，对于资本主义说来，这是矛盾的普遍性。但是资本主义的这种矛盾，乃是一般阶级社会发展在一定历史阶段上的东西，对于一般阶级社会中的生产力和生产关系的矛盾说来，这是矛盾的特殊性。然而，当着马克思把资本主义社会这一切矛盾的特殊性解剖出来之后，同时也就更进一步地、更充分地、更完全地把一般阶级社会中这个生产力和生产关系的矛盾的普遍性阐发出来了。

由于特殊的事物是和普遍的事物联结的，由于每一个事物内部不但包含了矛盾的特殊性，而且包含了矛盾的普遍性，普遍性即存在于特殊性之中，所以，当着我们研究一定事物的时候，就应当去发现这两方面及其互相联结，发现一事物内部的特殊性和普遍性的两方面及其互相联结，发现一事物和它以外的许多事物的互相联结。斯大林在他的名著《论列宁主义基础》一书中说明列宁主义的历史根源的时候，他分析了列宁主义所由产生的国际环境，分析了在帝国主义条件下已经发展到极点的资本主义的诸矛盾，以及这些矛盾使无产阶级革命成为直接实践的问题，并造成了直接冲击资本主义的良好的条件。不但如此，他又分析了为什么俄国成为列宁主义的策源地，分析了沙皇俄国当时是帝国主义一切矛盾的集合点以及俄国无产阶级所以能够成为国际的革命无产阶级的先锋队的原因。这样，斯大林分析了帝国主义的矛盾的普遍性，说明列宁主义是帝国主义和无产阶级革命时代的马克思主义；又分析了沙俄帝国主义在这一般矛盾中所具有的特殊性，说明俄国成了无产阶级革命理论和策略的故乡，而在这种特殊性中间就包含了矛盾的普遍性。斯大林的这种分析，给我们提供了认识矛盾的特殊性和普遍性及其互相联结的模范。

马克思和恩格斯，同样地列宁和斯大林，他们对于应用辩证法到客观现象的研究的时候，总是指导人们不要带上任何的主观随意性，而必须从客观的实际运动所包含的具体的条件，去看出这些现象中的具体的矛盾、矛盾各方面的具体的地位以及矛盾的具体的相互关系。我们的教条主义者因为没有这种研究态度，所以弄得一无是处。我们必须以教条主义的失败为鉴戒，学会这种研究态度，舍此没有第二种研究法。

矛盾的普遍性和矛盾的特殊性的关系，就是矛盾的共性和个性的关系。其共性是矛盾存在于一切过程中，并贯串于一切过程的始终，矛盾即是运动，即是事物，即是过程，也即是思想。否认事物的矛盾就是否认了一切。这是共通的道理，古今中外，概莫能外。所以它是共性，是绝对性。然而这种共性，即包含于一切个性之中，无个性即无共性。假如除去一切个性，还有什么共性呢？因为矛盾的各各特殊，所以造成了个性。一切个性都是有条件地暂时地存在的，所以是相对的。

这一共性个性、绝对相对的道理，是关于事物矛盾的问题的精髓，不懂得它，就等于抛弃了辩证法。

……

（节选自《毛泽东选集》第 1 卷，人民出版社，1991，第 299-320 页。）

➲ 案例评析

（1）案例形成背景

《矛盾论》是毛泽东 1937 年所作的一部论述马克思主义唯物辩证法关于矛盾规律的重要哲学著作，是其《实践论》的姊妹篇。这部著作把马克思主义哲学与中国革命实践经验和中国传统哲学优秀成果相结合的产物，是马克思主义哲学中国化的典范。

《矛盾论》的写作有着深刻的历史背景。中国共产党成立以后，经历了大大小小的革命活动，也在第一次大革命失败等一系列革命活动中取得了一些革命经验和教训，并在这一过程中逐步探索出符合中国国情的革命道路。《矛盾论》正是在土地革命战争后，从哲学高度对中国革命曲折历程中历史经验和教训加以理论化和系统化，对党内种种错误认识进行厘清、对错误世界观进行批判的成果。

（2）案例内容解读

《矛盾论》有着丰富深刻的思想内容。它从理论和实践的结合出发，全面阐述和发挥了“对立统一规律”这一唯物辩证法的实质和核心。本教程节选了《矛盾论》正文第二、第三部分的内容，概括起来有以下几个方面的原理值得研究学习。

第一，矛盾普遍性的两层含义。矛盾的普遍性，即事事有矛盾、时时有矛盾。其中包含两层含义：其一，矛盾存在于一切事物当中。毛泽东通过引用恩格斯和列宁关于矛盾普遍性的论述，又通过战争思想发展和党内的思想对立和斗争，论证了矛盾的普遍性，并得出结论："不论是简单的运动形式，或复杂的运动形式，不论是客观现象，或思想现象，矛盾是普遍地存在着。"从这一层含义出发，毛泽东分别说明了自然界各种运动充满了矛盾、人类社会运动充满了矛盾以及人类思维领域也充满着矛盾。其二，矛盾贯穿于每一事物发展过程始终。毛泽东批评了苏联哲学家德波林否认差异的观点，指出差异就是矛盾，论证了事物发展全过程都包含着矛盾，并且指出，矛盾的形式是多样的，以及新旧过程的交替，并不是矛盾的消失，而是矛盾的转化。

第二，矛盾特殊性的五种形式。毛泽东将矛盾的特殊性看作与矛盾的普遍性辩证发展的范畴，并在《矛盾论》分析了矛盾特殊性的五种形式：各种物质的运动形式中的矛盾、每一物质运动形式在各个发展过程中的矛盾、每一发展过程中的矛盾的各个方面、每一过程中各个发展阶段上的矛盾、每一发展过程中的各个阶段中矛盾的各个方面。毛泽东通过大量鲜活例子来阐明了矛盾特殊性的五种形式，意在表明要树立发展和全面的观点，来具体分析和把握矛盾的种种特殊性。

第三，要学会运用矛盾分析法。在"矛盾的普遍性"这一部分的结尾处，毛泽东指出："中国共产党人必须学会这个方法，才能正确地分析中国革命的历史和现状，并推断革命的将来。"这里所说的"方法"，就是矛盾分析法。矛盾的普遍性提示我们，不能回避矛盾，只能直面矛盾。毛泽东指出了马克思在《资本论》中对现代社会的分析，所运用的就是矛盾分析法。列宁认识到这一运用，中国共产党人也必须学会科学地运用这一方法，才能推进中国各项事业的发展。而在矛盾特殊性这部分，毛泽东则指出，研究问题要切忌主观性、片面性和表面性，并以此特别批评了教条主义的态度方法。

第四，矛盾普遍性和特殊性的辩证关系。毛泽东强调矛盾的普遍性和特殊性的关系，也就是矛盾共性和个性的关系，构成了关于事物矛盾问题的精髓。这种关系是辩证的关系，因为“每一个事物内部不但包含了矛盾的特殊性，而且包含了矛盾的普遍性，普遍性即存在于特殊性之中”，矛盾的普遍性和特殊性之间是相互联结的。同时，“由于事物范围的极其广大，发展的无限性，所以，在一定场合为普遍性的东西，而在另一一定场合则变为特殊性。反之，在一定场合为特殊性的东西，而在另一一定场合则变为普遍性。”这说明，矛盾的普遍性和特殊性之间还是相互转化的。

《矛盾论》有着重要的历史意义。它是一篇论述马克思主义哲学唯物辩证法关于矛盾规律的重要哲学著作，它从方法论层面系统而全面地阐明了马克思主义的矛盾学说，凸显了马克思主义改造世界的作用。同时，《矛盾论》是从中国现实的革命活动中所创立的马克思主义辩证法学说，是将关于马克思主义哲学的思考与中国革命的时代问题相结合的产物，从方法论上批判了“左”倾、右倾的错误思想，引领了中国革命走向胜利。同样，《矛盾论》也是坚持和发展中国特色社会主义道路的哲学基础。

（3）案例研学方法

对《矛盾论》的研学，在形式上可以通过撰写读书报告或集中研讨来进行，在内容上可从以下两方面深入展开。

第一，结合《实践论》来研学《矛盾论》。两部著作是毛泽东所作的马克思主义哲学的代表作也是姊妹篇，二者都写作于20世纪30年代，具有相同的写作背景、相连的理论主题、共同的写作目的。对两部著作进行结合研学，有助于更深入地把握《矛盾论》中所解决的哲学问题、所批判的理论对象、所指向的现实旨趣，进而更好地坚持和发展中国马克思主义哲学。

第二，通过建立原理与案例之间的互解，更好把握《矛盾论》中的基本内容。《矛盾论》中论述了大量中国革命进程中的真实案例，比如通过分析中国资产阶级民主革命过程中所包含的中国社会各个层面的矛盾，来理解矛盾的特殊性问题。此外，文中还论述了马克思、列宁在分析资本主义社会或俄国革命中所蕴含的矛盾规律。这启示我们，可以通过结合历史和现实中的案例，来理解《矛盾论》中所阐述的矛盾规律，既可以运用矛盾规律来分析和解读案例本身，又可以透过案例来挖掘其中所蕴含的辩证法原理。

案例三:《在庆祝中国共产党成立100周年大会上的讲话》

同志们，朋友们：

今天，在中国共产党历史上，在中华民族历史上，都是一个十分重大而庄严的日子。我们在这里隆重集会，同全党全国各族人民一道，庆祝中国共产党成立一百周年，回顾中国共产党百年奋斗的光辉历程，展望中华民族伟大复兴的光明前景。

首先，我代表党中央，向全体中国共产党员致以节日的热烈祝贺！

在这里，我代表党和人民庄严宣告，经过全党全国各族人民持续奋斗，我们实现了第一个百年奋斗目标，在中华大地上全面建成了小康社会，历史性地解决了绝对贫困问题，正在意气风发向着全面建成社会主义现代化强国的第二个百年奋斗目标迈进。这是中华民族的伟大光荣！这是中国人民的伟大光荣！这是中国共产党的伟大光荣！

同志们、朋友们！

中华民族是世界上伟大的民族，有着5000多年源远流长的文明历史，为人类文明进步作出了不可磨灭的贡献。1840年鸦片战争以后，中国逐步成为半殖民地半封建社会，国家蒙辱、人民蒙难、文明蒙尘，中华民族遭受了前所未有的劫难。从那时起，实现中华民族伟大复兴，就成为中国人民和中华民族最伟大的梦想。

为了拯救民族危亡，中国人民奋起反抗，仁人志士奔走呐喊，太平天国运动、戊戌变法、义和团运动、辛亥革命接连而起，各种救国方案轮番出台，但都以失败而告终。中国迫切需要新的思想引领救亡运动，迫切需要新的组织凝聚革命力量。

十月革命一声炮响，给中国送来了马克思列宁主义。在中国人民和中华民族的伟大觉醒中，在马克思列宁主义同中国工人运动的紧密结合中，中国共产党应运而生。中国产生了共产党，这是开天辟地的大事变，深刻改变了近代以后中华民族发展的方向和进程，深刻改变了中国人民和中华民族的前途和命运，深刻改变了世界发展的趋势和格局。

中国共产党一经诞生，就把为中国人民谋幸福、为中华民族谋复兴确立为自己的初心使命。一百年来，中国共产党团结带领中国人民进行的一切奋斗、一切牺牲、一切创造，归结起来就是一个主题：实现中华民族伟大复兴。

——为了实现中华民族伟大复兴，中国共产党团结带领中国人民，浴血奋战、百折不挠，创造了新民主主义革命的伟大成就。我们经过北伐战争、土地革命战争、抗日战争、解放战争，以武装的革命反对武装的反革命，推翻帝国主义、封建主义、官僚资本主义三座大山，建立了人民当家作主的中华人民共和国，实现了民族独立、人民解放。新民主主义革命的胜利，彻底结束了旧中国半殖民地半封建社会的历史，彻底结束了旧中国一盘散沙的局面，彻底废除了列强强加给中国的不平等条约和帝国主义在中国的一切特权，为实现中华民族伟大复兴创造了根本社会条件。中国共产党和中国人民以英勇顽强的奋斗向世界庄严宣告，中国人民站起来了，中华民族任人宰割、饱受欺凌的时代一去不复返了！

——为了实现中华民族伟大复兴，中国共产党团结带领中国人民，自力更生、发愤图强，创造了社会主义革命和建设的伟大成就。我们进行社会主义革命，消灭在中国延续几千年的封建剥削压迫制度，确立社会主义基本制度，推进社会主义建设，战胜帝国主义、霸权主义的颠覆破坏和武装挑衅，实现了中华民族有史以来最为广泛而深刻的社会变革，实现了一穷二白、人口众多的东方大国大步迈进社会主义社会的伟大飞跃，为实现中华民族伟大复兴奠定了根本政治前提和制度基础。中国共产党和中国人民以英勇顽强的奋斗向世界庄严宣告，中国人民不但善于破坏一个旧世界、也善于建设一个新世界，只有社会主义才能救中国，只有社会主义才能发展中国！

——为了实现中华民族伟大复兴，中国共产党团结带领中国人民，解放思想、锐意进取，创造了改革开放和社会主义现代化建设的伟大成就。我们实现新中国成立以来党的历史上具有深远意义的伟大转折，确立党在社会主义初级阶段的基本路线，坚定不移推进改革开放，战胜来自各方面的风险挑战，开创、坚持、捍卫、发展中国特色社会主义，实现了从高度集中的计划经济体制到充满活力的社会主义市场经济体制、从封闭半封闭到全方位开放的历史性转变，实现了从生产力相对落后的状况到经济总量跃居世界第二的历史性突破，实现了人民生活从温饱不足到总体小康、奔向全面小康的历史性跨越，为实现中华民族伟大复兴提供了充满新的活力的体制保证和快速发展的物质条件。中国共产党和中国人民以英勇顽强的奋斗向世界庄严宣告，改革开放是决定当代中国前途命运的关键一招，中国大踏步赶上了时代！

——为了实现中华民族伟大复兴，中国共产党团结带领中国人民，自信自强、守正创新，统揽伟大斗争、伟大工程、伟大事业、伟大梦想，创造了新时代中国特色社会主义的伟大成就。党的十八大以来，中国特色社会主义进入新时代，我们坚持和加强党的全面领导，统筹推进"五位一体"总体布局、协调推进"四个全面"战略布局，坚持和完善中国特色社会主义制度、推进国家治理体系和治理能力现代化，坚持依规治党、形成比较完善的党内法规体系，战胜一系列重大风险挑战，实现第一个百年奋斗目标，明确实现第二个百年奋斗目标的战略安排，党和国家事业取得历史性成就、发生历史性变革，为实现中华民族伟大复兴提供了更为完善的制度保证、更为坚实的物质基础、更为主动的精神力量。中国共产党和中国人民以英勇顽强的奋斗向世界庄严宣告，中华民族迎来了从站起来、富起来到强起来的伟大飞跃，实现中华民族伟大复兴进入了不可逆转的历史进程！

一百年来，中国共产党团结带领中国人民，以"为有牺牲多壮志，敢教日月换新天"的大无畏气概，书写了中华民族几千年历史上最恢宏的史诗。这一百年来开辟的伟大道路、创造的伟大事业、取得的伟大成就，必将载入中华民族发展史册、人类文明发展史册！

同志们、朋友们！

一百年前，中国共产党的先驱们创建了中国共产党，形成了坚持真理、坚守理想，践行初心、担当使命，不怕牺牲、英勇斗争，对党忠诚、不负人民的伟大建党精神，这是中国共产党的精神之源。

一百年来，中国共产党弘扬伟大建党精神，在长期奋斗中构建起中国共产党人的精神谱系，锤炼出鲜明的政治品格。历史川流不息，精神代代相传。我们要继续弘扬光荣传统、赓续红色血脉，永远把伟大建党精神继承下去、发扬光大！

同志们、朋友们！

一百年来，我们取得的一切成就，是中国共产党人、中国人民、中华民族团结奋斗的结果。以毛泽东同志、邓小平同志、江泽民同志、胡锦涛同志为主要代表的中国共产党人，为中华民族伟大复兴建立了彪炳史册的伟大功勋！我们向他们表示崇高的敬意！

此时此刻，我们深切怀念为中国革命、建设、改革，为中国共产党建立、巩固、发展作出重大贡献的毛泽东、周恩来、刘少奇、朱德、邓小平、陈云同志等老一辈革命家，深切怀念为建立、捍卫、建设新中国英勇牺牲的革命先烈，深切怀念为改革开放和社会主义现代化建设英勇献身的革命烈士，深切怀念近代以来为民族独立和人民解放顽强奋斗的所有仁人志士。他们为祖国和民族建立的丰功伟绩永载史册！他们的崇高精神永远铭记在人民心中！

人民是历史的创造者，是真正的英雄。我代表党中央，向全国广大工人、农民、知识分子，向各民主党派和无党派人士、各人民团体、各界爱国人士，向人民解放军指战员、武警部队官兵、公安干警和消防救援队伍指战员，向全体社会主义劳动者，向统一战线广大成员，致以崇高的敬意！向香港特别行政区同胞、澳门特别行政区同胞和台湾同胞以及广大侨胞，致以诚挚的问候！向一切同中国人民友好相处，关心和支持中国革命、建设、改革事业的各国人民和朋友，致以衷心的谢意！

同志们、朋友们！

初心易得，始终难守。以史为鉴，可以知兴替。我们要用历史映照现实、远观未来，从中国共产党的百年奋斗中看清楚过去我们为什么能够成功、弄明白未来我们怎样才能继续成功，从而在新的征程上更加坚定、更加自觉地牢记初心使命、开创美好未来。

——以史为鉴、开创未来，必须坚持中国共产党坚强领导。办好中国的事情，关键在党。中华民族近代以来180多年的历史、中国共产党成立以来100年的历史、中华人民共和国成立以来70多年的历史都充分证明，没有中国共产党，就没有新中国，就没有中华民族伟大复兴。历史和人民选择了中国共产党。中国共产党领导是中国特色社会主义最本质的特征，是中国特色社会主义制度的最大优势，是党和国家的根本所在、命脉所在，是全国各族人民的利益所系、命运所系。

新的征程上，我们必须坚持党的全面领导，不断完善党的领导，增强“四个意识”、坚定“四个自信”、做到“两个维护”，牢记“国之大者”，不断提高党科学执政、民主执政、依法执政水平，充分发挥党总揽全局、协调各方的领导核心作用！

——以史为鉴、开创未来，必须团结带领中国人民不断为美好生活而奋斗。江山就是人民、人民就是江山，打江山、守江山，守的是人民的心。中国共产党根基在人民、血脉在人民、力量在人民。中国共产党始终代表最广大人民根本利益，与人民休戚与共、生死相依，没有任何自己特殊的利益，从来不代表任何利益集团、任何权势团体、任何特权阶层的利益。任何想把中国共产党同中国人民分割开来、对立起来的企图，都是绝不会得逞的！9500多万中国共产党人不答应！14亿多中国人民也不答应！

新的征程上，我们必须紧紧依靠人民创造历史，坚持全心全意为人民服务的根本宗旨，站稳人民立场，贯彻党的群众路线，尊重人民首创精神，践行以人民为中心的发展思想，发展全过程人民民主，维护社会公平正义，着力解决发展不平衡不充分问题和人民群众急难愁盼问题，推动人的全面发展、全体人民共同富裕取得更为明显的实质性进展！

——以史为鉴、开创未来，必须继续推进马克思主义中国化。马克思主义是我们立党立国的根本指导思想，是我们党的灵魂和旗帜。中国共产党坚持马克思主义基本原理，坚持实事求是，从中国实际出发，洞察时代大势，把握历史主动，进行艰辛探索，不断推进马克思主义中国化时代化，指导中国人民不断推进伟大社会革命。中国共产党为什么能，中国特色社会主义为什么好，归根到底是因为马克思主义行！

新的征程上，我们必须坚持马克思列宁主义、毛泽东思想、邓小平理论、“三个代表”重要思想、科学发展观，全面贯彻新时代中国特色社会主义思想，坚持把马克思主义基本原理同中国具体实际相结合、同中华优秀传统文化相结合，用马克思主义观察时代、把握时代、引领时代，继续发展当代中国马克思主义、21 世纪马克思主义！

——以史为鉴、开创未来，必须坚持和发展中国特色社会主义。走自己的路，是党的全部理论和实践立足点，更是党百年奋斗得出的历史结论。中国特色社会主义是党和人民历经千辛万苦、付出巨大代价取得的根本成就，是实现中华民族伟大复兴的正确道路。我们坚持和发展中国特色社会主义，推动物质文明、政治文明、精神文明、社会文明、生态文明协调发展，创造了中国式现代化新道路，创造了人类文明新形态。

新的征程上，我们必须坚持党的基本理论、基本路线、基本方略，统筹推进“五位一体”总体布局、协调推进“四个全面”战略布局，全面深化改革开放，立足新发展阶段，完整、准确、全面贯彻新发展理念，构建新发展格局，推动高质量发展，推进科技自立自强，保证人民当家作主，坚持依法治国，坚持社会主义核心价值体系，坚持在发展中保障和改善民生，坚持人与自然和谐共生，协同推进人民富裕、国家强盛、中国美丽。

中华民族拥有在 5000 多年历史演进中形成的灿烂文明，中国共产党拥有百年奋斗实践和 70 多年执政兴国经验，我们积极学习借鉴人类文明的一切有益成果，欢迎一切有益的建议和善意的批评，但我们绝不接受“教师爷”般颐指气使的说教！中国共产党和中国人民将在自己选择的道路上昂首阔步走下去，把中国发展进步的命运牢牢掌握在自己手中！

——以史为鉴、开创未来，必须加快国防和军队现代化。强国必须强军，军强才能国安。坚持党指挥枪、建设自己的人民军队，是党在血与火的斗争中得出的颠扑不破的真理。人民军队为党和人民建立了不朽功勋，是保卫红色江山、维护民族尊严的坚强柱石，也是维护地区和世界和平的强大力量。

新的征程上，我们必须全面贯彻新时代党的强军思想，贯彻新时代军事战略方针，坚持党对人民军队的绝对领导，坚持走中国特色强军之路，全面推进政治建军、改革强军、科技强军、人才强军、依法治军，把人民军队建设成为世界一流军队，以更强大的能力、更可靠的手段捍卫国家主权、安全、发展利益！

——以史为鉴、开创未来，必须不断推动构建人类命运共同体。和平、和睦、和谐是中华民族5000多年来一直追求和传承的理念，中华民族的血液中没有侵略他人、称王称霸的基因。中国共产党关注人类前途命运，同世界上一切进步力量携手前进，中国始终是世界和平的建设者、全球发展的贡献者、国际秩序的维护者！

新的征程上，我们必须高举和平、发展、合作、共赢旗帜，奉行独立自主的和平外交政策，坚持走和平发展道路，推动建设新型国际关系，推动构建人类命运共同体，推动共建“一带一路”高质量发展，以中国的新发展为世界提供新机遇。中国共产党将继续同一切爱好和平的国家和人民一道，弘扬和平、发展、公平、正义、民主、自由的全人类共同价值，坚持合作、不搞对抗，坚持开放、不搞封闭，坚持互利共赢、不搞零和博弈，反对霸权主义和强权政治，推动历史车轮向着光明的目标前进！

中国人民是崇尚正义、不畏强暴的人民，中华民族是具有强烈民族自豪感和自信心的民族。中国人民从来没有欺负、压迫、奴役过其他国家人民，过去没有，现在没有，将来也不会有。同时，中国人民也绝不允许任何外来势力欺负、压迫、奴役我们，谁妄想这样干，必将在 14 亿多中国人民用血肉筑成的钢铁长城面前碰得头破血流！

——以史为鉴、开创未来，必须进行具有许多新的历史特点的伟大斗争。敢于斗争、敢于胜利，是中国共产党不可战胜的强大精神力量。实现伟大梦想就要顽强拼搏、不懈奋斗。今天，我们比历史上任何时期都更接近、更有信心和能力实现中华民族伟大复兴的目标，同时必须准备付出更为艰巨、更为艰苦的努力。

新的征程上，我们必须增强忧患意识、始终居安思危，贯彻总体国家安全观，统筹发展和安全，统筹中华民族伟大复兴战略全局和世界百年未有之大变局，深刻认识我国社会主要矛盾变化带来的新特征新要求，深刻认识错综复杂的国际环境带来的新矛盾新挑战，敢于斗争，善于斗争，逢山开道、遇水架桥，勇于战胜一切风险挑战！

——以史为鉴、开创未来，必须加强中华儿女大团结。在百年奋斗历程中，中国共产党始终把统一战线摆在重要位置，不断巩固和发展最广泛的统一战线，团结一切可以团结的力量、调动一切可以调动的积极因素，最大限度凝聚起共同奋斗的力量。爱国统一战线是中国共产党团结海内外全体中华儿女实现中华民族伟大复兴的重要法宝。

新的征程上，我们必须坚持大团结大联合，坚持一致性和多样性统一，加强思想政治引领，广泛凝聚共识，广聚天下英才，努力寻求最大公约数、画出最大同心圆，形成海内外全体中华儿女心往一处想、劲往一处使的生动局面，汇聚起实现民族复兴的磅礴力量！

——以史为鉴、开创未来，必须不断推进党的建设新的伟大工程。勇于自我革命是中国共产党区别于其他政党的显著标志。我们党历经千锤百炼而朝气蓬勃，一个很重要的原因就是我们始终坚持党要管党、全面从严治党，不断应对好自身在各个历史时期面临的风险考验，确保我们党在世界形势深刻变化的历史进程中始终走在时代前列，在应对国内外各种风险挑战的历史进程中始终成为全国人民的主心骨！

新的征程上，我们要牢记打铁必须自身硬的道理，增强全面从严治党永远在路上的政治自觉，以党的政治建设为统领，继续推进新时代党的建设新的伟大工程，不断严密党的组织体系，着力建设德才兼备的高素质干部队伍，坚定不移推进党风廉政建设和反腐败斗争，坚决清除一切损害党的先进性和纯洁性的因素，清除一切侵蚀党的健康肌体的病毒，确保党不变质、不变色、不变味，确保党在新时代坚持和发展中国特色社会主义的历史进程中始终成为坚强领导核心！

同志们、朋友们！

我们要全面准确贯彻“一国两制”、“港人治港”、“澳人治澳”、高度自治的方针，落实中央对香港、澳门特别行政区全面管治权，落实特别行政区维护国家安全的法律制度和执行机制，维护国家主权、安全、发展利益，维护特别行政区社会大局稳定，保持香港、澳门长期繁荣稳定。

解决台湾问题、实现祖国完全统一，是中国共产党矢志不渝的历史任务，是全体中华儿女的共同愿望。要坚持一个中国原则和“九二共识”，推进祖国和平统一进程。包括两岸同胞在内的所有中华儿女，要和衷共济、团结向前，坚决粉碎任何“台独”图谋，共创民族复兴美好未来。任何人都不要低估中国人民捍卫国家主权和领土完整的坚强决心、坚定意志、强大能力！

同志们、朋友们！

未来属于青年，希望寄予青年。一百年前，一群新青年高举马克思主义思想火炬，在风雨如晦的中国苦苦探寻民族复兴的前途。一百年来，在中国共产党的旗帜下，一代代中国青年把青春奋斗融入党和人民事业，成为实现中华民族伟大复兴的先锋力量。新时代的中国青年要以实现中华民族伟大复兴为己任，增强做中国人的志气、骨气、底气，不负时代，不负韶华，不负党和人民的殷切期望！

同志们、朋友们！

一百年前，中国共产党成立时只有50多名党员，今天已经成为拥有9500多万名党员、领导着14亿多人口大国、具有重大全球影响力的世界第一大执政党。

一百年前，中华民族呈现在世界面前的是一派衰败凋零的景象。今天，中华民族向世界展现的是一派欣欣向荣的气象，正以不可阻挡的步伐迈向伟大复兴。

过去一百年，中国共产党向人民、向历史交出了一份优异的答卷。现在，中国共产党团结带领中国人民又踏上了实现第二个百年奋斗目标新的赶考之路。

全体中国共产党员！党中央号召你们，牢记初心使命，坚定理想信念，践行党的宗旨，永远保持同人民群众的血肉联系，始终同人民想在一起、干在一起，风雨同舟、同甘共苦，继续为实现人民对美好生活的向往不懈努力，努力为党和人民争取更大光荣！

同志们、朋友们！

中国共产党立志于中华民族千秋伟业，百年恰是风华正茂！回首过去，展望未来，有中国共产党的坚强领导，有全国各族人民的紧密团结，全面建成社会主义现代化强国的目标一定能够实现，中华民族伟大复兴的中国梦一定能够实现！

伟大、光荣、正确的中国共产党万岁！

伟大、光荣、英雄的中国人民万岁！

（摘自习近平《在庆祝中国共产党成立100周年大会上的讲话》，《人民日报》2021年7月2日。）

➲ 案例评析

（1）案例形成背景

《在庆祝中国共产党成立100周年大会上的讲话》（以下简称《讲话》）是2021年7月1日习近平总书记在庆祝中国共产党成立100周年大会上所作的重要讲话。整篇讲话以大历史观来把握中国共产党百年党史，全面总结了党的伟大创造和辉煌成就，深刻揭示了党的宝贵经验和成功密码，科学指明了党不断开创伟大事业的真理之路和光明未来。整篇讲话贯穿着历史唯物主义和辩证唯物主义的立场和观点，蕴含着丰富的马克思主义世界观和方法论，提出了一系列新的重大思想、重大观点、重大论断，是一篇闪耀着马克思主义真理光辉的重要文献。

（2）案例内容解读

对《讲话》的深入研学，需要全面系统、反复思考、深刻把握贯穿其中的马克思主义立场、观点和方法。

第一，要深刻把握伟大建党精神这个中国共产党的精神之源。习近平总书记指出，“中国共产党的先驱们创建了中国共产党，形成了坚持真理、坚守理想，践行初心、担当使命，不怕牺牲、英勇斗争，对党忠诚、不负人民的伟大建党精神，这是中国共产党的精神之源。”这是习近平总书记首次提出并阐释“伟大建党精神”的深刻内涵，是长期奋斗中形成的中国共产党人精神谱系的源头，集中体现了党的理想信念、根本宗旨、优良作风，是中国共产党不断奋勇前行的不竭动力。

第二，要深刻把握百年来中国共产党的初心使命和奋斗主题。习近平总书记指出：“中国共产党一经诞生，就把为中国人民谋幸福、为中华民族谋复兴确立为自己的初心使命”，“中国共产党团结带领中国人民进行的一切奋斗、一切牺牲、一切创造，归结起来就是一个主题：实现中华民族伟大复兴”。深刻把握中国共产党的初心使命和奋斗主题，是理解中国共产党百年来奋进历程和取得伟大成就的关键。《讲话》在全面总结党的百年奋斗历史功绩基础上，指出仍要不忘初心、牢记使命，为实现中华民族伟大复兴继续奋勇前进。

第三，要深刻把握“办好中国的事情，关键在党”的命题。习近平总书记指出：“办好中国的事情，关键在党。”“中国共产党领导是中国特色社会主义最本质的特征，是中国特色社会主义制度的最大优势，是党和国家的根本所在、命脉所在，是全国各族人民的利益所系、命运所系。”这强调了坚持中国共产党坚强领导这个根本保证，强调中国共产党领导是中国特色社会主义最本质的特征。历史表明，没有中国共产党，就没有新中国，就没有中华民族伟大复兴。新的征程上，我们仍毫不动摇地坚持和加强党的全面领导，确保党始终成为中国特色社会主义事业的坚强领导核心。

第四，要深刻把握“团结带领中国人民不断为美好生活而奋斗”这个价值追求。习近平总书记指出：“江山就是人民、人民就是江山”，“中国共产党根基在人民、血脉在人民、力量在人民。中国共产党始终代表最广大人民根本利益”。这些重要论述，不仅是对党的百年奋斗历程的总结，而且是对党的根本政治立场和根本价值追求的重申。中国共产党始终坚持以人民为中心，时刻铭记民心是最大的政治，坚定贯彻党的群众路线，这是伟大的人民立场和为民情怀。以这一价值追求为方向，《讲话》中还提出了“发展全过程人民民主”，“推动人的全面发展、全体人民共同富裕取得更为明显的实质性进展”等重大创新理论。

第五，要深刻把握“必须继续推进马克思主义中国化”这个时代课题。习近平总书记指出：“中国共产党为什么能，中国特色社会主义为什么好，归根到底是因为马克思主义行！”“坚持把马克思主义基本原理同中国具体实际相结合、同中华优秀传统文化相结合”。这里首次提出“两个相结合”的重大观点，创新拓展了马克思主义中国化的内涵要求，特别是其中所强调的马克思主义同中华优秀传统文化的内在契合和相互作用关系，是不断增强文化自信、创新发展马克思主义的重要来源。

（3）案例研学方法

对《讲话》的研学，可以通过撰写学习心得、举行研讨会、专家讲座等形式来进行，在内容上可以从以下三个方面来深入展开。

第一，结合伟大历史来学习《讲话》。这篇文献描绘了中国共产党波澜壮阔的百年历史画卷，分别从四个历史时期回顾了我们党一百年走过的光辉历程，是对中国共产党百年奋斗历史的深刻总结。结合中华民族近代以来180多年的历史、中国共产党成立以来100年的历史、中华人民共和国成立以来70多年的历史来学习《讲话》，将更加深刻体会中国共产党百年来奋斗历程的重大意义和光明前景。

第二，结合经典文献来学习《讲话》。这篇文献贯穿着辩证唯物主义和历史唯物主义，在一系列重大问题上作出新论述新概括，进一步深化了对共产党执政规律、社会主义建设规律、人类社会发展规律的认识。结合马克思主义和马克思主义中国化的经典文献，包括党的十八大报告、十九大报告、第三个历史决议、党的二十大报告等重要文献来学习《讲话》，将更能体会《讲话》的理论说服力，更加全面理解《讲话》的理论意义。

第三，结合自身实际来学习《讲话》。这篇文献明确提出了以史为鉴、开创未来“九个必须”的根本要求，系统回答了党和国家事业发展的领导核心、价值追求、理论指导、战略支撑、外部环境、力量来源等一系列重大问题，郑重宣示了站在新的历史关口我们党举什么旗、走什么路、向着什么方向、朝着什么目标、依靠什么力量前进，为全党全国各族人民向第二个百年奋斗目标迈进指明了前进方向、提供了根本遵循。结合自身实际来学习《讲话》，将自身的学习、工作、生活同党的伟大事业融合起来，将自身价值同中华民族伟大复兴的进程融合起来，自觉运用《讲话》的精神来武装头脑、指导实践、推动工作，将更能真切领悟《讲话》的实践意义。

案例四:《中国式现代化是中国共产党领导的社会主义现代化》

党的二十大报告明确指出:“中国式现代化，是中国共产党领导的社会主义现代化。”这是对中国式现代化定性的话，是管总、管根本的。为什么要强调党在中国式现代化建设中的领导地位?这是因为，党的领导直接关系中国式现代化的根本方向、前途命运、最终成败。

党的领导决定中国式现代化的根本性质。党的性质宗旨、初心使命、信仰信念、政策主张决定了中国式现代化是社会主义现代化，而不是别的什么现代化。我们党始终高举中国特色社会主义伟大旗帜，既坚持科学社会主义基本原则，又不断赋予其鲜明的中国特色和时代内涵，坚定不移地走中国特色社会主义道路，确保中国式现代化在正确的轨道上顺利推进。我们党坚持把马克思主义作为根本指导思想，不断深化对共产党执政规律、社会主义建设规律、人类社会发展规律的认识，不断开辟马克思主义中国化时代化新境界，为中国式现代化提供科学指引。我们党坚持和完善中国特色社会主义制度，不断推进国家治理体系和治理能力现代化，形成包括中国特色社会主义根本制度、基本制度、重要制度等在内的一整套制度体系，为中国式现代化稳步前行提供坚强制度保证。我们党坚持和发展中国特色社会主义文化，激发全民族文化创新创造活力，为中国式现代化提供强大精神力量。可以说，只有毫不动摇坚持党的领导，中国式现代化才能前景光明、繁荣兴盛；否则，中国式现代化就会偏离航向、丧失灵魂，甚至犯颠覆性错误。

党的领导确保中国式现代化锚定奋斗目标行稳致远。我们党始终坚守初心使命，矢志为中国人民谋幸福、为中华民族谋复兴，坚持把远大理想和阶段性目标统一起来，一旦确定目标，就咬定青山不放松，接续奋斗、艰苦奋斗、不懈奋斗。改革开放以来，我们建设社会主义现代化国家的奋斗目标都是循序渐进、一以贯之的，并随着实践的发展而不断丰富完善。在总结改革开放和新时代实践成就和经验基础上，党的二十大更加清晰擘画了到2035年我国发展的目标要求，科学描绘了全面建成社会主义现代化强国、全面推进中华民族伟大复兴的宏伟蓝图。从这些历史进程中，我们可以清楚地看到，建设社会主义现代化国家是我们党一以贯之的奋斗目标，一代一代地接力推进，并不断取得举世瞩目、彪炳史册的辉煌业绩。

党的领导激发建设中国式现代化的强劲动力。改革开放是决定当代中国命运的关键一招，也是决定中国式现代化成败的关键一招。改革开放以后，我们党以伟大历史主动精神不断变革生产关系和生产力之间、上层建筑和经济基础之间不相适应的方面，不断推进各领域体制改革，形成和发展符合当代中国国情、充满生机活力的体制机制，让一切劳动、知识、技术、管理和资本的活力竞相迸发，让一切创造社会财富的源泉充分涌流。党的十八大以来，我们党以巨大的政治勇气全面深化改革，突出问题导向，敢于突进深水区，敢于啃硬骨头，敢于涉险滩，敢于面对新矛盾新挑战，冲破思想观念束缚，突破利益固化藩篱，坚决破除各方面体制机制弊端，改革由局部探索、破冰突围到系统集成、全面深化，许多领域实现历史性变革、系统性重塑、整体性重构，为中国式现代化注入不竭动力源泉。

党的领导凝聚建设中国式现代化的磅礴力量。我们党深刻认识到中国式现代化是亿万人民自己的事业，人民是中国式现代化的主体，必须紧紧依靠人民，尊重人民创造精神，汇集全体人民的智慧和力量，才能推动中国式现代化不断向前发展。我们坚持党的群众路线，想问题、作决策、办事情注重把准人民脉搏、回应人民关切、体现人民愿望、增进人民福祉，努力使党的理论和路线方针政策得到人民群众衷心拥护。我们坚持把人民对美好生活的向往作为奋斗目标，坚持以人民为中心的发展思想，着力保障和改善民生，着力解决人民急难愁盼问题，让中国式现代化建设成果更多更公平地惠及全体人民。我们党发展全过程人民民主，拓展民主渠道，丰富民主形式，扩大人民有序政治参与，确保人民依法通过各种途径和形式管理国家事务，管理经济和文化事业，管理社会事务，以主人翁精神满怀热忱地投入到现代化建设中来。我们党以中国式现代化的美好愿景激励人、鼓舞人、感召人，有效促进政党关系、民族关系、宗教关系、阶层关系、海内外同胞关系和谐，促进海内外中华儿女团结奋斗，凝聚起全面建设社会主义现代化国家的磅礴伟力。

（摘自习近平《中国式现代化是中国共产党领导的社会主义现代化》，《求是》2023 年第 11 期。）

➲ 案例评析

（1）案例形成背景

《中国式现代化是中国共产党领导的社会主义现代化》是习近平总书记发表在《求是》杂志 2023 年第 11 期上的重要文章。这篇文章是习近平总书记 2023 年 2 月 7 日在新进中央委员会的委员、候补委员和省部级主要领导干部学习贯彻习近平新时代中国特色社会主义思想和党的二十大精神研讨班上讲话的一部分。在这篇重要文章中，习近平总书记从“党的领导决定中国式现代化的根本性质”“党的领导确保中国式现代化锚定奋斗目标行稳致远”“党的领导激发建设中国式现代化的强劲动力”“党的领导凝聚建设中国式现代化的磅礴力量”四个方面，深刻揭示了党的领导与中国式现代化的内在关系，阐明“中国式现代化是中国共产党领导的社会主义现代化”，具有很强的政治性、理论性、针对性、指导性，包含着深刻的马克思主义立场、观点和方法，值得深入研学。

（2）案例内容解读

《中国式现代化是中国共产党领导的社会主义现代化》包含着丰富深刻的内容，可从如下几个方面进行解读。

第一，党的领导决定中国式现代化的根本性质。习近平总书记指出:“党的性质宗旨、初心使命、信仰信念、政策主张决定了中国式现代化是社会主义现代化，而不是别的什么现代化。”文章首先提出“中国式现代化的根本性质”，明确表达了中国共产党的领导决定了中国式现代化根本性质。中国式现代化的“中国式”，从根本上讲就是基于中国特色社会主义而形成的，它同时反映在“党的领导”这个根本要求上。党的领导是中国特色社会主义最本质的特征，也是中国特色社会主义制度的最大优势。

第二，党的领导确保中国式现代化锚定奋斗目标行稳致远。习近平总书记指出:“我们党始终坚守初心使命，矢志为中国人民谋幸福、为中华民族谋复兴，坚持把远大理想和阶段性目标统一起来，一旦确定目标，就咬定青山不放松，接续奋斗、艰苦奋斗、不懈奋斗。”历史发展是连续性和阶段性的统一，实现现代化，需要从战略高度进行顶层设计、擘画宏伟蓝图。中国式现代化的蓝图是在中国共产党领导下，坚持一张蓝图绘到底的精神，一笔一画设计和描绘出来的。这体现了中国共产党治国理政的战略定力和中国共产党领导的制度优势。

第三，党的领导激发建设中国式现代化的强劲动力。习近平总书记指出："改革开放是决定当代中国命运的关键一招，也是决定中国式现代化成败的关键一招。"文章通过总结历史、分析现实、展望未来，用改革开放40多年来的成就和经验，从社会发展的动力方面，明确了中国共产党所实现的改革开放对中国式现代化的巨大历史推动。深刻体现了马克思主义基本原理中关于生产关系和生产力之间、上层建筑和经济基础之间的辩证关系，真正展现了我们党伟大的历史主动精神。

第四，党的领导凝聚建设中国式现代化的磅礴力量。习近平总书记指出："我们党深刻认识到中国式现代化是亿万人民自己的事业，人民是中国式现代化的主体，必须紧紧依靠人民，尊重人民创造精神，汇集全体人民的智慧和力量，才能推动中国式现代化不断向前发展。"这里所强调的是中国式现代化的"主体力量"。在中国这样一个人口众多、国情复杂的大国，要把各方面力量团结起来建设现代化。党以强大的政治领导力、思想引领力、群众组织力和社会号召力，把人民团结凝聚起来、组织动员起来，把亿万人民群众的创造伟力激发起来，带领人民仅用几十年时间就走完发达国家几百年走过的工业化历程，探索出了中国式现代化这条强国建设、民族复兴的康庄大道。党深刻认识到，人民是中国式现代化的主体，是全面建成社会主义现代化强国的决定性力量。

中国式现代化是一项开创性的伟大事业，是人类历史上最为宏大而独特的理论和实践创新。在中国这样的经济文化比较落后、人口众多的东方大国通过走社会主义道路实现现代化，注定了中国式现代化必然要面对更多风险挑战。应对这些风险挑战的根本力量就在于党的领导。正如习近平总书记深刻指出的那样："风雨袭来时，党的坚强领导、党中央的权威是最坚实的靠山。"① 确保中国式现代化行稳致远，以中国式现代化全面推进中华民族伟大复兴，必须坚持党的领导。

---

① 《习近平在十九届中央纪委五次全会上发表重要讲话强调 充分发挥全面从严治党引领保障作用 确保"十四五"时期目标任务落到实处》，《人民日报》2021年1月23日。

（3）案例研学方法

对《中国式现代化是中国共产党领导的社会主义现代化》一文的研学，可以通过撰写学习心得、举行研讨会、开展专题辅导会等形式来进行，在内容上可以从以下三个方面来深入展开。

第一，结合“四史”来学习。文章强调了中国共产党对中国式现代化的领导力量是从历史中不断产生的，从团结带领人民进行新民主主义革命，实现民族独立和人民解放为现代化创造根本社会条件，到带领人民进行社会主义革命，推进社会主义建设，为我国的现代化建设奠定根本政治前提，到团结带领人民进行改革开放新的伟大革命，为中国式现代化提供了充满新的活力的体制保证和快速发展的物质条件，再到团结带领人民进行新时代坚持和发展中国特色社会主义这场伟大社会革命，不断实现理论和实践上的创新突破，成功推进和拓展了中国式现代化，正是中国共产党领导人民进行的长期奋斗，才成功开创、推进和拓展了中国式现代化。结合党史、新中国史、改革开放史、社会主义发展史来学习这篇文章，将更好理解党的领导与中国式现代化的内在关系。

第二，结合经典文献来学习。这篇文章贯穿着经典历史唯物主义和科学社会主义思想，开辟了马克思主义中国化时代化新境界，为中国式现代化提供了科学指引。结合《共产党宣言》、《习近平治国理政》、《习近平新时代中国特色社会主义思想学习纲要（2023年版）》以及党的二十大报告等马克思主义和中国化时代化马克思主义经典文献来学习，将有助于更好地把握文章的科学内涵和理论意义。

第三，结合身边生活来学习。结合身边实实在在的经济发展、文化生活、环境建设等方面，在今昔对比、中外对照中深刻体会中国式现代化的“中国式”特征，也能够更加深入理解身边生活发生的翻天覆地的变化是在党把全国人民的力量激发起来的条件下所实现的，中国式现代化只有在党的领导下才能焕发出它的磅礴伟力。

……………………………………………………………………

四 参考选题

在这一部分，我们选取四部马克思主义经典文本作为参考选题，可根据前述的研学方法对这些经典文本展开研学。

主题一:《德意志意识形态》

这是马克思恩格斯在1845年9月到1846年夏初共同写作的一部哲学著作。在这部著作中，他们批判了费尔巴哈的直观唯物主义和唯心史观，梳理了青年黑格尔派的哲学信仰，批判了德国“真正的社会主义”，并在此基础上第一次系统阐发了马克思主义哲学，尤其是唯物史观的基本原理。

对这部经典的研学可从如下三个方面来进行。第一，了解马克思恩格斯写作时所面对的社会状况，尤其是当时的德意志占统治地位的意识形态是如何形成的。第二，结合马克思恩格斯这一时期的其他文本，比如《关于费尔巴哈的提纲》，从思想史的角度来把握和定位这部经典文本在马克思主义发展史上的地位。第三，结合当代中国和世界的历史变局，深刻思考当今意识形态工作的重要性。

主题二:《资本论》

《资本论》是马克思从事政治经济学研究的思想结晶，不仅是马克思最重要的经济学著作，而且是一部蕴含着丰富哲学思想的伟大著作。它深刻揭示了资本主义生产关系的本质和资本主义生产方式的运动规律，科学论证了社会主义必然代替资本主义的历史趋势和唯物史观的基本原理。

对这部经典的研学可从如下三个方面来进行：第一，从搞清《资本论》的研究对象入手，深刻把握为什么会在19世纪产生《资本论》这样伟大的作品。第二，在马克思主义整体性视域下，厘清以《资本论》为代表的马克思主义政治经济学与马克思主义哲学和科学社会主义之间的关系。第三，用《资本论》揭示的原理和方法，试图回答社会主义市场经济发展过程中的重大问题，比如“如何认识社会主义社会中的资本概念”、政府和市场的关系、资本与生态的关系等。

主题三:《新民主主义论》

这是1940年1月9日毛泽东在陕甘宁边区文化协会第一次代表大会上作的长篇讲演。这部著作充分运用马克思主义宇宙观，深入研究了中国社会的历史和现状，揭示了中国革命发展的基本规律，完整、系统地阐明了新民主主义革命力量，丰富和发展了唯物史观。

对这部经典的研学可从如下三个方面来进行。第一，需深刻把握《新民主主义论》产生的历史背景，搞清楚为什么这部著作回应了“中国向何处去”这一前途道路问题。第二，通过对文本内容的解读，以核心概念为抓手，回应相关争论性问题，比如“中国革命分步走问题”“新民主主义社会与社会主义社会的关系问题”等。第三，从方法论的角度来把握《新民主主义论》的重要意义，了解以毛泽东为主要代表的中国共产党人如何把马克思主义普遍原理与中国革命具体实际相结合的。

主题四:《高举中国特色社会主义伟大旗帜 为全面建设社会主义现代化国家而团结奋斗》

这是2022年10月16日习近平在中国共产党第二十次全国代表大会上所作的报告。报告全面总结了中国过去五年和新时代十年的伟大变革，系统阐述了开辟马克思主义中国化时代化新境界、中国式现代化的中国特色和本质要求、新时代新征程中国共产党的使命任务等重大理论和实践问题，擘画了全面建成社会主义现代化强国的宏伟蓝图和实践路径，是中国共产党团结带领全国各族人民夺取新时代中国特色社会主义新胜利的政治宣言和行动纲领，是一篇马克思主义的纲领性文献。

对这部经典的研学可从如下三个方面来进行：第一，结合对照相关经典文本，把学习党的二十大报告同学习大会系列讲话和相关文件结合起来，同学习党的十八大报告、十九大报告精神结合起来。第二，进入历史语境，联系百年党史、新中国史、改革开放史、新时代十年奋进史，将二十大精神与历史融会贯通。第三，着眼现实社会，通过历史和现实、理论和实践、国际和国内相结合的办法，从整体到局部、再从局部到整体进行反复揣摩来全面掌握党的二十大精神。

实践项目二
专题报告

从国际共产主义运动史看，马克思、恩格斯、列宁等经典作家都曾深入无产阶级和人民群众中围绕特定议题作专题报告，这既调动了广大无产阶级和人民群众的革命热情，同时也让人们对马克思主义理论有了更加深刻的认识。从中国共产党的百年历史看，专题报告是我们党应对党内出现的某些错误倾向和认识、开展科学理论宣讲的重要形式。今天，专题报告作为红色理论宣讲的一种重要形式，对于宣传和阐释马克思主义理论尤其是中国化时代化马克思主义最新理论成果、增进全党全国各族人民对于党的路线、方针、政策的理解同样具有举足轻重的意义。

一　追寻红色足迹

专题报告是马克思主义经典作家传播马克思主义，领导和推动无产阶级革命运动的重要法宝。马克思和恩格斯在长期参与指导工人运动的过程中，与广大劳动者和人民群众联系密切，并在多个场合就具体问题发表专题式的演说。比如，1845 年 2 月 8 日和 15 日恩格斯在爱北斐特的集会上发表过两次专题式的演说。在第一次演说中，恩格斯阐明了资本主义社会犯罪的根源和资产阶级司法机关的作用，并且对法的发展远景及关于共产主义社会犯罪问题作了预测。在共产主义社会里，机关将无限地加以简化，而正是因为在这种社会里，管理机构管理的不仅是社会生活的个别方面，而且是整个社会生活的一切表现、一切方面。而在每一个人的身体上和精神上的需求都得到满足的地方，在没有什么社会隔阂和社会差别的地方，侵犯财产的犯罪行为自然而然地就不会再发生了。刑法会自行消失，民法也会不再存在。再比如，马克思 1848 年 1 月 9 日在布鲁塞尔民主协会召开的公众大会上作了关于自由贸易的专题报告，揭穿了资产阶级关于自由贸易的欺人之谈，指出资产阶级所谓的自由是虚假的，是用来欺骗群众的工具，贸易自由不外是资本发展的自由。他谴责了资本主义的殖民政策，驳斥了所谓自由贸易引起的国际分工有利于殖民地国家的谬论，说明殖民地统治是由资产阶级的剥削欲望造成的，这种欲望既引起世界市场上的竞争，又造成一国牺牲别国而致富的贪婪。

在长期的革命、建设和改革进程中，中国共产党人也十分重视以专题报告形式宣讲马克思主义及其中国化时代化马克思主义理论。比如，1937 年 7 月，毛泽东在延安抗日军事政治大学就马克思主义认识论发表专题演说，用马克思主义的认识论观点去揭露党内的教条主义和经验主义，特别是教条主义错误。其重点是揭露看轻实践的教条主义这种主观主义，并在后来形成了《实践论》一文。毛泽东在《实践论》中详细论述了实践与认识的关系，指出真理的标准只能是社会的实践，实践的观点是辩证唯物论的认识论之第一和基本的观点。在实践中不断开辟认识真理的道路，达到主观和客观、理论和实践、知和行的具体的历史的统一，反对一切离开具体历史的“左”或右的错误思想。实践、认识、再实践、再认识，这种形式，循环往复以至无穷，而实践和认识的每一循环的内容，都比较地进到了高一级的程度。这篇报告是毛泽东关于马克思主义认识论的代表著作，深刻地论述和丰富了马克思主义的认识论，它用科学的认识论武装了中国共产党，教育全党树立马克思列宁主义必须同中国实际相结合的观点。

二　实践操作指南

（一）主要目标及重要意义

作为红色理论宣讲重要形式的“专题报告”项目，其具体开展的目标包括知识目标、能力目标和价值目标三个方面。这些方面均具有突出的理论意义和实践意义。

1. 主要目标

第一，知识目标。学生通过专题报告形式宣讲红色理论，需要了解、掌握、熟识不同维度上的宣讲内容，这里所说的不同维度是指马克思主义哲学、马克思主义政治经济学、科学社会主义这三个马克思主义的组成部分。并且，学生还要在专题式学习马克思主义及中国化时代化马克思主义的基础上，能够融会贯通、触类旁通，尝试运用所学习到的马克思主义理论去解释广为公众所关注的社会现实问题，真正做到学思用贯通、知信行统一。

第二，能力目标。学生通过专题报告形式开展红色理论宣讲，将会在大量阅读和研究马克思主义经典著作的基础上，提升自己的理论学习和理解能力；将会在同现实社会的广泛接触之间，不断提升自己的社会调查能力；将会通过现实生活反映出的种种理论认识问题，针对性地设计专题报告开展宣讲，进而不断提升自己的问题把握、专题设计、报告撰写等能力。

第三，价值目标。学生在经典研学、社会接触、专题设计、报告撰写、理论宣讲等多项工作中，不断提升自己的理论水平、锤炼自己的政治品格，自觉运用马克思主义及中国化时代化马克思主义分析问题、理解世界、看待人生，从而树立正确的世界观、人生观、价值观，更加坚定自己的政治信仰。

2. 重要意义

首先，理论意义。通过专题报告的实践学习，学生将会更加深刻地理解、领悟、把握相关理论，进而不断锤炼自己的政治品格、提升自己的政治修为。

其次，实践意义。通过专题报告的实践学习，学生将会比较系统地接受理论、调查、研究、写作等能力训练，并在反复的专题报告撰写、展示和演讲中提升自己的理论水平，为搞得懂、悟得深、讲得透马克思主义尤其中国化时代化马克思主义理论奠定了坚实的基础。

（二）具体形式及方案

作为红色理论宣讲的一种重要形式，开展专题报告实践教学，需要同学们在自主学习的基础上针对社会上广受关注或存在误解的问题，按如下步骤进行实践操作。

步骤一，理论学习。理论学习是进行专题报告的第一步，同学们可以采取自学、老师导学、集体讨论等多种形式进行理论学习。在理论学习中，同学们需要首先选定学习的文本。需要指出的是，所选择的文本必须是权威的，并且能够反映马克思主义理论发展全貌，体现当代中国马克思主义和二十一世纪马克思主义的著作。比如，可以选择阅读《马克思恩格斯文集》、《马克思恩格斯选集》、《列宁专题文集》、《列宁选集》、《毛泽东文集》、《毛泽东选集》、《邓小平文选》、《习近平谈治国理政》（1-4 卷）、《习近平著作选读》（1-2 卷）等。为了帮助同学们更好地学习和理解经典文本，同学们可以选择一些导读性质的著作帮助自己理解，比如“中央党校思想库丛书”里的十六本马克思主义经典著作选读导读、王树荫主编的《中国马克思主义经典著作导读》、艾四林主编的《马列主义经典著作导读》等学术专著；或者阅读国内外其他知名学者在权威学术期刊上发表的相关论文。

步骤二，实践学习。同学们在前期理论学习和广泛社会观察的基础上，可以选择某个或某些广受关注的或理解不深刻的理论问题进行专题报告的撰写。在撰写专题报告时，同学们需要注意以下几个问题。首先，专题报告的选题要具有一定的理论和现实意义，并且要选择那些自己可以驾驭的题目；其次，专题报告的撰写思路要清晰，要做到层次分明、逻辑清晰，对基本概念、基本理论的阐释要正确；再次，专题报告撰写时尽可能做到忠于理论又语言质朴，这样就能在阐释清楚理论的基础上以喜闻乐见的语言形式被更多人所接受；最后，撰写专题报告过程中还必须关注文章的规范性，既要用词规范，也要行文格式规范。在完成专题报告写作后，同学们可根据实际情况选择是以公开展示或发表的形式，还是用理论讲演的形式完成宣讲。如果是后者，同学们还需要考虑实地讲演的具体情况，适当选择运用案例教学的办法，以案例吸引人、以案例打动人。此外，也可以运用多媒体、短视频等现代信息技术，配合专题报告的现场展示。

（三）成果展示及评价

专题报告的成果展示及评价主要分为专题报告的文本展示及评价和实地展示及评价两种形式。

首先，针对专题报告的文本展示及评价，主要根据文本构成要素（摘要、前言、本文内容、结论、参考文献等）的完整度以及质量来进行综合评定，具体分为五个等级，即“90 分以上为优秀”“80-89 分为良好”“70-79 分为中等”“60-69 分为合格”“59 分以下为不合格”（见表 1）。

表 1 专题报告量化评价标准

评议项目	评价要素	各项分值	评分
选题	选题恰当，基本反映社会的关注度	10	
逻辑	专题报告写作思路清晰、层次清楚，对基本概念、基本理论诠释得当	30	
写作	文风严谨，报告符合学科规范；调查报告结构合理、层次分明、概念明确、条理清晰、语言流畅，具有科学性	40	
深度	报告具有一定理论深度，对相关问题阐释得当，基本反映了作者的理论功底	20	
总分			
等级			

其次，针对专题报告的实地展示及评价，主要根据实地讲演的具体效果来进行综合评定，具体分为五个等级，即“90 分以上为优秀”“80-89 分为良好”“70-79 分为中等”“60-69 分为合格”“59 分以下为不合格”。

三 实践案例赏析

无论是从马克思恩格斯以及列宁长期指导工人运动的实践活动看，还是从中国共产党人的实践经验看，专题报告都是马克思主义经典作家用以阐述理论、正本清源的重要宣讲形式，同时他们也为我们留下了许多极具理论价值和实践价值的专题报告文本。在此，我们全文选录或节选马克思在《人民报》创刊四周年纪念会上的演说，毛泽东的《实践论》《论十大关系》，以及习近平在二十届中央政治局第一次集体学习时的讲话等四篇经典文献为案例文本，供同学们学习时参考。

➲ 案例欣赏

案例一：马克思在《人民报》创刊四周年纪念会上的演说

马克思于1856年4月14日应英国宪章派机关报《人民报》编辑部的邀请，参加了该报创刊4周年的纪念会。他被邀请的第一个演说是关于无产阶级的世界历史使命的内容。3天之后，《人民报》发表了马克思的这篇演说文本。马克思在发表这篇演说时，离1848年那场轰轰烈烈、震撼全欧洲的大革命已有8年了，但新的革命高潮尚未到来（离1871年大革命还有十余年），世界无产阶级的革命运动正处于低潮时期。作为亲身参加过1848年革命的马克思，在演讲中对这次革命的经验和教训进行了深刻的总结。

《在〈人民报〉创刊纪念会上的演说》

那些所谓的1848年革命，只不过是些微不足道的事件，是欧洲社会干硬外壳上的一些细小的裂口和缝隙。但是它们却暴露出了外壳下面的一个无底深渊。在看来似乎坚硬的外表下面，现出了一片汪洋大海，只要它动荡起来，就能把由坚硬岩石构成的大陆撞得粉碎。它们吵吵嚷嚷、模模糊糊地宣布了无产阶级解放这个十九世纪的秘密，十九世纪革命的秘密。

的确，这个社会革命并不是1848年发明出来的新东西。蒸汽、电力和自动纺机甚至是比巴尔贝斯、拉斯拜尔和布朗基诸位公民更危险万分的革命家。但是，尽管我们生活在其中的大气把两万磅重的压力加在每一个人身上，你们可感觉得到吗？同样，欧洲社会在1848年以前也没有感觉到从四面八方包围着它、压抑着它的革命气氛。

这里有一件可以作为我们19世纪特征的伟大事实，一件任何政党都不敢否认的事实。一方面产生了以往人类历史上任何一个时代都不能想像的工业和科学的力量。而另一方面却显露出衰颓的征象，这种衰颓远远超过罗马帝国末期那一切载诸史册的可怕情景。

在我们这个时代，每一种事物好像都包含有自己的反面。我们看到，机器具有减少人类劳动和使劳动更有成效的神奇力量，然而却引起了饥饿和过度的疲劳。新发现的财富的源泉，由于某种奇怪的、不可思议的魔力而变成贫困的根源。技术的胜利，似乎是以道德的败坏为代价换来的。随着人类愈益控制自然，个人却似乎愈益成为别人的奴隶或自身的卑劣行为的奴隶。甚至科学的纯洁光辉仿佛也只能在愚昧无知的黑暗背景上闪耀。我们的一切发现和进步，似乎结果是使物质力量具有理智生命，而人的生命则化为愚钝的物质力量。现代工业、科学与现代贫困、衰颓之间的这种对抗，我们时代的生产力与社会关系之间的这种对抗，是显而易见的、不可避免的和无庸争辩的事实。有些党派可能为此痛哭流涕；另一些党派可能为了要摆脱现代冲突而希望抛开现代技术；还有一些党派可能以为工业上如此巨大的进步要以政治上同样巨大的倒退来补充。可是我们不会认错那个经常在这一切矛盾中，出现的狡猾的精灵。我们知道，要使社会的新生力量很好地发挥作用，就只能由新生的人来掌握它们，而这些新生的人就是工人。工人也同机器本身一样，是现代的产物。在那些使资产阶级、贵族和可怜的倒退预言家惊慌失措的现象当中，我们认出了我们的好朋友、好人儿罗宾，这个会迅速刨土的老田鼠、光荣的工兵——革命。英国工人是现代工业的头一个产儿。当然，他们在支援这种工业所引起的社会革命方面是不会落在最后的，这种革命意味着他们的本阶级在全世界的解放，这种革命同资本的统治和雇佣奴役制具有同样的普遍性质。我知道英国工人阶级从上一世纪中叶以来进行了多么英勇的斗争，这些斗争只是因为资产阶级历史家把它们掩盖起来和隐瞒不说才不为世人所熟悉。为了报复统治阶级的罪行，在中世纪的德国曾有过一种叫做《Vehmgericht》〔“菲默法庭”〕的秘密法庭。如果某一所房子画上了一个红十字，大家就知道，这所房子的主人受到了《Vehm》的判决。现在，欧洲所有的房子都画上了神秘的红十字。历史本身就是审判官，而无产阶级就是执刑者。

（选自《马克思恩格斯文集》第 2 卷，人民出版社，2009，第 579–581 页。）

➲ 案例评析

马克思的专题报告语句优美、思想犀利、气势磅礴、震撼人心。他以 1848 年革命作为引子，阐释了社会矛盾和社会革命的原因。他熟练而巧妙地运用演讲的比喻方法和矛盾方法，列举了一系列社会矛盾，并强调所有这一切社会矛盾产生的原因就在于资本主义社会固有的、根本对立的生产力和生产关系、经济基础和上层建筑之间的矛盾以及生产资料的私人占有和生产的社会化之间的矛盾。那么如何使机器、技术、科学这些“社会的新生力量”很好地发挥作用而不致产生饥饿、贫困和奴隶呢？答案是只有由“新生的人”即无产阶级来掌握它们。无产阶级同机器一样是现代资本主义生产方式的产物。无产阶级虽然运用机器生产着社会财富，但他们一无所有，他们不是为自己而生产，而是为他人、为一小部分剥削者资本家阶级生产。无产阶级形式上是与机器结合的，但实质上他们不拥有机器，他们是与生产资料脱离的，同时他们也不拥有自己创造出来的社会财富的分配权，他们是资本主义大机器生产和资本主义统治阶级的奴隶。无产阶级只有行动起来，通过暴力革命的手段，剥夺剥夺者，摧毁资本主义社会全部现存的国家机器和上层建筑，建立无产阶级自己的国家政权，才能真正解决资本主义社会的矛盾，结束社会的不公平，从而实现无产阶级自身的解放，成为自然和社会的主人，这是无产阶级的伟大历史使命。无产阶级觉醒和奋起之日便是资本主义丧钟敲响之时。资本主义的灭亡是历史的必然，而无产阶级则是资本主义死亡的执刑者。

马克思通过语言丰富、形象生动、颇具鼓动性和感召力的演讲，宣传了革命的理论，为新的革命风暴的到来从思想上理论上作了准备，极大地鼓舞了处于两次革命高潮之间、正积蓄力量准备向资本主义统治阶级发动新的伟大革命的广大工人阶级。马克思的这些关于资本主义根本矛盾和无产阶级社会革命的思想，以后在《资本论》中进一步作了详尽而系统的阐述。

马克思的这篇报告堪称内容与形式完美结合的典范。虽然报告的理论色彩很浓、思想非常深刻，但表达的形式却新鲜生动、脍炙人口。整篇报告不过千余字，但多处巧妙而贴切地运用了形象的比喻，这就容易使听众自始至终兴趣盎然、聆听不疲。

案例二：毛泽东的《实践论》

在延安王家坪的延安革命纪念馆的一个展柜中摆放着三本书：人民出版社出版的单行本《实践论》、《矛盾论》和延安时期油印本的《辩证法唯物论（讲授提纲）》。《辩证法唯物论（讲授提纲）》是前二者的母体，其第二章第十一节就是后来《实践论》的原稿。《实践论》《矛盾论》两篇著作都是毛泽东同志于 1937 年 7 月和 8 月为抗大讲课用的讲稿，后都编入《毛泽东选集》。就《实践论》而言，由于中国共产党内的教条主义和经验主义的严重影响，中国革命1931—1934年遭受极大损失。《实践论》就是毛泽东借用马克思主义的认识论观点揭露党内的教条主义和经验主义，特别是教条主义的主观主义错误而写的。

《实践论》

马克思以前的唯物论，离开人的社会性，离开人的历史发展，去观察认识问题，因此不能了解认识对社会实践的依赖关系，即认识对生产和阶级斗争的依赖关系。

首先，马克思主义者认为人类的生产活动是最基本的实践活动，是决定其他一切活动的东西。人的认识，主要地依赖于物质的生产活动，逐渐地了解自然的现象、自然的性质、自然的规律性、人和自然的关系；而且经过生产活动，也在各种不同程度上逐渐地认识了人和人的一定的相互关系。一切这些知识，离开生产活动是不能得到的。在没有阶级的社会中，每个人以社会一员的资格，同其他社会成员协力，结成一定的生产关系，从事生产活动，以解决人类物质生活问题。在各种阶级的社会中，各阶级的社会成员，则又以各种不同的方式，结成一定的生产关系，从事生产活动，以解决人类物质生活问题。这是人的认识发展的基本来源。

人的社会实践，不限于生产活动一种形式，还有多种其他的形式，阶级斗争，政治生活，科学和艺术的活动，总之社会实际生活的一切领域都是社会的人所参加的。因此，人的认识，在物质生活以外，还从政治生活文化生活中（与物质生活密切联系），在各种不同程度上，知道人和人的各种关系。其中，尤以各种形式的阶级斗争，给予人的认识发展以深刻的影响。在阶级社会中，每一个人都在一定的阶级地位中生活，各种思想无不打上阶级的烙印。

马克思主义者认为人类社会的生产活动，是一步又一步地由低级向高级发展，因此，人们的认识，不论对于自然界方面，对于社会方面，也都是一步又一步地由低级向高级发展，即由浅入深，由片面到更多的方面。在很长的历史时期内，大家对于社会的历史只能限于片面的了解，这一方面是由于剥削阶级的偏见经常歪曲社会的历史，另方面，则由于生产规模的狭小，限制了人们的眼界。人们能够对于社会历史的发展作全面的历史的了解，把对于社会的认识变成了科学，这只是到了伴随巨大生产力——大工业而出现近代无产阶级的时候，这就是马克思主义的科学。

马克思主义者认为，只有人们的社会实践，才是人们对于外界认识的真理性的标准。实际的情形是这样的，只有在社会实践过程中（物质生产过程中，阶级斗争过程中，科学实验过程中），人们达到了思想中所预想的结果时，人们的认识才被证实了。人们要想得到工作的胜利即得到预想的结果，一定要使自己的思想合于客观外界的规律性，如果不合，就会在实践中失败。人们经过失败之后，也就从失败取得教训，改正自己的思想使之适合于外界的规律性，人们就能变失败为胜利，所谓“失败者成功之母”，“吃一堑长一智”，就是这个道理。辩证唯物论的认识论把实践提到第一的地位，认为人的认识一点也不能离开实践，排斥一切否认实践重要性、使认识离开实践的错误理论。列宁这样说过:“实践高于（理论的）认识，因为它不但有普遍性的品格，而且还有直接现实性的品格。”马克思主义的哲学辩证唯物论有两个最显著的特点：一个是它的阶级性，公然申明辩证唯物论是为无产阶级服务的；再一个是它的实践性，强调理论对于实践的依赖关系，理论的基础是实践，又转过来为实践服务。判定认识或理论之是否真理，不是依主观上觉得如何而定，而是依客观上社会实践的结果如何而定。真理的标准只能是社会的实践。实践的观点是辩证唯物论的认识论之第一的和基本的观点。

然而人的认识究竟怎样从实践发生，而又服务于实践呢？这只要看一看认识的发展过程就会明了的。

原来人在实践过程中，开始只是看到过程中各个事物的现象方面，看到各个事物的片面，看到各个事物之间的外部联系。例如有些外面的人们到延安来考察，头一二天，他们看到了延安的地形、街道、屋宇，接触了许多的人，参加了宴会、晚会和群众大会，听到了各种说话，看到了各种文件，这些就是事物的现象，事物的各个片面以及这些事物的外部联系。这叫做认识的感性阶段，就是感觉和印象的阶段。也就是延安这些各别的事物作用于考察团先生们的感官，引起了他们的感觉，在他们的脑子中生起了许多的印象，以及这些印象间的大概的外部的联系，这是认识的第一个阶段。在这个阶段中，人们还不能造成深刻的概念，作出合乎论理（即合乎逻辑）的结论。

社会实践的继续，使人们在实践中引起感觉和印象的东西反复了多次，于是在人们的脑子里生起了一个认识过程中的突变（即飞跃），产生了概念。概念这种东西已经不是事物的现象，不是事物的各个片面，不是它们的外部联系，而是抓着了事物的本质，事物的全体，事物的内部联系了。概念同感觉，不但是数量上的差别，而且有了性质上的差别。循此继进，使用判断和推理的方法，就可产生出合乎论理的结论来。《三国演义》上所谓“眉头一皱计上心来”，我们普通说话所谓“让我想一想”，就是人在脑子中运用概念以作判断和推理的工夫。这是认识的第二个阶段。外来的考察团先生们在他们集合了各种材料，加上他们“想了一想”之后，他们就能够作出“共产党的抗日民族统一战线的政策是彻底的、诚恳的和真实的”这样一个判断了。在他们作出这个判断之后，如果他们对于团结救国也是真实的的话，那末他们就能够进一步作出这样的结论：“抗日民族统一战线是能够成功的。”这个概念、判断和推理的阶段，在人们对于一个事物的整个认识过程中是更重要的阶段，也就是理性认识的阶段。认识的真正任务在于经过感觉而到达于思维，到达于逐步了解客观事物的内部矛盾，了解它的规律性，了解这一过程和那一过程间的内部联系，即到达于论理的认识。重复地说，论理的认识所以和感性的认识不同，是因为感性的认识是属于事物之片面的、现象的、外部联系的东西，论理的认识则推进了一大步，到达了事物的全体的、本质的、内部联系的东西，到达了暴露周围世界的内在的矛盾，因而能在周围世界的总体上，在周围世界一切方面的内部联系上去把握周围世界的发展。

这种基于实践的由浅入深的辩证唯物论的关于认识发展过程的理论，在马克思主义以前，是没有一个人这样解决过的。马克思主义的唯物论，第一次正确地解决了这个问题，唯物地而且辩证地指出了认识的深化的运动，指出了社会的人在他们的生产和阶级斗争的复杂的、经常反复的实践中，由感性认识到论理认识的推移的运动。列宁说过："物质的抽象，自然规律的抽象，价值的抽象以及其他等等，一句话，一切科学的（正确的、郑重的、非瞎说的）抽象，都更深刻、更正确、更完全地反映着自然。"马克思列宁主义认为：认识过程中两个阶段的特性，在低级阶段，认识表现为感性的，在高级阶段，认识表现为论理的，但任何阶段，都是统一的认识过程中的阶段。感性和理性二者的性质不同，但又不是互相分离的，它们在实践的基础上统一起来了。我们的实践证明：感觉到了的东西，我们不能立刻理解它，只有理解了的东西才更深刻地感觉它。感觉只解决现象问题，理论才解决本质问题。这些问题的解决，一点也不能离开实践。无论何人要认识什么事物，除了同那个事物接触，即生活于（实践于）那个事物的环境中，是没有法子解决的。不能在封建社会就预先认识资本主义社会的规律，因为资本主义还未出现，还无这种实践。马克思主义只能是资本主义社会的产物。马克思不能在自由资本主义时代就预先具体地认识帝国主义时代的某些特异的规律，因为帝国主义这个资本主义最后阶段还未到来，还无这种实践，只有列宁和斯大林才能担当此项任务。马克思、恩格斯、列宁、斯大林之所以能够作出他们的理论，除了他们的天才条件之外，主要地是他们亲自参加了当时的阶级斗争和科学实验的实践，没有这后一个条件，任何天才也是不能成功的。“秀才不出门，全知天下事”，在技术不发达的古代只是一句空话，在技术发达的现代虽然可以实现这句话，然而真正亲知的是天下实践着的人，那些人在他们的实践中间取得了“知”，经过文字和技术的传达而到达于“秀才”之手，秀才乃能间接地“知天下事”。如果要直接地认识某种或某些事物，便只有亲身参加于变革现实、变革某种或某些事物的实践的斗争中，才能触到那种或那些事物的现象，也只有在亲身参加变革现实的实践的斗争中，才能暴露那种或那些事物的本质而理解它们。这是任何人实际上走着的认识路程，不过有些人故意歪曲地说些反对的话罢了。世上最可笑的是那些“知识里手”，有了道听途说的一知半解，便自封为“天下第一”，适足见其不自量而已。知识的问题是一个科学问题，来不得半点的虚伪和骄傲，决定地需要的倒是其反面——诚实和谦逊的态度。你要有知识，你就得参加变革现实的实践。你要知道梨子的滋味，你就得变革梨子，亲口吃一吃。你要知道原子的组织同性质，你就得实行物理学和化学的实验，变革原子的情况。你要知道革命的理论和方法，你就得参加革命。一切真知都是从直接经验发源的。但人不能事事直接经验，事实上多数的知识都是间接经验的东西，这就是一切古代的和外域的知识。这些知识在古人在外人是直接经验的东西，如果在古人外人直接经验时是符合于列宁所说的条件“科学的抽象”，是科学地反映了客观的事物，那末这些知识是可靠的，否则就是不可靠的。所以，一个人的知识，不外直接经验的和间接经验的两部分。而且在我为间接经验者，在人则仍为直接经验。因此，就知识的总体说来，无论何种知识都是不能离开直接经验的。任何知识的来源，在于人的肉体感官对客观外界的感觉，否认了这个感觉，否认了直接经验，否认亲自参加变革现实的实践，他就不是唯物论者。“知识里手”之所以可笑，原因就是在这个地方。中国人有一句老话：“不入虎穴，焉得虎子。”这句话对于人们的实践是真理，对于认识论也是真理。离开实践的认识是不可能的。

为了明了基于变革现实的实践而产生的辩证唯物论的认识运动——认识的逐渐深化的运动，下面再举出几个具体的例子。

无产阶级对于资本主义社会的认识，在其实践的初期——破坏机器和自发斗争时期，他们还只在感性认识的阶段，只认识资本主义各个现象的片面及其外部的联系。这时，他们还是一个所谓“自在的阶级”。但是到了他们实践的第二个时期——有意识有组织的经济斗争和政治斗争的时期，由于实践，由于长期斗争的经验，经过马克思、恩格斯用科学的方法把这种种经验总结起来，产生了马克思主义的理论，用以教育无产阶级，这样就使无产阶级理解了资本主义社会的本质，理解了社会阶级的剥削关系，理解了无产阶级的历史任务，这时他们就变成了一个“自为的阶级”。

中国人民对于帝国主义的认识也是这样。第一阶段是表面的感性的认识阶段，表现在太平天国运动和义和团运动等笼统的排外主义的斗争上。第二阶段才进到理性的认识阶段，看出了帝国主义内部和外部的各种矛盾，并看出了帝国主义联合中国买办阶级和封建阶级以压榨中国人民大众的实质，这种认识是从一九一九年五四运动前后才开始的。

我们再来看战争。战争的领导者，如果他们是一些没有战争经验的人，对于一个具体的战争（例如我们过去十年的土地革命战争）的深刻的指导规律，在开始阶段是不了解的。他们在开始阶段只是身历了许多作战的经验，而且败仗是打得很多的。然而由于这些经验（胜仗，特别是败仗的经验），使他们能够理解贯串整个战争的内部的东西，即那个具体战争的规律性，懂得了战略和战术，因而能够有把握地去指导战争。此时，如果改换一个无经验的人去指导，又会要在吃了一些败仗之后（有了经验之后）才能理会战争的正确的规律。

常常听到一些同志在不能勇敢接受工作任务时说出来的一句话：没有把握。为什么没有把握呢？因为他对于这项工作的内容和环境没有规律性的了解，或者他从来就没有接触过这类工作，或者接触得不多，因而无从谈到这类工作的规律性。及至把工作的情况和环境给以详细分析之后，他就觉得比较地有了把握，愿意去做这项工作。如果这个人在这项工作中经过了一个时期，他有了这项工作的经验了，而他又是一个肯虚心体察情况的人，不是一个主观地、片面地、表面地看问题的人，他就能够自己做出应该怎样进行工作的结论，他的工作勇气也就可以大大地提高了。只有那些主观地、片面地和表面地看问题的人，跑到一个地方，不问环境的情况，不看事情的全体（事情的历史和全部现状），也不触到事情的本质（事情的性质及此一事情和其他事情的内部联系），就自以为是地发号施令起来，这样的人是没有不跌交子的。

由此看来，认识的过程，第一步，是开始接触外界事情，属于感觉的阶段。第二步，是综合感觉的材料加以整理和改造，属于概念、判断和推理的阶段。只有感觉的材料十分丰富（不是零碎不全）和合于实际（不是错觉），才能根据这样的材料造出正确的概念和论理来。

这里有两个要点必须着重指明。第一个，在前面已经说过的，这里再重复说一说，就是理性认识依赖于感性认识的问题。如果以为理性认识可以不从感性认识得来，他就是一个唯心论者。哲学史上有所谓"唯理论"一派，就是只承认理性的实在性，不承认经验的实在性，以为只有理性靠得住，而感觉的经验是靠不住的，这一派的错误在于颠倒了事实。理性的东西所以靠得住，正是由于它来源于感性，否则理性的东西就成了无源之水，无本之木，而只是主观自生的靠不住的东西了。从认识过程的秩序说来，感觉经验是第一的东西，我们强调社会实践在认识过程中的意义，就在于只有社会实践才能使人的认识开始发生，开始从客观外界得到感觉经验。一个闭目塞听、同客观外界根本绝缘的人，是无所谓认识的。认识开始于经验——这就是认识论的唯物论。

第二是认识有待于深化，认识的感性阶段有待于发展到理性阶段——这就是认识论的辩证法。如果以为认识可以停顿在低级的感性阶段，以为只有感性认识可靠，而理性认识是靠不住的，这便是重复了历史上的“经验论”的错误。这种理论的错误，在于不知道感觉材料固然是客观外界某些真实性的反映（我这里不来说经验只是所谓内省体验的那种唯心的经验论），但它们仅是片面的和表面的东西，这种反映是不完全的，是没有反映事物本质的。要完全地反映整个的事物，反映事物的本质，反映事物的内部规律性，就必须经过思考作用，将丰富的感觉材料加以去粗取精、去伪存真、由此及彼、由表及里的改造制作工夫，造成概念和理论的系统，就必须从感性认识跃进到理性认识。这种改造过的认识，不是更空虚了更不可靠了的认识，相反，只要是在认识过程中根据于实践基础而科学地改造过的东西，正如列宁所说乃是更深刻、更正确、更完全地反映客观事物的东西。庸俗的事务主义家不是这样，他们尊重经验而看轻理论，因而不能通观客观过程的全体，缺乏明确的方针，没有远大的前途，沾沾自喜于一得之功和一孔之见。这种人如果指导革命，就会引导革命走上碰壁的地步。

理性认识依赖于感性认识，感性认识有待于发展到理性认识，这就是辩证唯物论的认识论。哲学上的“唯理论”和“经验论”都不懂得认识的历史性或辩证性，虽然各有片面的真理（对于唯物的唯理论和经验论而言，非指唯心的唯理论和经验论），但在认识论的全体上则都是错误的。由感性到理性之辩证唯物论的认识运动，对于一个小的认识过程（例如对于一个事物或一件工作的认识）是如此，对于一个大的认识过程（例如对于一个社会或一个革命的认识）也是如此。

然而认识运动至此还没有完结。辩证唯物论的认识运动，如果只到理性认识为止，那末还只说到问题的一半。而且对于马克思主义的哲学说来，还只说到非十分重要的那一半。马克思主义的哲学认为十分重要的问题，不在于懂得了客观世界的规律性，因而能够解释世界，而在于拿了这种对于客观规律性的认识去能动地改造世界。在马克思主义看来，理论是重要的，它的重要性充分地表现在列宁说过的一句话："没有革命的理论，就不会有革命的运动。"然而马克思主义看重理论，正是，也仅仅是，因为它能够指导行动。如果有了正确的理论，只是把它空谈一阵，束之高阁，并不实行，那末，这种理论再好也是没有意义的。认识从实践始，经过实践得到了理论的认识，还须再回到实践去。认识的能动作用，不但表现于从感性的认识到理性的认识之能动的飞跃，更重要的还须表现于从理性的认识到革命的实践这一个飞跃。抓着了世界的规律性的认识，必须把它再回到改造世界的实践中去，再用到生产的实践、革命的阶级斗争和民族斗争的实践以及科学实验的实践中去。这就是检验理论和发展理论的过程，是整个认识过程的继续。理论的东西之是否符合于客观真理性这个问题，在前面说的由感性到理性之认识运动中是没有完全解决的，也不能完全解决的。要完全地解决这个问题，只有把理性的认识再回到社会实践中去，应用理论于实践，看它是否能够达到预想的目的。许多自然科学理论之所以被称为真理，不但在于自然科学家们创立这些学说的时候，而且在于为尔后的科学实践所证实的时候。马克思列宁主义之所以被称为真理，也不但在于马克思、恩格斯、列宁、斯大林等人科学地构成这些学说的时候，而且在于为尔后革命的阶级斗争和民族斗争的实践所证实的时候。辩证唯物论之所以为普遍真理，在于经过无论什么人的实践都不能逃出它的范围。人类认识的历史告诉我们，许多理论的真理性是不完全的，经过实践的检验而纠正了它们的不完全性。许多理论是错误的，经过实践的检验而纠正其错误。所谓实践是真理的标准，所谓“生活、实践底观点，应该是认识论底首先的和基本的观点”，理由就在这个地方。斯大林说得好：“理论若不和革命实践联系起来，就会变成无对象的理论，同样，实践若不以革命理论为指南，就会变成盲目的实践。”

说到这里，认识运动就算完成了吗？我们的答复是完成了，又没有完成。社会的人们投身于变革在某一发展阶段内的某一客观过程的实践中（不论是关于变革某一自然过程的实践，或变革某一社会过程的实践），由于客观过程的反映和主观能动性的作用，使得人们的认识由感性的推移到了理性的，造成了大体上相应于该客观过程的法则性的思想、理论、计划或方案，然后再应用这种思想、理论、计划或方案于该同一客观过程的实践，如果能够实现预想的目的，即将预定的思想、理论、计划、方案在该同一过程的实践中变为事实，或者大体上变为事实，那末，对于这一具体过程的认识运动算是完成了。例如，在变革自然的过程中，某一工程计划的实现，某一科学假想的证实，某一器物的制成，某一农产的收获，在变革社会过程中某一罢工的胜利，某一战争的胜利，某一教育计划的实现，都算实现了预想的目的。然而一般地说来，不论在变革自然或变革社会的实践中，人们原定的思想、理论、计划、方案，毫无改变地实现出来的事，是很少的。这是因为从事变革现实的人们，常常受着许多的限制，不但常常受着科学条件和技术条件的限制，而且也受着客观过程的发展及其表现程度的限制（客观过程的方面及本质尚未充分暴露）。在这种情形之下，由于实践中发现前所未料的情况，因而部分地改变思想、理论、计划、方案的事是常有的，全部地改变的事也是有的。即是说，原定的思想、理论、计划、方案，部分地或全部地不合于实际，部分错了或全部错了的事，都是有的。许多时候须反复失败过多次，才能纠正错误的认识，才能到达于和客观过程的规律性相符合，因而才能够变主观的东西为客观的东西，即在实践中得到预想的结果。但是不管怎样，到了这种时候，人们对于在某一发展阶段内的某一客观过程的认识运动，算是完成了。

然而对于过程的推移而言，人们的认识运动是没有完成的。任何过程，不论是属于自然界的和属于社会的，由于内部的矛盾和斗争，都是向前推移向前发展的，人们的认识运动也应跟着推移和发展。依社会运动来说，真正的革命的指导者，不但在于当自己的思想、理论、计划、方案有错误时须得善于改正，如同上面已经说到的，而且在于当某一客观过程已经从某一发展阶段向另一发展阶段推移转变的时候，须得善于使自己和参加革命的一切人员在主观认识上也跟着推移转变，即是要使新的革命任务和新的工作方案的提出，适合于新的情况的变化。革命时期情况的变化是很急速的，如果革命党人的认识不能随之而急速变化，就不能引导革命走向胜利。

然而思想落后于实际的事是常有的，这是因为人的认识受了许多社会条件的限制的缘故。我们反对革命队伍中的顽固派，他们的思想不能随变化了的客观情况而前进，在历史上表现为右倾机会主义。这些人看不出矛盾的斗争已将客观过程推向前进了，而他们的认识仍然停止在旧阶段。一切顽固党的思想都有这样的特征。他们的思想离开了社会的实践，他们不能站在社会车轮的前头充任向导的工作，他们只知跟在车子后面怨恨车子走得太快了，企图把它向后拉，开倒车。

我们也反对“左”翼空谈主义。他们的思想超过客观过程的一定发展阶段，有些把幻想看作真理，有些则把仅在将来有现实可能性的理想，勉强地放在现时来做，离开了当前大多数人的实践，离开了当前的现实性，在行动上表现为冒险主义。

唯心论和机械唯物论，机会主义和冒险主义，都是以主观和客观相分裂，以认识和实践相脱离为特征的。以科学的社会实践为特征的马克思列宁主义的认识论，不能不坚决反对这些错误思想。马克思主义者承认，在绝对的总的宇宙发展过程中，各个具体过程的发展都是相对的，因而在绝对真理的长河中，人们对于在各个一定发展阶段上的具体过程的认识只具有相对的真理性。无数相对的真理之总和，就是绝对的真理。客观过程的发展是充满着矛盾和斗争的发展，人的认识运动的发展也是充满着矛盾和斗争的发展。一切客观世界的辩证法的运动，都或先或后地能够反映到人的认识中来。社会实践中的发生、发展和消灭的过程是无穷的，人的认识的发生、发展和消灭的过程也是无穷的。根据于一定的思想、理论、计划、方案以从事于变革客观现实的实践，一次又一次地向前，人们对于客观现实的认识也就一次又一次地深化。客观现实世界的变化运动永远没有完结，人们在实践中对于真理的认识也就永远没有完结。马克思列宁主义并没有结束真理，而是在实践中不断地开辟认识真理的道路。我们的结论是主观和客观、理论和实践、知和行的具体的历史的统一，反对一切离开具体历史的“左”的或右的错误思想。

社会的发展到了今天的时代，正确地认识世界和改造世界的责任，已经历史地落在无产阶级及其政党的肩上。这种根据科学认识而定下来的改造世界的实践过程，在世界、在中国均已到达了一个历史的时节——自有历史以来未曾有过的重大时节，这就是整个儿地推翻世界和中国的黑暗面，把它们转变过来成为前所未有的光明世界。无产阶级和革命人民改造世界的斗争，包括实现下述的任务：改造客观世界，也改造自己的主观世界——改造自己的认识能力，改造主观世界同客观世界的关系。地球上已经有一部分实行了这种改造，这就是苏联。他们还正在促进这种改造过程。中国人民和世界人民也都正在或将要通过这样的改造过程。所谓被改造的客观世界，其中包括了一切反对改造的人们，他们的被改造，须要通过强迫的阶段，然后才能进入自觉的阶段。世界到了全人类都自觉地改造自己和改造世界的时候，那就是世界的共产主义时代。

通过实践而发现真理，又通过实践而证实真理和发展真理。从感性认识而能动地发展到理性认识，又从理性认识而能动地指导革命实践，改造主观世界和客观世界。实践、认识、再实践、再认识，这种形式，循环往复以至无穷，而实践和认识之每一循环的内容，都比较地进到了高一级的程度。这就是辩证唯物论的全部认识论，这就是辩证唯物论的知行统一观。

（选自《毛泽东选集》第1卷，人民出版社，1991，第282–298页。）

➲ 案例评析

《实践论》深刻地论述和丰富了马克思主义的认识论，科学地解决了几千年来中国哲学史上争论不休的知行关系问题。它用科学的认识论武装了中国共产党，教育全党树立马克思列宁主义必须同中国实际相结合的观点，为延安整风运动作了理论准备，为中国共产党的实事求是的思想路线奠定了哲学基础。毛泽东在这篇报告中，用直白朴实的语言将深刻的马克思主义哲学原理阐释清楚，为肃清党内的教条主义错误观念奠定了坚实的思想基础。同学们在参考这篇文献时一定要清晰认识到，毛泽东对党内存在的各种思想是有准确把握的，对马克思主义哲学原理是有深刻认识的，对向大众进行哲学的专题报告是有深入研究的。

案例三：毛泽东的《论十大关系》

《论十大关系》是在社会主义革命和建设时期毛泽东所作的一篇关于中国社会主义建设的重要报告。经过中共中央对苏共二十大的多次讨论，毛泽东提出破除苏联迷信，走出一条把马克思主义与中国具体实际“第二次结合”的社会主义建设道路。毛泽东的《论十大关系》正是在此背景下孕育的。这十大关系包括：第一，重工业和轻工业、农业的关系。意在避免片面地注重重工业，忽视农业和轻工业现象。第二，沿海工业和内地工业的关系。意在平衡沿海、内地工业发展布局。第三，经济建设和国防建设的关系。在国防与经济建设方面寻求平衡点。第四，国家、生产单位和生产者个人的关系。第五，中央和地方的关系。注意在中央统一领导下，地方适当放权。第六，汉族和少数民族的关系。着重反对大汉族主义。第七，党和非党的关系。主要处理各民主党派与做好统一战线工作。第八，革命和反革命的关系。主要涉及敌我矛盾以及如何处理敌我矛盾。第九，是非关系。关注如何处理党内矛盾问题。第十，中国和外国的关系。既学习社会主义国家经验，又可学习资本主义国家先进科学技术等。

……

《论十大关系》（节选）

最近几个月，中央政治局听了中央工业、农业、运输业、商业、财政等三十四个部门的工作汇报，从中看到一些有关社会主义建设和社会主义改造的问题。综合起来，一共有十个问题，也就是十大关系。

提出这十个问题，都是围绕着一个基本方针，就是要把国内外一切积极因素调动起来，为社会主义事业服务。过去为了结束帝国主义、封建主义和官僚资本主义的统治，为了人民民主革命的胜利，我们就实行了调动一切积极因素的方针。现在为了进行社会主义革命，建设社会主义国家，同样也实行这个方针。但是，我们工作中间还有些问题需要谈一谈。特别值得注意的是，最近苏联方面暴露了他们在建设社会主义过程中的一些缺点和错误，他们走过的弯路，你还想走？过去我们就是鉴于他们的经验教训，少走了一些弯路，现在当然更要引以为戒。

什么是国内外的积极因素？在国内，工人和农民是基本力量。中间势力是可以争取的力量。反动势力虽是一种消极因素，但是我们仍然要作好工作，尽量争取化消极因素为积极因素。在国际上，一切可以团结的力量都要团结，不中立的可以争取为中立，反动的也可以分化和利用。总之，我们要调动一切直接的和间接的力量，为把我国建设成为一个强大的社会主义国家而奋斗。

下面我讲十个问题。

一、重工业和轻工业、农业的关系

重工业是我国建设的重点。必须优先发展生产资料的生产，这是已经定了的。但是决不可以因此忽视生活资料尤其是粮食的生产。如果没有足够的粮食和其他生活必需品，首先就不能养活工人，还谈什么发展重工业？所以，重工业和轻工业、农业的关系，必须处理好。

在处理重工业和轻工业、农业的关系上，我们没有犯原则性的错误。我们比苏联和一些东欧国家作得好些。像苏联的粮食产量长期达不到革命前最高水平的问题，像一些东欧国家由于轻重工业发展太不平衡而产生的严重问题，我们这里是不存在的。他们片面地注重重工业，忽视农业和轻工业，因而市场上的货物不够，货币不稳定。我们对于农业轻工业是比较注重的。我们一直抓了农业，发展了农业，相当地保证了发展工业所需要的粮食和原料。我们的民生日用商品比较丰富，物价和货币是稳定的。

我们现在的问题，就是还要适当地调整重工业和农业、轻工业的投资比例，更多地发展农业、轻工业。这样，重工业是不是不为主了？它还是为主，还是投资的重点。但是，农业、轻工业投资的比例要加重一点。

加重的结果怎么样？加重的结果，一可以更好地供给人民生活的需要，二可以更快地增加资金的积累，因而可以更多更好地发展重工业。重工业也可以积累，但是，在我们现有的经济条件下，轻工业农业积累得更多更快些。

这里就发生一个问题，你对发展重工业究竟是真想还是假想，想得厉害一点，还是差一点？你如果是假想，或者想得差一点，那就打击农业轻工业，对它们少投点资。你如果是真想，或者想得厉害，那你就要注重农业轻工业，使粮食和轻工业原料更多些，积累更多些，投到重工业方面的资金将来也会更多些。

我们现在发展重工业可以有两种办法，一种是少发展一些农业轻工业，一种是多发展一些农业轻工业。从长远观点来看，前一种办法会使重工业发展得少些和慢些，至少基础不那么稳固，几十年后算总帐是划不来的。后一种办法会使重工业发展得多些和快些，而且由于保障了人民生活的需要，会使它发展的基础更加稳固。

二、沿海工业和内地工业的关系

我国的工业过去集中在沿海。所谓沿海，是指辽宁、河北、北京、天津、河南东部、山东、安徽、江苏、上海、浙江、福建、广东、广西。我国全部轻工业和重工业，都有约百分之七十在沿海，只有百分之三十在内地。这是历史上形成的一种不合理的状况。沿海的工业基地必须充分利用，但是，为了平衡工业发展的布局，内地工业必须大力发展。在这两者的关系问题上，我们也没有犯大的错误，只是最近几年，对于沿海工业有些估计不足，对它的发展不那么十分注重了。这要改变一下。

过去朝鲜还在打仗，国际形势还很紧张，不能不影响我们对沿海工业的看法。现在，新的侵华战争和新的世界大战，估计短时期内打不起来，可能有十年或者更长一点的和平时期。这样，如果还不充分利用沿海工业的设备能力和技术力量，那就不对了。不说十年，就算五年，我们也应当在沿海好好地办四年的工业，等第五年打起来再搬家。从现有材料看来，轻工业工厂的建设和积累一般都很快，全部投产以后，四年之内，除了收回本厂的投资以外，还可以赚回三个厂，两个厂，一个厂，至少半个厂。这样好的事情为什么不做？认为原子弹已经在我们头上，几秒钟就要掉下来，这种形势估计是不合乎事实的，由此而对沿海工业采取消极态度是不对的。

这不是说新的工厂都建在沿海。新的工业大部分应当摆在内地，使工业布局逐步平衡，并且利于备战，这是毫无疑义的。但是沿海也可以建立一些新的厂矿，有些也可以是大型的。至于沿海原有的轻重工业的扩建和改建，过去已经作了一些，以后还要大大发展。

好好地利用和发展沿海的工业老底子，可以使我们更有力量来发展和支持内地工业。如果采取消极态度，就会妨碍内地工业的迅速发展。所以这也是一个对于发展内地工业是真想还是假想的问题。如果是真想，不是假想，就必须更多地利用和发展沿海工业，特别是轻工业。

三、经济建设和国防建设的关系

国防不可不有。现在，我们有了一定的国防力量。经过抗美援朝和几年的整训，我们的军队加强了，比第二次世界大战前的苏联红军要更强些，装备也有所改进。我们的国防工业正在建立。自从盘古开天辟地以来，我们不晓得造飞机，造汽车，现在开始能造了。

我们现在还没有原子弹。但是，过去我们也没有飞机和大炮，我们是用小米加步枪打败了日本帝国主义和蒋介石的。我们现在已经比过去强，以后还要比现在强，不但要有更多的飞机和大炮，而且还要有原子弹。在今天的世界上，我们要不受人家欺负，就不能没有这个东西。怎么办呢？可靠的办法就是把军政费用降到一个适当的比例，增加经济建设费用。只有经济建设发展得更快了，国防建设才能够有更大的进步。

一九五〇年，我们在党的七届三中全会上，已经提出精简国家机构、减少军政费用的问题，认为这是争取我国财政经济情况根本好转的三个条件之一。第一个五年计划期间，军政费用占国家预算全部支出的百分之三十。这个比重太大了。第二个五年计划期间，要使它降到百分之二十左右，以便抽出更多的资金，多开些工厂，多造些机器。经过一段时间，我们就不但会有很多的飞机和大炮，而且还可能有自己的原子弹。

这里也发生这么一个问题，你对原子弹是真正想要、十分想要，还是只有几分想，没有十分想呢？你是真正想要、十分想要，你就降低军政费用的比重，多搞经济建设。你不是真正想要、十分想要，你就还是按老章程办事。这是战略方针的问题，希望军委讨论一下。

现在我们把兵统统裁掉好不好，那不好。因为还有敌人，我们还受敌人欺负和包围嘛！我们一定要加强国防，因此，一定要首先加强经济建设。

四、国家、生产单位和生产者个人的关系

国家和工厂、合作社的关系，工厂、合作社和生产者个人的关系，这两种关系都要处理好。为此，就不能只顾一头，必须兼顾国家、集体和个人三个方面，也就是我们过去常说的“军民兼顾”、“公私兼顾”。鉴于苏联和我们自己的经验，今后务必更好地解决这个

问题。

拿工人讲，工人的劳动生产率提高了，他们的劳动条件和集体福利就需要逐步有所改进。我们历来提倡艰苦奋斗，反对把个人物质利益看得高于一切，同时我们也历来提倡关心群众生活，反对不关心群众痛痒的官僚主义。随着整个国民经济的发展，工资也需要适当调整。关于工贸，最近决定增加一些，主要加在下面，加在工人方面，以便缩小上下两方面的距离。我们的工资一般还不高，但是因为就业的人多了，因为物价低和稳，加上其他种种条件，工人的生活比过去还是有了很大改善。在无产阶级政权下面，工人的政治觉悟和劳动积极性一直很高。去年年底中央号召反右倾保守，工人群众热烈拥护，奋战三个月，破例地超额完成了今年第一季度的计划。我们需要大力发扬他们这种艰苦奋斗的精神，也需要更多地注意解决他们在劳动和生活中的迫切问题。

这里还要谈一下工厂在统一领导下的独立性问题。把什么东西统统都集中在中央或省市，不给工厂一点权力，一点机动的余地，一点利益，恐怕不妥。中央、省市和工厂的权益究竟应当各有多大才适当，我们经验不多，还要研究。从原则上说，统一性和独立性是对立的统一，要有统一性，也要有独立性。比如我们现在开会是统一性，散会以后有人散步，有人读书，有人吃饭，就是独立性。如果我们不给每个人散会后的独立性，一直把会无休止地开下去，不是所有的人都要死光吗？个人是这样，工厂和其他生产单位也是这样。各个生产单位都要有一个与统一性相联系的独立性，才会发展得更加活泼。

再讲农民。我们同农民的关系历来都是好的，但是在粮食问题上曾经犯过一个错误。一九五四年我国部分地区因水灾减产，我们却多购了七十亿斤粮食。这样一减一多，闹得去年春季许多地方几乎人人谈粮食，户户谈统销。农民有意见，党内外也有许多意见。尽管不少人是故意夸大，乘机攻击，但是不能说我们没有缺点。调查不够，摸不清底，多购了七十亿斤，这就是缺点。我们发现了缺点，一九五五年就少购了七十亿斤，又搞了一个“三定”，就是定产定购定销，加上丰收，一少一增，使农民手里多了二百多亿斤粮食。这样，过去有意见的农民也说“共产党真是好”了。这个教训，全党必须记住。

苏联的办法把农民挖得很苦。他们采取所谓义务交售制等项办法，把农民生产的东西拿走太多，给的代价又极低。他们这样来积累资金，使农民的生产积极性受到极大的损害。你要母鸡多生蛋，又不给它米吃，又要马儿跑得好，又要马儿不吃草。世界上哪有这样的道理？

我们对农民的政策不是苏联的那种政策，而是兼顾国家和农民的利益。我们的农业税历来比较轻。工农业品的交换，我们是采取缩小剪刀差，等价交换或者近乎等价交换的政策。我们统购农产品是按照正常的价格，农民并不吃亏，而且收购的价格还逐步有所增长。我们在向农民供应工业品方面，采取薄利多销、稳定物价或适当降价的政策，在向缺粮区农民供应粮食方面，一般略有补贴。但是就是这样，如果粗心大意，也还是会犯这种或那种错误。鉴于苏联在这个问题上犯了严重错误，我们必须更多地注意处理好国家同农民的关系。

合作社同农民的关系也要处理好。在合作社的收入中，国家拿多少，合作社拿多少，农民拿多少，以及怎样拿法，都要规定得适当。合作社所拿的部分，都是直接为农民服务的。生产费不必说，管理费也是必要的，公积金是为了扩大再生产，公益金是为了农民的福利。但是，这几项各占多少，应当同农民研究出一个合理的比例。生产费管理费都要力求节约。公积金公益金也要有个控制，不能希望一年把好事都做完。

除了遇到特大自然灾害以外，我们必须在增加农业生产的基础上，争取百分之九十的社员每年的收入比前一年有所增加，百分之十的社员的收入能够不增不减，如有减少，也要及早想办法加以解决。

总之，国家和工厂，国家和工人，工厂和工人，国家和合作社，国家和农民，合作社和农民，都必须兼顾，不能只顾一头。无论只顾那一头，都是不利于社会主义，不利于无产阶级专政的。这是一个关系到六亿人民的大问题，必须在全党和全国人民中间反复进行教育。

五、中央和地方的关系

中央和地方的关系也是一个矛盾。解决这个矛盾，目前要注意的是，应当在巩固中央统一领导的前提下，扩大一点地方的权力，给地方更多的独立性，让地方办更多的事情。这对我们建设强大的社会主义国家比较有利。我们的国家这样大，人口这样多，情况这样复杂，有中央和地方两个积极性，比只有一个积极性好得多。我们不能像苏联那样，把什么都集中到中央，把地方卡得死死的，一点机动权也没有。

中央要发展工业，地方也要发展工业。就是中央直属的工业，也还是要靠地方协助。至于农业和商业，更需要依靠地方。总之，要发展社会主义建设，就必须发挥地方的积极性。中央要巩固，就要注意地方的利益。

现在几十只手插到地方，使地方的事情不好办。立了一个部就要革命，要革命就要下命令。各部不好向省委、省人民委员会下命令，就同省、市的厅局联成一线，天天给厅局下命令。这些命令虽然党中央不知道，国务院不知道，但都说是中央来的，给地方压力很大。表报之多，闹得泛滥成灾。这种情况，必须纠正。

我们要提倡同地方商量办事的作风。党中央办事，总是同地方商量，不同地方商量从来不冒下命令。在这方面，希望中央各部好好注意，凡是同地方有关的事情，都要先同地方商量，商量好了再下命令。

中央的部门可以分成两类。有一类，它们的领导可以一直管到企业，它们设在地方的管理机构和企业由地方进行监督；有一类，它们的任务是提出指导方针，制定工作规划，事情要靠地方办，要由地方去处理。

处理好中央和地方的关系，这对于我们这样的大国大党是一个十分重要的问题。这个问题，有些资本主义国家也是很注意的。它们的制度和我们的制度根本不同，但是它们发展的经验，还是值得我们研究。拿我们自己的经验说，我们建国初期实行的那种大区制度，当时有必要，但是也有缺点，后来的高饶反党联盟，就多少利用了这个缺点。以后决定取消大区，各省直属中央，也是正确的。但是由此走到取消地方的必要的独立性，结果也不那么好。我们的宪法规定，立法权集中在中央。但是在不违背中央方针的条件下，按照情况和工作需要，地方可以搞章程、条例、办法，宪法并没有约束。我们要统一，也要特殊。为了建设一个强大的社会主义国家，必须有中央的强有力的统一领导，必须有全国的统一计划和统一纪律，破坏这种必要的统一，是不允许的。同时，又必须充分发挥地方的积极性，各地都要有适合当地情况的特殊。这种特殊不是高岗的那种特殊，而是为了整体利益，为了加强全国统一所必要的特殊。

还有一个地方和地方的关系问题，这里说的主要是地方的上下级关系问题。省市对中央部门有意见，地、县、区、乡对省市就没有意见吗？中央要注意发挥省市的积极性，省市也要注意发挥地、县、区、乡的积极性，都不能够框得太死。当然，也要告诉下面的同志哪些事必须统一，不能乱来。总之，可以和应当统一的，必须统一，不可以和不应当统一的，不能强求统一。正当的独立性，正当的权利，省、市、地、县、区、乡都应当有，都应当争。这种从全国整体利益出发的争权，不是从本位利益出发的争权，不能叫做地方主义，不能叫做闹独立性。

省市和省市之间的关系，也是一种地方和地方的关系，也要处理得好。我们历来的原则，就是提倡顾全大局，互助互让。

在解决中央和地方、地方和地方的关系问题上，我们的经验还不多，还不成熟，希望你们好好研究讨论，并且每过一个时期就要总结经验，发扬成绩，克服缺点。

六、汉族和少数民族的关系

对于汉族和少数民族的关系，我们的政策是比较稳当的，是比较得到少数民族赞成的。我们着重反对大汉族主义。地方民族主义也要反对，但是那一般地不是重点。

我国少数民族人数少，占的地方大。论人口，汉族占百分之九十四，是压倒优势。如果汉人搞大汉族主义，歧视少数民族，那就很不好。而土地谁多呢？土地是少数民族多，占百分之五十到六十。我们说中国地大物博，人口众多，实际上是汉族“人口众多”，少数民族“地大物博”，至少地下资源很可能是少数民族“物博”。

各个少数民族对中国的历史都作过贡献。汉族人口多，也是长时期内许多民族混血形成的。历史上的反动统治者，主要是汉族的反动统治者，曾经在我们各民族中间制造种种隔阂，欺负少数民族。这种情况所造成的影响，就在劳动人民中间也不容易很快消除。所以我们无论对干部和人民群众，都要广泛地持久地进行无产阶级的民族政策教育，并且要对汉族和少数民族的关系经常注意检查。早两年已经作过一次检查，现在应当再来一次，如果关系不正常，就必须认真处理，不要只口里讲。

在少数民族地区，经济管理体制和财政体制，究竟怎样才适合，要好好研究一下。

我们要诚心诚意地积极帮助少数民族发展经济建设和文化建设。在苏联，俄罗斯民族同少数民族的关系很不正常，我们应当接受这个教训。天上的空气，地上的森林，地下的宝藏，都是建设社会主义所需要的重要因素，而一切物质因素只有通过人的因素，才能加以开发利用。我们必须搞好汉族和少数民族的关系，巩固各民族的团结，来共同努力于建设伟大的社会主义祖国。

（节选自《毛泽东文集》第7卷，人民出版社，1999，第23-34页。）

➲ 案例评析

《论十大关系》是毛泽东同志在1956年4月25日至28日召开的中共中央政治局扩大会议上的讲话，于1976年12月由《人民日报》首次发表。通过这篇文献，我们可以直观地感受到毛泽东是如何做好一篇专题报告的。

汇报从重工业部门开始。1956年2月14日，毛泽东主要听取了主管重工业的国务院第三办公室的汇报。毛泽东在开始时强调，地方的一些同志觉得中央束缚了他们，地方同中央有些矛盾，若干事情不放手让他们管。地方是块块，中央是条条，中央无数条条往下达，而且规格不一。地方若干要求，你们也不批准，约束了他们。在汇报到设计问题时，毛泽东强调，设计是客观实际在人们头脑中的反映，反映不可能就是那么完全，因此就要在实践中修正。而在讲到技术问题时，毛泽东则主张把外国先进的东西先学来，就像小学生写生一样。关于降低生产资料利润问题，毛泽东认为这是件大事，影响到整个人民生活。降低利润，初看起来，国家财政收入似乎要减少一些，但是基本建设多了，生产也发展了，结果利润会更大。他认为，基本建设发展了，工人也增加了，消费性的、服务性的市场也扩大了。在讲到本位主义问题时，毛泽东提出一个重要观点，即解决制度问题比解决思想问题更重要，更带有根本性质。他强调，批评本位主义的文章要写，但光批评，光从思想上解决问题不行，还要研究解决制度问题。

人是生活在制度之中，同样是那些人，实行这种制度，人们就不积极，实行另外一种制度，人们就积极起来了。解决生产关系问题，要解决生产的诸种关系问题，也就是各种制度问题，不单是要解决一个所有制问题。

2月15日，毛泽东听取了电力工业部等的汇报。听汇报中间，毛泽东着重谈了一长制问题。他对此强调，党委的集体领导与一长制之间并不矛盾。把党的领导问题同依靠群众、精通业务等问题并列，这种提法不妥。一个工厂几千人，很不容易搞好，没有党的领导，很容易形成一长独裁。毛泽东进一步提出，任何情况下，党的集体领导这个原则不能废除。

2月16日，毛泽东听取了第一、第二、第三机械工业部的汇报。根据前几次汇报的情况，毛泽东首先提出这样一个意见，即写东西要发点议论，讲讲有些什么意见。在听取报告的过程中，他再一次批评了一长制，认为在家庭内部也不能搞一长制，没有商量是不行的。工厂总比家庭复杂些。工厂要有一定的纪律，按时、按量、按质完成任务。为达此目的，没有集体领导、个人负责是不行的。单有一个集体领导不行，还要有个人负责，又对立又统一才行。两者缺一不可。只统一没有个人负责不行，是集体领导基础上的个人负责制。单讲集体领导，不讲个人负责，或者单讲个人负责，不讲集体领导，都很危险。

从2月19日到3月1日，毛泽东又分别听取了建筑工业委员会、建筑工业部、城市建设局、石油工业部、地质部、电力工业部、煤炭工业部等重工业部门的汇报。3月1日起，毛泽东又听取了轻工业部门的汇报。听了十几天的汇报，此时，毛泽东对经济建设问题已经开始形成一些想法，提出一些带战略性的问题。比如，在听取国务院主管轻工业部门的第四办公室和纺织工业部的汇报时，毛泽东结合发挥现有企业生产潜力的问题提出技术改造是十分重要的问题，我国在这方面的潜力很大。而在谈到对上海、天津等工业基地的利用问题时，毛泽东又态度鲜明地指出沿海地区要充分合理利用，不能限制。与此相联系，关于上海、天津企业是否内迁问题，毛泽东则认为上海、天津的企业一般无须内迁，个别有条件的、经济合算的可以内迁。3月15日到18日，毛泽东又听取农业、林业、水利部门的汇报，包括农业部、水利部、林业部、气象局。3月19日到4月11日，毛泽东听取了财贸金融部门的汇报。

从4月18日起，新一轮汇报又开始了，是李富春向毛泽东汇报第二个五年计划。刘少奇、周恩来、邓小平等人参加。实际上，这是毛泽东向34个部门做系统调查的延续。前一阶段是专业性的，这一阶段是综合性的，先分析、后综合。每次汇报，毛泽东都有插话。此时，他对国民经济发展的认识在深化和发展，而《论十大关系》的完整思想已呼之欲出了。

第一天，4月18日，毛泽东听汇报时，再次强调充分利用沿海工业的必要性，强调许多新产品都是出在沿海工厂，可见沿海工业作用很大，应充分利用。沿海老厂加以适当扩建，投资少，见效快。他认为现在的危险是基建投资太多了，非生产性的建设也多了，农民负担不起，势必妨碍个人的利益。

4月19日，毛泽东把思考中的问题归纳出三个关系，即沿海与内地的关系，轻工业与重工业的关系，个人与集体的关系。

4月20日，毛泽东批评了一种不正确的思想，即如果没有苏联的援助，中国的建设是不可能的。这一天，他进一步把问题归纳为五个关系：轻工业与重工业、沿海与内地、个人与集体、地方与中央、经济与国防。

4月24日，毛泽东又进一步归纳出“六大矛盾”，也就是六个关系：轻工业与重工业，沿海与内地，国防、行政与经济、文化，个人与集体，地方与中央，少数民族与汉族。不久后，他又提出增加四个关系，成为十大关系。

在听取完汇报后，毛泽东将汇报内容与他的所思所想、社会主义革命和建设时期的具体实际、马克思主义基本原理的相关认识等深度结合，并最终形成了《论十大关系》的专题报告，这对于党确立社会主义革命和建设的一系列方针政策、对于最大限度地团结全国各族人民为建设社会主义现代化国家而奋斗具有长远的指导意义。

案例四：习近平在二十届中央政治局第一次集体学习时的讲话

集体学习是中国共产党的一种重要学习形式。党的十八大以来，在习近平总书记的领导下，中央政治局继承和发扬我们党重视学习、善于学习的优良传统，坚持和完善中央政治局集体学习这项重要制度，围绕党和国家事业发展的重大理论和实践问题先后进行了91次集体学习。每一次中央政治局的集体学习，都是中共中央总书记习近平主持并发表重要讲话。每一次集体学习各有主题，由相关领域专家就该主题进行讲解，中央政治局同志认真听取专家的讲解，进行讨论，或自学并交流工作体会，有时则采取参观和讨论相结合的形式进行。从某种意义而言，习近平总书记在中央政治局集体学习中所发表的重要讲话，其实就是围绕相关专题而开展的一场专题报告，这为中央政治局领导同志深刻理解、准确把握相关问题提供了理论基础。

《在二十届中央政治局第一次集体学的讲话》

学习宣传贯彻党的二十大精神是当前和今后一个时期全党全国

的首要政治任务。今天，我们以学习贯彻党的二十大精神为题，举行二十届中央政治局第一次集体学习，目的是为全党作示范。

党的二十大在政治上、理论上、实践上取得了一系列重大成果。毛泽东同志说："善于把党的政策变为群众的行动，善于使我们的每一个运动，每一个斗争，不但领导干部懂得，而且广大的群众都能懂得，都能掌握，这是一项马克思列宁主义的领导艺术。"中央政治局要带头抓好全党全国学习宣传贯彻党的二十大精神，推动党的二十大精神广泛深入为广大干部群众所了解和掌握。

每当党中央作出重大决策部署，我们就号召全党同志加强学习，以统一全党思想和行动，汇聚起攻坚克难、团结奋进的强大力量。这是党的一条成功经验。关于学习宣传贯彻党的二十大精神，我在党的二十届一中全会、中央政治局常委会第一次会议、中央政治局第一次会议上都提了要求，大家要抓好落实。今天，我从3个方面再讲些意见。

第一，在全面学习上下功夫。只有全面、系统、深入学习，才能完整、准确、全面领会党的二十大精神，对是什么、干什么、怎么干了然于胸，为贯彻落实打下坚实基础。首先要读原文、悟原理。领导干部要原原本本学习党的二十大报告，同时要把学习报告同学习大会系列讲话和相关文件结合起来，同学习党的十八大报告、十九大报告精神结合起来，联系着学。

学习不能仅停留在记住一些概念和提法。新时代以来，党的理论创新和实践创新是十分生动的，我们的学习也应该是生动的。要紧密联系党的十八大以来党和国家事业取得的历史性成就、发生的历史性变革，联系这些年来我们走过的极不寻常、极不平凡的历程，联系我们深化改革开放、推动高质量发展、有效应对重大风险挑战的具体实践，联系国际环境深刻变化，深刻领悟党的二十大关于党和国家事业发展大政方针和战略部署的历史逻辑、理论逻辑、实践逻辑。

第二，在全面把握上下功夫。党的二十大精神内容十分丰富，既有政治上的高瞻远瞩和理论上的深邃思考，也有目标上的科学设定和工作上的战略部署，这些是相互联系、有机统一的。只有坚持历史和现实、理论和实践、国际和国内相结合的办法，从整体到局部、再从局部到整体进行反复揣摩，才能全面掌握党的二十大精神，避免知其一而不知其二，知其然而不知其所以然。

比如，要全面把握新时代中国特色社会主义思想的世界观、方法论和贯穿其中的立场观点方法。党的二十大报告是在新时代中国特色社会主义思想指导下起草的。科学的世界观和方法论是我们研究问题、解决问题的“总钥匙”。党的二十大报告深刻阐明了把马克思主义基本原理同中国具体实际相结合、同中华优秀传统文化相结合的基本内涵和实践意义，系统阐述了新时代中国特色社会主义思想的世界观、方法论和贯穿其中的立场观点方法，强调以必须坚持人民至上、坚持自信自立、坚持守正创新、坚持问题导向、坚持系统观念、坚持胸怀天下来继续推进实践基础上的理论创新。只有深刻领会“两个结合”、“六个必须坚持”，才能深刻理解党的二十大精神，在面对各种矛盾问题和重大风险挑战时始终做到方向明确、头脑清醒、应对有方、行动有力。

比如，要全面把握新时代10年伟大变革的深刻内涵和重大意义。党的二十大报告从16个方面系统总结了新时代10年的伟大变革。实践证明，我们走的道路是正确的，我们创立的思想和作出的决策是科学的，我们的工作是有成效的。总结过去是为了开辟未来。学习党的二十大精神，要深刻理解新时代10年党和国家事业发生的伟大变革，深刻感悟这些伟大变革对党、对中国人民、对社会主义现代化建设、对科学社会主义在21世纪中国的发展的深远影响，深刻领会在新时代新征程上必须坚持新时代党的创新理论和战略布局、战略举措不动摇，坚定战略自信。要深化对中国共产党领导和我国社会主义制度优势的认识，充分认识中国特色社会主义的蓬勃生机和光明前景，坚持道不变、志不改，继续把中国特色社会主义事业推向前进。

比如，要全面把握中国式现代化的中国特色、本质要求和必须牢牢把握的重大原则。党的二十大报告对中国式现代化作出深刻阐释，包括中国特色、本质要求和必须牢牢把握的重大原则。对中国式现代化的理论阐述，要全面学习掌握，不能只及一点不及其余。要深刻理解中国式现代化理论和全面建设社会主义现代化国家战略布局的关系，认识到前者是后者的理论支撑，从而深刻理解全面建设社会主义现代化国家战略布局的科学性和必然性。要深刻理解中国式现代化理论是基于中国国情、中国现实的重大理论创新，体现了我国现代化发展方向，是对全球现代化理论的重大创新。只有这样，我们才能全面把握中国式现代化的理论体系和实践要求，也才能更加坚决地防范照搬照抄西方现代化模式的思维方式。

比如，要全面把握党的二十大作出的各项战略部署。党的二十大报告从 12 个方面对各领域各方面工作作出部署。这是根据“五位一体”总体布局、“四个全面”战略布局确定的，是一个有机整体，必须全面学习领会和全面贯彻落实。学习党的二十大精神，必须紧密联系我国发展面临的新的战略机遇、新的战略任务、新的战略阶段、新的战略要求、新的战略环境，深刻认识实现全面建设社会主义现代化国家各项目标任务的艰巨性和复杂性，增强贯彻落实的自觉性和坚定性。

第三，在全面落实上下功夫。空谈误国、实干兴邦，一分部署、九分落实。不注重抓落实，不认真抓好落实，再好的规划和部署都会沦为空中楼阁。贯彻落实党的二十大精神要有计划、有部署，在把握总目标、总方向、总要求的前提下，对各项目标和任务进行细化，有针对性地拿出落实的具体方案，制定明确的时间表、施工图，扎扎实实向前推进。政治局的同志要带头真抓实干，就分管的领域或主政的地方学习贯彻党的二十大精神工作作出部署，抓紧行动起来。

党的二十大所作出的决策部署涵盖改革发展稳定、内政外交国防、治党治国治军各方面，党中央已对贯彻落实作出统一部署，全国人大、国务院、全国政协、中央军委等各有关方面和有关部门要制定贯彻落实方案，提出明确要求，既要抓进度，更要重质量。

党的二十大确定的目标任务有近期的，有中期的，也有长期的，要分清轻重缓急，既要全面推进，又要突出重点；既要狠抓当前，又要着眼长远，多办打基础、利长远的事，防止搞形式主义、官僚主义。要保持工作连续性，过去已经定下来的规划、计划、工作安排，要进行认真研究，符合党的二十大精神的就继续执行，缺项的要抓紧研究制定。各地区各部门要结合自身实际，把党中央提出的战略部署转化为本地区本部门的工作任务。要牢固树立全国一盘棋思想，谋划和推动本地区本部门工作要以贯彻党中央决策部署为前提，创造性开展工作，做到既为一域增光、又为全局添彩。

特别要强调的是，治理我们这样的大党大国，如果没有党中央权威和集中统一领导，如果没有全党全国思想统一、步调一致，什么事也办不成。政治局的同志尤其要带头维护党中央权威和集中统一领导，带头贯彻党中央决策部署，带头顾全大局，在履行自身职责、抓好分管工作的同时，注意兼顾上下左右，加强协同配合。

在起草党的二十大报告之初，我就强调，报告要充分体现敢于斗争、敢于胜利的精神，引导全党增强斗争本领，激励全社会坚定信心，着力夯实防风险、迎挑战、抗打压的实力。要发扬斗争精神，勇于面对各种风险挑战，勇于克服各种困难，坚定不移把党中央决策部署落到实处。

党中央即将发出关于认真学习宣传贯彻党的二十大精神的决定，中央宣讲团也将赴各地进行宣讲。有关部门要细化工作方案，推动党的二十大精神进机关、进企事业单位、进城乡社区、进校园、进军营、进各类新经济组织和新社会组织、进网站。各级党校（行政学院）要把学习贯彻党的二十大精神作为干部培训的主要内容。按照惯例，党中央要举办新进中央委员会的委员、候补委员学习贯彻党的二十大精神专题研讨班。各地区各部门要抓紧组织干部集中轮训。各级领导干部要亲力亲为，既要做实干家，又要做宣传家，带头宣讲。宣传思想工作部门要精心组织、统筹安排，抓好宣传思想教育工作，加强对外宣介工作，引导国际社会全面了解党和国家的大政方针和发展战略。

（习近平:《在二十届中央政治局第一次集体学习时的讲话》，《求是》2023 年第 2 期。）

➲ 案例评析

二十届中共中央政治局 2022 年 10 月 25 日下午就学习贯彻党的二十大精神进行第一次集体学习。中共中央总书记习近平在主持学习时强调，党的二十大在政治上、理论上、实践上取得了一系列重大成果，就新时代新征程党和国家事业发展制定了大政方针和战略部署，是我们党团结带领人民全面建设社会主义现代化国家、全面推进中华民族伟大复兴的政治宣言和行动纲领。全党要在全面学习、全面把握、全面落实上下功夫，坚定不移把党的二十大提出的目标任务落到实处，奋力夺取全面建设社会主义现代化国家新胜利。

习近平在主持学习时发表了讲话。他指出，学习宣传贯彻党的二十大精神是当前和今后一个时期全党全国的首要政治任务。中央政治局要带头抓好全党全国学习宣传贯彻党的二十大精神，推动党的二十大精神广泛深入为广大干部群众所了解和掌握。

习近平强调，学习贯彻党的二十大精神，要在全面学习上下功夫。只有全面、系统、深入学习，才能完整、准确、全面领会党的二十大精神，对是什么、干什么、怎么干了然于胸，为贯彻落实党的二十大精神打下坚实基础。首先要读原文、悟原理。领导干部要原原本本学习党的二十大报告，同时要把学习报告同学习大会系列讲话和相关文件结合起来，同学习党的十八大报告、十九大报告精神结合起来，联系着学。新时代以来，党的理论创新和实践创新是十分生动的，我们的学习也应该是生动的，不能仅停留在记住一些概念和提法。要紧密联系党的十八大以来党和国家事业取得的历史性成就、发生的历史性变革，联系这些年来我们走过的极不寻常、极不平凡的历程，联系我们深化改革开放、推动高质量发展、有效应对重大风险挑战的具体实践，联系国际环境深刻变化，深刻领悟党的二十大关于党和国家事业发展大政方针和战略部署的历史逻辑、理论逻辑、实践逻辑。

习近平指出，学习贯彻党的二十大精神，要在全面把握上下功夫。党的二十大精神内容十分丰富，既有政治上的高瞻远瞩和理论上的深邃思考，也有目标上的科学设定和工作上的战略部署，这些是相互联系、有机统一的。只有坚持历史和现实、理论和实践、国际和国内相结合的办法，从整体到局部、再从局部到整体进行反复揣摩，才能全面掌握党的二十大精神，避免知其一而不知其二，知其然而不知其所以然。要全面把握新时代中国特色社会主义思想的世界观、方法论和贯穿其中的立场观点方法，深刻领会“两个结合”“六个坚持”，正确认识把握新时代中国特色社会主义思想的精神实质。要全面把握新时代10年伟大变革的深刻内涵和重大意义，深刻感悟这些伟大变革对党、对中国人民、对社会主义现代化建设、对科学社会主义在21世纪中国的发展的深远影响，深刻领会在新时代新征程上必须坚持新时代党的创新理论和战略布局、战略举措不动摇，坚定战略自信。要全面把握中国式现代化的中国特色、本质要求和必须牢牢把握的重大原则，深刻理解中国式现代化理论和全面建设社会主义现代化国家战略布局的关系，认识到前者是后者的理论支撑，从而深刻理解全面建设社会主义现代化国家战略布局的科学性和必然性。要全面把握党的二十大作出的各项战略部署，紧密联系我国发展面临的新的战略机遇、新的战略任务、新的战略阶段、新的战略要求、新的战略环境，深刻认识实现全面建设社会主义现代化国家各项目标任务的艰巨性和复杂性，增强贯彻落实的自觉性和坚定性。

习近平强调，学习贯彻党的二十大精神，要在全面落实上下功夫。空谈误国、实干兴邦，一分部署、九分落实。不注重抓落实，不认真抓好落实，再好的规划和部署都会沦为空谈。贯彻落实党的二十大精神要有计划、有部署，在把握总目标、总方向、总要求的前提下，对各项目标和任务进行细化，有针对性地拿出落实的具体方案，制定明确的时间表、施工图，扎扎实实向前推进。政治局的同志要带头真抓实干，就分管的领域或主政的地方学习贯彻党的二十大精神工作作出部署，抓紧行动起来。党的二十大所作出的决策部署涵盖改革发展稳定、内政外交国防、治党治国治军各方面，全国人大、国务院、全国政协、中央军委等各有关方面和有关部门要制定贯彻落实方案，提出明确要求，既要抓进度，更要重质量。党的二十大确定的目标任务有近期的，有中期的，也有长期的，要分清轻重缓急，既要全面推进，又要突出重点；既要狠抓当前，又要着眼长远，多办打基础、利长远的事，防止搞形式主义、官僚主义。各地区各部门要结合自身实际，把党中央提出的战略部署转化为本地区本部门的工作任务。要牢固树立全国一盘棋思想，谋划和推动本地区本部门工作要以贯彻党中央决策部署为前提，创造性开展工作，做到既为一域增光、又为全局添彩。

习近平指出，政治局的同志尤其要带头维护党中央权威和集中统一领导，带头贯彻党中央决策部署，带头顾全大局，在履行自身职责、抓好分管工作的同时，注意兼顾上下左右，加强协同配合。要发扬斗争精神，增强斗争本领，着力夯实防风险、迎挑战、抗打压的实力，勇于面对各种风险挑战，勇于克服各种困难，坚定不移把党中央决策部署落到实处。

……

四　参考选题

我们在此部分选择四个较有代表性的专题报告主题，并提出了一些学习建议，供同学们参考使用。

主题一："坚持把马克思主义基本原理同中华优秀传统文化相结合"专题报告

"第二个结合"是以习近平同志为核心的党中央作出的重大论断，丰富和拓展了马克思主义中国化的理论意义和实践意义，通过专题报告形式进行有关"第二个结合"的红色理论宣讲，将有助于提高公众对相关问题的认识水平。同学们需要先了解和把握公众对相关问题理解的基本水平，并不断学习相关理论知识，对"第二个结合"的理论逻辑、历史逻辑、实践逻辑、价值逻辑等基本问题有较为深刻的认识。在获得扎实理论功底的基础上，针对相关问题着手撰写并开展专题报告。

主题二："习近平新时代中国特色社会主义思想的世界观和方法论"专题报告

习近平新时代中国特色社会主义思想的世界观和方法论是"六个必须坚持"，即必须坚持人民至上，必须坚持自信自立，必须坚持守正创新，必须坚持问题导向，必须坚持系统观念，必须坚持胸怀天下。同学们需要先学习相关理论知识，特别是要了解世界观和方法论的概念、内涵，并认真领会为什么"六个必须坚持"是习近平新时代中国特色社会主义思想的世界观和方法论。在此基础上，同学们可有针对性地撰写专题报告，并以适当形式开展报告。

主题三:“中国式现代化”专题报告

以中国式现代化全面推进中华民族伟大复兴，是一项光荣而艰巨的任务。中国式现代化既有世界各国现代化的共同特征，也有基于自身国情的中国特色，其中人口规模巨大、全体人民共同富裕、物质文明和精神文明相协调、人与自然和谐共生、走和平发展道路，是中国式现代化的五个中国特色。同学们在先搞清楚上述问题的基础上，可以围绕中国式现代化的共同特征、五个中国特色、哲学逻辑、实践基础等问题中的一个或几个撰写专题报告，并尝试以多种形式开展报告。

主题四:“中国化时代化马克思主义行”专题报告

中国共产党为什么能，中国特色社会主义为什么好，归根到底是马克思主义行，是中国化时代化马克思主义行。阐述清楚“中国化时代化马克思主义行”这一论断，是学习贯彻党的二十大精神的必然要求，也是为实现中华民族伟大复兴凝聚起磅礴人民精神伟力的必然要求。这一选题理论性较强，同学们需要在具备扎实理论功底的基础上，用百姓喜闻乐见的语言和形式进行宣传阐释。

实践项目三
文创产品

红色文创产品作为一种新兴产品，在传播红色文化方面具有独特优势。与传统的红色纪念品不同，红色文创产品不是对红色文物的简单复制，而是通过艺术手法和科学技术对红色符号加以挖掘和延伸。红色文创产品往往以小而精的商品形态呈现，富含趣味性和创新性，产品多为在日常生活中具有实用价值的小商品。因此，红色文创产品对青年群体，特别是大学生群体具有强烈的吸引力。近年来，一些红色文创产品活跃在文创市场，常见的种类包括文具、纺织品、家居用品、玩具等，它们或以漫画形式展示红色人物和红色故事，或以抽象的艺术手法传递红色精神，或以前沿的数字技术降低产品成本，拉近与公众的距离，让公众潜移默化地受到红色洗礼。许多红色博物馆、红色教育基地、文化传播公司，以及一些耳熟能详的国民品牌都推出了红色文创产品，特别是在建党 100 周年之时，不少优秀的红色文创产品激发了青年群体对红色文化的兴趣与热情。

一　追寻红色足迹

文创产品，即文化创意产品，是指通过个人或集体的知识产权的生成和取用，对文化资源、文化用品进行创造与提升而产出的高附加值产品。其特点在于，富有文化内涵和创造性，且能满足生活需求。文创产品与其他产品的核心区别在于对文化内容的创新性转化。作为一种新兴的文化传播载体，文创产品侧重于满足消费者的精神需求，其科技和文化附加值明显高于普通产品。

顾名思义，红色文创产品是一种特殊的文创产品，它是运用红色元素、传播红色文化的文创产品。红色文创产品运用的红色元素一般包括红色人物、红色故事、红色精神和红色地标等，其中，红色地标主要包括红色人物故居和红色故事发生地。从广义的范围来说，红色文创产品不仅包括具有红色育人价值的创意商品，还包括不参与商品交换、具有红色育人价值的物品，这类物品往往是出于传播马克思主义的需要、面向大众设计的理论宣传物品。

中国共产党自成立以来，积极探索以多种物品作为载体宣传马克思主义理论，特别是马克思主义中国化时代化的最新成果，将艺术、科学技术与党和人民面临的中心任务紧密结合，用通俗易懂的形式传播红色理论和红色文化，引导人民群众理解最新理论成果，统一思想认识、凝聚民心。

新民主主义革命时期，从大革命到土地革命，再到抗日战争、解放战争，党和人民的主要任务都是革命斗争，所以该时期的红色文创产品也都围绕革命斗争进行创作。限于新民主主义革命时期的物质条件，当时的红色文创产品形式还比较单一，以木刻版画和手绘漫画为主，因为相较于水墨画和油画，它们用的原料简单、复制要求低。在创作内容上，画家们主要采取三种思路：一种是反映敌人的残暴行径，一种是刻画民众生活的凄苦，还有一种是歌颂英雄和发动群众。在这一时期，中共中央组织了一批爱国画家进行创作，有的绘画作品发表在《解放日报》等刊物上，特别是延安时期的抗战宣传画，刊登数量较多。有的绘画作品是具有实用功能的产品。例如，1940 年春节，延安“鲁艺木刻工作团”

在太行山抗日根据地与日军开展“年画战”，创作出一批反映抗战的“新年画”作品，并请民间年画艺人在春节前印制出来。这些“新年画”除了发放一万多张以外，木刻工作团的画家们还在村镇摆摊叫卖，卖掉“新年画”数千张，深受百姓欢迎。当地百姓宁可花钱买“新年画”，也不要日军免费发放的年画。彭德怀和朱德对木刻工作团的工作高度肯定。当年春节后，八路军在木刻工作团基础上成立了木刻工场，首任场长为版画家彦涵。1944 年，根据延安文艺座谈会的要求，彦涵创作了著名的“新年画”《军民合作 抗战胜利》。他用八路军和民兵的形象替代了传统门神秦叔宝、尉迟恭，巧妙地把抗战宣传、艺术创作和百姓生活相结合，用门神这一传统文化符号坚定了人民群众对八路军的信心和抗战到底的决心。这些抗战年画符合人民群众的审美喜好且具有实用价值，形象地向人民群众传达了共产党领导下的武装力量是抗战的中流砥柱这一事实，用接地气的方式激励百姓积极参加抗战。彦涵的部分作品还被李公朴带到国统区，随后又转赠给报道中国抗战的外国记者，从而成为抗战对外

图 1 版画家彦涵创作的“新年画”《军民合作 抗战胜利》

图片来源：《抗战时期延安木刻艺术研究》。

宣传的重要载体。[①]

值得一提的是，在周恩来的努力下，当时的国民政府军事委员会政治部第三厅美术科也汇集了一批爱国画家。第三厅是国共第二次合作的成果，主管抗战宣传工作，受时任政治部副部长周恩来直接领导。第三厅美术科吸纳了一批当时活跃的爱国漫画家，组建了漫画宣传队，中国漫画和速写的奠基人叶浅予任正领队，“三毛之父”张乐平任副领队。漫画宣传队根据抗日宣传的需要和当时的物质条件，就地取材，灵活运用多种方式进行漫画创作和展示，例如，在街头进行漫画展，编辑出版《抗战漫画》半月刊等。宣传队精选出 45 幅救亡漫画参加了 1938 年 6 月在莫斯科举办的漫画展，苏联人民通过这些生动形象的漫画了解了中国抗战的真实情况。漫画宣传队的作品笔触夸张、感染力强，许多漫画家放下画笔就拿起刀枪，既是艺术家、又是战士，有的甚至牺牲于炮火之中。

总之，新民主主义革命时期的红色文创产品主题鲜明、形象醒目，美术工作者们利用极其有限的物质资料，以简洁而富有冲击力的表现方式创作出贴近群众生活的作品，使得文化程度不高的人民群众能快速、准确地理解党的路线方针和政策，了解国家民族的真实处境，达到了谴责侵略和压迫、宣传动员群众、鼓舞士气的效果。特别是抗日战争时期的宣传画，不仅是对中国人民英勇抗战的真实记录，也是全民抗战中文化界的坚实堡垒，是中国共产党理论宣传和群众路线发展的光辉篇章。

社会主义革命和建设时期，传统的宣传画继续作为红色文创产品的主力军，创作主题包括宣传党和国家的方针政策、歌颂社会主义革命和建设成就、展示人民群众对美好生活的向往等。该时期的宣传画人物形象饱满、色彩鲜艳、画风喜庆热烈，且一般带有醒目的标题。风格明快的宣传画往往张贴在人流量大的车站、码头、教室、军营等公共场所，直面人民群众，起到了很好的宣传作用。与此同时，红色连环画，即红

---

① 《“年画战”：八路军与日寇之间一场特殊的文化战》，中国军网，http://www.81.cn/js_208592/jdt_208593/10132227.html。

色“小人书”兴起，在社会主义革命和建设时期也占据了红色文创的重要一席。1949 年 12 月，毛泽东主席指示时任中宣部副部长周扬：“连环画不仅小孩看，大人也看，文盲看，有知识的人也看，你们是不是搞一个出版社，出版一批新连环画，把那些宣扬神怪、武侠、迷信的旧连环画去掉。”[①] 人民美术出版社因此应运而生，红色“小人书”的黄金时期也由此开启。红色“小人书”大多是 64 开本，图文并茂、情节曲折生动，且多为名家绘制，以工笔和线描技法为主，笔触细腻，具有浓厚的传统中国美术风格。大量红色故事在“小人书”中得到了生动的艺术诠释，是读者进行党史学习和了解当时城乡变化的重要载体。寓教于乐的红色“小人书”不仅富有极高的艺术价值，也成了该时期大众的精神食粮，《闪闪的红星》《鸡毛信》《英雄小八路》《草原英雄小姐妹》等红色“小人书”深受国人喜爱，销量惊人，至今仍然是一代人共同的红色记忆，引导了众多读者从小树立崇高理想。

图 2 连环画大家刘继卣创作的红色“小人书”《鸡毛信》封面

图片来源：《北京青年报》。

① 《今天的连环画依然老少咸宜》，《光明日报》2023 年 7 月 7 日。

改革开放之后，中国经济快速发展。文化创意产业在全球兴起，许多国家都推出了既凝聚经济价值和科学技术，又代表着国家文化符号的潮流商品。我国的红色文创产品也与时俱进。宣传画的创作内容更加贴近社会生活的变化，计算机技术被大量运用，艺术风格也更加现代化和国际化。与之前两个时期以手绘美术作品为主要形态不同，该时期的红色文创产品出现了大量以照片为创作基础的宣传海报，许多红色文创的创作主题围绕改革开放后社会生活的新变化展开，内容更加贴近生活。

新时代以来，党和国家事业跃上新的大台阶，红色文创产品的设计和发行也快速迭代，丰富的产品形态用更为柔性的表达发挥其多重价值，产品传递的内容除了经典的红色故事和红色人物以外，还有社会主义核心价值观、中国梦等马克思主义中国化时代化的最新理论成果。2018 年 7 月，国务院发布《关于实施革命文物保护利用工程（2018—2022 年）的意见》，提出“深入挖掘革命文物的价值内涵和文化元素，运用市场机制开发更多文化创意产品，促进文化消费”①。此项主张引领红色文创产品进入高速发展阶段。2021 年恰逢中国共产党成立 100 周年，红色文创产品的设计与生产达到一个高潮。以中共一大纪念馆开发的“一大文创”品牌为例，仅在 2021 年下半年，只有 65 平方米的线下门店的销售量就超过 100 万件，销售额高达 3300 万元，超过 130 万的微博网友在线上关注“一大文创”并互动种草。② 富有新意的红色文创产品吸引了大量年轻人关注，根据《经济日报》和京东联合发布的数据，2022 年上半年，18-25 岁青年群体是红色文创产品消费的主力军，消费额增幅同比增长率最高，达到 65%。③

---

① 《关于实施革命文物保护利用工程（2018—2022 年）的意见》，中华人民共和国中央人民政府网，2018 年 7 月 29 日，https://www.gov.cn/zhengce/2018-07/29/content_5310268.htm。

② 《红色文化产品如何成爆款？——独家解密“一大文创”背后的故事》，中国小康网，2022 年 6 月 8 日，https://baijiahao.baidu.com/s?id=1735056074640230762&wfr=spider&for=pc。

③ 《经济日报携手京东发布数据——红色文创前景广阔》，《经济日报》2022 年 7 月 2 日。

回顾红色文创产品的发展历程不难发现，在任何一个历史时期，红色文创产品对于马克思主义尤其是中国化时代化马克思主义在中国的传播都发挥着重要作用，以接地气的艺术表现手法拉近了马克思主义与人民群众的距离，以融入社会生活的形态推进了党的方针政策的落地。如今的红色文创产品更注重艺术性、趣味性和实用性，它不是简单地对红色展品进行复制，而是对红色知识产权进行深度挖掘和拓展，更容易获得青年群体尤其是学生群体的喜爱。中国的红色文创产品市场前景广阔，2022 年上半年，红色文创产品线上商品数量同比增长 130%。① 当然，需要指出的是，未来的红色文创产品需要进一步破解单一化、同质化和低端化的问题，只有这样才能更好地激发公众对红色文创产品的兴趣和热情，从而更好地发挥红色文化符号的作用，引导人民群众特别是青年人主动学习红色理论、坚定“四个自信”，自觉融入实现中华民族伟大复兴的历史征程。

二　实践操作指南

（一）主要目标及重要意义

在红色理论宣讲实践课程中，通过引导大学生设计和使用红色文创产品，可以在知识、能力、价值三个方面达到主要教学目标。

1. 主要目标

第一，知识目标。通过红色文创产品中红色元素的展示和启发，学生可以直观地感受红色文化，获取有效信息，掌握党的基本历史，包括党的奋斗足迹、辉煌成就等，了解红色事件的具体经过，学习红色人物的成长经历和经典事迹，领悟红色精神的内涵，把握红色事件、红色人物和红色精神对中国共产党、中国人民和中华民族的深刻影响。

第二，能力目标。培养学生主动学习马克思主义理论的兴趣，获得运用马克思主义立场、观点、方法去观察、分析、处理、解决现实问题

---

① 《文创产业，增添城市发展新活力（国际视点）》，《人民日报》2021 年 7 月 27 日。

的能力，学会运用马克思主义基本原理辨别大是大非。同时，由于红色文创产品属于创意产品且需要团队合作完成开发，学生在参与设计的过程中可以有效强化创新思维，培养团队合作意识。

第三，价值目标。红色文创产品对红色理论和红色文化的具象表达可以激发学生的情感共鸣，促使学生感悟理想信念，自觉传承红色基因，贯彻执行党的路线、方针、政策，践行社会主义核心价值观，将个人理想融入实现中国梦的奋斗实践中。

2. 重要意义

大学生进行红色文创产品的开发和使用具有重要的理论意义和实践意义。

其一，理论意义。由于红色文创产品需要运用具象的红色符号进行表达，组织大学生开发和使用红色文创产品有助于进一步梳理红色历史事件、红色人物和红色精神，特别是对地方红色文化资源的挖掘，从而丰富马克思主义中国化时代化的理论成果。

其二，实践意义。红色文创产品作为传播红色文化的载体，大学生在开发和使用的过程中可以更为深入地认识党的性质，理解中国共产党人“为中国人民谋幸福，为中华民族谋复兴”的初心使命和“以人民为中心”的政治立场，坚定道路自信、理论自信、制度自信、文化自信，增强专业知识转化为实际运用的能力，培育创新能力和团队协作精神，从而争做新时代“四有青年”，为实现中华民族的伟大复兴积极贡献自己的力量。

（二）具体形式及方案

红色文创产品的具体形式主要包括：文具、图书、食品、玩具、邮品、电子产品、体育用品、数字产品、家居用品、纺织品和收藏纪念品等，它们的设计与运用方案有以下几个。

1. 文具

由于文具的设计门槛较低，许多机构的红色文创产品都是从文具类商品起步。常见的红色文创文具包括笔、笔袋、笔记本、书签、贺卡、尺子、便笺、文件袋、火漆印章等。由于文具尺寸普遍偏小，红色文创文具主要通过颜色、图案和文字来表达红色元素。同时，考虑到文具的受众多为学生群体，这类红色文创产品定价偏低，且紧跟市场需求变化，在近些年出现了红色文创手账本、胶带等。比如，中国国家博物馆推出的《新青年》文具套装。

图 3 《新青年》文具套装

图片来源：中国国家博物馆天猫旗舰店。

2. 图书

与传统的红色理论图书和红色文化图书不同的是，红色文创图书并不侧重于理论阐述和学术观点的介绍，而是侧重于展现红色文化的亲近感，展示形式包括立体图书、漫画书等。比如，上海教育出版社出版的《中国红色经典绘本》，“一大文创”出品的创意立体图书《走进树德里》等。在红色文创产品兴起的背景下，曾经淡出大众视野的传统小人书也再次火爆起来。

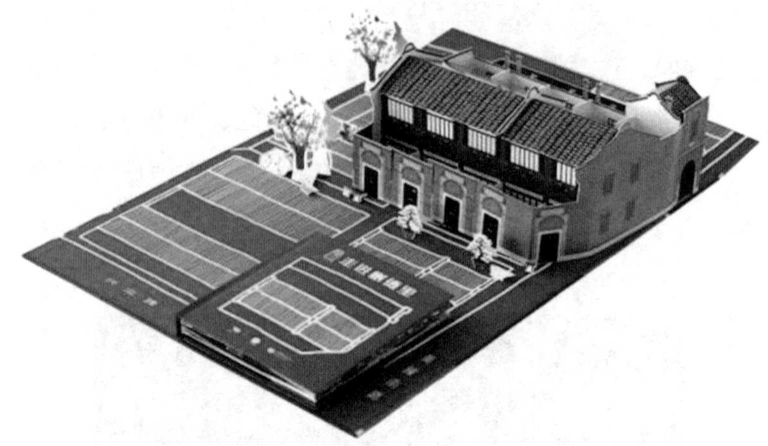

图 4 立体图书《走进树德里》

图片来源：当当网天猫旗舰店。

3. 食品

红色文创食品往往以红色地标和红色象征符号作为标志，以雪糕、冰淇淋、月饼等甜点作为呈现形态，且大部分在红色旅游景点进行线下出售。比如，江西井冈山风景区推出的文创雪糕。

图 5 井冈山文创雪糕

图片来源：央广网。

4. 玩具

红色文创玩具的设计思路是让消费者在把玩的同时寓教于乐，轻松愉快地完成一次红色探索。目前，常见的红色文创玩具包括颗粒拼装积木、拼图、玩偶、棋牌等。比如，宋庆龄陵园出品的“飞鸽棋”，设计灵感来自宋庆龄纪念馆“寓情于史以情传神”陈列展览。棋盘格子内部都是宋庆龄的生平事迹与历史事件，参与游戏的人组队投骰子慢慢走向终点的同时也完成了对关于宋庆龄对中国革命和建设事业作出的巨大贡献的具象了解。

图 6　一群儿童正在玩“飞鸽棋”

图片来源:《新民晚报》。

5. 邮品

红色文创邮品是在传统邮品的介质上进行红色文化图形的绘制，类别包括邮票、信封、邮折、邮戳、明信片等。有的红色文创邮品还会在红色主题邮局进行发售。比如，南昌航空大学艺术与设计学院的同学们设计的百枚红色主题邮票系统展现了中国共产党建党百年来的百个重大会议、重大事件和重大成就。

图 7　南昌航空大学学生设计的红色主题邮票

图片来源:《中国日报》。

6. 电子产品

红色文创电子产品主要是在电子产品的基础之上加以红色文化元素的外形设计。最为常见的类型是 U 盘和充电宝。比如,“一大文创”出品的“望志路 106 号”U 盘。

图 8　“望志路 106 号”U 盘

图片来源:一大文创天猫旗舰店。

7. 体育用品

目前市面上的红色文创体育用品还比较少，主要是在体育用品的包装或者本体外观上添加一些红色文化的文字或者符号。比如，“一大文创”推出的运动手环。

图 9 “一大文创”运动手环

图片来源：一大文创天猫旗舰店。

8. 数字产品

将数字技术运用于红色文创产品是当下的一大流行趋势，它突破了传统实体商品形态，让消费者从多维视角体验红色文化，这也是红色文创产品深入挖掘红色知识产权、提升附加值的重要手段。传统的数字文创产品主要是音频、视频产品。比如，由新华社打造、神界漫画编创绘制的主题报道栏目《学习故事绘》，以国风故事漫画为视觉载体传播习近平总书记讲述的故事。前沿的数字文创产品则会运用区块链技术、虚拟现实（VR）技术或者增强现实（AR）技术，比如，南昌八一起义纪念馆推出的数字藏品《欢庆胜利》。

9. 家居用品

常见的红色文创家居用品包括化妆品、手机壳、开瓶器、冰箱贴、杯子、扇子、钥匙扣等，其创意来源主要是将红色文化符号融入产品外形。比如，深圳博物馆出品的“深圳改革开放系列”文创产品之一“时间效率”金万年历。

图 10 数字藏品《欢庆胜利》

图片来源：南昌八一纪念馆公众号。

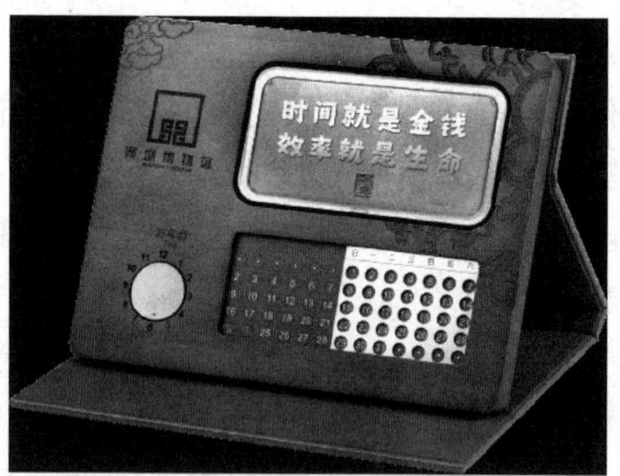

图 11 “时间效率”金万年历

图片来源：深圳博物馆公众号。

10. 纺织品

红色文创纺织品中最常见的是 T 恤、包袋和丝巾，这三种红色文创产品在形态和功能上变化不多，产品之间的区别主要体现在红色资源的图像设计方面。比如，中国国家图书馆根据鲁迅手稿设计的《从百草园到三味书屋》帆布包。

图 12 《从百草园到三味书屋》帆布包

图片来源：中国国家图书馆天猫旗舰店。

（三）成果展示及评价

红色理论宣讲实践课程中的红色文创产品成果展示既可以是实物展示，也可以通过设计图稿进行产品概念的无实物展示。展示的场所或者渠道不仅包括课堂内部，还可以通过展览、社团活动、团日活动、党日活动等进行展示。有的红色文创产品还可以融入大学生双创项目，作为项目成果进行展示。

由于红色文创产品实践教学活动的复杂性，对参与的学生进行成绩评定时，需要从多角度考虑，评价指标来源于产品本身和产品设计过程，主要包括以下几方面。

1. 产品的育人价值

考察学生在产品设计理念上是否准确地表现了相关红色事件、红色人物、红色精神或者红色理论。

2. 产品的实用性

红色文创产品区别于传统红色纪念品的一个重要特征就是具有实用性，因此，可以依据产品在日常生活中的使用频率和使用效果进行打分。

3. 产品的创造性和艺术表现力

主要评价学生的设计是否具有创意、对大众特别是青年人是否有吸引力、在外观造型上是否具有美感等。

4. 观众或者使用者的反馈

对于进行概念展示的无实物作品，可以记录观看展示的人员的数量和具体反馈。对于有实物的展示成果，可以记录使用者的数量和使用体验。根据观众或者使用者的反馈信息酌情打分。对于成为大学生双创项目成果的红色文创产品，可以以项目的获奖情况、评委评语作为打分依据。另外，如果产品最终投入市场进行售卖，销量、消费者的评价和行业获奖情况亦可作为一个打分依据。

5. 团队协作能力

红色文创产品的设计一般以团队为单位进行，因此，同一个团队内的学生之间的分工是否合理和明晰，每一位成员的执行力如何，发生矛盾时团队领导者的协调能力和组织能力如何都应作为打分依据。

三　实践案例赏析

目前市面上的红色文创产品大部分由红色旅游景点、大学生团队完成设计并推向市场，其中不乏深受公众喜爱的优秀产品，部分产品成为热门网红产品，还有的产品获得了行业内部的高度评价。比如，2021 年 6 月 20 日晚，头部网络主播李佳琦在“追梦者 2——永远跟党走”红色文创专场中，共推荐 15 个产品，当晚销售额超 1100 万元；深圳博物馆的改革开放系列红色文创产品成功入选《全国博物馆文化创意产品目录汇编》博物馆文创精品。在这一部分，我们依据上文总结的红色文创产品的形式，选取案例进行介绍，并对产品设计的背景、特点及创作方法等进行评析。

➲ 案例欣赏

案例一：文具——长征主题花卉书签

长征主题花卉书签由上海第二工业大学应用艺术设计学院党总支成立的“耀党风华”建党百年文创产品设计组于2022年出品。这套书签的创作是该学院“融思想政治教育于专业教育”的一项实践成果。产品设计依托学院的党建工作室，在党员教师的指导下，由学生党员、入党积极分子历时九个月完成。长征主题花卉书签一共10枚，以花卉作为主题表现了长征的13个重要事件。

图13　长征主题花卉书签

图片来源：上海第二工业大学应用艺术设计学院官网。

第一枚书签以瑞金市市花桂花作为设计灵感，书签中央是一簇绿叶衬托的金色桂花，右上角是红色五角星和麦穗，左上角绘有一只可爱的白兔，为书签增添一丝活泼的气息。瑞金是长征的启程地，设计团队以时间为逻辑线索，把瑞金市市花桂花作为这套红色文创作品的开端。相簇相拥的桂花象征着长征战士们紧密团结在一起，筑成坚不可摧的战斗堡垒，跳跃的白兔表达了革命力量的蓬勃发展。

第二枚书签以映山红作为主体，对应的历史事件是遵义会议，书签底部是红色五角星，映山红的枝条缠绕在五角星上。遵义会议是中国共产党和红军历史上一个生死攸关的转折点，会议结束了王明“左”倾冒险主义在中共中央的统治，确立了以毛泽东为代表的新的中央的正确领导。这次会议是中国共产党第一次独立自主地运用马克思列宁主义基本原理解决自己的路线、方针和政策的会议。它在极端危险的时刻挽救了党和红军，标志着中国共产党从幼年达到成熟。这枚书签中的红色五角星占据了很大面积，象征着红色力量在遵义会议中的快速成长。映山红是遵义市市花，花开时漫山遍野，代表着红军质朴、顽强的生命力。

第三枚书签的主体图案是血红色的腊梅，代表湘江战役，取材于电影《血战湘江》中的歌谣“一棵腊梅千朵花，一盏红灯照万家。穷人救星共产党，恩情赛过亲爹妈”。湘江战役被称为用红军生命铸就的英雄史诗，发生于1934年11月27日至12月1日，是事关中央红军生死存亡的一战。中央红军在湘江上游与国民党军鏖战五个昼夜，最后突破了国民党军的第四道封锁线，粉碎了蒋介石围歼中央红军于湘江以东的企图。但是，中央红军也为此付出了极为惨重的代价。渡过湘江后，中央红军和军委两纵队，由出发时的8.6万人锐减到3万人，数万红军将士长眠在湘江之边，沿岸百姓“三年不饮湘江水，十年不食湘江鱼”。这枚书签用血染的腊梅唤起公众对革命湘江战役的回溯和对牺牲先烈的敬仰。

第四枚书签的中央绘有淡粉色木兰花和红鱼，对应的历史事件是四渡赤水和巧渡金沙江。四渡赤水是长征中著名的运动战战役，也是毛泽东进入决策核心后指挥的第一个战役行动。四渡赤水作战，是在红军前有数倍甚至十多倍的国民党军围追堵截，后无根据地依托的严峻形势下进行的。红军在毛泽东的指挥下，在数十万敌人之间飘忽往来，主动寻找和创造战机，掌握了主动权，最后巧渡金沙江。这是红军以少胜多、变被动为主动的经典战例。贵州是中国仅次于云南的木兰花产地，这枚书签用木兰花和快速游动的红鱼表现了红军在四渡赤水和巧渡金沙江中灵活作战的特点。

第五枚书签的主题花卉是黄花草。黄花草又被称为“红军草”，它是长征精神的见证。在过草地时，由于没能筹集到足够的食粮，红军面临极端的饥饿考验，战士们以草代粮充饥。尽管朱德已经通过举行野菜博览会、发放《吃野菜须知》等方式对战士们进行了安全食用野菜的知识宣传，但是草原上的无毒野菜数量有限，许多过度饥饿的战士都因吃了有毒野菜牺牲。在这样恶劣的环境下，草原上一种常见的开黄花的野菜成了救命草，虽然它有一定毒性，食用后会四肢无力、手脚浮肿，但不致命，战士们被迫将黄花草作为救命草。1975年10月，为了纪念红军长征40周年，曾是红四方面军第31军93师274团干事的刘毅将自己珍藏了近40年的两株黄花草捐赠给中国革命博物馆（今中国国家博物馆）。①

第六枚书签的创作灵感来源于“红军花”。每年春季，在川西南海拔2400米左右飞越岭垭口的西北坡和东南坡，上百亩报春花开。1935年5月31日，这里曾经发生了整个大渡河之役最激烈的战斗，30多名红军战士在此地牺牲。由于当时正值报春花开，花色殷红，正如红军战士的鲜血一般，为了纪念这场战斗，当地的村民把这种花称

① 《刘毅长征途中采的野菜》，中国国家博物馆官网，http://www.chnmuseum.cn/zp/zpml/gmww/202112/t20211207_252701_wap.shtml。

为“红军花”[①]。书签上绽放的红军花象征着红军战士英勇杀敌、不畏牺牲的精神。

第七枚书签以羊角花为中心图案，对应的事件是懋功会师。1935年6月，红一方面军和红四方面军在四川省懋功县会师。懋功会师宣告了蒋介石消灭红一方面军和红四方面军、阻止红军两大主力会师计划的破产，极大地鼓舞了全党、全军的士气，为中国革命的发展创造了十分有利的条件。羊角花是当地羌族人对高山杜鹃的别称，懋功会师时，正值羊角花的花期。因此，书签上旭日东升下的羊角花代表着懋功会师后蓬勃向上的红军力量。

第八枚书签以粉色格桑花为主体，象征着腊子口战役。腊子口位于甘肃省迭部县东北，是川西进入甘肃内地的唯一通道。腊子口地势险峻，藏语意思是“险绝的峡口”，长40多里，宽30多米，右岸峭壁如削，左岸崇山峻岭，谷底是一条湍急的河流，激流上的一座木桥是通过天险的唯一通道。[②]它是红军北上途中最后的、也是最险要的一道关口。当时红军腹背受敌，如果腊子口战役失败，红军只能重返草地。毛泽东下令“两天之内拿下腊子口”，并亲自指挥作战。1935年9月17日，红军占领腊子口，打通了红军北上的通道，粉碎了国民党企图将红军困死在雪山草地的阴谋。格桑花是迭部地区的常见植物，寄托着当地少数民族对幸福吉祥的美好期盼。这枚书签用生命力顽强的格桑花表征红军百折不挠的英雄气概。

第九枚书签的图案由牡丹花、三面红旗和紧握的双手组成，象征着红军三大主力军胜利会师。1936年10月9日和22日，红四方面军、红二方面军先后在甘肃省会宁县城和静宁县将台堡与红一方面军会师，中国工农红军持续两年、转战14个省的长征全部胜利结束。书签用象征着繁盛的牡丹表达了对大会师的赞颂。

---

① 《飞越岭下“红军花”开》，《雅安日报》2021年4月3日。

② 孙晓云:《中央红军长征入甘考述》，《档案》2021年第8期。

第十枚书签以延安的山丹丹花为中心图案。山丹丹花，学名斑百合，别名红百合，是延安市的市花。1935 年 10 月 19 日，毛泽东带领中央红军到达陕北延安的吴起镇，这里成了红军长征胜利的落脚点。此后，延安成为中共中央和中央军委及西北办事处的驻地，也成了陕北苏区的中心。作为这套书签的最后一枚，这枚书签用红艳艳的山丹丹花象征着赓续相传的长征精神。

➲ 案例评析

这套红色文创产品运用富有艺术美感的表达方式以及花卉、动物、红旗和五角星等图案生动而独特地展现中国共产党的历史与功绩，用创意与灵感永葆红色基因的生机与活力。参与创作这套长征主题花卉书签的大学生均来自艺术设计专业，在设计书签的过程中不仅提升了专业技能，还重温了长征历史，汲取了精神力量。

案例二：图书——绘本《曾祖父心中的歌——没有共产党就没有新中国》

绘本《曾祖父心中的歌——没有共产党就没有新中国》由广西师范大学出版社联合全国优秀儿童文学奖得主赵华出品，是为庆祝中国共产党成立 100 周年的献礼之作。该绘本采用了以小见大的艺术手法，从一位普通百岁老人的人生故事入手，通过饱含深情的文字讲述中国的百年历史巨变。用儿童能听懂的语言使孩子们认识到“热爱共产党”是人民的必然选择，是历史的必然选择。

图 14 《曾祖父心中的歌——没有共产党就没有新中国》封面

图片来源：广西师范大学出版社官网。

这本书的创作灵感来源于作者赵华与自己曾祖父的对谈。赵华的曾祖父与中国共产党同龄，他在百岁生日这天赵华讲述了他一生的故事：小时候家里很穷，总是吃不饱饭，后来为了生计，他来到了北京周口店附近的霞云岭。在那里，共产党员告诉他："星星之火，可以燎原。我们一定能取得胜利。"在那里，他碰到了歌曲《没有共产党就没有新中国》的创作者曹火星，经历了这首歌创作并响彻祖国大地的过程。他深深地感受到，这首歌唱出了他的心声、唱出了人民的心声。赵华说，曾祖父的一生，既见证了旧中国的苦难，又见证了新中国的强大，他的经历就是观察这段历史的"小切口"①。

在创作过程中，赵华查阅了大量史料并几易其稿。他将自己的爱国之心融入故事，用淳朴的文字讲述曾祖父一生的故事。全书围绕《没有共产党就没有新中国》这首歌曲展开，叙事节奏也如歌曲般流动起伏。在这本书的开头，作者用凄美的文字一点一点地将旧中国

① 《曾祖父心中的歌——没有共产党就没有新中国》，广西师范大学出版社官网，http://www.bbtpress.com/bookview/1408.html。

的苦难呈现出来：曾祖父遇到中国共产党后，文字的展示节奏开始加快，象征着共产党给曾祖父带来了希望，曹火星创作的这首歌曲也给千千万万中国人民带来了希望；随着新中国的成立，文字的描述开始进入高潮，祖国大地处处都响彻着“没有共产党就没有新中国”的歌声，尤其是共产党领导人们取得了“和谐号”动车机组、嫦娥三号探测器、北斗卫星导航系统等一系列伟大的成就，更是让人们心中充满了无限的激情。①

图 15 《曾祖父心中的歌——没有共产党就没有新中国》内页

图片来源：杭州图书馆公众号。

作为一本主题绘本，除了文字上的打磨，美术设计、插图设计同样充满艺术巧思。故事中的曾祖父，在旧中国充满了很多的苦难生活回忆，在新中国又有着越来越多的喜悦与自豪感。为了更好地匹配内

① 《以小见大讲述国家百年历史巨变》，《中国新闻出版广电报》2021 年 7 月 21 日。

容，绘者特意设置了一明一暗两条线索。[①]明的线索是蒲公英，代表传播、希望和种子；暗的线索是七星瓢虫，代表生命生生不息，是理想的象征。为了体现新中国所取得的伟大成就，绘本在局部采用了连跨三页的大拉页构图，让孩子们体验到强大的艺术冲击。从封面到内文，“寻找七星瓢虫”成为阅读中的一个小游戏，给小读者带来了乐趣。[②]

对于绘本封面，绘者另辟蹊径，摒弃了红色主题书籍一贯的红色调，而采用了大面积的绿色，寓意中国面向未来焕发的蓬勃生机和活力，同时更代表希望——身处旧中国时人们心中所存的希望，以及新中国成立后人们所感受到的对于美好未来的希望。此外，在绿色的封面上还印有一朵白色蒲公英和一只七星瓢虫，与内文相呼应，传达出中国人民坚强勇敢、自信乐观的象征意义。[③]

《曾祖父心中的歌——没有共产党就没有新中国》被众多图书馆、老师和家长推荐，销量可观，在豆瓣、小红书上讨论热度较高，颇受读者喜爱。有读者评价其为有温度的红色绘本，“看绘本的我们好像这只小瓢虫一样跟随曾祖父的回忆见证祖国成长”。

➲ 案例评析

《曾祖父心中的歌——没有共产党就没有新中国》挖掘了《没有共产党就没有新中国》背后的故事，以亲切的叙事手法和清新的绘画风格回答了中国共产党为什么能够建立新中国。互动小游戏的设计不仅增添了趣味性，还巧妙地加深了读者对绘本传达的内容的印象。这是一本不仅适合儿童，也适合成年人阅读的优秀红色绘本。

……………………………………………………………

① 《以小见大讲述国家百年历史巨变》，《中国新闻出版广电报》2021年7月21日。
② 《以小见大讲述国家百年历史巨变》，《中国新闻出版广电报》2021年7月21日。
③ 《赠书 | 请安静下来，聆听曾祖父心中的歌》，杭州图书馆公众号，https://mp.weixin.qq.com/s?__biz=MjM5MzU4NDgwMA==&mid=2650541146&idx=2&sn=299aed6998fc45308b7661ea2473707b&chksm=be9c6f9589ebe683477b69465bb6502995b3794f8b5fc92464910e75ef8aaf4a0a6f15273972&scene=27。

案例三：食品——“四有青年”蜜勺礼盒

“四有青年”蜜勺礼盒由冠生园联合“一大文创”于2022年出品。上海梅林旗下的冠生园创建于1915年，是老上海人心中的一颗璀璨明珠。其以糖果、蜂制品、酒类、面制品、味精、冷冻食品、休闲食品等特色商品广受欢迎，享誉中外。冠生园蜂蜜是中国国内蜂蜜品牌市场中的佼佼者，其品牌优势和产品质量备受肯定，至今已经成功研发出多款蜂蜜、蜂王浆等代表性的蜂蜜品种。凭借突出的产品优势，冠生园蜂蜜已多次在国内食品行业评比中获得殊荣，成为消费者和行业内都高度认可的产品。

图16 “四有青年”蜜勺礼盒广告

图片来源：冠生园甜蜜研究所小红书号。

1985年，全国共青团思想政治工作会议上提出：要加强和改进新时期的青年思想政治工作，在四化建设的伟大实践中培养和造就一代有理想、有道德、有文化、有纪律的共产主义新人。“四有”是对青年人提出的要求与希望。“四有青年”蜜勺礼盒的外包装集时代红色与光芒金色于一体，融入了生动醒目的新青年插画和红色文案，使红色文化基因更加深入人心，将红色文化内涵鲜活地融入创意设计，与新时代青年共同瞻望时代发展，以浓情“蜜”意滋润美好生活并共寻甜蜜未来。该礼盒内装6个独立小包的蜂蜜，定价为24元。

冠生园对于该产品的营销也下足了功夫，在年轻人喜爱的社交平台上发布相关广告，广告语采用了谐音创意——“见证甜蜜生活，寻‘蜜’四有青年”，并将“四有青年”的含义与蜂蜜食品文化融合。包装上印有“有理想，寻‘蜜未来’；有道德，甜蜜奉献；有文化，思维缜‘蜜’；有纪律，事事严‘蜜’。”用“蜂蜜”特性定义新时代青年。

冠生园一直以来都践行着“以国为潮”的精神，将国人对美好生活的向往与追求融入蜂蜜产品生产中。而“四有青年”蜜勺礼盒正是这一美好愿景的切实演绎，传递着冠生园发展的希望与国民共创美好品牌的寓意。该产品在第三届上海红色文化创意大赛中凭借独特的设计理念和出色的产品表现力脱颖而出，荣获了文化创意产品设计优秀作品奖。

➲ 案例评析

“四有青年”蜜勺礼盒不仅通过产品外包装的图案传递红色文化，还以独具匠心的设计增加了产品的价值，方便且卫生，更符合现代消费者的习惯，令人耳目一新。同时，该产品在营销过程中围绕产品特点，深入挖掘“四有青年”的内涵，并在青年消费者活跃度高的社交平台上进行针对性的营销，实现了蜂蜜产品的食用价值、育人价值与企业文化的巧妙融合。

案例四：玩具——“星火燎原”系列兵偶手办 ………………

“星火燎原”系列兵偶手办由天安门文创出品。2021 年是中国共产党成立 100 周年，天安门文创出品的首款红色题材公仔——“星火燎原”系列兵偶上市。8 款兵偶以 Q 版形象生动再现了百年峥嵘岁月里先辈们的英姿，让红色文化与潮流文化产生共鸣，焕发时代光彩，为红色文化传播加分。

图 17　“星火燎原”兵偶手办

图片来源：光明网。

“星火燎原”兵偶手办是天安门文创继庆祝中华人民共和国成立 70 周年系列兵偶文创产品后的又一力作，特别选择了五四青年、不同时期的军人、少先队员等社会各界形象，取“星星之火，可以燎原”之意。手办特邀知名动漫角色设计师担纲，以五四爱国运动、红军打腰鼓、八路军侦察、新四军冲锋、解放军擎旗、文艺兵表演、戴军帽的少先队员作为角色和场景，将人物的肢体语言和面部表情进行三维重塑和艺术化创作，再现了从1919年“五四运动”起到新中国成立的澎湃岁月，打造“Z世代”人群所喜爱的潮流手办，在年轻人与革命先烈之间搭起一座新时代的精神桥梁，让红色文化永放光辉。

“星火燎原”系列兵偶共有8款，分别为红军、八路军、新四军、解放军、文艺兵、五四男青年、五四女青年、少先队。

1. 五四男青年。五四男青年Q版手办以“五四运动”期间的男学生为创作灵感，头大、眼睛大、眉毛浓，人物形象可爱勇敢，展现了“五四运动”时期男学生的坚定信念。人偶手持“振兴中华”旗帜，既是向公众传播五四精神，也以此鼓励广大青年传承发扬五四精神。

图18 “星火燎原”兵偶手办的五四男青年和五四女青年

图片来源：光明网。

2. 五四女青年。五四女青年Q版手办以“五四运动”期间的女学生为创作灵感，形象为短发、大眼，手捧书籍，表现了“五四运动”

时期追求知识和革命理想的进步女学生积极向上的精神风貌。

3. 红军。红军是中国工农红军的简称，是中国土地革命战争时期中国共产党领导的人民军队，也是中国人民解放军的前身。红军Q版手办采用女战士的形象，头戴红军标志性配饰——红军八角帽，左手臂佩戴着有“红军”字样的红袖章，斜挎腰鼓，表情可爱但不夸张。

图19　“星火燎原”兵偶手办的红军、八路军、新四军和解放军

图片来源：光明网。

4. 八路军。八路军是国民革命军第八路军的简称，是中国共产党直接领导的抗日武装力量，也是中国人民解放军的前身之一。八路军Q版手办头戴八路军特有的帽子，左手手臂佩戴“八路”字样的臂章且指向远方，该手势意为军人在战场时，通过手势和队友交流沟通前进，右手拿着一个望远镜，精准展现了八路军战士在抗战时的高度紧张而又勇敢的状态。

5. 新四军。国民革命军陆军新编第四军，简称“新四军”，隶属于国民党军队序列，是第二次国共合作期间，由留在南方八省进行游击战争的中国工农红军和游击队改编的队伍，也是中国人民解放军的前身之一。这套新四军Q版手办戴着和八路军类似的有两枚小纽扣的帽子，左手手臂佩戴标有新四军英文缩写——“N4A”的臂章，军装上面两个口袋的袋底为圆形，下面两个为方形，袋口中央各有一颗纽扣；上面两个口袋的袋口与第2粒纽扣平齐，下面两个口袋的袋口与第5粒纽扣平齐。公仔人物正在吹军号，刻画了新四军战士勇猛向前的形象。

6. 解放军。中国人民解放军是中华人民共和国的武装力量。1948年11月1日中央军委作出《关于统一全军组织及部队番号的规定》，团以上各部队均冠以“中国人民解放军”字样。从此，“中国人民解放军”的名称一直沿用至今。这款解放军Q版手办身着新中国成立前夕的49式人民解放军军服，军帽上有五角星为底座的“八一”帽徽，胸前佩带“中国人民解放军”胸章。手办人物挥动着五星红旗，双眼炯炯有神，骄傲地看向前方，仿佛开国大典就在眼前。

7. 文艺兵。文艺兵是在部队从事文艺工作的特殊兵种，起到宣传鼓动、振奋军威、活跃气氛的作用。文艺兵Q版手办展示了部队文艺兵演出的经典动作，并带着一丝坚毅的神态，表现了文艺兵既能进行文艺演出，同时也能在战斗中英勇杀敌的性格特点。

图20 “星火燎原”兵偶手办的文艺兵和少先队员

图片来源：光明网。

8. 少年先锋队队员。少先队员Q版手办的人物身高比其他7个手办人物矮一些，人物形象为一位女少先队员，头戴解放军的军帽，佩戴红领巾，看着远方正在缓缓升起的五星红旗。

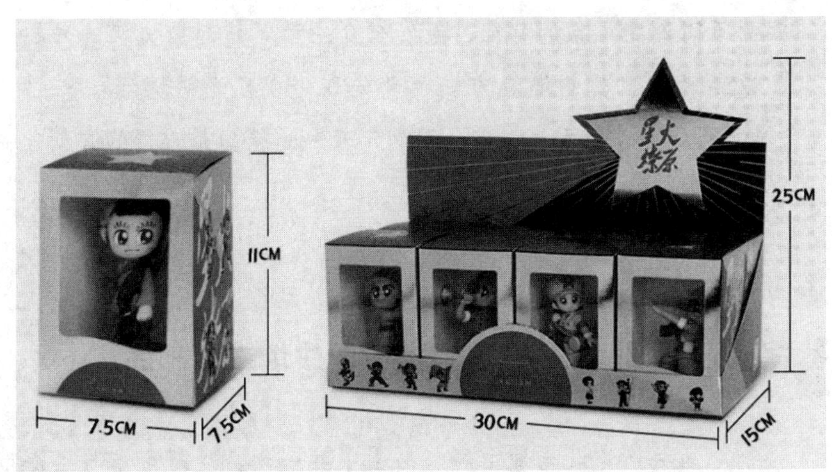

图21　“星火燎原”兵偶手办包装

图片来源：光明网。

“星火燎原”系列端盒的顶部是一颗放射光芒的五角星，上面有“星火燎原”字样，正面是天安门文创LOGO以及8款产品的图标，背面是8款产品的名字。沿着易撕线撕开部分包装，再折叠，就可以得到一个产品展示盒。单个产品的包装设计为开窗盒，可透过外包装直接看到里面的实物。此外，8款兵偶都有自己的角色卡片，可放到对应兵偶包装里成为盒装封面。兵偶单个售价为69元，消费者既可以单独购买8款兵偶中的一种或者几种，也可以全套购买。

➲ 案例评析

潮玩手办的形象绝大部分来自动漫人物，是年轻人喜爱的潮流用品，既可以把玩，也可以收藏。以往的红色文创产品也很少采用这种展现形式。“星火燎原”兵偶手办既是对手办产品的创新，也是对红色文创产品的创新，让红色文化与潮流文化产生碰撞，用漫画形象打造了一支青春战队，生动地展现了百年峥嵘岁月里先辈们的英姿。Q版手办具有高度的亲和力和趣味性，细致的做工让公众能近距离地观察到不同人物形象的特征，激发公众主动了解对应史实的兴趣。该产品以年轻人喜爱的潮流方式致敬先烈，在“光明臻选”文创平台和“学习强国”学习平台发布后受到年轻人追捧，是难得的文创佳品。

案例五：邮品——中国共产党诞生地主题邮品

中国共产党诞生地主题邮品由中共一大会址纪念馆与上海市邮政分公司共同出品，包括《中国共产党诞生地主题邮局》文化戳、CX51型彩色邮资机宣传戳、《中国共产党诞生地主题邮局》纪念封、《追寻革命足迹1921》和《传承革命精神2021》纪念邮折、中共一大纪念馆木雕明信片。该系列红色邮品在中国共产党诞生地主题邮局发售，主题邮局是距离中共一大会址最近的邮局（黄浦区柳林路156号，原龙门路邮政支局），该邮局也由上述两个单位共同建设。1921年7月23日，中国共产党第一次全国代表大会在上海望志路106号（今兴业路76号）召开。100年后的这一天，为纪念这一特殊日子，中国共产党诞生地主题邮局应运而生。邮局开业当天发布的主题邮品受到众多邮迷热捧。

图 22 《中国共产党诞生地主题邮局》文化戳

图片来源：光明网。

《中国共产党诞生地主题邮局》文化戳以中共一大会址正面建筑作为元素，图案下方是主题邮局的开业时间——2021 年 7 月 23 日上午十点。

图 23 《中国共产党诞生地主题邮局》纪念封

图片来源：上海发布公众号。

图 24 《中共一大纪念馆“七 · 二三”》纪念封套装

图片来源：上海发布公众号。

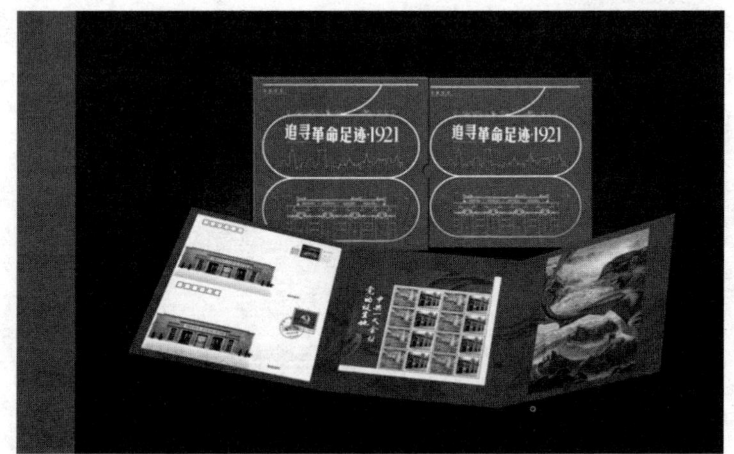

图 25 《追寻革命足迹 1921》纪念邮折

图片来源：上海发布公众号。

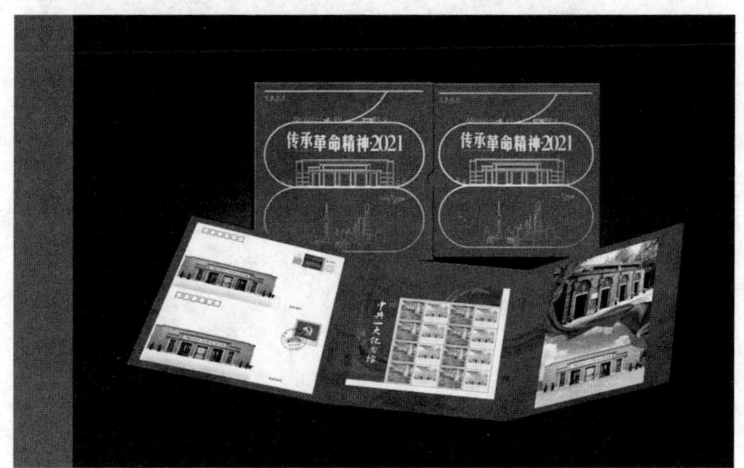

图 26 《传承革命精神 2021》纪念邮折

图片来源：上海发布公众号。

《追寻革命足迹 1921》和《传承革命精神 2021》纪念邮折包含了 2 枚《中共一大纪念馆“七·二三”纪念封》，8 枚《不忘初心》个性化邮票，图中未展示《追寻革命足迹 1921》另配有 2 枚来自一大纪念馆新馆内瓷板画“中流砥柱”和“民族脊梁”的连体明信片。《传承革命精神2021》配有2枚中共一大会址和中共一大纪念馆建筑的连体明信片。明信片背面有《中国共产党诞生地》的图案和一枚党徽的个性化邮票（含1.20元邮资）。

图27　中共一大纪念馆木雕明信片正面与背面

图片来源：上海发布公众号。

中共一大纪念馆木雕明信片采用木雕工艺，正面以中共一大纪念馆建筑作为主元素，配有上海市市花白玉兰。背面有“中国共产党诞生地”主图案，并贴有“不忘初心 中共一大纪念馆个性化邮票”（含1.20元邮资），并加盖“中共一大纪念馆”日戳。

➲ 案例评析

中国共产党诞生地主题邮品的产品类别丰富，涵盖了多个邮品类型，可以满足集邮爱好者的不同需求。该系列产品既有共同的红色符号，又有各自不同的设计特点，且发售方式与历史事件发生地和纪念日紧密结合，具有较高的育人价值。

案例六：电子产品——智能手表 W20

“北斗看世界，一表中国心”的智能手表 W20 由“一大文创”携手铼锶信息旗下 75 派品牌联合推出，共同献礼建党 100 周年。作为诞生于上海的拥有核心专利的高新科技企业，铼锶信息一直以来都专注于大健康领域的个人智能健康、智能运动以及环境家居健康等智能硬件产品的研发和销售。同时旗下派健康 App 平台已经进入全球近 200 个国家和地区，成为全球运动爱好者的云端互动分享平台和健康大数据管理平台。铼锶信息一直瞄准全球健康市场，自 2019 年成立以来，已快速在全球居家场景智能运动健康赛道上占得一席，在推出自有产品的基础上，成为全球重要的定制化智能产品供应商，为摩托罗拉、华为、三星电子等企业提供智能手表、智能跳绳等智能硬件产品。如今，铼锶信息的智能手表以及智能跳绳等智能运动产品大量出口到海外市场，“上海制造”已经成为大国之力量的重要体现且持续输出全球。

图 28　智能手表 W20

图片来源：“一大文创”天猫旗舰店。

智能手表W20属于“一大文创”和铼锶信息共同推出的“赤子之心”系列红色文创产品中的明星产品。W20拥有2大特点：首先，作为400元以内价位唯一拥有独立GPS芯片的智能手表，其GPS定位可以覆盖三种模式，其中一种模式就是应用中国研发的北斗定位系统，使得W20表里如一，整个产品包裹了中国心。其次，赤子之心系列联名版W20拥有4款独一无二的中共一大会址纪念馆专享表盘设计，75派将中共一大会址及其设计元素与智能硬件进行完美结合，是借助创新科技延续精神和文化传承的尚佳演绎，也是庆祝建党100周年的红色献礼。

智能手表W20不仅具有丰富的红色文化寓意，同时也具有极强的实用性和科技感，在运动和健康数据管理上都颇有心得。在运动数据领域，W20拥有跑步、骑行、篮球、网球、游泳等20种运动模式。同时，作为同等价位中唯一自带卫星定位系统的智能手表，W20拥有3重模式（GPS+GLONASS+BEIDOU）及智能双星定位功能，无论在城市郊外，都可以准确记录运动轨迹、里程、海拔、步频、配速等运动数据。在健康数据方面，W20可以24小时监测用户的心率数据，并支持个性化测试心率预警值。同时，还可以全面解析运动心率，提供运动状态下的心率数据分析。在运动时佩戴W20，可以实现实时监测运动心率，做到运动健身心中有“数”，能让减脂事半功倍。当W20和“派健康”App相连后，智慧生态的大数据能力就被全面激发出来。基于运动+健康的数据分析，再配合“派健康”App的在线智能运动指导类课程，系统会推荐更适合用户的运动和训练课程，相当于拥有了一位免费的私人教练。“派健康”App还拥有众多在线互动社区，方便用户之间进行社交，可以在线自建俱乐部或发起PK赛，让用户足不出户就能与线上的百万的运动爱好者一起分享运动的快乐。

同时，铼锶信息特意以“跳动中国芯，强我中华魂”为主题，设计了赤子之心系列产品的外包装。设计师用芯片设计元素构造出“100”字体，体现智能产品的科技属性，为建党百年献礼；画面中心部分，金色的现代化上海标志建筑包含东方明珠、金茂大厦、上海展览馆等建筑集群，体现上海历经百年，已经成为一座现代化国际大都市，而其下滔滔的黄浦江不仅是上海灿烂文化的象征，也是上海历史的见证；画面底部，采用了一大会址原址经典的石库门门楣花纹，蕴含着在中国共产党领导下，上海正逐渐成为一座充满朝气和活力的国际大都市，有着与时俱进的历史脉动。

➲ 案例评析

智能手表W20以“文化传承+创新科技”的方式向建党100周年献礼，为红色文化的传承注入了智慧科技的新活力，兼具美观性、实用性和文化内涵，这种前沿技术与红色文化结合的红色文创产品广受年轻人喜爱，不仅呈现了重大红色历史事件，还展示了我国高新企业在专业技术领域内的新突破。

案例七：体育产品——铢锶智能腕力球 Q20 …………………

铢锶智能腕力球 Q20 由“一大文创”和铢锶联合出品。腕力球是腕力健身球的简称，也称强力球、魔力球、陀螺球、超级陀螺，由中国台湾地区发明，后又传到欧美国家，并在全球推广。铢锶智能腕力球 Q20 的球身为中国红，并结合正能量文案。球体能通过蓝牙实现数据通信、运动姿态识别等算法应用。其芯片采用国产芯片擎科 1 号，利用手腕转动带动球芯高速旋转，产生强大的力量从而锻炼手腕，加强握力。该产品尺寸为 72mm × 72mm × 60mm，由纽扣电池提供电力，外壳材质为聚碳酸酯和硅胶，球芯材质为锌合金，可以发出彩色灯光。腕力球尤其适合办公族、中老年人、学生党、健身运动者和手机控人员使用，缓解现代人常见的手腕酸痛、手腕力量不足的问题。

图 29　智能腕力球 Q20

图片来源：“一大文创”天猫旗舰店。

➲ 案例评析

铢锶智能腕力球 Q20 关注现代人特别是青年学生和上班族容易忽略的健身需求，将一款新兴且小众的体育产品与红色符号相结合，并运用前沿技术增加产品的交互性和实用性，是一款优秀的红色文创产品。

案例八：数字产品——“树德里”系列虚拟盲盒

“树德里”系列虚拟盲盒是“一大文创”发布的首个数字红色文创产品，一上线，销售火爆。该产品以“盲盒”形式发售，它利用自有版权，将树德里和石库门砖墙、兴业路 106 号门牌的手绘画面做成数字文创产品。“树德里”系列数字文创产品，有三件作品，分为 SSR（极为稀有）、SR（稀有）、R（常规）三款。SSR 款名为“树德里”，就是展现插画风的树德里门头以及一眼看不到底的弄堂；SR 款名为“初心红”，也是展现插画风的石库门砖墙局部，其中一块红砖特别醒目；R 款名为“门牌”，正是插画风的“望志路 106 号”蓝色门牌。

“树德里”系列虚拟盲盒于 2022 年 7 月 29 日 18 时开启上线，除少量由发行方运营之外，其余 2750 份（其中 SSR 树德里 106 份，SR 初心红 723 份，R 门牌 1921 份）在当晚被预约一空，共有 12240 人预约，实际中签比例为 1∶4.5。购买该产品的用户在经历第一轮预约之后，又在 8 月初再经过一轮抽签决定中签用户以及其中的一款产品。最终，用户会获得一个中签的短信，进而以统一的 39.9 元价格买下其中一款。“伽作 meta” App 作为指定发售平台，提供预约抢购渠道和中签情况查询。值得一提的是，凭借SSR树德里、SR初心红和R门牌三款中任意一款，在中共一大纪念馆所属一大文创旗下“一咖啡”可兑换特调饮品、获取代金券，享受“一大文创”产品9折优惠等线下权益。持SSR树德里，还可额外兑换价值69元的树德里笔记本。

值得一提的是，“树德里”系列产品是一大文创的“虚实结合”，买家既可以线上收获虚拟藏品，也可以在线下获得实体文创和优惠，这也是红色文创产品及产业不断求新、求变的探索和突破。数字文创与实物分属虚拟和现实两个层面，实物本体具有唯一性、不可替代性。依托区块链技术发行的数字文创产品可以通过区块链唯一标识的技术手段，在保护其数字版权的基础上，实现真实可信的数字化发行、购买、收藏和使用。树德里本体建筑没办法搬回家，模型受到价格、制作工艺、空间储存等因素的影响，该数字盲盒则打破了这些限制，价格也更加“亲民”。

➲ 案例评析

“树德里”系列虚拟盲盒设计新颖，是红色文创市场中少见的虚拟产品，运用前沿数字技术对红色文化进行当代表达，让公众能近距离欣赏红色地标，在营销过程中依托区块链技术，大胆采用了“预售＋抽签”的盲盒模式进行发行，既可以巧妙地评估市场需求，也可以增加消费者的新鲜感，同时还与其他红色文创产品联动，引导消费者关注其他产品，用新潮的设计和营销方式吸引青年群体的关注。

……………………………………………………………………………

案例九：家居用品——“红军长征”主题冰箱贴

“红军长征”主题冰箱贴由“有九文化”出品。冰箱贴根据长征期间的重要事件设计而成，共八枚，定价为35元一套。该系列产品以四个漫画形象的小红军为主角，用手绘的形式将环境、人物、军旗等元素简化，搭配鲜艳的色彩，描绘了红军在战争中勇敢无畏、拼搏向前的场景，且贴近当下的现代生活，外观可爱又兼具实用性和教育意义。

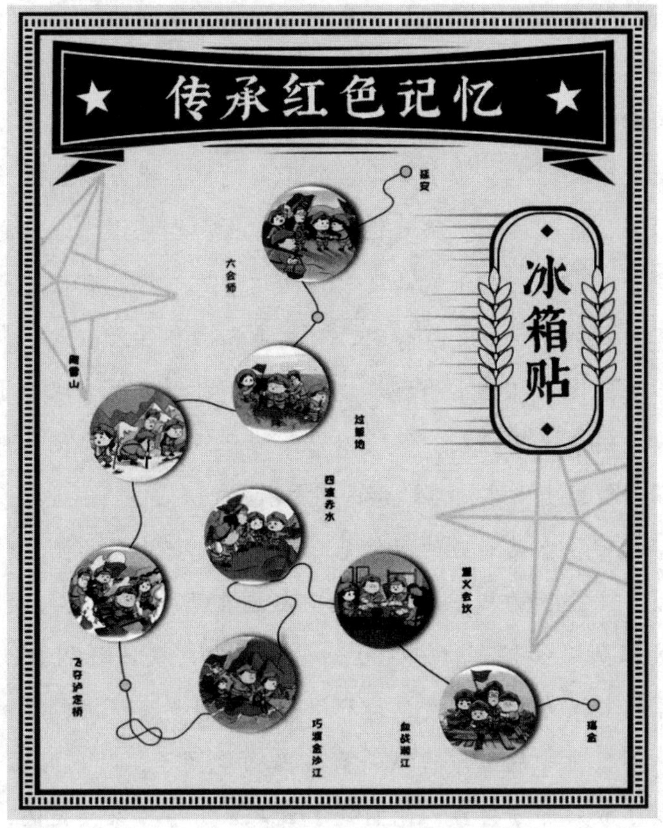

图30　“红军长征”主题冰箱贴

图片来源：“有九文化”天猫旗舰店。

第一枚冰箱贴以“血战湘江”为主题。长征历时两年，行程两万五千里，惟湘江之战最为惨烈。冰箱贴上的四个红军战士正在炮火中过木桥，其中一个负伤，展现了红军不怕流血牺牲以及大无畏、昂扬向上的革命精神。

第二枚冰箱贴以遵义会议为主题。遵义会议是中国共产党第一次独立自主地运用马克思列宁主义基本原理解决自己的路线、方针和政策方面问题的会议。这次会议，在极端危急的历史关头，挽救了党，挽救了红军，挽救了中国革命，在中国共产党领导和红军战斗的历史上，是一个生死攸关的转折点。在这枚冰箱贴上，四位红军战士正在开会，整个画面将马克思列宁的图像、红军战士、会议环境等巧妙融入整体设计中。

第三枚冰箱贴描绘的是四渡赤水战役。四渡赤水战役是遵义会议之后，中央红军在长征途中，处于国民党几十万重兵围追堵截的艰险条件下，进行的一次决定性运动战战役。在毛泽东、周恩来、朱德等指挥下，中央红军采取高度机动的运动战方针，纵横驰骋于川黔滇边境广大地区，积极寻找战机，有效地调动和歼灭敌人，彻底粉碎了蒋介石企图围歼红军于川黔滇边境的狂妄计划，红军取得了战略转移中具有决定意义的胜利。这枚冰箱贴结合四渡赤水战役的地理环境，刻画了四位战士正在侦察地形的姿态。

第四枚冰贴对应的事件是巧渡金沙江。为了巧渡金沙江，毛泽东采用声东击西的战术，派出疑兵威逼昆明，迫使敌人调回部分兵力，主力部队以一昼夜行进100公里的速度，快速赶到金沙江边，扮作敌军出其不意占据了渡口，利用七只小船昼夜渡河，牢固地控制了渡口。而负责牵制敌军部队一直在黔西绕圈子，时东时西，忽南忽北，牵制了敌人部分兵力，他们到了云南东川与巧家县之间，在树节渡顺利地渡过了金沙江。至此，红一方面军成功巧渡金沙江，摆脱了数十万国民党军的围追堵截，取得了战略转移中具有决定意义的胜利。

这枚冰箱贴将金沙江的地理环境、小船、红军战士的革命精神等融入画面中，巧渡金沙江的信息一目了然。

第五枚冰箱贴展现的场景是飞夺泸定桥。飞夺泸定桥是中国工农红军长征中的一场重要战斗，被开国上将杨成武形容为“最惨烈、最悲壮”的一场战斗。1935 年 5 月，面对国民党前后夹击的中央红军到达大渡河前，河水湍急，两岸都是绝壁，只有一座铁索桥可以通过，能否夺取这座铁索桥事关红军的生死存亡。5 月 29 日 16 时，红 4 团第 2 连连长廖大珠带领 22 名突击队员，在全团火力掩护下冒着川军的密集火力，踏索夺桥，当接近桥头时，川军突然施放火障，突击队勇敢地穿过火墙，迅速歼灭守桥之敌，并掩护后续部队占领了泸定城。川军一部被歼，其余向天全溃逃。与此同时，红 1 师和干部团击溃川军的阻击，胜利到达泸定城，策应了红 4 团的夺桥战斗。接着，中央红军主力从泸定桥上越过天险大渡河，粉碎了蒋介石歼灭红军于大渡河以南的企图。这枚冰箱贴的图画表现了泸定桥战斗的经典画面，展示了红军战士英勇顽强、不怕牺牲的革命英雄主义精神。

第六枚冰箱贴刻画的是爬雪山的场景。红军过雪山是红军长征中最艰苦的行军之一。红军翻越的雪山，大多海拔 4000 米以上，空气稀薄，人迹罕至，白雪皑皑，山高谷深，气候变幻无常。这枚冰箱贴通过漫画人物疲惫的神态和身体语言描绘了红军爬雪山的艰难场景。

第五枚冰箱贴展现了红军过草地的情景。1935 年 8 月 21 日，红军开始过草地。行军队左右两路，平行前进。右路军由毛泽东、周恩来、徐向前等率领，自四川毛儿盖出发，进入松潘草地。经过 7 天的艰苦努力，右路军到达草地尽头的班佑地区。左翼为林彪的红一方面军，先行；继后是中央领导机关、红军大学学生等；右翼为徐向前、陈昌浩率领的红三十军和红四军。彭德怀率红三军团垫后，走左翼行军路线。这枚冰箱贴将最具象征的草地、红军战士制作成冰箱贴，整个图案充分体现红军过草地之艰难等特点。

第八枚冰箱贴描绘了长征大会师事件。1936年10月9日和22日，红四方面军、红二方面军先后在甘肃省会宁县城和静宁县将台堡与红一方面军会师，中国工农红军持续两年、转战14个省的长征全部胜利结束。在艰苦卓绝的万里长征中，面对数十万国民党军队的围追堵截，面对严酷的自然环境和复杂的斗争生活，中国共产党领导工农红军坚守铁的纪律，锤炼了红军队伍铁的纪律观念。无论环境多么艰苦，官兵都能严守纪律；无论情况多么危急，都不忘执行纪律；无论职务多么高，都能自觉遵守纪律，最终取得了长征的伟大胜利。这枚冰箱贴将长征大会师进行卡通化设计创作，形象地展现了长征大会师时的热烈场景。

➲ 案例评析

“红军长征”主题冰箱贴将红军长征路线融入红色文创产品，让使用者在日常生活中就能了解到这段历史的部分轨迹，加深对红军长征的印象和学习的兴趣，用富有创意的可爱形象表达了对长征精神的敬意，实现了良好的传播效果。

案例十：纺织品——“孺子牛”系列文创

“孺子牛”系列文创由北京鲁迅博物馆出品。北京鲁迅博物馆（北京新文化运动纪念馆）位于北京市西城区阜成门内大街宫门口二条19号，是主要承担鲁迅和新文化运动时期著名人物、重大事件有关实物、资料的征集、保管、研究和宣传展示等工作的国家一级博物馆，是国内外公认的鲁迅研究的重镇和重心，由原北京鲁迅博物馆和北京新文化运动纪念馆于2014年7月合并组建而成，包括鲁迅博物馆馆区和新文化运动纪念馆馆区。该馆依托“红色”优势（大量历史人物故事和馆藏珍贵史料），于1993年被西城区人民政府命名为青少年“两史一情”（中国近代史、中国革命史和国情）教育基地，现已成为北京红色爱国主义教育基地。

北京鲁迅博物馆是92家全国博物馆文化创意产品开发首批试点单位之一，获得了政策上的大力扶持，例如，允许重点探索通过博物馆知识产权作价入股等方式投资设立企业，从事文化创意产品开发经营，参照激励科技人员创新创业的有关政策完善引导扶持激励机制等。[①]该馆以《新青年》和鲁迅先生的作品作为设计创意，于2016年开始推出多系列红色文创产品。该馆每年参观游客中的40%为学生，承担着对学生群体进行价值观引导和红色文化教育的重任，通过对文创产品销售情况统计、本馆员工的意见征集以及学生游客的需求调研，目前重点开发的是能让学生在轻松与趣味中被鲁迅先生的话语和精神所激励的产品。[②]2021年，电视剧《觉醒年代》热播，北京鲁迅博物馆的文创产品热销，带动了不少青年人对新文化运动和鲁迅的兴趣。该馆与多家机构合作，在线下和线上同步进行红色文创营销，一方面依托馆内的实体文创商店“北京鲁博书屋”和“鲁迅书店”销售红色文创产品，并积极参加国内外各类博物馆文化类展会，例如2017年赴德国参加“法兰克福纸制品博览会”、2018年参加“第25届北京国际图书博览会”等。[③]另一方面，该馆与“学习强国”学习平台的“强国城”、美团网进行合作，“北京鲁迅博物馆”美团旗舰店，积极拓宽线上销售渠道。同时，北京鲁迅博物馆还注重直播推广，利用淘宝网的电商平台优势，在进行文创产品推介的同时实现了“带货”。2020年5月，

---

① 杨晔城：《释放鲁迅文化的时代活力——全国鲁迅博物馆（纪念馆）资源特性与融合发展初探》，《绍兴文理学院学报》（哲学社会科学）2017年第3期。

② 刘欣：《人物类博物馆文创产品开发思路初探——以北京鲁迅博物馆为例》，《中国博物馆通讯》2016年总第350期。

③ 《依托馆藏资源 让红色文创“火”起来》，《中国出版传媒商报》2021年9月24日。

在“5·18 国际博物馆日”期间，中国移动咪咕举办“咪咕文创节”，推出“馆长谈文创”直播节目，该馆推介各类文创产品，将产品介绍融入历史故事的讲述中，直播当日共有 460 万观众观看。[①] 与此同时，北京鲁迅博物馆还与国内其他五家鲁迅博物馆签署文创产品联合开发与资源融合的战略合作协议，合作开发文创产品。

“孺子牛”系列是鲁迅博物馆的明星文创产品之一，产品种类包括丝巾、帆布包和棒球帽，设计创意源自该馆的一件文物——鲁迅手书条幅《自嘲》诗。该藏品是该馆“书写的艺术——鲁迅手稿精品展”的第一件展品，是国家一级文物。《自嘲》作于 1932 年 10 月 12 日，是鲁迅为柳亚子写的条幅。其中的诗句“横眉冷对千夫指，俯首甘为孺子牛”被人们熟知，也被一代又一代人传颂。它是鲁迅先生一生的写照，表达了对待敌人决不屈服和对人民大众甘愿服务的意志。

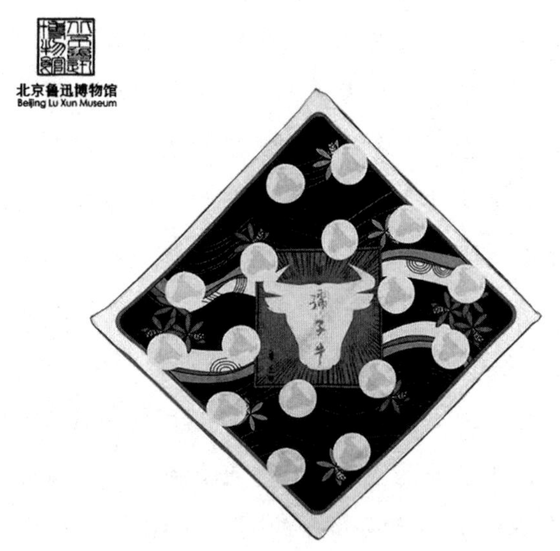

图 31 “孺子牛”丝巾展开图

图片来源：鲁迅博物小程序。

---

① 《依托馆藏资源 让红色文创“火”起来》，《中国出版传媒商报》2021 年 9 月 24 日。

“孺子牛”丝巾提取该文物中的鲁迅“孺子牛”手迹，选取馆藏木刻版画中的装饰边框，吸取鲁迅手绘图案的纹样，以现代的设计手法进行创意设计，并应用到实用性强的产品设计中，让文创产品融入人们的生活，让当代人被鲁迅思想所感染，传承“孺子牛”精神。丝巾材质为100%桑蚕丝，尺寸为50cm×50cm。丝巾正中心为“孺子牛”代表性主体图案，图案中心为鲁迅手书“孺子牛”三个字，左侧为鲁迅签名，图案背景为一幅馆藏版画中的转世图案，整体图案富有冲击力。装饰的花朵源自鲁迅手摹外文书籍纹样，牛头的图案以波点形式分布于整个丝巾中，活泼又装饰性强。丝巾透气性好，面料高级，舒适柔软，具有较强的实用价值。丝巾单条售价为188元。

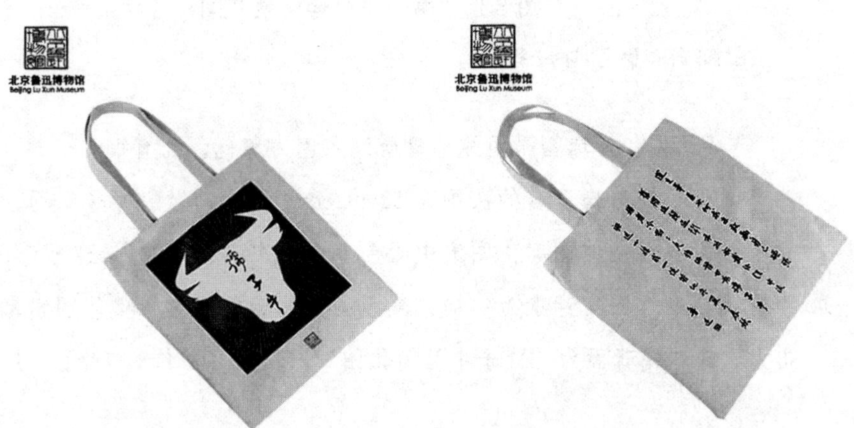

图32 “孺子牛”帆布包正面与背面

图片来源：鲁迅博物小程序。

“孺子牛”帆布包采用纯棉材质，并附防水内衬，内部有一个拉链袋，宽39cm，高41cm，肩带长16cm。帆布包主色为米色，中间的图案采用热转印印刷工艺，有质感、色彩鲜艳。正面为“孺子牛”代表性主体图案，图案中心为鲁迅手书“孺子牛”三个字，左侧为鲁迅签名。帆布包背面为鲁迅手稿《自嘲》全诗。包身轻便透气、舒适柔软，容量大。帆布包售价为88元。

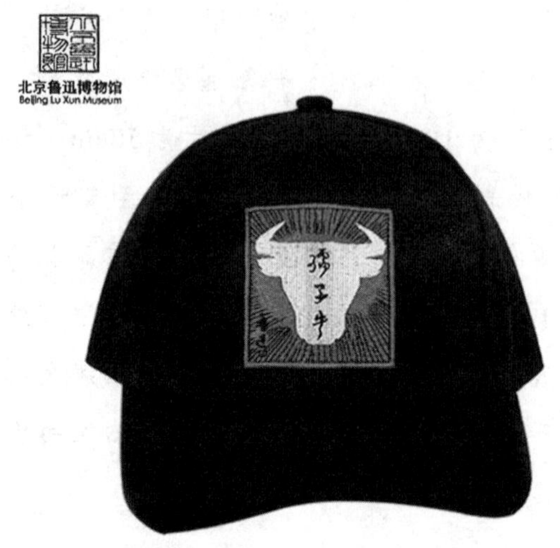

图33 “孺子牛”丝巾展开图

图片来源：鲁迅博物小程序。

“孺子牛”棒球帽采用纯棉材质，主色为黑色，配有铜制卡扣，方便调节大小。棒球帽适合的头围为52–62cm，男女同款。帽子正面为“孺子牛”代表性主体图案，图案中心为鲁迅手书“孺子牛”三个字，左侧为鲁迅签名。图案背景为一幅馆藏版画中的装饰图案，整体图案富有冲击力。棒球帽背面为“孺子牛”简化图案。该产品单价为78元。

➲ 案例评析

“孺子牛”系列文创提取了大众非常熟悉和喜爱的鲁迅创作的诗句，将鲁迅的深邃思想与大众日常生活的现实需求结合，吸引使用者积极探索《自嘲》诗背后的红色故事，有力发挥了红色人物的榜样作用和示范效应，通过小物品让大人物的思想得到有效的延续和传承，是人物类博物馆红色文创产品的经典案例。

……………………………………………………………………………………

四　参考选题

在这一部分，我们结合前文介绍的红色文创产品的具体形式和优秀案例，提供以下红色文创产品设计思路。同学们可根据前述的实践方法，在红色理论宣讲过程中结合以下主题进行具体产品的设计和制作。

主题一：地下党人员密室逃脱

地下党人员密室逃脱可以分为线上和线下两种形式。线上版本可以设计成一款解谜冒险游戏，场景为某地下党人员被困在某一地点，随时有暴露危险，需要玩家顺利传递情报并到达指定安全地点。玩家扮演地下党人员，通过完成寻找特殊道具、分析地图、破译密码、发送电报、回答党史题目、寻找战友并与战友配合、化妆易容、与敌人战斗等方式完成通关。线下版本可以设计有多个房间的密室逃脱游戏，可以有多名玩家组队参与。线下版本还可以利用 VR 和 AR 技术，增强交互感，让玩家身临其境，感受地下工作者紧张凶险的工作环境。该主题可以结合某个具体的红色历史事件或者红色人物，让学生们参与设计和玩游戏的过程，在游戏中重温红色记忆，激发学生对隐秘战线上的红色故事的兴趣。同学们在设计游戏时，需要注意仔细考证对应的历史事件的细节，力求玩家体验的真实感。

主题二：红色电影日历

近几年，各种各样的文创日历成为网红商品，文创日历大多以漫画、电影、世界名画为主要创作元素，红色文创日历还很少见。红色电影日历可以以不同时期的红色电影海报、剧照为日历的主要画面，配之以电影简介和经典台词。还可以添加二维码，引导使用者观看电影或者听台词。该产品可以吸引电影爱好者和日历爱好者通过红色电影感受红色文化。同学们在制作红色电影日历时需要设计好日历主题，并选取合适的电影，以便突出日历的特色。

主题三：数字纪念报纸

老报纸是历史的见证者和珍贵的历史资料，比如《晋察冀日报》《新中华报》《红星报》等报纸曾刊登过很多重要历史事件的报道和重要历史人物撰写的檄文。但由于当时报纸的发行量有限以及战火中的遗失，完整地保存至今的老报纸数量极少，具有极高的收藏价值和文化价值。数字纪念报纸可以把现存的老报纸进行电子化保存和修复，然后通过数字化发行，运用区块链技术，对应特定的作品、艺术品生成的唯一数字凭证，在保护其数字版权的基础上让读者能够以较低的价格实现老报纸收藏，以数字化传播唤起新时代的人们对红色文化的情感认同。同学们在制作数字纪念报纸时要特别注意知识产权问题。

实践项目四
调查研究

“调查研究是我们党的传家宝。”① 习近平总书记指出：“调查研究是谋事之基、成事之道，没有调查就没有发言权，没有调查就没有决策权。调查研究是我们做好工作的基本功。”② 一百多年来，中国共产党的革命、建设、改革经验表明，周密细致的调查研究工作，往往关乎党的事业兴衰。坚持党的思想路线，重视调查研究，党的革命与建设事业就将取得长足的发展；反之，党的革命与建设事业就会面临巨大挑战，甚至停滞倒退。作为红色理论宣讲实践课的一种重要形式，调查研究不仅可以帮助大学生真实、深入了解广大人民群众对马克思主义尤其是中国化时代化马克思主义最新理论成果的认知和需求情况，而且还可以在此过程中向广大人民群众宣传和阐释党的路线、方针和政策，帮助他们以及大学生对国内外形势和中国共产党的治国理政思想形成全面、正确的认知，从而坚定听党话、跟党走的信心和决心。

---

① 《中办印发〈关于在全党大兴调查研究的工作方案〉》，《人民日报》2023 年 3 月 20 日。

② 习近平：《在党的十九届一中全会上的讲话》，《求是》2018 年第 1 期。

一 追寻红色足迹

无论是从马克思主义经典作家的理论研究，还是中国共产党人革命、建设与改革的实践经验看，调查研究都是推动人们形成正确认识世界和改造世界的世界观与方法论的重要路径。从理论、历史和实践的角度，简要回顾马克思主义经典作家的调查研究经历，对推动红色理论宣讲的深入开展具有重要的理论和实践意义。

人和外部世界的关系主要包括两个方面：一是人认识外部世界，二是人改变外部世界。唯心主义哲学从精神出发考察人的认识问题，但由于其出发点的错误，终究无法正确揭示认识的本质和规律。马克思主义哲学以实践为基础，科学地揭示了认识的产生过程，论述了实践对认识所起到的决定作用，分析了认识的主客体及相互关系，从而深刻揭示了认识的本质及其发展规律。马克思主义哲学认为，实践是认识的来源和目的，是认识发展的动力，是检验认识真理性的唯一标准。认识作为主体对客体的反映，只有在主客体相互接触、相互作用的情况下才可能发生，而实践则是使主体和客体相互接触、相互作用的唯一途径。毛泽东指出："如果要直接地认识某种或某些事物，便只有亲身参加于变革现实、变革某种或某些事物的实践的斗争中，才能触到那种或那些事物的现象，也只有在亲身参加变革现实的实践的斗争中，才能暴露那种或那些事物的本质而理解它们。"① 也就是说，如果没有实践所发挥出的不可替代的桥梁作用，那么主体就无法达到和接触客体，认识将无法发生。

联结认识主体的人和认识对象的客观外部世界的实践，是内涵十分丰富的概念，它"不限于生产活动一种形式，还有多种其他的形式，阶级斗争，政治生活，科学和艺术的活动，总之社会实际生活的一切领域

① 《毛泽东选集》第1卷，人民出版社，1991，第287页。

都是社会的人所参加的。”[①] 在这个意义上，调查研究也是一种社会实践，是人们通过占有、分析、整理大量经验资料，以认识和把握社会规律的实践性活动。马克思主义经典作家历来重视调查研究，“马克思、恩格斯努力终身，作了许多调查研究工作，才完成了科学的共产主义。”[②] 马克思在担任《莱茵报》编辑期间，利用采访之机深入社会各个角落，获得了大量第一手资料，撰写了《摩塞尔记者的辩护》一文，从而对普鲁士的社会政治制度展开了激烈抨击。[③] 到英国后，马克思在恩格斯的支持下，扩大了同工人阶级的接触，对英国的工人阶级状况展开了深入调查，这不仅为《资本论》写作积累了丰富素材，也为指导国际工人运动打下坚实基础。恩格斯曾长期深入工厂和工人居住区考察，他利用调研得来的素材，撰写了《乌培河谷来信》一文，将乌培河谷工人悲惨的命运[④]——普遍处于赤贫状态、梅毒和肺病蔓延、半数学龄儿童被迫沦为童工——呈现在人们面前，有力抨击了资本主义的工厂制度和生产方式。1842 年 11 月至 1844 年 8 月，恩格斯在英国曼彻斯特开展调查研究，通过亲身观察与交往直接了解英国工人阶级的状况，撰写了《英国工人阶级状况》一书，详尽描写了英国无产阶级的悲惨生活，全面剖析了资本主义经济、政治制度和阶级关系，揭示了资产阶级利益同工人阶级利益是对立的事实，分析了资本主义生产方式必然导致的诸如周期性经济危机的爆发、产业后备军的形成、资产阶级日益加强对无产阶级和劳动群众的剥削等后果，[⑤] 深刻揭示了资本主义本质及其必然灭亡的客观规律。

始终坚持马克思主义认识论和实践论的观点，也是中国共产党人在革命、建设、改革中始终能够制定正确的路线方针政策，确保党的事业从胜利走向新的胜利的重要原则，调查研究则是在这一重要原则指导下

---

① 《毛泽东选集》第 1 卷，人民出版社，1991，第 283 页。
② 《毛泽东文集》第 2 卷，人民出版社，1993，第 378 页。
③ 参见《马克思恩格斯全集》第 1 卷，人民出版社，1956，第 210-243 页。
④ 参见《马克思恩格斯全集》第 1 卷，人民出版社，1956，第 498-499 页。
⑤ 参见《马克思恩格斯文集》第 1 卷，人民出版社，2009，第 361-498 页。

必然形成的工作方法。以毛泽东为主要代表的中国共产党人高度重视调查研究工作。青年时期的毛泽东在草拟《问题研究会章程》时就提出，“问题之研究，有须实地调查者，须实地调查之。”[①] 在长期的革命斗争中，毛泽东始终重视开展调查研究工作，他“不仅在我们党内开了调查研究工作的先声，而且是调查研究最积极的倡导者，对党的调查研究的理论和优良传统的形成与发展做出了最大的贡献。”[②] 1927 年 3 月，毛泽东到湖南湘潭、湘乡、衡山、醴陵、长沙五地开展了三十二天的调研，撰写了《湖南农民运动考察报告》一文，通过大量事实材料，证明了农民运动在本质上是革命的，提出了“所有各种反对农民运动的议论，都必须迅速矫正。革命当局对农民运动的各种错误处置，必须迅速变更。这样，才于革命前途有所补益”[③] 的观点，从而有力驳斥了当时党内外对农民革命斗争的责难。土地革命时期，为反对当时红军中存在的教条主义思想，毛泽东撰写了《调查工作》(题目后改为《反对本本主义》) 一文，提出了“没有调查，就没有发言权”“调查就是解决问题”[④] 的著名论断。这一时期，毛泽东还先后在寻乌、兴国、东塘、木口村、长冈乡等地开展农村调查，写作了一批调查报告，为当时党和红军了解城镇和农村状况、研究革命斗争中存在的突出问题、制定正确的方针政策，提供了丰富翔实的一手材料和重要依据，也为后人研究当时中国城镇和农村政治和经济社会状况提供了宝贵资料。

新中国成立后，中国共产党继续高度重视调查研究工作。1961 年，毛泽东认为当时国民经济工作中发生的各种错误，源于忽视调查研究所导致的思想方法上的主观主义和片面性，“要是不做调查研究工作，只凭想象和估计办事，我们的工作就没有基础。”[⑤] 他因此号召全党恢复党的实

① 《毛泽东早期文稿》，湖南人民出版社，2013，第 367 页。

② 薄一波:《若干重大决策与事件的回顾》下，中共党史出版社，2008，第 638 页。

③ 《毛泽东选集》第 1 卷，人民出版社，1991，第 12 页。

④ 《毛泽东选集》第 1 卷，人民出版社，1991，第 109-111 页。

⑤ 《毛泽东文集》第 8 卷，人民出版社，1999，第 233 页。

事求是的思想路线和调查研究的传统，大兴调查研究之风，一切从实际出发。在毛泽东的号召下，中国共产党自上而下兴起了一场新中国历史上规模空前的调查研究，这也为我们党在掌握实际情况的条件下制定一系列政策，从而扭转农业农村面临的困局，促进国民经济的恢复和发展提供了基础，是党在探索社会主义建设遭遇困难和挫折时重新振作和奋起的关键。进入改革开放和社会主义现代化建设新时期，中国共产党人继续发扬“大兴调查研究之风”的优良传统，一以贯之地坚持用好、用活调查研究这一“看家本领”，在调查研究中形成了许多新认识、总结了许多新经验、指导了许多新实践，从而不断推动中国特色社会主义理论与实践的发展，为我国社会主义现代化建设打下了扎实基础。

党的十八大以来，习近平总书记多次强调“大兴调查研究之风”的必要性和重要性。事实上，习近平早年在长期的地方工作中始终身体力行地开展着一系列调查研究工作。在正定工作时期，习近平带领县委工作人员来到十字大街，摆上桌子和长条凳子，向百姓发放民意调查表。到福州工作后，习近平主持编制《福州市20年经济社会发展战略设想》，牵头成立了一个顾问团，邀请海内外专家学者参与，请他们对福州经济社会发展工作出谋划策。在浙江工作时期，时任浙江省委书记的习近平曾到嘉兴蹲点调研。他以普通乘客身份坐公交体验“村村通”，到田间地头跟农民算收入账，到农村社区卫生室看医疗方便不方便、贵不贵……习近平指出，“人的正确思想不是从天上掉下来的，不是头脑里固有的，而是从实践中来的。”[①] 正确的决策，“要在人民群众改革发展的实际中才能产生。”[②] 因此，无论是制定还是实施决策，都离不开调查研究。也只有通过调查研究，“才能了解实际情况，总结基层经验，为作出正确决策

---

① 习近平：《干在实处 走在前列——推进浙江新发展的思考与实践》，中共中央党校出版社，2006，第533页。

② 习近平：《干在实处 走在前列——推进浙江新发展的思考与实践》，中共中央党校出版社，2006，第535页。

创造条件。”① 面对复杂的国内国际形势和繁重的改革发展稳定任务，党的十八大以来，以习近平同志为核心的党中央，继续坚持“大兴调查研究之风”的优良传统，号召全党“要一切从实际出发，深入调查研究，加强科学论证”②。新时代新征程上，只要坚持和发扬深入基层调查研究的优良传统，大兴调查研究之风，就一定能够凝聚起亿万中国人民的智慧和力量，就一定能够更好地回答中国之问、世界之问、人民之问、时代之问，就一定能够不断提高党的领导水平和执政能力，从而也就一定能够以中国式现代化全面推进中华民族伟大复兴。

二 实践操作指南

（一）主要目标及重要意义

作为红色理论宣讲重要形式的“调查研究”项目，其具体开展的目标包括知识目标、能力目标和价值目标三个方面，具有突出的理论意义和实践意义。

1. 主要目标

第一，知识目标。社会是一个大课堂，会给学生提供许多在教室内无法学习到的或者难以科学全面把握的知识。从中国共产党革命、建设、改革的经验看，一代又一代中国共产党人，正是在广泛生动的社会实践中，通过细致严密的社会调查研究工作，学习、检验甚至再思考理论知识。所以，开展调查研究就是要让大学生深入校内外基层一线发现问题、分析问题、解决问题，并借助撰写和公开调查报告形式来学习和宣讲马克思主义及其中国化时代化马克思主义。

第二，能力目标。调查研究是一种特殊的红色理论宣讲形式，学生

---

① 习近平:《干在实处 走在前列——推进浙江新发展的思考与实践》，中共中央党校出版社，2006，第533页。

② 《习近平关于调查研究论述摘编》，党建读物出版社、中央文献出版社，2023，第15页。

通过调查研究进行红色理论宣讲，将有助于提升自身的综合能力。一方面，调查研究是灵活进行红色理论宣讲的重要载体，学生在深入社会开展调查的过程中，也会遇到被调查者对一些理论问题认识不深刻、不准确的情况，这样就需要学生适时开展理论宣讲，因此，调查研究将有助于提升学生灵活宣讲的能力；另一方面，学生通过调查研究，也将提升自己分析和解决问题的能力以及撰写调研报告的能力。

第三，价值目标。在调查研究过程中不断增强对马克思主义尤其是对中国化时代化马克思主义的理解和认识，有助于自觉将之转化为自我认同的理想与目标。

2. 重要意义

首先，理论意义。通过调查研究，有助于大学生在生动的社会实践中形成对马克思主义尤其是对中国化时代化马克思主义的感性认识，为搞得懂、讲得透这些理论打下坚实的基础。

其次，实践意义。通过调查研究，有助于大学生增强运用马克思主义尤其是运用中国化时代化马克思主义观察和分析问题的能力，进而为将来投身社会主义现代化强国建设和中华民族伟大复兴的历史伟业打下坚实的基础。

（二）具体形式及方案

调查研究是马克思主义理论、社会学、政治学、经济学、管理学等多个学科进行学术研究的基础方法。调查研究过程包括数据和材料的收集以及问题的分析和解决两个部分。就前者而言，调查研究的方法主要包括定性研究和定量研究两种。因此，在红色理论宣讲的“调查研究”项目中，学生可以采取定性和定量相结合的方法。

第一，定性研究方法及其操作。

所谓定性研究，是指“通过实地访谈、观察、整理文献等方式，收集研究对象的有关资料并进行归纳、分类、比较，进而对社会事实的性质、特征作出概括，探索其复杂、细致的过程和原因。”[①] 一般而言，红色理论宣讲中“调查研究”项目的定性研究方法主要包括访谈法和观察法。

访谈法是访谈者对被访谈者直接进行口头提问、当场记录，从而获取信息、了解社会实际状况的一种方法。开展访谈，大学生应提前准备一定的访谈计划和访谈主题，也可以借助一定的访谈工具或辅助手段。访谈法的实施，可以分为标准化访谈、半标准化访谈和非标准化访谈三种类型。就标准化访谈来说，大学生需要准备详细的访谈提纲，根据提纲归纳出一系列问题并根据这些问题逐一提问被访谈者。非标准化访谈并非随意的对话，访谈双方可以围绕某一主题展开自由探讨。不过，学生们必须充分了解访谈话题，并且要具备一定的访谈技巧，以便于在访谈过程中出现“离题万里”问题时，还能将对话拉回特定主题所在的轨道，或者即便不拉回也能使对话与特定主题维持“形散而神不散”的高度关联。

观察法是研究者直接观察和记录那些正在发生且与研究对象和研究目标相关的社会事实的调查方法。大学生在使用观察法时，需要首先留意特定的社会现象和环境因素，并可以借助录音、摄像等形式收集周围信息，从而获得第一手的感性经验材料，为对某一事物形成理性认识创造条件。观察法根据研究者扮演角色的不同，可分为完全参与观察、名义参与观察、交往非参与观察、完全非参与观察。其中，完全参与观察是研究者不暴露身份，只是以被研究的社会活动的参与者身份介入的方法。名义参与观察是研究者既公开自己身份，又参与要研究的社会活动的方法。交往非参与观察则是公开观察者身份，但研究者并不直接参与被观察者群体活动的方法。完全非参与观察，是不参加被观察者群体活动，而调查者又尽量不暴露身份的方法。观察法根据收集资料的形式不

① 《社会学概论》编写组:《社会学概论》，人民出版社，2020，第 392 页。

同，又分为非标准化观察、半标准化观察和标准化观察三种。非标准化观察是研究者对观察对象进行的扩散性观察方法，这种方法事先无须准备观察量表，亦无严格的预先观察计划。半标准化观察是研究者在明确观察目的、观察对象的基础上，设计若干观察指标，并依据详细的观察提纲进行观察的方法。标准化观察是一种统一设计、统一观察的手段，研究者应严格按照事先拟定的计划和详细的量表进行观察，一般还需要借助录音、摄像等手段的辅助作用。

第二，定量研究方法及其操作。

所谓定量研究，是指“通过对变量的数量特征和数量变化的测量，以及对数量关系的分析，来解释社会现象或过程的方法”[①]。定量研究一般采用问卷调查、实验等方法收集数据资料，运用经验测量、统计分析和数理模型等手段，分析社会现象的数量特征与数量关系。从便利性与通俗性考虑，这里仅将问卷调查，确定为红色理论宣讲“调查研究”项目开展所采取的定量研究方法。

问卷调查是定量研究中收集数据资料的方式。问卷（questionnaires）是调查研究中一种类似于体温表、测力器、米尺这样的用来收集资料的工具。问卷在形式上是一份精心设计的问题表格，其可被研究者用来测量人们的行为、态度和社会特征。问卷调查的第一个特点是标准化。问卷法统一提问，回答的形式与内容，对于所有被调查者是一样的，因此，通过问卷调查，研究者既可以掌握同一地区、同一阶层等具有某种社会同质性的被调查者的平均趋势和一般情况，又可以对不同地区、不同阶层等具有某种社会异质性的被调查者进行比较。问卷调查的第二个特点是匿名性。调查问卷一般不需要被调查者真实署名，得益于此，调查问卷可以有利于一些敏感的或具有威胁性的问题得到真实回答。

关于问卷设计，调查者需要特别关注如下几个问题：一是问卷的

---

① 郑杭生主编《社会学概论新修》，中国人民大学出版社，2013，第88页。

结构。一般而言，问卷主要由封面信、指导语、问题、答案、编码等组成。[①]（1）封面信。封面信是致被调查者的短信，调查者可以在这一部分，向被调查者介绍或说明此次调查的目的、调查单位或调查者身份、调查的大概内容、调查对象的选取方法和对结构保密的措施等。（2）指导语。指导语是用来指导被调查者填写问题的各种解释和说明。（3）问题及答案。问题和答案是问卷的主体部分，也是问卷设计的主要内容。在形式上，问题可以是开放式的，也可以是封闭式的。开放式问题是调查者只提出问题，但不为被调查者提供答案的问题形式，被调查者可以根据实际情况为之提供主观回答。封闭式问题是调查者既给被调查者提问，也为之提供答案的问题形式。开放式问题的优点在于，它可以不向被调查者提供带有引导性的回答方向，而纯粹发动被调查者根据实际情况，自由而充分地发表意见。其缺陷则在于资料难以被编码和统计分析，同时对被调查者的知识水平和文字表达能力也有要求。封闭式问题的优点在于填答方便，省时省力，资料易于被编码和统计分析。其缺点在于对被调查者而言，答案设计仍然是带有主观引导性的，因此最终收集来的数据往往会失去自发性和表现力。（4）编码。在大规模的问卷调查中，调查者往往会以封闭式问卷为主。为了使被调查者的回答可以转换成数字，以便输入计算机进行处理和定量分析，调查者往往会对问卷结果进行编码，即赋予每一个问题及其答案一个数字以作为它的代码。

二是问卷调查往往需要和统计分析结合起来。统计分析是数据资料处理方式中较常见的一种。在实践中，社会调查往往会面临大规模调查样本和多个变量同时进行分析的情况，而人工手动统计计算速度慢、准确率低，因此相关工作往往需要借助计算机才能完成。研究者只要关心某个问题应当采用何种统计方法，并初步掌握对计算结果的解释，就可以对数据展开定量分析。而简单的统计过程就可以应用 Excel 软件，或社

---

① 风笑天:《现代社会调查方法》，华中科技大学出版社，2009，第 123 页。

会科学统计软件包（SPSS）完成。

在红色理论宣讲中“调查研究”项目的开展，学生可以单一使用定性或定量方法，也可以将二者结合起来。但不论哪种方法，其目的都是让学生能够掌握收集和分析数据、材料，而对相关材料背后的社会问题的产生、运行与发展逻辑的研究与理解，则需要坚持马克思主义的立场、观点和方法。

（三）成果展示及评价

调查研究成果展示形式多样，其中调查研究报告是最主要的，也是被调查者最广泛选择的一种展示形式。调查研究报告是一种反映社会调查成果的书面报告，它以文字、图表的形式，将调查研究的过程、方法和结果展现出来。其目的，是告诉有关读者，本研究的开展目的是什么，怎么实事求是调查研究的，在调查研究中又有哪些发现、得出了什么样的结论，这些发现与结果对理解和认识调查问题有哪些理论或现实的意义。

调查研究报告根据性质、内容、用途、读者对象等不同，可划分出不同的类型。其中包括以政府决策部门为主要阅读者的应用型调查报告和以相关专业学者为主要阅读者的学术型调查报告；通过对调查资料和结果的详细描述，向读者展示某一现象的基本状况、发展过程和主要特点的描述性调查报告，以及用调查得来的资料解释或说明某类现象产生的原因，或阐明不同现象间相互关系的解释性调查报告；涉及某一现象的具体内容、状况的综合性调查报告，以及主要涉及研究对象某一方面情况的专题性调查报告。

调查研究报告的写作是一项系统工作，从实践流程看，撰写调查研究报告的步骤大致分为如下四个部分。一是确立主题。调查研究报告主题是调查报告所要表达的中心问题，明确而适当的研究主题是写好调查研究报告的前提。二是拟定提纲。主题确立后，研究者需要先构思调查研究报告的整体框架，并将这一框架转变为具体的写作提纲。三是选择素材。必须承认，通过调查研究收集上来的素材并非都可以运用到调查报告的写作过程中。因此，研究者需要事先对所用素材进行选择，而选择的依据主要是写作提纲的范围和要求。四是撰写报告。在前三步工作完成后，调查者就有了一个结构分明、材料齐备的调查研究报告雏形，而撰写报告的过程，实质上就是用适当的问题将素材流畅组织在一起的过程。

红色理论宣讲中的调查研究报告，大体是应用性调查报告，或解释性调查报告，或专题性调查报告。因此，调查报告的评价主体、评价过程、评价依据等理应是十分多元的。从量化评价标准来看，调查报告评价可以细化处理（见表 1），并根据“90 分以上为优秀”“80–89 分为良好”“70–79 分为中等”“60–69 分为合格”“59 分及以下为不合格”等五个等级，对学生调查研究报告开展评价。

表 1　调查报告量化评价标准

评议项目	评价要素	各项分值	评分
选题	选题的前沿性，理论意义、现实意义和应用价值等	10	
设计方法与手段	研究目标明确，论述得当，手段先进；工作量饱满，能反映研究者学术研究能力	30	
素材摘选	素材摘选适当，对现象解释或理论阐释力度较大；素材真实有效	20	
调查报告深度	调查报告具有一定理论深度，反映出调查者思考较充分	20	
写作情况	文风严谨，报告符合学科规范；调查报告结构合理、层次分明、概念明确、条理清晰、语言流畅，具有科学性	20	
总分			
等级			

三　实践案例赏析

在马克思主义发展史上，马克思主义经典作家为后人留下了丰富的调查研究文本，成为我们传承精神、学习思想的基础。在此，我们节选或全文收录毛泽东的《湖南农民运动考察报告》、邓小平 1992 年的南方谈话、习近平总书记在党的十九届六中全会上所作的《关于〈中共中央关于党的百年奋斗重大成就和历史经验的决议〉的说明》等文章为案例文本，并在最后摘选习近平总书记的《调研工作务求“深、实、细、准、效”》一文，供同学们学习参考。

➲ 案例欣赏

案例一：毛泽东的《湖南农民运动考察报告》

1926 年 11 月，毛泽东担任中央农民运动委员会书记，负责领导全国的农民运动。该委员会因党组织一直未健全，直到毛泽东到任后方才正式办公。此时，由于北伐战争的推进，以湖南为中心的农民运动的高潮，引起了帝国主义、土豪劣绅、封建军阀、贪官污吏和国民党右派的恐慌，他们攻击污蔑农民运动是“痞子运动”“惰民运动”，叫嚷农民运动“糟得很”。面对风起云涌的农民运动究竟应当持什么样的态度，在党内也出现了激烈争论。

1926 年 12 月 13 日至 18 日，中共中央在汉口召开特别会议，毛泽东以中央农委书记身份参加了这次会议。与会者认为，当前“各种危险倾向中最主要的严重的倾向是一方面民众运动勃起之日渐向'左'，一方面军事政权对于民众运动之勃起而恐怖而日渐向右。这种'左'右倾倘继续发展下去而距离日远，会至破裂联合战线，而危及整个的国民革命运动"①。因而会议提出，限制工农运动发展，反对"耕地农有"，以换取蒋介石由右向左；同时扶持汪精卫取得国民党中央、国民政府和民众运动的领导地位，用以制约蒋介石的军事势力。

在这次会议上，陈独秀指责湖南工农运动"过火""幼稚""动摇北伐军心""妨碍统一战线"。而中央委员、湖南区委书记李维汉却提出，根据湖南农民运动的发展趋势，应当解决农民土地问题。毛泽东赞同湖南区委的主张，但陈独秀和鲍罗廷不赞成马上解决土地问题，认为条件不成熟，说目前主要是满足农民的减租减息、武装自卫、反抗土豪劣绅、反抗苛捐杂税的迫切要求，并且认为不应以赞成不赞成解决土地问题作为是否左派的标准。会议基本上按照陈独秀和鲍罗廷的主张通过了决议。

恰在此时，湖南省第一次农民代表大会在长沙召开，大会电请毛泽东回湘给予指导，于是，他从汉口到了长沙。参加完湖南省第一次农民代表大会后，他为参加会议的代表开办了一个短训班，并作了3次关于农民问题及调查方法的报告。

1927年1月4日，短训班结束后，毛泽东动身前往湘潭，考察湖南农民运动。在32天里，毛泽东步行700多公里，实地考察了湘乡、湘潭、衡山、醴陵、长沙五县的农民运动情况。在乡下和县城，毛泽东广泛地接触和访问广大群众，召集农民和农民运动干部，召开各种类型的调查会，获得了大量的第一手资料，写下了中国革命史上的重要文献——《湖南农民运动考察报告》。

毛泽东通过这次湖南农民运动的考察，看到了农民中所蕴蓄的革

---

① 高中华、韩丽：《毛泽东第一篇被介绍到国外的文章——〈中国的革命者个个都应该读一读〉》，《北京日报》2021年1月25日。

命力量，认识到动员组织农民参加革命、组织农民武装、建立革命政权的极端重要性，为其后来成功开辟农村包围城市的革命道路，形成新民主主义革命的理论，起到十分重要的作用。

《湖南农民运动考察报告》（节选）

农民问题的严重性

我这回到湖南，实地考察了湘潭、湘乡、衡山、醴陵、长沙五县的情况。从一月四日起至二月五日止，共三十二天，在乡下，在县城，召集有经验的农民和农运工作同志开调查会，仔细听他们的报告，所得材料不少。许多农民运动的道理，和在汉口、长沙从绅士阶级那里听得的道理，完全相反。许多奇事，则见所未见，闻所未闻。我想这些情形，很多地方都有。所有各种反对农民运动的议论，都必须迅速矫正。革命当局对农民运动的各种错误处置，必须迅速变更。这样，才于革命前途有所补益。因为目前农民运动的兴起是一个极大的问题。很短的时间内，将有几万万农民从中国中部、南部和北部各省起来，其势如暴风骤雨，迅猛异常，无论什么大的力量都将压抑不住。他们将冲决一切束缚他们的罗网，朝着解放的路上迅跑。一切帝国主义、军阀、贪官污吏、土豪劣绅，都将被他们葬入坟墓。一切革命的党派、革命的同志，都将在他们面前受他们的检验而决定弃取。站在他们的前头领导他们呢？还是站在他们的后头指手画脚地批评他们呢？还是站在他们的对面反对他们呢？每个中国人对于这三项都有选择的自由，不过时局将强迫你迅速地选择罢了。

组织起来

湖南的农民运动，就湘中、湘南已发达的各县来说，大约分为两个时期。去年一月至九月为第一时期，即组织时期。此时期内，一月至六月为秘密活动时期，七月至九月革命军驱逐赵恒惕，为公开活动时期。此时期内，农会会员的人数总计不过三四十万，能直接领导的群众也不过百余方，在农村中还没有什么斗争，因此各界对它也没有什么批评。因为农会会员能作向导，作侦探，作挑夫，北伐军的军官们还有说几句好话的。十月至今年一月为第二时期，即革命时期。农会会员激增到二百万，能直接领导的群众增加到一千万。因为农民入农会大多数每家只写一个人的名字，故会员二百万，群众便有约一千万。在湖南农民全数中，差不多组织了一半。如湘潭、湘乡、浏阳、长沙、醴陵、宁乡、平江、湘阴、衡山、衡阳、耒阳、郴县、安化等县，差不多全体农民都集合在农会的组织中，都立在农会领导之下。农民既已有了广大的组织，便开始行动起来，于是在四个月中造成一个空前的农村大革命。

打倒土豪劣绅，一切权力归农会

农民的主要攻击目标是土豪劣绅，不法地主，旁及各种宗法的思想和制度，城里的贪官污吏，乡村的恶劣习惯。这个攻击的形势，简直是急风暴雨，顺之者存，违之者灭。其结果，把几千年封建地主的特权，打得个落花流水。地主的体面威风，扫地以尽。地主权力既倒，农会便成了唯一的权力机关，真正办到了人们所谓“一切权力归农会”。连两公婆吵架的小事，也要到农民协会去解决。一切事情，农会的人不到场，便不能解决。农会在乡村简直独裁一切，真是“说得出，做得到”。外界的人只能说农会好，不能说农会坏。土豪劣绅，不法地主，则完全被剥夺了发言权，没有人敢说半个不字。在农会威力之下，土豪劣绅们头等的跑到上海，二等的跑到汉口，三等的跑到长沙，四等的跑到县城，五等以下土豪劣绅崽子则在乡里向农会投降。

“我出十块钱，请你们准我进农民协会。”小劣绅说。

“嘻！谁要你的臭钱！”农民这样回答。

好些中小地主、富农乃至中农，从前反对农会的，此刻求入农会不可得。我到各处，常常遇到这种人，这样向我求情:“请省里来的委员作保!”

前清地方造丁口册，有正册、另册二种，好人入正册，匪盗等坏人入另册。现在有些地方的农民便拿了这事吓那些从前反对农会的人:“把他们入另册!”

那些人怕入另册，便多方设法求入农会，一心要想把他们的名字写上那农会的册子才放心。但他们往往遭农会严厉拒绝，所以他们总是悬心吊胆地过日子;摈在农会的门外，好像无家可归的样子，乡里话叫做“打零”。总之，四个月前被一般人看不起的所谓“农民会”，现在却变成顶荣耀的东西。从前拜倒在绅士权力下面的人，现在却拜倒在农民权力之下。无论什么人，都承认去年十月以前和十月以后是两个世界。

“糟得很”和“好得很”

农民在乡里造反，搅动了绅士们的酣梦。乡里消息传到城里来，城里的绅士立刻大哗。我初到长沙时，会到各方面的人，听到许多的街谈巷议。从中层以上社会至国民党右派，无不一言以蔽之曰:“糟得很。”即使是很革命的人吧，受了那班“糟得很”派的满城风雨的议论的压迫，他闭眼一想乡村的情况，也就气馁起来，没有法子否认这“糟”字。很进步的人也只是说:“这是革命过程中应有的事，虽则是糟。”总而言之，无论什么人都无法完全否认这“糟”字。实在呢，如前所说，乃是广大的农民群众起来完成他们的历史使命，乃是乡村的民主势力起来打翻乡村的封建势力。宗法封建性的土豪劣绅，不法地主阶级，是几千年专制政治的基础，帝国主义、军阀、贪官污吏的墙脚。打翻这个封建势力，乃是国民革命的真正目标。孙中山先生致力国民革命凡四十年，所要做而没有做到的事，农民在几个月内做到了。这是四十年乃至几千年未曾成就过的奇勋。这是好得很。完全没有什么“糟”，完全不是什么“糟得很”。“糟得很”，明明是站在地主利益方面打击农民起来的理论，明明是地主阶级企图保存封建旧秩序，阻碍建设民主新秩序的理论，明明是反革命的理论。每个革命的同志，都不应该跟着瞎说。你若是一个确定了革命观点的人，而且是跑到乡村里去看过一遍的，你必定觉到一种从来未有的痛快。无数万成群的奴隶——农民，在那里打翻他们的吃人的仇敌。农民的举动，完全是对的，他们的举动好得很！“好得很”是农民及其他革命派的理论。一切革命同志须知：国民革命需要一个大的农村变动。辛亥革命没有这个变动，所以失败了。现在有了这个变动，乃是革命完成的重要因素。一切革命同志都要拥护这个变动，否则他就站到反革命立场上去了。

所谓“过分”的问题

又有一般人说：“农会虽要办，但是现在农会的举动未免太过分了。”这是中派的议论。实际怎样呢？的确的，农民在乡里颇有一点子“乱来”。农会权力无上，不许地主说话，把地主的威风扫光。这等于将地主打翻在地，再踏上一只脚。“把你入另册！”向土豪劣绅罚款捐款，打轿子。反对农会的土豪劣绅的家里，一群人涌进去，杀猪出谷。土豪劣绅的小姐少奶奶的牙床上，也可以踏上去滚一滚。动不动捉人戴高帽子游乡，“劣绅！今天认得我们！”为所欲为，一切反常，竟在乡村造成一种恐怖现象。这就是一些人的所谓“过分”，所谓“矫枉过正”，所谓“未免太不成话”。这派议论貌似有理，其实也是错的。第一，上述那些事，都是土豪劣绅、不法地主自己逼出来的。土豪劣绅、不法地主，历来凭借势力称霸，践踏农民，农民才有这种很大的反抗。凡是反抗最力、乱子闹得最大的地方，都是土豪劣绅、不法地主为恶最甚的地方。农民的眼睛，全然没有错的。谁个劣，谁个不劣，谁个最甚，谁个稍次，谁个惩办要严，谁个处罚从轻，农民都有极明白的计算，罚不当罪的极少。第二，革命不是请客吃饭，不是做文章，不是绘画绣花，不能那样雅致，那样从容不迫，文质彬彬，那样温良恭俭让。革命是暴动，是一个阶级推翻一个阶级的暴烈的行动。农村革命是农民阶级推翻封建地主阶级的权力的革命。农民若不用极大的力量，决不能推翻几千年根深蒂固的地主权力。农村中须有一个大的革命热潮，才能鼓动成千成万的群众，形成一个大的力量。上面所述那些所谓“过分”的举动，都是农民在乡村中由大的革命热潮鼓动出来的力量所造成的。这些举动，在农民运动第二时期（革命时期）是非常之需要的。在第二时期内，必须建立农民的绝对权力。必须不准人恶意地批评农会。必须把一切绅权都打倒，把绅士打在地下，甚至用脚踏上。所有一切所谓“过分”的举动，在第二时期都有革命的意义。质言之，每个农村都必须造成一个短时期的恐怖现象，非如此决不能镇压农村反革命派的活动，决不能打倒绅权。矫枉必须过正，不过正不能矫枉。这一派的议论，表面上和前一派不同，但其实质则和前一派同站在一个观点上，依然是拥护特权阶级利益的地主理论。这种理论，阻碍农民运动的兴起，其结果破坏了革命，我们不能不坚决地反对。

所谓“痞子运动”

国民党右派说：“农民运动是痞子运动，是惰农运动。”这种议论，在长沙颇盛行。我跑到乡下，听见绅士们说：“农民协会可以办，但是现在办事人不行，要换人啦！”这种议论，和右派的话是一个意思，都是说农运可做（因农民运动已起来，无人敢说不可做），但是现在做农运的人不行，尤其痛恨下级农民协会办事人，说他们都是些“痞子”。总而言之，一切从前为绅士们看不起的人，一切被绅士们打在泥沟里，在社会上没有了立足地位，没有了发言权的人，现在居然伸起头来了。不但伸起头，而且掌权了。他们在乡农民协会（农民协会的最下级）称王，乡农民协会在他们手里弄成很凶的东西了。他们举起他们那粗黑的手，加在绅士们头上了。他们用绳子捆绑了劣绅，给他戴上高帽子，牵着游乡（湘潭、湘乡叫游团，醴陵叫游垅）。他们那粗重无情的斥责声，每天都有些送进绅士们的耳朵里去。他们发号施令，指挥一切。他们站在一切人之上——从前站在一切人之下，所以叫做反常。

革命先锋

对于一件事或一种人，有相反的两种看法，便出来相反的两种议论。“糟得很”和“好得很”，“痞子”和“革命先锋”，都是适例。

前面说了农民成就了多年未曾成就的革命事业，农民做了国民革命的重要工作。但是这种革命大业，革命重要工作，是不是农民全体做的呢？不是的。农民中有富农、中农、贫农三种。三种状况不同，对于革命的观感也各别。当第一时期，富农耳里听得的是所谓江西一败如水，蒋介石打伤了脚，坐飞机回广东了。吴佩孚重新占了岳州。农民协会必定立不久，三民主义也兴不起，因为这是所谓从来没有的东西。乡农民协会的办事人（多属所谓“痞子”之类），拿了农会的册子，跨进富农的大门，对富农说：“请你进农民协会。”富农怎样回答呢？“农民协会吗？我在这里住了几十年，种了几十年田，没有见过什么农民协会，也吃饭。我劝你们不办的好！”富农中态度好点的这样说。“什么农民协会，砍脑壳会，莫害人！”富农中态度恶劣的这样说。新奇得很，农民协会居然成立了好几个月，而且敢于反对绅士。邻近的绅士因为不肯缴鸦片枪，被农民协会捉了去游乡。县城里并且杀了大绅士，例如湘潭的晏容秋，宁乡的杨致泽。十月革命纪念大会，反英大会，北伐胜利总庆祝，每乡都有上万的农民举起大小旗帜，杂以扁担锄头，浩浩荡荡，出队示威。这时，富农才开始惶惑起来。在北伐胜利总庆祝中，他们听见说，九江也打开了，蒋介石没有伤脚，吴佩孚究竟打败了。而且“三民主义万岁”，“农民协会万岁”，“农民万岁”等等，明明都写在“红绿告示”（标语）上面。“农民万岁，这些人也算作万岁吗？”富农表示很大的惶惑。农会于是神气十足了。农会的人对富农说：“把你们入另册！”或者说：“再过一个月，入会的每人会费十块钱！”在这样的形势之下，富农才慢慢地进了农会，有些是缴过五角钱或一块钱（本来只要一百钱）入会费的，有些是托人说情才邀了农会允许的。亦有好些顽固党，至今还没有入农会。富农入会，多把他那家里一个六七十岁的老头子到农会去上一个名字，因为他们始终怕“抽丁”。入会后，也并不热心替农会做事。他们的态度始终是消极的。

中农呢？他们的态度是游移的。他们想到革命对他们没有什么大的好处。他们锅里有米煮，没有人半夜里敲门来讨账。他们也根据从来有没有的道理，独自皱着眉头在那里想：“农民协会果然立得起来吗？”“三民主义果然兴得起来吗？”他们的结论是：“怕未必！”他们以为这全决于天意：“办农民会，晓得天意顺不顺咧？”在第一时期内，农会的人拿了册子，进了中农的门，对着中农说道：“请你加入农民协会！”中农回答道：“莫性急啦！”一直到第二时期，农会势力大盛，中农方加入农会。他们在农会的表现比富农好，但暂时还不甚积极，他们还要看一看。农会争取中农入会，向他们多作解释工作，是完全必要的。

乡村中一向苦战奋斗的主要力量是贫农。从秘密时期到公开时期，贫农都在那里积极奋斗。他们最听共产党的领导。他们和土豪劣绅是死对头，他们毫不迟疑地向土豪劣绅营垒进攻。他们对着富农说：“我们早进了农会，你们为什么还迟疑？”富农带着讥笑的声调说道：“你们上无片瓦，下无插针之地，有什么不进农会！”的确，贫农们不怕失掉什么。他们中间有很多人，确实是“上无片瓦，下无插针之地”，他们有什么不进农会？据长沙的调查：乡村人口中，贫农占百分之七十，中农占百分之二十，地主和富农占百分之十。百分之七十的贫农中，又分赤贫、次贫二类。全然无业，即既无土地，又无资期金，完全失去生活依据，不得不出外当兵，或出去做工，或打流当乞丐的，都是“赤贫”，占百分之二十。半无业，即略有土地，或略有资金，但吃的多，收的少，终年在劳碌愁苦中过生活的，如手工工人、佃农（富佃除外）、半自耕农等，都是“次贫”，占百分之五十。这个贫农大群众，合共占乡村人口百分之七十，乃是农民协会的中坚，打倒封建势力的先锋，成就那多年未曾成就的革命大业的元勋。没有贫农阶级（照绅士的话说，没有“痞子”），决不能造成现时乡村的革命状态，决不能打倒土豪劣绅，完成民主革命。贫农，因为最革命，所以他们取得了农会的领导权。所有最下一级农民协会的委员长、委员，在第一第二两个时期中，几乎全数是他们（衡山县乡农民协会职员，赤贫阶层占百分之五十，次贫阶层占百分之四十，穷苦知识分子占百分之十）。这个贫农领导，是非常之需要的。没有贫农，便没有革命。若否认他们，便是否认革命。若打击他们，便是打击革命。他们的革命大方向始终没有错。他们损伤了土豪劣绅的体面。他们打翻了大小土豪劣绅在地上，并且踏上一只脚。他们在革命期内的许多所谓“过分”举动，实在正是革命的需要。湖南有些县的县政府、县党部和县农会，已经做了若干错处，竟有循地主之请，派兵拘捕下级农会职员的。衡山、湘乡二县的监狱里，关了好多个乡农民协会委员长、委员。这个错误非常之大，助长了反动派的气焰。只要看拘捕了农民协会委员长、委员，当地的不法地主们便大高兴，反动空气便大增高，就知道这事是否错误。我们要反对那些所谓“痞子运动”、“惰农运动”的反革命议论，尤其要注意不可做出帮助土豪劣绅打击贫农阶级的错误行动。事实上，贫农领袖中，从前虽有些确是有缺点的，但是现在多数都变好了。他们自己在那里努力禁牌赌，清盗匪。农会势盛地方，牌赌禁绝，盗匪潜踪。有些地方真个道不拾遗，夜不闭户。据衡山的调查，贫农领袖百人中八十五人都变得很好，很能干，很努力。只有百分之十五，尚有些不良习惯。这只能叫做“少数不良分子”，决不能跟着土豪劣绅的口白，笼统地骂“痞子”。要解决这“少数不良分子”的问题，也只能在农会整顿纪律的口号之下，对群众做宣传，对他们本人进行训练，把农会的纪律整好，决不能随便派兵捉人，损害贫农阶级的威信，助长土豪劣绅的气势。这一点是非常要注意的。

十四件大事

一般指摘农会的人说农会做了许多坏事。我在前面已经指出，农民打土豪劣绅这件事完全是革命行为，并没有什么可指摘。但是农民所做的事很多，为了答复人们的指摘，我们须得把农民所有的行动过细检查一遍，逐一来看他们的所作所为究竟是怎么样。我把几个月来农民的行动分类总计起来，农民在农民协会领导之下总共作了十四件大事，如下所记。

第一件　将农民组织在农会里

这是农民所做的第一件大事。像湘潭、湘乡、衡山这样的县，差不多所有的农民都组织起来了，几乎没有哪一只“角暗里”的农民没有起来，这是第一等。有些县，农民组织起来了一大部分，尚有一小部分没有组织，如益阳、华容等县，这是第二等。有些县，农民组织起来了一小部分，大部分尚未组织起来，如城步、零陵等县，这是第三等。湘西一带，在袁祖铭势力之下，农会宣传未到，许多县的农民还全未组织起来，这是第四等。大概以长沙为中心的湘中各县最发展，湘南各县次之，湘西还在开始组织中。据去年十一月省农民协会统计，全省七十五县中，三十七县有了组织，会员人数一百三十六万七千七百二十七人。此数中，约有一百万是去年十月、十一月两个月内农会势力大盛时期组织的，九月以前还不过三四十万人。现又经过十二月、一月两个月，农民运动正大发展。截至一月底止，会员人数至少满了二百万。因入会一家多只登记一人，平均每家以五口计，群众便约有一千万。这种惊人的加速度的发展，是所以使一切土豪劣绅贪官污吏孤立，使社会惊为前后两个世界，使农村造成大革命的原因。这是农民在农民协会领导之下所做的第一件大事。

第二件　政治上打击地主

农民有了组织之后，第一个行动，便是从政治上把地主阶级特别是土豪劣绅的威风打下去，即是从农村的社会地位上把地主权力打下去，把农民权力长上来。这是一个极严重极紧要的斗争。这个斗争是第二时期即革命时期的中心斗争。这个斗争不胜利，一切减租减息，要求土地及其他生产手段等等的经济斗争，决无胜利之可能。湖南许多地方，像湘乡、衡山、湘潭等县，地主权力完全推翻，形成了农民的独一权力，自无问题。但是醴陵等县，尚有一部分地方（如醴陵之西南两区），表面上地主权力低于农民权力，实际上因为政治斗争不激烈，地主权力还隐隐和农民权力对抗。这些地方，还不能说农民已得了政治的胜利，还须加劲作政治斗争，至地主权力被农民完全打下去为止。综计农民从政治上打击地主的方法有如下各项：

清算。土豪劣绅经手地方公款，多半从中侵蚀，账目不清。这回农民拿了清算的题目，打翻了很多的土豪劣绅。好多地方组织了清算委员会，专门向土豪劣绅算账，土豪劣绅看了这样的机关就打颤。这样的清算运动，在农民运动起来的各县做得很普遍，意义不重在追回款子，重在宣布土豪劣绅的罪状，把土豪劣绅的政治地位和社会地位打下去。

罚款。清算结果，发现舞弊，或从前有鱼肉农民的劣迹，或现在有破坏农会的行为，或违禁牌赌，或不缴烟枪。在这些罪名之下，农民议决，某土豪罚款若干，某劣绅罚款若干，自数十元至数千元不等。被农民罚过的人，自然体面扫地。

捐款。向为富不仁的地主捐款救济贫民，办合作社，办农民贷款所，或作他用。捐款也是一种惩罚，不过较罚款为轻。地主为免祸计，自动地捐款给农会的，亦颇不少。

小质问。遇有破坏农会的言论行动而罪状较轻的，则邀集多人涌入其家，提出比较不甚严重的质问。结果，多要写个“休息字”，写明从此终止破坏农会名誉的言论行动了事。

大示威。统率大众，向着和农会结仇的土豪劣绅示威，在他家里吃饭，少不得要杀猪出谷，此类事颇不少。最近湘潭马家河，有率领一万五千群众向六个劣绅问罪，延时四日，杀猪百三十余个的事。示威的结果，多半要罚款。

戴高帽子游乡。这种事各地做得很多。把土豪劣绅戴上一顶纸扎的高帽子，在那帽子上面写上土豪某某或劣绅某某字样。用绳子牵着，前后簇拥着一大群人。也有敲打铜锣，高举旗帜，引人注目的。这种处罚，最使土豪劣绅颤栗。戴过一次高帽子的，从此颜面扫地，做不起人。故有钱的多愿罚款，不愿戴高帽子。但农民不依时，还是要戴。有一个乡农会很巧妙，捉了一个劣绅来，声言今天要给他戴高帽子。劣绅于是吓黑了脸。但是，农会议决，今天不给他戴高帽子。因为今天给他戴过了，这劣绅横了心，不畏罪了，不如放他回去，等日再戴。那劣绅不知何日要戴高帽子，每日在家放心不下，坐卧不宁。

关进县监狱。这是比戴高帽子更重的罪。把土豪劣绅捉了，送进知事公署的监狱，关起来，要知事办他的罪。现在监狱里关人和从前两样，从前是绅士送农民来关，现在是农民送绅士来关。

驱逐。土豪劣绅中罪恶昭著的，农民不是要驱逐，而是要捉他们，或杀他们。他们怕捉怕杀，逃跑出外。重要的土豪劣绅，在农民运动发达县份，几乎都跑光了，结果等于被驱逐。他们中间，头等的跑到上海，次等的跑到汉口，三等的跑到长沙，四等的跑到县城。这些逃跑的土豪劣绅，以逃到上海的为最安全。逃到汉口的，如华容的三个劣绅，终被捉回。逃到长沙的，更随时有被各县旅省学生捕获之虞，我在长沙就亲眼看见捕获两个。逃到县城的，资格已是第四等了，农民耳目甚多，发觉甚易。湖南政府财政困难，财政当局曾归咎于农民驱逐阔人，以致筹款不易，亦可见土豪劣绅不容于乡里之一斑。

枪毙。这必是很大的土豪劣绅，农民和各界民众共同做的。例如宁乡的杨致泽，岳阳的周嘉淦，华容的傅道南、孙伯助，是农民和各界人民督促政府枪毙的。湘潭的晏容秋，则是农民和各界人民强迫县长同意从监狱取出，由农民自己动手枪毙的。宁乡的刘昭，是农民直接打死的。醴陵的彭志蕃，益阳的周天爵、曹云，则正待“审判土豪劣绅特别法庭”判罪处决。这样的大劣绅、大土豪，枪毙一个，全县震动，于肃清封建余孽，极有效力。这样的大土豪劣绅，各县多的有几十个，少的也有几个，每县至少要把几个罪大恶极的处决了，才是镇压反动派的有效方法。土豪劣绅势盛时，杀农民真是杀人不眨眼。长沙新康镇团防局长何迈泉，办团十年，在他手里杀死的贫苦农民将近一千人，美其名曰“杀匪”。我的家乡湘潭县银田镇团防局长汤峻岩、罗叔林二人，民国二年以来十四年间，杀人五十多，活埋四人。被杀的五十多人中，最先被杀的两人是完全无罪的乞丐。汤峻岩说：“杀两个叫化子开张！”这两个叫化子就是这样一命呜呼了。以前土豪劣绅的残忍，土豪劣绅造成的农村白色恐怖是这样，现在农民起来枪毙几个土豪劣绅，造成一点小小的镇压反革命派的恐怖现象，有什么理由说不应该?

第三件　经济上打击地主

不准谷米出境，不准高抬谷价，不准囤积居奇。这是近月湖南农民经济斗争上一件大事。从去年十月至现在，贫农把地主富农的谷米阻止出境，并禁止高抬谷价和囤积居奇。结果，贫农的目的完全达到，谷米阻得水泄不通，谷价大减，囤积居奇的绝迹。

不准加租加押，宣传减租减押。去年七八月间，农会还在势力弱小时期，地主依然按照剥削从重老例，纷纷通知佃农定要加租加押。但是到了十月，农会势力大增，一致反对加租加押，地主便不敢再提加租加押四字。及至十一月后，农民势力压倒地主势力，农民乃进一步宣传减租减押。农民说：可惜去秋交租时农会尚无力量，不然去秋就减了租了。对于今秋减租，农民正大做宣传，地主们亦在问减租办法。至于减押，衡山等县目下已在进行。

不准退佃。去年七八月间，地主还有好多退佃另佃的事。十月以后，无人敢退佃了。现在退佃另佃已完全不消说起，只有退佃自耕略有点问题。有些地方，地主退佃自耕，农民也不准。有些地方，地主如自耕，可以允许退佃，但同时发生了佃农失业问题。此问题尚无一致的解决办法。

减息。安化已普遍地减了息，他县亦有减息的事。惟农会势盛地方，地主惧怕“共产”，完全“卡借”，农村几无放债的事。此时所谓减息，限于旧债。旧债不仅减息，连老本也不许债主有逼取之事。贫农说：“怪不得，年岁大了，明年再还吧！”

……

第七件 推翻祠堂族长的族权和城隍土地菩萨的神权以至丈夫的男权

中国的男子，普通要受三种有系统的权力的支配，即：（一）由一国、一省、一县以至一乡的国家系统（政权）；（二）由宗祠、支祠以至家长的家族系统（族权）；（三）由阎罗天子、城隍庙王以至土地菩萨的阴间系统以及由玉皇上帝以至各种神怪的神仙系统——总称之为鬼神系统（神权）。至于女子，除受上述三种权力的支配以外，还受男子的支配（夫权）。这四种权力——政权、族权、神权、夫权，代表了全部封建宗法的思想和制度，是束缚中国人民特别是农民的四条极大的绳索。农民在乡下怎样推翻地主的政权，已如前头所述。地主政权，是一切权力的基干。地主政权既被打翻，族权、神权、夫权便一概跟着动摇起来。农会势盛地方，族长及祠款经管人不敢再压迫族下子孙，不敢再侵蚀祠款。坏的族长、经管，已被当作土豪劣绅打掉了。从前祠堂里“打屁股”、“沉潭”、“活埋”等残酷的肉刑和死刑，再也不敢拿出来了。女子和穷人不能进祠堂吃酒的老例，也被打破。衡山白果地方的女子们，结队拥入祠堂，一屁股坐下便吃酒，族尊老爷们只好听她们的便。又有一处地方，因禁止贫农进祠堂吃酒，一批贫农拥进去，大喝大嚼，土豪劣绅长褂先生吓得都跑了。神权的动摇，也是跟着农民运动的发展而普遍。许多地方，农民协会占了神的庙宇做会所。一切地方的农民协会，都主张提取庙产办农民学校，做农会经费，名之曰“迷信公款”。醴陵禁迷信、打菩萨之风颇盛行。北乡各区农民禁止家神老爷（傩神）游香。渌口伏波岭庙内有许多菩萨，因为办国民党区党部房屋不够，把大小菩萨堆于一角，农民无异言。自此以后，人家死了人，敬神、做道场、送大王灯的，就很少了。这事，因为是农会委员长孙小山倡首，当地的道士们颇恨孙小山。北三区龙凤庵农民和小学教员，砍了木菩萨煮肉吃。南区东富寺三十几个菩萨都给学生和农民共同烧掉了，只有两个小菩萨名“包公老爷”者，被一个老年农民抢去了，他说：“莫造孽！”在农民势力占了统治地位的地方，信神的只有老年农民和妇女，青年和壮年农民都不信了。农民协会是青年和壮年农民当权，所以对于推翻神权，破除迷信，是各处都在进行中的。夫权这种东西，自来在贫农中就比较地弱一点，因为经济上贫农妇女不能不较富有阶级的女子多参加劳动，所以她们取得对于家事的发言权以至决定权的是比较多些。至近年，农村经济益发破产，男子控制女子的基本条件，业已破坏了。最近农民运动一起，许多地方，妇女跟着组织了乡村女界联合会，妇女抬头的机会已到，夫权便一天一天地动摇起来。总而言之，所有一切封建的宗法的思想和制度，都随着农民权力的升涨而动摇。但是现在时期，农民的精力集中于破坏地主的政治权力这一点。要是地主的政治权力破坏完了的地方，农民对家族神道男女关系这三点便开始进攻了。但是这种进攻，现在到底还在“开始”，要完全推翻这三项，还要待农民的经济斗争全部胜利之后。因此，目前我们对农民应该领导他们极力做政治斗争，期于彻底推翻地主权力。并随即开始经济斗争，期于根本解决贫农的土地及其他经济问题。至于家族主义、迷信观念和不正确的男女关系之破坏，乃是政治斗争和经济斗争胜利以后自然而然的结果。若用过大的力量生硬地勉强地从事这些东西的破坏，那就必被土豪劣绅借为口实，提出“农民协会不孝祖宗”、“农民协会欺神灭道”、“农民协会主张共妻”等反革命宣传口号，来破坏农民运动。湖南的湘乡、湖北的阳新，最近都发生地主利用了农民反对打菩萨的事，就是明证。菩萨是农民立起来的，到了一定时期农民会用他们自己的双手丢开这些菩萨，无须旁人过早地代庖丢菩萨。共产党对于这些东西的宣传政策应当是：“引而不发，跃如也。”菩萨要农民自己去丢，烈女祠、节孝坊要农民自己去摧毁，别人代庖是不对的。

我在乡里也曾向农民宣传破除迷信。我的话是：

“信八字望走好运，信风水望坟山贯气。今年几个月光景，土豪劣绅贪官污吏一齐倒台了。难道这几个月以前土豪劣绅贪官污吏还大家走好运，大家坟山都贯气，这几个月忽然大家走坏运，坟山也一齐不贯气了吗？土豪劣绅形容你们农会的话是：‘巧得很啰，如今是委员世界呀，你看，屙尿都碰了委员。’的确不错，城里、乡里、工会、农会、国民党、共产党无一不有执行委员，确实是委员世界。但这也是八字坟山出的吗？巧得很！乡下穷光蛋八字忽然都好了！坟山也忽然都贯气了！神明吗？那是很可敬的。但是不要农民会，只要关圣帝君、观音大士，能够打倒土豪劣绅吗？那些帝君、大士们也可怜，敬了几百年，一个土豪劣绅不曾替你们打倒！现在你们想减租，我请问你们有什么法子，信神呀，还是信农民会？”

我这些话，说得农民都笑起来。

第八件　普及政治宣传

开一万个法政学校，能不能在这样短时间内普及政治教育于穷乡僻壤的男女老少，像现在农会所做的政治教育一样呢？我想不能吧。打倒帝国主义，打倒军阀，打倒贪官污吏，打倒土豪劣绅，这几个政治口号，真是不翼而飞，飞到无数乡村的青年壮年老头子小孩子妇女们的面前，一直钻进他们的脑子里去，又从他们的脑子里流到了他们的嘴上。比如有一群小孩子在那里玩吧，如果你看见一个小孩子对着另一个小孩子鼓眼蹬脚扬手动气时，你就立刻可以听到一种尖锐的声音，那便是：“打倒帝国主义！”

湘潭一带的小孩子看牛时打起架来，一个做唐生智，一个做叶开鑫，一会儿一个打败了，一个跟着追，那追的就是唐生智，被追的就是叶开鑫。“打倒列强……”这个歌，街上的小孩子固然几乎人人晓得唱了，就是乡下的小孩子也有很多晓得唱了的。

孙中山先生的那篇遗嘱，乡下农民也有些晓得念了。他们从那篇遗嘱里取出了“自由”、“平等”、“三民主义”、“不平等条约”这些名词，颇生硬地应用在他们的生活上。一个绅士模样的人在路上碰了一个农民，那绅士摆格不肯让路，那农民便愤然说：“土豪劣绅！晓得三民主义吗？”长沙近郊菜园农民进城卖菜，老被警察欺负。现在，农民可找到武器了，这武器就是三民主义。当警察打骂卖菜农民时，农民便立即抬出三民主义以相抵制，警察没有话说。湘潭一个区的农民协会，为了一件事和一个乡农民协会不和，那乡农民协会的委员长便宣言：“反对区农民协会的不平等条约！”

政治宣传的普及乡村，全是共产党和农民协会的功绩。很简单的一些标语、图画和讲演，使得农民如同每个都进过一下子政治学校一样，收效非常之广而速。据农村工作同志的报告，政治宣传在反英示威、十月革命纪念和北伐胜利总庆祝这三次大的群众集会时做得很普遍。在这些集会里，有农会的地方普遍地举行了政治宣传，引动了整个农村，效力很大。今后值得注意的，就是要利用各种机会，把上述那些简单的口号，内容渐渐充实，意义渐渐明了起来。

第九件　农民诸禁

共产党领导农会在乡下树立了威权，农民便把他们所不喜欢的事禁止或限制起来。最禁得严的便是牌、赌、鸦片这三件。

牌：农会势盛地方，麻雀、骨牌、纸叶子，一概禁绝。

湘乡十四都地方一个区农会，曾烧了一担麻雀牌。

跑到乡间去，什么牌都没有打，犯禁的即刻处罚，一点客气也没有。

赌：从前的“赌痞”，现在自己在那里禁赌了，农会势盛地方，和牌一样弊绝风清。

鸦片：禁得非常之严。农会下命令缴烟枪，不敢稍违抗不缴。醴陵一个劣绅不缴烟枪，被捉去游乡。

农民这个“缴枪运动”，其声势不弱于北伐军对吴佩孚、孙传芳军队的缴枪。好些革命军军官家里的年尊老太爷，烟瘾极重，靠一杆“枪”救命的，都被“万岁”（劣绅讥诮农民之称）们缴了去。“万岁”们不仅禁种禁吃，还要禁运。由贵州经宝庆、湘乡、攸县、醴陵到江西去的鸦片，被拦截焚烧不少。这一来，和政府的财政发生了冲突。结果，还是省农会为了顾全北伐军饷，命令下级农会“暂缓禁运”。但农民在那里愤愤不乐。

三者以外，农民禁止或限制的东西还有很多，略举之则有：

花鼓。一种小戏，许多地方禁止演唱。

轿子。许多县有打轿子的事，湘乡特甚。农民最恨那些坐轿子的，总想打，但农会禁止他们。办农会的人对农民说：“你们打轿子，反倒替阔人省了钱，轿工要失业，岂非害了自己？”农民们想清了，出了新法子，就是大涨轿工价，以此惩富人。

煮酒熬糖。普遍禁止用谷米煮酒熬糖，糟行糖行叫苦不迭。衡山福田铺地方，不禁止煮酒，但限定酒价于一极小数目，酒店无钱赚，只好不煮了。

猪。限制每家喂猪的数目，因为猪吃去谷米。

鸡鸭。湘乡禁喂鸡鸭，但妇女们反对。衡山洋塘地方限制每家只准喂三个，福田铺地方只准喂五个。好些地方完全禁止喂鸭，因为鸭比鸡更无用，它不仅吃掉谷，而且搓死禾。

酒席。丰盛酒席普遍地被禁止。湘潭韶山地方议决客来吃三牲，即只吃鸡鱼猪。笋子、海带、南粉都禁止吃。衡山则议决吃八碗，不准多一碗。醴陵东三区只准吃五碗，北二区只准吃三荤三素，西三区禁止请春客。湘乡禁止“蛋糕席”——一种并不丰盛的席面。湘乡二都有一家讨媳妇，用了蛋糕席，农民以他不服从禁令，一群人涌进去，搅得稀烂。湘乡的嘉谟镇实行不吃好饮食，用果品祭祖。

牛。这是农民的宝贝。“杀牛的来生变牛”，简直成了宗教，故牛是杀不得的。农民没有权力时，只能用宗教观念反对杀牛，没有实力去禁止。农会起来后，权力管到牛身上去了，禁止城里杀牛。湘潭城内从前有六家牛肉店，现在倒了五家，剩下一家是杀病牛和废牛的。衡山全县禁绝了杀牛。一个农民他有一头牛跌脱了脚，问过农会，才敢杀。株洲商会冒失地杀了一头牛，农民上街问罪，罚钱而外，放爆竹赔礼。

游民生活。如打春、赞土地、打莲花落，醴陵议决禁止。各县有禁止的，有自然消灭没人干这些事的。有一种“强告化”又叫“流民”者，平素非常之凶，现在亦只得屈服于农会之下。湘潭韶山地方有个雨神庙，素聚流民，谁也不怕，农会起来，悄悄地走了。同地湖堤乡农会，捉了三个流民挑土烧窑。拜年陋俗，议决禁止。

此外各地的小禁令还很多，如醴陵禁傩神游香，禁买南货斋果送情，禁中元烧衣包，禁新春贴瑞签。湘乡的谷水地方水烟也禁了。二都禁放鞭炮和三眼铳，放鞭炮的罚洋一元二角，放铳的罚洋二元四角。七都和二十都禁做道场。十八都禁送奠仪。诸如此类，不胜枚举，统名之曰农民诸禁。

这些禁令中，包含两个重要意义：第一是对于社会恶习之反抗，如禁牌赌鸦片等。这些东西是跟了地主阶级恶劣政治环境来的，地主权力既倒，这些东西也跟着扫光。第二是对于城市商人剥削之自卫，如禁吃酒席，禁买南货斋果送情等等。因为工业品特贵，农产品特贱，农民极为贫困，受商人剥削厉害，不得不提倡节俭，借以自卫。至于前述之农民阻谷出境，是因为贫农自己粮食不够吃，还要向市上买，所以不许粮价高涨。这都是农民贫困和城乡矛盾的缘故，并非农民拒绝工业品和城乡贸易，实行所谓东方文化主义。农民为了经济自卫，必须组织合作社，实行共同买货和消费。还须政府予以援助，使农民协会能组织信用（放款）合作社。如此，农民自然不必以阻谷为限制食粮价格的方法，也不会以拒绝某些工业品入乡为经济自卫的方法了。

第十件 清匪

从禹汤文武起吧，一直到清朝皇帝，民国总统，我想没有哪一个朝代的统治者有现在农民协会这样肃清盗匪的威力。什么盗匪，在农会势盛地方，连影子都不见了。巧得很，许多地方，连偷小菜的小偷都没有了。有些地方，还有小偷。至于土匪，则我所走过的各县全然绝了迹，哪怕从前是出土匪很多的地方。原因：一是农会会员漫山遍野，梭镖短棍一呼百应，土匪无处藏踪。二是农民运动起后，谷子价廉，去春每担六元的，去冬只二元，民食问题不如从前那样严重。三是会党加入了农会，在农会里公开地合法地逞英雄，吐怨气，“山、堂、香、水”的秘密组织，没有存在的必要了。杀猪宰羊，重捐重罚，对压迫他们的土豪劣绅阶级出气也出够了。四是各军大招兵，“不逞之徒”去了许多。因此，农运一起，匪患告绝。对于这一点，绅富方面也同情于农会。他们的议论是：“农民协会吗？讲良心话，也有一点点好处。”

对于禁牌、赌、鸦片和清匪，农民协会是博得一般人的同情的。

第十一件　废苛捐

全国未统一，帝国主义军阀势力未推翻，农民对政府税捐的繁重负担，质言之，即革命军的军费负担，还是没有法子解除的。但是土豪劣绅把持乡政时加于农民的苛捐如亩捐等，却因农民运动的兴起、土豪劣绅的倒塌而取消，至少也减轻了。这也要算是农民协会的功绩之一。

第十二件　文化运动

中国历来只是地主有文化，农民没有文化。可是地主的文化是由农民造成的，因为造成地主文化的东西，不是别的，正是从农民身上掠取的血汗。中国有百分之九十未受文化教育的人民，这个里面，最大多数是农民。农村里地主势力一倒，农民的文化运动便开始了。试看农民一向痛恶学校，如今却在努力办夜学。“洋学堂”，农民是一向看不惯的。我从前做学生时，回乡看见农民反对“洋学堂”，也和一般“洋学生”、“洋教习”一鼻孔出气，站在洋学堂的利益上面，总觉得农民未免有些不对。民国十四年在乡下住了半年，这时我是一个共产党员，有了马克思主义的观点，方才明白我是错了，农民的道理是对的。乡村小学校的教材，完全说些城里的东西，不合农村的需要。小学教师对待农民的态度又非常之不好，不但不是农民的帮助者，反而变成了农民所讨厌的人。故农民宁欢迎私塾（他们叫“汉学”），不欢迎学校（他们叫“洋学”），宁欢迎私塾老师，不欢迎小学教员。如今他们却大办其夜学，名之曰农民学校。有些已经举办，有些正在筹备，平均每乡有一所。他们非常热心开办这种学校，认为这样的学校才是他们自己的。夜学经费，提取迷信公款、祠堂公款及其他闲公闲产。这些公款，县教育局要提了办国民学校即是那不合农民需要的"洋学堂"，农民要提了办农民学校，争议结果，各得若干，有些地方是农民全得了。农民运动发展的结果，农民的文化程度迅速地提高了。不久的时间内，全省当有几万所学校在乡村中涌出来，不若知识阶级和所谓"教育家"者流，空唤"普及教育"，唤来唤去还是一句废话。

第十三件　合作社运动

合作社，特别是消费、贩卖、信用三种合作社，确是农民所需要的。他们买进货物要受商人的剥削，卖出农产要受商人的勒抑，钱米借贷要受重利盘剥者的剥削，他们很迫切地要解决这三个问题。去冬长江打仗，商旅路断，湖南盐贵，农民为盐的需要组织合作社的很多。地主"卡借"，农民因借钱而企图组织"借贷所"的，亦所在多有。大问题，就是详细的正规的组织法没有。各地农民自动组织的，往往不合合作社的原则，因此做农民工作的同志，总是殷勤地问"章程"。假如有适当的指导，合作社运动可以随农会的发展而发展到各地。

（节选自《毛泽东选集》第1卷，人民出版社，1991，第12-42页。）

➲ 案例评析

国共合作后，毛泽东十分重视农村调查，这些关于农村调查的具体实践、问题选择与行动倡议，为农民运动调查奠定了基础。1926年9月1日，毛泽东在编辑《农民问题丛刊》第1辑出版时写了一篇序言，题为《国民革命与农民运动》。他在这篇文章中提出，"农民问题乃国民革命的中心问题，农民不起来参加并拥护国民革命，国民革命不会成功；农民运动不赶速地做起来，农民问题不会解决；农民问题不在现在的革命运动中得到相当的解决，农民不会拥护这个革命。”因为“经济落后之半殖民地革命最大的对象是乡村宗法封建阶级（地主阶级）”，“经济落后之半殖民地的农村封建阶级，乃其国内统治阶级国外帝国主义之唯一坚实的基础，不动摇这个基础，便万万不能动摇这个基础的上层建筑。”由此可见，虽然毛泽东并非在党内最早从事农民运动，但此时他在党内对农民问题认识的深度已走在了前列。1927年1月至2月，毛泽东用了32天时间，主要采用观察法、访谈法等定性的调查研究方法，对湖南湘潭、湘乡、衡山、醴陵、长沙五县的农民运动进行考察。每到一地，他便召集有经验的农民和农运工作同志开调查会，仔细听取他们的报告，并获得了许多一手调研材料。2月16日，毛泽东就考察湖南农民运动的情况写报告给中共中央。报告指出：“在各县乡下所见所闻与在汉口在长沙所见所闻几乎全不同，始发见从前我们对农运政策上处置上几个颇大的错误点。”党对农运的政策，应注意以“农运好得很”的事实，纠正政府、国民党、社会各界一致的“农运糟得很”的议论；以“贫农乃革命先锋”的事实，纠正各界一致的“痞子运动”的议论；以从来并没有什么联合战线存在的事实，纠正农协破坏了联合战线的议论。这些基本观点，构成了《湖南农民运动考察报告》的主要内容。

案例二：邓小平南方谈话（节选）

20世纪80年代末、90年代初，我国的经济体制改革与对外开放在理论与实践上都面临诸多难题的困扰。面对所遭遇的前所未有的世界性的历史难题，各类人物都相继登场，给出了自己的答案。

西方敌对势力大肆宣扬"共产主义大溃败"，国内一些坚持资产阶级自由化的人也主张放弃四项基本原则，走"西化"的道路。党内和一部分干部群众中一度出现了对党和国家改革开放政策的模糊认识，甚至出现了姓"资"姓"社"的争论。这些实际上都涉及要不要坚持"一个中心、两个基本点"的基本路线、中国走什么道路的问题。在这关键时刻，邓小平作为中国改革开放的总设计师，勇敢地站出来，力排众议、拨正船头，引导建设有中国特色社会主义的航船驶向光明的彼岸。1992年初，邓小平同志视察南方发表重要谈话，科学地总结了十一届三中全会以来党的基本实践和基本经验，从理论上深刻回答了长期困扰和束缚人们思想的许多重大认识问题，特别是社会主义与市场经济的关系，不仅对开好党的十四大具有重要指导作用，而且对整个社会主义现代化建设事业具有深远意义。以邓小平南方谈话和党的十四大为标志，中国社会主义改革开放和现代化建设进入新的阶段。

《在武昌、深圳、珠海、上海等地的谈话要点》（节选）

（一）

一九八四年我来过广东。当时，农村改革搞了几年，城市改革刚开始，经济特区才起步。八年过去了，这次来看，深圳、珠海特区和其他一些地方，发展得这么快，我没有想到。看了以后，信心增加了。

革命是解放生产力，改革也是解放生产力。推翻帝国主义、封建主义、官僚资本主义的反动统治，使中国人民的生产力获得解放，这是革命，所以革命是解放生产力。社会主义基本制度确立以后，还要从根本上改变束缚生产力发展的经济体制，建立起充满生机和活力的社会主义经济体制，促进生产力的发展，这是改革，所以改革也是解放生产力。过去，只讲在社会主义条件下发展生产力，没有讲还要通过改革解放生产力，不完全。应该把解放生产力和发展生产力两个讲全了。

要坚持党的十一届三中全会以来的路线、方针、政策，关键是坚持“一个中心、两个基本点”。不坚持社会主义，不改革开放，不发展经济，不改善人民生活，只能是死路一条。基本路线要管一百年，动摇不得。只有坚持这条路线，人民才会相信你，拥护你。谁要改变三中全会以来的路线、方针、政策，老百姓不答应，谁就会被打倒。这一点，我讲过几次……

在这短短的十几年内，我们国家发展得这么快，使人民高兴，世界瞩目，这就足以证明三中全会以来路线、方针、政策的正确性，谁想变也变不了。说过去说过来，就是一句话，坚持这个路线、方针、政策不变。改革开放以来，我们立的章程并不少，而且是全方位的。经济、政治、科技、教育、文化、军事、外交等各个方面都有明确的方针和政策，而且有准确的表述语言。这次十三届八中全会开得好，肯定农村家庭联产承包责任制不变。一变就人心不安，人们就会说中央的政策变了。农村改革初期，安徽出了个“傻子瓜子”问题。当时许多人不舒服，说他赚了一百万，主张动他。我说不能动，一动人们就会说政策变了，得不偿失。像这一类的问题还有不少，如果处理不当，就很容易动摇我们的方针，影响改革的全局。城乡改革的基本政策，一定要长期保持稳定。当然，随着实践的发展，该完善的完善，该修补的修补，但总的要坚定不移。即使没有新的主意也可以，就是不要变，不要使人们感到政策变了。有了这一条，中国就大有希望。

（二）

改革开放胆子要大一些，敢于试验，不能像小脚女人一样。看准了的，就大胆地试，大胆地闯。深圳的重要经验就是敢闯。没有一点闯的精神，没有一点“冒”的精神，没有一股气呀、劲呀，就走不出一条好路，走不出一条新路，就干不出新的事业。不冒点风险，办什么事情都有百分之百的把握，万无一失，谁敢说这样的话？一开始就自以为是，认为百分之百正确，没那么回事，我就从来没有那么认为。每年领导层都要总结经验，对的就坚持，不对的赶快改，新问题出来抓紧解决。恐怕再有三十年的时间，我们才会在各方面形成一整套更加成熟、更加定型的制度。在这个制度下的方针、政策，也将更加定型化。现在建设中国式的社会主义，经验一天比一天丰富。经验很多，从各省的报刊材料看，都有自己的特色。这样好嘛，就是要有创造性。

改革开放迈不开步子，不敢闯，说来说去就是怕资本主义的东西多了，走了资本主义道路。要害是姓“资”还是姓“社”的问题。判断的标准，应该主要看是否有利于发展社会主义社会的生产力，是否有利于增强社会主义国家的综合国力，是否有利于提高人民的生活水平。对办特区，从一开始就有不同意见，担心是不是搞资本主义。深圳的建设成就，明确回答了那些有这样那样担心的人。特区姓“社”不姓“资”。从深圳的情况看，公有制是主体，外商投资只占四分之一，就是外资部分，我们还可以从税收、劳务等方面得到益处嘛！多搞点“三资”企业，不要怕。只要我们头脑清醒，就不怕。我们有优势，有国营大中型企业，有乡镇企业，更重要的是政权在我们手里。有的人认为，多一分外资，就多一分资本主义，“三资”企业多了，就是资本主义的东西多了，就是发展了资本主义。这些人连基本常识都没有。我国现阶段的“三资”企业，按照现行的法规政策，外商总是要赚一些钱。但是，国家还要拿回税收，工人还要拿回工资，我们还可以学习技术和管理，还可以得到信息、打开市场。因此，“三资”企业受到我国整个政治、经济条件的制约，是社会主义经济的有益补充，归根到底是有利于社会主义的。

计划多一点还是市场多一点，不是社会主义与资本主义的本质区别。计划经济不等于社会主义，资本主义也有计划；市场经济不等于资本主义，社会主义也有市场。计划和市场都是经济手段。社会主义的本质，是解放生产力，发展生产力，消灭剥削，消除两极分化，最终达到共同富裕。就是要对大家讲这个道理。证券、股市，这些东西究竟好不好，有没有危险，是不是资本主义独有的东西，社会主义能不能用？允许看，但要坚决地试。看对了，搞一两年对了，放开；错了，纠正，关了就是了。关，也可以快关，也可以慢关，也可以留一点尾巴。怕什么，坚持这种态度就不要紧，就不会犯大错误。总之，社会主义要赢得与资本主义相比较的优势，就必须大胆吸收和借鉴人类社会创造的一切文明成果，吸收和借鉴当今世界各国包括资本主义发达国家的一切反映现代社会化生产规律的先进经营方式、管理方法。

走社会主义道路，就是要逐步实现共同富裕。共同富裕的构想是这样提出的：一部分地区有条件先发展起来，一部分地区发展慢点，先发展起来的地区带动后发展的地区，最终达到共同富裕。如果富的愈来愈富，穷的愈来愈穷，两极分化就会产生，而社会主义制度就应该而且能够避免两极分化。解决的办法之一，就是先富起来的地区多交点利税，支持贫困地区的发展。当然，太早这样办也不行，现在不能削弱发达地区的活力，也不能鼓励吃“大锅饭”。什么时候突出地提出和解决这个问题，在什么基础上提出和解决这个问题，要研究。可以设想，在本世纪末达到小康水平的时候，就要突出地提出和解决这个问题。到那个时候，发达地区要继续发展，并通过多交利税和技术转让等方式大力支持不发达地区。不发达地区又大都是拥有丰富资源的地区，发展潜力是很大的。总之，就全国范围来说，我们一定能够逐步顺利解决沿海同内地贫富差距的问题。

对改革开放，一开始就有不同意见，这是正常的。不只是经济特区问题，更大的问题是农村改革，搞农村家庭联产承包，废除人民公社制度。开始的时候只有三分之一的省干起来，第二年超过三分之二，第三年才差不多全部跟上，这是就全国范围讲的。开始搞并不踊跃呀，好多人在看。我们的政策就是允许看。允许看，比强制好得多。我们推行三中全会以来的路线、方针、政策，不搞强迫，不搞运动，愿意干就干，干多少是多少，这样慢慢就跟上来了。不搞争论，是我的一个发明。不争论，是为了争取时间干。一争论就复杂了，把时间都争掉了，什么也干不成。不争论，大胆地试，大胆地闯。农村改革是如此，城市改革也应如此。

现在，有右的东西影响我们，也有“左”的东西影响我们，但根深蒂固的还是“左”的东西。有些理论家、政治家，拿大帽子吓唬人的，不是右，而是“左”。“左”带有革命的色彩，好像越“左”越革命。“左”的东西在我们党的历史上可怕呀！一个好好的东西，一下子被他搞掉了。右可以葬送社会主义，“左”也可以葬送社会主义。中国要警惕右，但主要是防止“左”。右的东西有，动乱就是右的！“左”的东西也有。把改革开放说成是引进和发展资本主义，认为和平演变的主要危险来自经济领域，这些就是“左”。我们必须保持清醒的头脑，这样就不会犯大错误，出现问题也容易纠正和改正。

（三）

抓住时机，发展自己，关键是发展经济。现在，周边一些国家和地区经济发展比我们快，如果我们不发展或发展得太慢，老百姓一比较就有问题了。所以，能发展就不要阻挡，有条件的地方要尽可能搞快点，只要是讲效益，讲质量，搞外向型经济，就没有什么可以担心的。低速度就等于停步，甚至等于后退。要抓住机会，现在就是好机会。我就担心丧失机会。不抓呀，看到的机会就丢掉了，时间一晃就过去了。

我国的经济发展，总要力争隔几年上一个台阶。当然，不是鼓励不切实际的高速度，还是要扎扎实实，讲求效益，稳步协调地发展。比如广东，要上几个台阶，力争用二十年的时间赶上亚洲“四小龙”。比如江苏等。发展比较好的地区，就应该比全国平均速度快。又比如上海，目前完全有条件搞得更快一点。上海在人才、技术和管理方面都有明显的优势，辐射面宽。回过头看，我的一个大失误就是搞四个经济特区时没有加上上海。要不然，现在长江三角洲，整个长江流域，乃至全国改革开放的局面，都会不一样。

从我们自己这些年的经验来看，经济发展隔几年上一个台阶，是能够办得到的。我们真正干起来是一九八〇年。一九八一、一九八二、一九八三这三年，改革主要在农村进行。一九八四年重点转入城市改革。经济发展比较快的是一九八四年至一九八八年。这五年，首先是农村改革带来许多新的变化，农作物大幅度增产，农民收入大幅度增加，乡镇企业异军突起。广大农民购买力增加了，不仅盖了大批新房子，而且自行车、缝纫机、收音机、手表“四大件”和一些高档消费品进入普通农民家庭。农副产品的增加，农村市场的扩大，农村剩余劳动力的转移，又强有力地推动了工业的发展。这五年，共创造工业总产值六万多亿元，平均每年增长百分之二十一点七。吃、穿、住、行、用等各方面的工业品，包括彩电、冰箱、洗衣机，都大幅度增长。钢材、水泥等生产资料也大幅度增长。农业和工业，农村和城市，就是这样相互影响、相互促进。这是一个非常生动、非常有说服力的发展过程。可以说，这个期间我国财富有了巨额增加，整个国民经济上了一个新的台阶。一九八九年开始治理整顿。治理整顿，我是赞成的，而且确实需要。经济“过热”，确实带来一些问题。比如，票子发得多了一点，物价波动大了一点，重复建设比较严重，造成了一些浪费。但是，怎样全面地来看那五年的加速发展？那五年的加速发展，也可以称作一种飞跃，但与“大跃进”不同，没有伤害整个发展的机体、机制。那五年的加速发展功劳不小，这是我的评价。治理整顿有成绩，但评价功劳，只算稳的功劳，还是那五年加速发展也算一功？或者至少算是一个方面的功？如果不是那几年跳跃一下，整个经济上了一个台阶，后来三年治理整顿不可能顺利进行。看起来我们的发展，总是要在某一个阶段，抓住时机，加速搞几年，发现问题及时加以治理，尔后继续前进。从根本上说，手头东西多了，我们在处理各种矛盾和问题时就立于主动地位。对于我们这样发展中的大国来说，经济要发展得快一点，不可能总是那么平平静静、稳稳当当。要注意经济稳定、协调地发展，但稳定和协调也是相对的，不是绝对的。发展才是硬道理。这个问题要搞清楚。如果分析不当，造成误解，就会变得谨小慎微，不敢解放思想，不敢放开手脚，结果是丧失时机，犹如逆水行舟，不进则退。

从国际经验来看，一些国家在发展过程中，都曾经有过高速发展时期，或若干高速发展阶段。日本、南朝鲜、东南亚一些国家和地区，就是如此。现在，我们国内条件具备，国际环境有利，再加上发挥社会主义制度能够集中力量办大事的优势，在今后的现代化建设长过程中，出现若干个发展速度比较快、效益比较好的阶段，是必要的，也是能够办到的。我们就是要有这个雄心壮志！

经济发展得快一点，必须依靠科技和教育。我说科学技术是第一生产力。近一二十年来，世界科学技术发展得多快啊！高科技领域的一个突破，带动一批产业的发展。我们自己这几年，离开科学技术能增长得这么快吗？要提倡科学，靠科学才有希望。近十几年来我国科技进步不小，希望在九十年代，进步得更快。每一行都树立一个明确的战略目标，一定要打赢。高科技领域，中国也要在世界占有一席之地。我是个外行，但我要感谢科技工作者为国家作出的贡献和争得的荣誉。大家要记住那个年代，钱学森、李四光、钱三强那一批老科学家，在那么困难的条件下，把两弹一星和好多高科技搞起来。应该说，现在的科学家更幸福，因此对他们的要求会更多。我说过，知识分子是工人阶级的一部分。老科学家、中年科学家很重要，青年科学家也很重要。希望所有出国学习的人回来。不管他们过去的政治态度怎么样，都可以回来，回来后妥善安排。这个政策不能变。告诉他们，要做出贡献，还是回国好。希望大家通力合作，为加快发展我国科技和教育事业多做实事。搞科技，越高越好，越新越好。越高越新，我们也就越高兴。不只我们高兴，人民高兴，国家高兴。对我们的国家要爱，要让我们的国家发达起来。

（四）

要坚持两手抓，一手抓改革开放，一手抓打击各种犯罪活动。这两只手都要硬。打击各种犯罪活动，扫除各种丑恶现象，手软不得。广东二十年赶上亚洲“四小龙”，不仅经济要上去，社会秩序、社会风气也要搞好，两个文明建设都要超过他们，这才是有中国特色的社会主义。新加坡的社会秩序算是好的，他们管得严，我们应当借鉴他们的经验，而且比他们管得更好。开放以后，一些腐朽的东西也跟着进来了，中国的一些地方也出现了丑恶的现象，如吸毒、嫖娼、经济犯罪等。要注意很好地抓，坚决取缔和打击，决不能任其发展。新中国成立以后，只花了三年时间，这些东西就一扫而光。吸鸦片烟、吃白面，世界上谁能消灭得了？国民党办不到，资本主义办不到。事实证明，共产党能够消灭丑恶的东西。在整个改革开放过程中都要反对腐败。对干部和共产党员来说，廉政建设要作为大事来抓。还是要靠法制，搞法制靠得住些。总之，只要我们的生产力发展，保持一定的经济增长速度，坚持两手抓，社会主义精神文明建设就可以搞上去。

在整个改革开放的过程中，必须始终注意坚持四项基本原则。

十二届六中全会我提出反对资产阶级自由化还要搞二十年，现在看起来还不止二十年。资产阶级自由化泛滥，后果极其严重。特区搞建设，花了十几年时间才有这个样子，垮起来可是一夜之间啊。垮起来容易，建设就很难。在苗头出现时不注意，就会出事。

依靠无产阶级专政保卫社会主义制度，这是马克思主义的一个基本观点。马克思说过，阶级斗争学说不是他的发明，真正的发明是关于无产阶级专政的理论。历史经验证明，刚刚掌握政权的新兴阶级，一般来说，总是弱于敌对阶级的力量，因此要用专政的手段来巩固政权。对人民实行民主，对敌人实行专政，这就是人民民主专政。运用人民民主专政的力量，巩固人民的政权，是正义的事情，没有什么输理的地方。我们搞社会主义才几十年，还处在初级阶段。巩固和发展社会主义制度，还需要一个很长的历史阶段，需要我们几代人、十几代人，甚至几十代人坚持不懈地努力奋斗，决不能掉以轻心。

（节选自《邓小平文选》第3卷，人民出版社，1993，第370–380页。）

➲ 案例评析

邓小平在中国面临向何处去的重大历史关头，高举改革开放旗帜，坚持解放思想、实事求是，抓住历史机遇，大大加快了中国的发展。中共中央连续发出文件，就全党学习邓小平南方谈话和在经济建设、思想文化建设、党的建设等领域贯彻南方谈话精神作出了一系列决策和部署。邓小平南方谈话虽然主要是讲话的形式，但其形成的过程都离不开他在武昌、深圳、珠海、上海实地考察或调查研究。1992年1月18日至2月21日，已正式告别中央领导岗位的邓小平，以普通党员身份，先后赴上述四地视察。四地视察，也是一次社会调查，邓小平主要采用观察、访谈等定性研究方式，对改革开放和社会主义现代化建设有了更科学认识。因此，邓小平的南方谈话是调查研究的直接成果。

案例三：习近平所作《关于〈中共中央关于党的百年奋斗重大成就和历史经验的决议〉的说明》（节选）

中国共产党坚持以人民为中心的发展思想很大程度上就体现为我们党始终坚持尊重群众首创精神、“拜群众为师”，始终把群众作为智慧和力量的源泉，始终把我们党政治智慧的增长、执政本领的增强深深扎根于人民的创造性实践中。不仅体现为我们党善于从人民群众在实践中形成的、富有成效的经验汲取智慧，更体现为我们党通过完善制度设计、畅通人民群众表达渠道，为党和国家在作出重大决定和决策之前的广泛征求和听取各方面意见、最大限度吸纳民意、汇集民智和凝聚民力创造良好条件。

《关于〈中共中央关于党的百年奋斗重大成就和历史经验的决议〉的说明》（节选）

受中央政治局委托，我就《中共中央关于党的百年奋斗重大成就和历史经验的决议》起草的有关情况向全会作说明。

一、关于党的十九届六中全会议题的考虑

我们党历来高度注重总结历史经验。早在延安时期，毛泽东同志就指出：“如果不把党的历史搞清楚，不把党在历史上所走的路搞清楚，便不能把事情办得更好。”在争取抗日战争最后胜利的关头，1945年，党的六届七中全会通过了《关于若干历史问题的决议》，对（建

党以后特别是党的六届四中全会至遵义会议前这一段党的历史及其经验教训）进行了总结，对若干重大历史问题作出了结论，使全党特别是党的高级干部对中国革命基本问题的认识达到了一致，增强了全党团结，为党的七大胜利召开创造了充分条件，有力促进了中国革命事业发展。

进入改革开放新时期，邓小平同志说："历史上成功的经验是宝贵财富，错误的经验、失败的经验也是宝贵财富。这样来制定方针政策，就能统一全党思想，达到新的团结。这样的基础是最可靠的。"1981年，党的十一届六中全会通过了《关于建国以来党的若干历史问题的决议》，回顾了新中国成立以前党的历史，总结了社会主义革命和建设的历史经验，对一些重大事件和重要人物作出了评价，特别是正确评价了毛泽东同志和毛泽东思想，分清了是非，纠正了"左"右两方面的错误观点，统一了全党思想，对推动党团结一致向前看、更好推进改革开放和社会主义现代化建设产生了重大影响。

现在，距离第一个历史决议制定已经过去了76年，距离第二个历史决议制定也过去了40年。40年来，党和国家事业大大向前发展了，党的理论和实践也大大向前发展了。站在新的历史起点上，回顾过去，展望未来，全面总结党的百年奋斗重大成就和历史经验特别是改革开放40多年来的重大成就和历史经验，既有客观需要，也具备主观条件。

党中央认为，在党成立一百周年的重要历史时刻，在党和人民胜利实现第一个百年奋斗目标、全面建成小康社会，正在向着全面建成社会主义现代化强国的第二个百年奋斗目标迈进的重大历史关头，全面总结党的百年奋斗重大成就和历史经验，对推动全党进一步统一思想、统一意志、统一行动，团结带领全国各族人民夺取新时代中国特色社会主义新的伟大胜利，具有重大现实意义和深远历史意义。

党中央认为，党的百年奋斗历程波澜壮阔，时间跨度长，涉及范围广，需要研究的问题多。总的是要按照总结历史、把握规律、坚定信心、走向未来的要求，把党走过的光辉历程总结好，把党团结带领人民取得的辉煌成就总结好，把党推进革命、建设、改革的宝贵经验总结好，把党的十八大以来党和国家事业砥砺奋进的理论和实践总结好。具体来说，就是要深入研究党领导人民进行革命、建设、改革的百年历程，全面总结党从胜利走向胜利的伟大历史进程、为国家和民族建立的伟大历史功绩；深入研究党坚持把马克思主义基本原理同中国具体实际相结合、同中华优秀传统文化相结合，不断推进马克思主义中国化的百年历程，深化对新时代党的创新理论的理解和掌握；深入研究党不断维护党的团结、维护党中央权威和集中统一领导的百年历程，深刻领悟加强党的政治建设这个马克思主义政党的鲜明特征和政治优势；深入研究党为中国人民谋幸福、为中华民族谋复兴的百年历程，深刻认识党同人民生死相依、休戚与共的血肉联系，更好为人民谋幸福、依靠人民创造历史伟业；深入研究党加强自身建设、推进自我革命的百年历程，增强全面从严治党永远在路上的坚定和执着，确保党在新时代坚持和发展中国特色社会主义的历史进程中始终成为坚强领导核心；深入研究历史发展规律和大势，始终掌握新时代新征程党和国家事业发展的历史主动，增强锚定既定奋斗目标、意气风发走向未来的勇气和力量。

党中央认为，总结党的百年奋斗重大成就和历史经验，要坚持辩证唯物主义和历史唯物主义的方法论，用具体历史的、客观全面的、联系发展的观点来看待党的历史。要坚持正确党史观、树立大历史观，准确把握党的历史发展的主题主线、主流本质，正确对待党在前进道路上经历的失误和曲折，从成功中吸取经验，从失误中吸取教训，不断开辟走向胜利的道路。要旗帜鲜明反对历史虚无主义，加强思想引导和理论辨析，澄清对党史上一些重大历史问题的模糊认识和片面理解，更好正本清源。

对这次全会决议起草，党中央明确要求着重把握好以下几点。

聚焦总结党的百年奋斗重大成就和历史经验。我们党已先后制定了两个历史决议。从建党到改革开放之初，党的历史上的重大是非问题，这两个历史决议基本都解决了，其基本论述和结论至今仍然适用。改革开放以来，尽管党的工作中也出现过一些问题，但总体上讲党和国家事业发展是顺利的，前进方向是正确的，取得的成就是举世瞩目的。基于此，这次全会决议要把着力点放在总结党的百年奋斗重大成就和历史经验上，以推动全党增长智慧、增进团结、增加信心、增强斗志。

突出中国特色社会主义新时代这个重点。这次全会决议重点总结新时代党和国家事业取得的历史性成就、发生的历史性变革和积累的新鲜经验，主要考虑是，对党在新民主主义革命时期、社会主义革命和建设时期、党的十一届三中全会到党的十一届六中全会期间的历史，前两个历史决议已经作过系统总结；对改革开放和社会主义现代化建设新时期的成就和经验，党的十一届三中全会召开二十周年、三十周年时党中央都进行了认真总结，我在庆祝改革开放四十周年大会上发表讲话，也作了系统总结。因此，对党的十八大之前的历史时期，这次全会决议要在已有总结和结论的基础上进行概述。突出中国特色社会主义新时代这个重点，有利于引导全党进一步坚定信心，聚焦我们正在做的事情，以更加昂扬的姿态迈进新征程、建功新时代。

对重大事件、重要会议、重要人物的评价注重同党中央已有结论相衔接。关于党的十八大之前党的历史上的重大事件、重要会议、重要人物，前两个历史决议、党的一系列重要文献都有过大量论述，都郑重作过结论。这次全会决议坚持这些基本论述和结论。党的十八大以来，我在庆祝中国共产党成立九十五周年大会、庆祝中国人民解放军建军九十周年大会、庆祝中华人民共和国成立七十周年大会特别是庆祝中国共产党成立一百周年大会等重要会议上，对党的历史都作过总结和论述，体现了党中央对党的百年奋斗的新认识。这次全会决议要体现这些新认识。

二、决议稿起草过程

今年3月，中央政治局决定，党的十九届六中全会重点研究全面总结党的百年奋斗重大成就和历史经验问题，成立文件起草组，由我担任组长，王沪宁、赵乐际同志担任副组长，党和国家有关领导同志及有关中央部门和地方负责同志参加，在中央政治局常委会领导下承担文件起草工作。

4月1日，党中央发出《关于对党的十九届六中全会重点研究全面总结党的重大成就和历史经验问题征求意见的通知》，在党内外一定范围征求意见。

从反馈意见看，各地区各部门各方面一致认为，党中央决定通过召开十九届六中全会，全面总结党的百年奋斗重大成就和历史经验，是郑重的历史性、战略性决策，充分体现党牢记初心使命、永葆生机活力的坚强意志和坚定决心，充分体现党深刻把握历史发展规律、始终掌握党和国家事业发展的历史主动和使命担当，充分体现党立足当下、着眼未来、注重总结和运用历史经验的高瞻远瞩和深谋远虑。一致赞成这次全会着重总结党的百年奋斗重大成就和历史经验，并就决议需要研究解决的重大问题提出了许多好的意见和建议。

各地区各部门各方面普遍认为，一百年来，党团结带领人民在革命、建设、改革各个历史时期持续奋斗，创造了彪炳中华民族发展史、世界社会主义发展史、人类社会发展史的奇迹，彻底扭转了近代以来中华民族的历史进程，生动谱写了世界社会主义历史发展的壮丽篇章，成功开辟了马克思主义新境界，为实现中华民族伟大复兴建立了不朽功业，为促进人类进步作出了重大贡献。在这一伟大征程中，党和人民积累了极其丰富的宝贵历史经验。这些都值得系统总结。各地区各部门各方面建议，这次全会在全面总结党的百年奋斗重大成就和历史经验的基础上，重点总结新时代党和国家事业取得的历史性成就、发生的历史性变革及新鲜经验。

按照党中央部署，文件起草组认真学习党的重要历史文献，充分吸纳各地区各部门各方面意见和建议，深入研究重大问题，认真开展决议稿起草工作。

9月6日，根据中央政治局会议决定，决议征求意见稿下发党内一定范围征求意见，包括征求党内部分老同志意见，还专门听取了各民主党派中央、全国工商联负责人和无党派人士代表意见。

从反馈意见情况看，各地区各部门各方面对决议征求意见稿给予充分肯定，一致赞成决议稿的框架结构和主要内容。一致认为，决议稿最鲜明的特点是实事求是、尊重历史，反映了党的百年奋斗的初心使命，符合历史事实；决议稿对重大事件、重要会议、重要人物的论述和评价，同党的历史文献既有论述和结论相衔接，体现了党的十八大以来党中央关于党的历史的新认识。决议稿总结概括的“中国共产党百年奋斗的历史意义”，全面、深刻、系统反映了党对中国、对人类作出的历史性贡献；总结概括的“中国共产党百年奋斗的历史经验”，贯通历史、现在、未来，具有重大的历史意义和现实指导意义。

各地区各部门各方面普遍认为，决议稿是新时代中国共产党人牢记初心使命、坚持和发展中国特色社会主义的政治宣言，是以史为鉴、开创未来、实现中华民族伟大复兴的行动指南，同党的前两个历史决议既一脉相承又与时俱进，必将激励全党在新时代新征程上争取更大荣光。

在征求意见过程中，各地区各部门各方面提出许多好的意见和建议。文件起草组逐条分析这些意见和建议，做到能吸收的尽量吸收。经反复研究推敲，对决议稿作出547处修改，充分反映了各地区各部门各方面意见和建议。

在决议稿起草过程中，中央政治局常委会召开3次会议、中央政治局召开2次会议进行审议，形成了提交这次全会审议的决议稿。

三、决议稿的基本框架和主要内容

决议稿除序言和结束语之外，共有7个部分。

第一部分“夺取新民主主义革命伟大胜利”。阐明这一时期党面临的主要任务是，反对帝国主义、封建主义、官僚资本主义，争取民族独立、人民解放，为实现中华民族伟大复兴创造根本社会条件。分析党产生的历史背景，总结党领导人民在建党之初和大革命时期、土地革命战争时期、抗日战争时期、解放战争时期进行革命斗争的历史进程和创造的伟大成就，以及创立毛泽东思想、实施和推进党的建设伟大工程的重大成就。强调成立中华人民共和国，实现民族独立、人民解放，实现了中国从几千年封建专制政治向人民民主的伟大飞跃；中国共产党和中国人民以英勇顽强的奋斗向世界庄严宣告，中国人民从此站起来了，中华民族任人宰割、饱受欺凌的时代一去不复返了，中国发展从此开启了新纪元。

第二部分“完成社会主义革命和推进社会主义建设”。阐明这一时期党面临的主要任务是，实现从新民主主义到社会主义的转变，进行社会主义革命，推进社会主义建设，为实现中华民族伟大复兴奠定根本政治前提和制度基础。总结新中国成立后党领导人民战胜一系列严峻挑战、巩固新生政权，成功完成社会主义改造、建立社会主义制度，开展全面的大规模的社会主义建设，打开对外工作新局面的历史进程和创造的伟大成就。总结党加强执政党建设所作的努力和积累的初步经验，在阐述这一时期党取得的独创性理论成果的基础上，对毛泽东思想进行科学评价。强调这一时期党领导人民创造的伟大成就，实现了一穷二白、人口众多的东方大国大步迈进社会主义社会的伟大飞跃；中国共产党和中国人民以英勇顽强的奋斗向世界庄严宣告，中国人民不但善于破坏一个旧世界、也善于建设一个新世界，只有社会主义才能救中国，只有社会主义才能发展中国。

第三部分“进行改革开放和社会主义现代化建设”。阐明这一时期党面临的主要任务是，继续探索中国建设社会主义的正确道路，解放和发展社会生产力，使人民摆脱贫困、尽快富裕起来，为实现中华民族伟大复兴提供充满新的活力的体制保证和快速发展的物质条件。强调党的十一届三中全会的历史意义，总结以邓小平同志为主要代表的中国共产党人、以江泽民同志为主要代表的中国共产党人、以胡锦涛同志为主要代表的中国共产党人作出的历史贡献，从党领导全面开展拨乱反正、形成中国特色社会主义理论体系、推进改革开放和社会主义现代化建设、从容应对关系我国改革发展稳定全局的一系列风险考验、推进祖国统一大业、维护世界和平与促进共同发展、开创和推进党的建设新的伟大工程等方面，展现新时期波澜壮阔的历史画卷和举世瞩目的伟大成就。强调这一时期党领导人民创造的伟大成就，推进了中华民族从站起来到富起来的伟大飞跃；中国共产党和中国人民以英勇顽强的奋斗向世界庄严宣告，改革开放是决定当代中国前途命运的关键一招，中国特色社会主义道路是指引中国发展繁荣的正确道路，中国大踏步赶上了时代。

第四部分“开创中国特色社会主义新时代”。阐明这一时期党面临的主要任务是，实现全面建成小康社会的第一个百年奋斗目标，开启全面建成社会主义现代化强国的第二个百年奋斗目标新征程，朝着实现中华民族伟大复兴的宏伟目标继续前进。阐述中国特色社会主义新时代这一我国发展新的历史方位，概括党的十八大以来党的理论创新成果，深入分析新时代党面临的形势、面对的风险挑战，从坚持党的全面领导、全面从严治党、经济建设、全面深化改革开放、政治建设、全面依法治国、文化建设、社会建设、生态文明建设、国防和军队建设、维护国家安全、坚持“一国两制”和推进祖国统一、外交工作等13个方面，分领域总结新时代党和国家事业取得的历史性成就、发生的历史性变革，重点总结九年来的原创性思想、变革性实践、突破性进展、标志性成果。强调这一时期党领导人民创造的伟大成就，为实现中华民族伟大复兴提供了更为完善的制度保证、更为坚实的物质基础、更为主动的精神力量；中国共产党和中国人民以英勇顽强的奋斗向世界庄严宣告，中华民族迎来了从站起来、富起来到强起来的伟大飞跃。

第五部分“中国共产党百年奋斗的历史意义”。在全面回顾总结党的百年奋斗历程和重大成就基础上，以更宏阔的视角，总结党的百年奋斗的历史意义，即党的百年奋斗从根本上改变了中国人民的前途命运、开辟了实现中华民族伟大复兴的正确道路、展示了马克思主义的强大生命力、深刻影响了世界历史进程、锻造了走在时代前列的中国共产党，阐述党对中国人民、对中华民族、对马克思主义、对人类进步事业、对马克思主义政党建设所做的历史性贡献。这五条概括，既立足中华大地，又放眼人类未来，体现了中国共产党和中国人民、中华民族的关系，体现了中国共产党和马克思主义、世界社会主义、人类社会发展的关系，贯通了中国共产党百年奋斗的历史逻辑、理论逻辑、实践逻辑。

第六部分“中国共产党百年奋斗的历史经验”。概括了具有根本性和长远指导意义的十条历史经验，即坚持党的领导、坚持人民至上、坚持理论创新、坚持独立自主、坚持中国道路、坚持胸怀天下、坚持开拓创新、坚持敢于斗争、坚持统一战线、坚持自我革命。这十条历史经验是系统完整、相互贯通的有机整体，揭示了党和人民事业不断成功的根本保证，揭示了党始终立于不败之地的力量源泉，揭示了党始终掌握历史主动的根本原因，揭示了党永葆先进性和纯洁性、始终走在时代前列的根本途径。强调这十条历史经验是经过长期实践积累的宝贵经验，是党和人民共同创造的精神财富，必须倍加珍惜、长期坚持，并在新时代实践中不断丰富和发展。

第七部分“新时代的中国共产党”。围绕实现第二个百年奋斗目标，强调全党要以咬定青山不放松的执着奋力实现既定目标，以行百里者半九十的清醒不懈推进中华民族伟大复兴；强调必须坚持党的基本理论、基本路线、基本方略，立足新发展阶段、贯彻新发展理念、构建新发展格局、推动高质量发展，协同推进人民富裕、国家强盛、中国美丽；强调必须永远保持同人民群众的血肉联系，不断实现好、维护好、发展好最广大人民根本利益；强调必须铭记生于忧患、死于安乐，常怀远虑、居安思危，继续推进新时代党的建设新的伟大工程；强调必须抓好后继有人这个根本大计。号召全党全军全国各族人民勿忘昨天的苦难辉煌，无愧今天的使命担当，不负明天的伟大梦想，以史为鉴、开创未来，埋头苦干、勇毅前行，为实现第二个百年奋斗目标、实现中华民族伟大复兴的中国梦而不懈奋斗。

同志们！审议通过这个决议，是这次全会的主要任务。大家要贯彻落实党中央要求，贯通把握历史、现在、未来，深入思考、深入研讨，聚精会神、集思广益，提出建设性意见和建议，共同把这次全会开好、把决议稿修改好。

（节选自《习近平谈治国理政》第4卷，外文出版社，2022，第17-28页。）

➲ 案例评析

这篇说明是我们党推动全国人民民主行稳致远的忠实记录。在“十四五”规划建议稿起草过程中，党中央向广大人民群众和社会各界公开征求意见，并在网络平台开通建言专栏，网上征求意见，累计收到超过101.8万条建言。其中，网友“云帆”提出的“互助性养老”建议，被正式写入党的十九届五中全会文件。编纂民法典是全面推进依法治国、实现国家治理体系和治理能力现代化新征程中的重大举措，解决了党和国家事业发展中的重大民生问题，为实现人民对美好生活的期待提供了坚实的法治保障。在《中华人民共和国民法典》的制定过程中，先后10次公开征求社会各方面的意见，总共有42.5万人参与提意见，提出的意见总数达102万条。党的二十大报告形成后，中共中央广泛征求了各方面意见，征求意见人数共4700余人。这些具体实践，一方面表明中国式民主所具有的广泛性、真实性，表明全过程人民民主具有强大的生命活力；另一方面也表明，无论是政策或法律法规的科学性，还是我们党对一些理论问题、历史问题能否形成正确认识，都需要通过广泛征求意见的方法得到实现。实际上，广泛征求意见也是调查研究的一种形式，所以，无论是“互助性养老”建议被写入党的十九届五中全会文件，还是《民法典》的出台，又或是党的历史上第三份历史决议的形成，本质上都是调查研究的直接成果。无论是党中央还是全国人大，它们主要是通过网上征求意见，即调查研究的方法，充分掌握民意民愿，进而对有关问题形成科学的认识。

……………………………………………………………………

案例四：跟着习近平总书记学调研①

回顾习近平的从政经历不难发现，他总是在深入调研的基础上认识和考虑问题：在河北正定，他跑遍全县25个乡镇、221个村；在福建宁德，他到任3个月就走遍9个县；在浙江，他用1年多时间跑遍全省90个县市区；在上海仅7个月，他到过全市19个区县；担任党

① 以下素材与资料选取自“学习强国”平台“跟总书记学调研”专题《习近平是怎么做调查研究的？》一文（2023年3月24日刊出）。收入本教材时，内容文字有所改动。

的总书记以来，他的足迹更是遍布大江南北。

习近平做调研是讲方式方法的。20世纪80年代，他在正定搞问卷调查，带着工作人员在街边摆桌子，有赶集的老百姓经过，就主动递上问卷。担任福州市委书记时，习近平也曾部署发放1万多份问卷，搜集、了解各方面对福州发展的意见。随着时代发展，调研方法也在与时俱进。2003年2月，习近平在浙江省委理论学习中心组学习会上指出，在调研方法上要多样化，一种方法不如几种方法好。他要求党员干部在具体实践中，根据调查任务和要求的不同，采用不同的调查方法，把微观调查和宏观调查结合起来，把定性分析和定量分析结合起来，大胆创新、多管齐下，提高调研工作效率和调研成果的质量。面对大量材料和情况，怎么确保调研结果真实可信？习近平多次提到6字诀：交换、比较、反复。一项政策出台前，他会倾听“八面来风”：既找干部、专家、老同志交流，也重视同事和下属的意见。在找人谈话、听取汇报时，他会拿出笔和本子，把问题和建议记下来。习近平强调“钻矛盾窝”了解实情，“少看花瓶和盆景，多看看后院和角落”。习近平在《浙江日报》“之江新语”栏目发表的第一篇文章，题目是《调研工作务求“深、实、细、准、效”》，这5个字蕴含着深刻的哲理和方法论，也反映了习近平深入、唯实的调研作风。

《调研工作务求“深、实、细、准、效”》

现在全省上下大兴调查研究之风，各级领导干部在调研工作中，一定要保持求真务实的作风，努力在求深、求实、求细、求准、求效上下功夫。

“深”，就是要深入群众，深入基层，善于与工人、农民、知识分子和社会各界人士交朋友，到田间、厂矿、群众和社会各层面中去解决问题。“实”，就是作风要实，做到轻车简从，简化公务接待，真正做到听实话、摸实情、办实事。“细”，就是要认真听取各方面的意见，深入分析问题，掌握全面情况。“准”，就是不仅要全面深入细致地了解实际情况，更要善于分析矛盾、发现问题，透过现象看本质，把握规律性的东西。“效”，就是提出解决问题的办法要切实可行，制定的政策措施要有较强可操作性，做到出实招、见实效。

（习近平:《之江新语》，浙江人民出版社，2007，第 1 页。）

➲ 案例评析

习近平是调查研究的行家里手。他做调研，不仅能观照方方面面，而且能走深走实、做出实效。习近平的“跑”，不是走马观花、摆摆样子，而是沉下去摸实情、办实事。他在正定时经常骑一辆老式凤凰牌“二八”自行车下乡，每次骑到滹沱河沙滩就扛着自行车走；到厦门工作后，他又买了一辆“武夷”牌自行车，仍是骑着车四处调研。这样的方式虽然辛苦，但能深入一线，把情况摸深摸透，真正做到胸中有数。他做调研也有一套成功的方法论。他在工作中总结出来的“深、实、细、准、效”五个字通俗易懂、十分好记，是做好调研工作的真本领、大学问。学习领悟习近平调查研究“五字诀”，方能更好地深入群众、掌握实情、发现问题、把握规律、找到良策。

四　参考选题

我们在此部分选择三个较有代表性的调查研究主题，并提出了一些供同学们学习参考的建议。

主题一：“伟大建党精神”群众认知专题调研

同学们可根据社会公众对伟大建党精神的内容、意义、与其他精神的关系等的认知设计调查问卷，运用定性与定量研究相结合的方法展开调查研究，并根据被调研者的具体表现，有针对性地开展灵活宣讲，帮助社会公众更深入地认识和理解党的伟大建党精神。此外，同学们在完成相关调查研究后，还要形成相关调查报告以进行理论宣讲。

主题二：“党的百年奋斗的历史成就与历史意义”公众认知状况专题调研

公众对建党百年来所取得的成就及意义形成科学、全面的认识，将有助于提高全社会对中国特色社会主义道路、理论、制度、文化的自信，提高全社会对坚持党的领导的必然性和必要性等重大问题的认识。同学们可以通过定性与定量研究相结合的方法，了解公众对相关问题的认知状况，完成调研报告，并有针对性地开展灵活宣讲。

主题三：建设社会主义生态文明的制度优势专题调研

制度优势是一个国家最大优势，国家间竞争最重要的是制度竞争。建设社会主义生态文明，是走人与自然和谐共生的中国式现代化、满足人民美好生活需要的必由之路。中国社会主义生态文明建设之所以成效显著，中国特色社会主义制度起到了重要作用，因此，对社会主义生态文明的制度优势进行专题调研具有极强的现实意义。同学们可从公众对新时代十年来生态文明建设的认知、相关工作所彰显的制度优势等维度设计问卷，运用定性和定量研究相结合的方法开展社会调研，并形成调研报告以进行理论宣讲。

实践项目五

实地讲解

实地讲解是思想政治教育理论与实践相结合的一种表现形式，是指根据一定教学任务组织学生到生产现场或社会生活现场学习有关知识和技能或接受思想品德教育的教学形式，是通过现场观察、调查或实际操作，丰富学生的感性认识，促进学生对书本知识的进一步理解和掌握，培养学生将知识用于实践的能力。作为红色理论宣讲实践课程的一种重要形式，实地讲解主要是指大学生在红色文化教育基地中，利用语言艺术、新媒体技术和自身知识储备，将红色文化资源中所蕴含的物质文化和非物质文化以口头表达的形式将爱国主义情感、社会主义核心价值观和优秀革命文化传播给大众的一种实践教学形式。而红色文化教育基地主要指的是“五四运动以来，在我们党的正确领导下，从中国新民主主义革命时期始所形成和流传下来的，以纪念地、标志物、展馆等形式为载体而开展红色教育活动的场所。”① 一百多年来，中国共产党带领中国人民和中华民族在中国大地上浴血奋战，留下了许多可歌可泣的英雄事迹和珍贵的红色遗址遗迹，比如，浙江嘉兴南湖景区、湖南长沙橘子洲头、井冈山革命博物馆、遵义

① 张国祚:《中国文化软实力发展报告 2013》，北京大学出版社，2014，第 24-28 页。

会议会址、南京雨花台烈士陵园、淮安周恩来纪念馆、刘老庄八十二烈士陵园等红色文化教育基地，已然成为一座座不朽的精神丰碑，也成为当代人缅怀革命先烈、争相打卡、寄托哀思的红色旅游基地。在这些红色文化教育基地开展实地讲解活动能够帮助大学生深刻了解中国共产党为什么能、中国特色社会主义为什么好、马克思主义为什么行、中国化时代化的马克思主义为什么行，进而树立正确的世界观、人生观和价值观，增强爱党爱国爱社会主义的信心和决心。

一　追寻红色足迹

作为红色理论宣讲实践课的一种重要形式，实地讲解的孕育、形成与发展贯穿于中国共产党领导的革命、建设、改革的整个过程中，在中国共产党发展史上、在新中国发展史上、在改革开放发展史上以及在中华民族发展史上都做出了不可磨灭的贡献。

新民主主义革命时期，实地讲解的主要表现形式是将教育与生产劳动相结合。比如，党在这一时期创办了湖南自修大学、上海大学、广州农民运动讲习所等工人职员学校及海丰农民学校、长沙农村补习教育社等农民学校。工人学校和农民学校就是教育与生产劳动和社会实践相结合的起点，学校教学不仅注重理论课教学，还非常重视现场实践教学，已经有了实地讲解教学方式的雏形。比如，1924 年创办的广州农民运动讲习所，其特色就是讲与习相结合，到农村参加农民运动实习是学生的必修课。第一届“学生除正式授课外，最注意于所外活动，凡星期日须有农村运动实习，……市郊农民协会之成立，及东西南北四郊之实际调查与宣传组织”；第二届学生到韶关城郊乡对农民调查和宣传；第三届派出武装考察团赴海丰县考察农民运动，沿途进行演讲宣传锻炼。[①] 讲与习结合是农讲所最具特色的教学方法。农民运动见习，既是课程，又是方法。农讲所组织学生

① 范国盛：《中国共产党早期干部教育研究》，华东师范大学博士学位论文，2020。

参加农运实习和社会活动，学生“亲入革命的农民群众中，考察其组织，而目击其生活，影响学生做农民运动之决心极大。”[①] 在新民主主义革命时期，在革命根据地，为了促进劳动生产，密切结合生产劳动和日常生活实际开展一系列活动对学生进行思想道德教育。比如，1932 年《中华苏维埃共和国湘鄂赣省苏维埃政府训令》中的第七条，明确要求教育与生活实践相结合。开展包括青年与儿童在内的群众教育确保他们能够成为革命的力量参加革命事业，教育工作不能仅仅开展确保受教育者学会识字、读报、听消息的培养活动，还应要求群众完全参与到革命实践中去，观察、体验、投入革命实践活动以获得关于革命的知识。[②]1934 年，苏区开展生产劳动实践活动，并在课外设立劳动实习，有组织领导学生有计划地参与园艺、耕种以及其他生产劳动。[③] 很多学校建立了自己的学生菜园、学生肥料所，带领学生在田间开展实地讲解教学，组织学生学习耕种、园艺等生产劳动。在此期间，在革命根据地纷纷采用这种教育与生活实践相结合的方式，在田间地头、在劳动现场开展实地讲解，不仅提高了根据地人们的教育水平，同时也提高了学生的劳动技能。

社会主义革命和建设时期，在教育与生产劳动相结合教育方针的指导下，实地讲解得到进一步发展，主要表现是现场教学。1958 年，在一次谈话中，毛泽东指出，“教育必须为无产阶级政治服务，必须同生产劳动相结合。劳动人民要知识化，知识分子要劳动化”[④]，并于 8 月 22 日批示了中共中央、国务院关于教育工作的指示草案。该草案指出：“党的教育方针，是教育为无产阶级政治服务，教育与生产劳动相结合。”[⑤] 为了有

① 广州农民运动讲习所旧址纪念馆：《广州农民运动讲习所资料选编》，人民出版社，1987，第 81 页。

② 《苏区教育资料选编（1929-1934）》，江西人民出版社，1981，第 11 页。

③ 李坤：《中国共产党劳动教育政策的历史演变及基本经验研究》，吉林大学博士学位论文，2023。

④ 《建国以来重要文献选编》第 19 册，中央文献出版社，1998，第 78 页。

⑤ 庞立生、王林：《毛泽东对新中国“教育与生产劳动相结合”的探索》，《湘潭大学学报》（哲学社会科学版）2022 年第 5 期。

力地贯彻党的教育为无产阶级政治服务以及教育与生产劳动相结合的教育方针，在教育改革实践中，广泛地开展“现场教学”，这也是实地讲解的具体表现形式，即根据学习某种学科知识的需要，组织学生到有关现场进行教学；或是根据学生从事实践活动的需要，到现场向学生传授必要的技术。这种教学方式在社会主义革命与建设时期被广泛采用。比如，1958年中共湖北大学法学专业采用现场教学方式，以公社为课堂，以公社的中心运动为课堂教学的中心内容，在当地党政的统一安排和领导下，参加当地中心工作及与专业有关的工作，深入群众，与社员“三同”，参加生产劳动，通过参观和访问参加有关会议听取专题报告，学习党的教育方针和政策，广泛深入调查。在现场教学中，同学们紧紧依靠党的领导，拜工农干部为师，与群众同甘共苦，树立了工农感情，在工作和调查研究中，学会了走群众路线。[①]从20世纪50年代到60年代中期，大学生积极参加“学工、学农、学兵”等多种实践活动，不仅提高了自己的实践能力和素养，还增进了同工人和农民的感情，提升了他们的思想政治素质，提高了业务能力。1965年，北京钢铁学院冶金系电冶班学生到上海铁合金厂进行了铁合金课的现场教学，学生写道：“现场有生产劳动。劳动是炼人的熔炉。熊熊烈火，炙人的高温，敢不敢上前？累得腰酸背痛，能不能坚持？不由得思想斗争起来。通过劳动才能考验人，才能锻炼人，才能改造人……现场有工人师傅。工人师傅不仅以自己的模范行为给我们树立了榜样，而且他们又很善于抓住我们的活思想进行实际的、生动的思想教育……现场教学使我加快了思想改造，使我活学了专业知识，打破了对书本的迷信，把我从书中解救出来了。”[②]由此可见，现场教学作为实地讲解的具体表现形式，是理论结合实际的有效教学方式。这种现场教学方式不仅在理论教学中得以广泛运用，同时在红色文化教育

---

① 中共湖北大学法律系56年级二支部试验田小组：《谈现场教学和课堂教学的辩证关系》，《政治与经济》1959年第4期。

② 孙永龙：《现场教学好得很》，《前线》1966年第6期。

中也开始流行。新中国成立后，党在全国范围内开展爱国主义和革命传统教育活动，在革命遗址、纪念地开展学习革命先烈的先进事迹和传奇历史的活动，让社会大众参观、体验、学习在不同历史时期党领导人民不畏艰险、不怕牺牲和艰苦奋斗的爱国主义精神。随着这种红色旅游的兴起，在建军节、党的生日等重大节日、纪念日，部队、学校、工厂、机关等单位组织学员到红色文化教育基地进行集体参观、瞻仰和学习等红色实地讲解活动，提高了学员的革命精神，筑牢了学员的爱国主义情感。

改革开放和社会主义现代化建设新时期，实地讲解进一步贯彻教育与生产劳动相结合的方针，并开始通过社会实践或劳动教育的方式组织学生到现场学习。20 世纪 70 年代后期，邓小平指出："一般学校要给学生参加劳动的机会。劳动也是教学，是政治思想课。学生参加劳动，一是必须，二要适当，三看可能。普通中学可以根据现有的条件搞一些小农场、小作坊，学生轮流参加生产，学校要把劳动定到课程中，每周规定半天，主要是使娃娃们养成劳动习惯，加强集体观念。"① 在这一理念的指导下，实地讲解的教学方式得到了进一步发展，表现为劳动教育或社会实践。邓小平还重点强调高校的实践安排和内容要求应与高校的教学和我国经济社会的发展保持一致。他指出："整个教育事业要适应国民经济发展的要求"②；"各级各类学校要合理地安排好学生的劳动，怎样下厂下乡，怎样花时间，怎样与教育紧密地联系起来，都需要有合理的安排。"③1983 年团中央和全国学联又第一次提出了"大学生社会实践的概念"，更加促进了实地讲解教学方式的发展，大学生开始从学校走向社会，在社会实践中观察、体验和学习。1991 年国家教委颁布了《关于加强和改进高等学校马克思主义理论教育的若干意见》，进一步提出要把实践教育融入理论教育之中，并根据教学内容适时地组织学生进行社会实践，让他们真正融入实践之中。大学生到工厂、医院、学校、社区、农

① 《邓小平文选》第 1 卷，人民出版社，1994，第 281 页。
② 《邓小平文选》第 2 卷，人民出版社，1994，第 104 页。
③ 《毛泽东邓小平江泽民论教育》，中央文献出版社，2002，第 143 页。

村等社会大课堂中开展实地讲解活动，到生活中学习、到实践中学习。同时，进入社会主义现代化建设新时期之后，政府也逐步加大对革命遗址、纪念地等红色文化教育基地的保护力度。为了更好地开展爱国主义教育活动，1994 年 8 月中共中央向全国各地印发了由中央宣传部拟定的《爱国主义教育实施纲要》，明确提出要“搞好爱国主义教育基地的建设”。[①] 1997 年 6 月由国家教委、民政部、文化部、国家文物局、共青团中央、解放军总政治部等多部门联合推出首批百个爱国主义教育基地。红色文化教育基地开始与全国各级各类学校合作开展爱国主义教育活动。学校组织学生到爱国主义教育基地缅怀英烈、开展红色讲解教学活动，举行爱国纪念仪式、宣传爱国主义教育，学生得以到革命遗址、纪念馆、烈士陵园、革命旧址、旧居等观察、体验和学习革命先辈艰苦奋斗的爱国主义精神。1999 年，中共中央、国务院联合颁布了《深化教育改革全面推进素质教育的决定》，强调高校要进一步重视并加强社会实践，积极支持学生开展科学研究、技术竞赛以及社会服务等实践活动。高校在共青团组织下，普遍注重把思想道德教育与社会活动结合起来，积极创新实践活动的方式，组织青年学生开展社会调查、科技咨询、考察访问、技术服务等多种形式的社会实践活动，通过不断深入社会、深入基层了解国情、社情、民情。[②] 2008 年 1 月，中宣部、财政部、文化部和国家文物局 4 部门联合发布《关于全国博物馆、纪念馆免费开放的通知》，要求“全国各级文化文物部门归口管理的公共博物馆、纪念馆，全国爱国主义教育示范基地全部免费开放”。这一政策的实施，促进了高校与爱国主义教育基地的合作，一些高校也组织青年学生深入博物馆、纪念馆、革命遗址进行实地讲解。比如，在江苏扬州革命烈士陵园由于只配有一名专职讲解员，每到清明节就忙得不可开交，所以，从 1998 年开始扬州

① 贾楠:《改革开放以来红色旅游发展的历史考察》,《当代中国史研究》2019 年第 4 期。

② 文霞:《建国以来我国高校实践育人的理论与实践研究》，陕西师范大学硕士学位论文，2013。

大学都会选派一批大学生在清明节前后的一个月时间里担任义务讲解员，在扬州革命烈士陵园为游客宣讲革命英烈故事。各中小学更是积极与红色文化教育基地建立联系，组织学生在入学、入队、入团、成人宣誓等有特殊意义的日子到革命遗址、纪念馆等参观、学习，开展丰富多样的主题教育实地讲解活动。劳动教育、社会实践活动、红色现场教学等的发展使实地讲解形式更加多元起来。

中国特色社会主义新时代，党和国家更加重视开展实践教学，实地讲解形式得到了蓬勃发展。党的十八大以来，习近平总书记在多个讲话中谈及青年大学生要注重在实践中学习。他指出："实践出真知，实践长真才"①；"要充分发挥青年的创造精神，勇于开拓实践"②；"引导广大青年在思想洗礼、在实践锻造中不断增强做中国人的志气、骨气、底气，让革命薪火代代相传"③。2014 年，教育部、共青团中央提出要推动社会主义核心价值观融入社会实践。2016 年，习近平总书记在全国高校思想政治工作会议上指出高校要广泛开展各类社会实践，强化实践锻炼。2019 年，中办、国办印发的《关于深化新时代学校思想政治理论课改革创新的若干意见》中要求"一定要开门办思政课，将思政课实践教学和学生的社会实践以及志愿服务活动相结合，将'思政小课堂'和'社会大课堂'相结合，进一步健全思政课实践教学机制"。这些政策的实施，更进一步促进了大学生实地讲解活动的开展。此外，近年来各地各单位结合实际需要又开展了各种专项实践活动。比如，井冈山革命教育基地每年举办"井冈情·中国梦"专项实践活动，从全国高校遴选 2000 多名大学生到井冈山开展党史学习、红色教育、实践锻炼和课题研究。同学们通过重走革命前辈的历史道路，重温峥嵘岁月的革命历史，社会责任感和历史使命感油然而生。④ 不仅如此，党的十八大以来，以

---

① 习近平：《努力成为可堪大用能担重任的栋梁之才》，《求是》2022 年 2 月 1 日。

② 《习近平在中国政法大学考察》，《人民日报》2017 年 5 月 4 日。

③ 习近平：《在庆祝中国共产主义青年团成立 100 周年大会上的讲话》，《人民日报》2022 年 5 月 11 日。

④ 洪晓畅：《新时代高校实践育人协同创新研究》，东北师范大学博士学位论文，2022。

习近平同志为核心的党中央高度重视红色文化设施、遗址和基地的保护利用，强调要把红色资源利用好，把红色传统发扬好，把红色基因传承好。2022 年 5 月，文化和旅游部办公厅、教育部办公厅、共青团中央办公厅联合开展了“赓续红色血脉 培育时代新人”的红色讲解员进校园活动，以优秀红色讲解员为示范带动，组成宣讲组走进当地大中小学校开展主题宣讲；同时，组织青少年学生讲述红色故事，指导大中小学校开展“我是青少年红色讲解员”行动，利用思政课、团课、团日、主题班队会等让青少年学生讲述红色故事。[①] 江苏作为红色文化资源大省，在党的初创时期和大革命时期是我们党活动和战斗的重要区域，更是党的早期领导人周恩来、瞿秋白、张太雷、恽代英等人的家乡，陈延年、赵世炎、邓中夏、陈毅、粟裕等革命先烈也曾在江苏从事革命活动，新四军东进北上抗日、淮海战役、渡江战役等历史重大事件也都发生在江苏。在波澜壮阔的革命斗争中，江苏孕育诞生了“雨花英烈精神”“周恩来精神”“新四军铁军精神”“淮海战役精神”等彪炳史册的伟大革命精神。目前，全省共有革命历史类纪念设施、遗址 1710 处，省级挂牌的革命历史类爱国主义教育基地 82 家。这些革命历史纪念场馆是红色文化宣传教育不可替代的重要阵地，同时也成为大学生开展红色理论宣讲实地讲解活动的主要场所。

简而言之，在党的不同历史时期，实地讲解的方式不断变化、内容日渐丰富。从新民主主义革命时期的教育与生产实践相结合，组织学生到生产劳动现场学习，获取革命知识，开展革命实践；到社会主义革命与建设时期的现场教学，组织学生到工厂、农村进行现场体验、观察和学习，加强与工农之间的情感；再到改革开放和社会主义现代化建设新时期的劳动教育、社会实践，教育与生产劳动相结合的理论进一步贯彻于实践教学中；最后到中国特色社会主义新时代，实地讲解得到蓬勃发

---

① 伊日桂等:《让红色基因代代相传》,《中国旅游报》2022 年 7 月 1 日。

展，大学生社会实践、劳动教育、实践教育、红色现场教学、红色实地宣讲等都成为实地讲解的一种表现形式，使学生通过现场观察、学习和体验，提高感性认知，促进学生对理论知识的理解和掌握，进一步提高了学生的实践能力。如今，在红色理论宣讲中开展实地讲解活动已经成为高校普遍采用的一种思想政治教育方式，不仅能够增强思想政治教育的鲜活性和感染力，也能提高思想政治教育的实效性。

二　实践操作指南

（一）主要目标及重要意义

实地讲解作为红色理论宣讲社会实践课的一个有机组成部分，其在知识目标、能力目标和价值目标上都具有明确的教学要求，同时在理论和实践上也都具有重要的教学意义。

1. 主要目标

第一，知识目标。通过实地讲解学习活动，能够使大学生深刻理解马克思主义中国化理论成果的精髓，能够促进大学生红色理论知识的生成和内化。马克思主义是不断发展的开放的理论，在不断解答时代新课题、回应人类新挑战中走向未来。红色资源生发于党的百年理论探索史，是马克思主义在中国持续创新和发展的注脚。[①]中国共产党在百年历程中形成了丰富的红色文化资源，这些红色文化资源是百年来党矢志不渝、坚持不懈推进马克思主义中国化的理论成果。通过实地讲解学习活动，能够让大学生更加深刻地理解马克思主义理论，能够认识到马克思主义的科学性和真理性，能够在实践中深刻认识和理解中国共产党为什么能、中国特色社会主义为什么好、马克思主义为什么行、中国化时代化马克思主义为什么行。同时，在红色文化教育基地开展实地讲解实践

---

① 刘晓哲、魏巍：《充分运用红色资源的理论价值及实践价值》，《人民论坛》2022 年第 2 期。

活动，有助于促进大学生对红色理论知识的理解和内化。

第二，能力目标。通过实地讲解学习活动，能够发挥大学生朋辈教育的能力，提高大学生红色理论宣讲的能力，发挥宣讲团的育人功能。马克思主义本身就是为了改变人民的命运而创立的学说，又在人民求解放的不断实践中得到了丰富和发展。红色文化资源是在党领导人民的实践活动中凝结而成的。大学生作为社会主义事业的建设者和接班人，如何让其自觉传承红色文化资源，如何提升大学生的思想境界和道德境界，实地讲解学习活动将发挥重要作用。高校通过成立大学生宣讲团，让大学生到革命烈士纪念馆、历史博物馆、革命遗址、爱国主义教育基地等红色教育基地开展实地讲解活动，以朋辈或同龄大学生的身份开展交流，用他们的专业知识和亲身经历去感染、引导和帮助身边的大学生，从而提升大学生朋辈教育的能力，让大学生能够自觉主动地接受正确价值观念的引领。同时，在实地讲解的过程中，通过与朋辈或同龄大学生互动、交流，能够不断激发大学生宣讲主体的积极性、创造性、参与性和自觉性，发挥宣讲团的育人功能，让大学生从一个历史的聆听者变成历史的体验者，从而提高大学生红色理论宣讲的实践能力。

第三，价值目标。通过实地讲解学习活动，能够增强大学生的思想认同，塑造价值观念，发挥精神引领作用。大学期间是人的世界观、人生观、价值观形成的关键时期。对此，习近平总书记在北京大学考察时指出："青年的价值取向决定了未来整个社会的价值取向，而青年又处在价值观形成和确立的时期，抓好这一时期的价值观养成十分重要。这就像穿衣服扣扣子一样，如果第一粒扣子扣错了，剩余的扣子都会扣错。人生的扣子从一开始就要扣好。"因此，在高校中开展大学生红色理论宣讲的实地讲解活动，不仅能让大学生运用自己的话语体系进行自我教育，进而增进对中国共产党百年奋斗史的了解，促进其对马克思主义的科学性、人民性、实践性和发展性的认同以及对中国共产党执政合法性的认同，而且能引导大学生积极传承和弘扬爱国主义精神，自觉践行社会主义核心价值观，增强筑牢中华民族共同体的意识。

2. 重要意义

首先，理论意义。红色文化教育基地具有独特的鲜活性和感染力，能够让学生身临其境地进行思想政治教育，有助于理论和实践相结合，促进学生对红色文化知识的理解、建构和内化。通过实地讲解学习活动，把红色文化教育基地资源搬上讲台、网络、媒体等，不仅有助于拓宽大学生思想政治教育的载体，丰富思想政治教育的内容，而且提高了思想政治教育的效能。

其次，实践意义。挖掘红色文化教育基地中的文化资源开展实地讲解活动，将历史故事鲜活地呈现出来，能够增强大学生思想政治教育的感染力，创新思想政治教育的方式方法，有利于培养学生的爱国主义情感、增强民族自尊心和自豪感。

（二）具体形式及方案

1. 具体形式

出于便于操作的考虑，本课程的实地讲解学习活动主要在扬州本地及周边的革命历史类纪念设施和遗址、博物馆、烈士陵园等爱国主义教育基地进行。其中，革命历史类纪念设施和遗址主要包括：周恩来纪念馆、中国人民解放军海军诞生地纪念馆、盐城新四军纪念馆、淮海战役烈士纪念塔、梅园新村纪念馆、瞿秋白纪念馆、大包干纪念馆等；博物馆类主要包括：江上青烈士史料陈列馆、扬州市档案馆、扬州博物馆、淮安市档案馆、盐城市档案馆、南京博物院等；烈士陵园类主要包括：杨根思烈士陵园、刘老庄八十二烈士陵园、扬州革命烈士陵园、镇江市烈士陵园、雨花台烈士陵园等。

2. 方案

在制定具体方案时要思考如下几个问题，比如“谁来讲？讲什么？怎么讲？在哪讲？”基于此，本课程的实地讲解方案主要包括以下步骤：

（1）确定实地讲解主体

实地讲解的主体应该包括大学生党员、红色理论宣讲团的成员、选修本课程的各专业学生等。

（2）确定实地讲解的地点

实地讲解的地点一般选定在革命历史类纪念设施和遗址、博物馆、烈士陵园等爱国主义教育基地。也可根据红色理论宣讲社会实践课程的具体需要选定在学校、机关、企业、事业单位、社区等地点进行。

（3）选定实地讲解的目的、主题及内容

此步骤包括明确实地讲解的目的、实地讲解主题和实地讲解的具体内容。

①实地讲解的目的主要是了解革命历史、重温红色历史、弘扬革命精神。

②实地讲解的主题主要是根据实地讲解的具体地点来确定，比如在周恩来纪念馆开展以“缅怀共和国第一总理，争做堪当民族复兴大任时代新人”为主题的实地讲解，在杨根思烈士陵园开展以“寻访杨根思烈士足迹，赓续革命先烈精神血脉”为主题的实地讲解，等等。

③实地讲解的内容主要是结合“两个大局”的时代背景，围绕讲解的主题，讲述共产主义运动史、中国共产党奋斗史以及其中所涌现的英雄人物及其先进事迹，弘扬社会主义核心价值观和中国特色社会主义文化。

（4）选择实地讲解的方式

实地讲解的方式主要以现场解说的形式进行。

（5）实地讲解的其他准备

实地讲解的其他准备包括：确定实地讲解的时间、准备工作、资金预算、制定活动流程等。

（三）成果展示及评价

尽管实地讲解的过程也就是学生学习成果展示的过程，但对其的评价需要从多维度进行。首先，对实地讲解学习活动的评价要坚持全面性、客观性、科学性、多元性、发展性、过程性、激励性等原则。其次，对讲解对象的精神状态、讲解的实际效果、讲解主体的协作精神、组织和实施能力等方面进行评价。再次，评价方式主要采用自评与他评相结合的方法。比如，学生自评，学生根据自己的表现进行反思和评价，同时也可以让学生互评；他评包括教师评价、学校评价、讲解对象评价，教师评价可以根据学生实地讲解情况进行评价，学校评价可以根据社会反响及讲解效应进行评价，讲解对象则可以通过问卷调查的方式进行评价。

三　实践案例赏析

在实践案例赏析部分，本项目分别选取了“周恩来纪念馆”“雨花台纪念馆”“嘉兴南湖景区”三个红色教育基地作为实地讲解的分析样本。具体而言，首先，从红色文化教育基地介绍、英雄人物事迹、历史故事、相关史料等方面对案例进行赏析；其次，从选题缘由及实地讲解方案两个角度对相关案例进行评析。

➲ 案例欣赏

案例一：周恩来纪念馆实地讲解词 ……………………………

材料 1：淮安周恩来纪念馆

淮安市楚州区城北风景如画的桃花垠景区，坐落着挺拔巍峨的周恩来纪念馆。每年初春，这里一片桃红柳绿，景色迷人。楚州是一代伟人、共和国的开国总理周恩来的故乡，也是国务院第二批公布的中国历史文化名城之一。这座有着 2100 多年建城史的苏北著名古城，在漫长的岁月中不仅留下了极其丰富的历史遗存，而且以人才辈出、人文荟萃享誉中外，兴汉三杰之一的韩信，击鼓勇战金兵的梁红玉，《西游记》的作者吴承恩，抗英名将关天培，先后在这块土地上降生，这方水土养育了这些名人。

1898 年 3 月 5 日，周恩来出生在距离纪念馆现址南侧不到 500 米的城中驸马巷。周恩来的祖籍在浙江绍兴，由于祖父周攀龙来楚州做师爷，后曾任山阳县（现今的楚州区）知县，全家才迁居这里。少年恩来乳名大鸾，《山海经》云：鸾乃神鸟，“见则天下安宁”。大鸾未满一岁时，便被过继给小叔父，小叔父病逝后由守寡的小叔母陈氏抚养。陈氏母亲能诗善画，知书达理，成为大鸾最初的文化启蒙老师。5 岁时大鸾入家塾馆读书，由家塾老师给他取名为翔宇。在家里，翔宇表现出与年龄不相称的刻苦好学和博闻强记。后来，他的家接连祸至，家道衰落，生母、养母相继病逝后，生父又不在身边，翔宇领着两个弟弟，挑起了家庭的重担，辗转于亲戚家生活、读书。天资聪颖、记忆力超人的翔宇，在家庭的困顿中明白了许多为人处世的道理，这段经历对他以后的人生有着深远的影响。1910 年春天，在东北奉天（今沈阳）工作的四伯父派人接他去东北读书。从此，他告别了家乡楚州，直到 1976 年 1 月 8 日病逝于北京，66 年里周恩来再也没有回到可爱的家乡。

周恩来纪念馆于 1988 年 3 月 5 日周恩来诞辰 90 周年之际奠基兴建，1992 年 1 月 6 日落成并对外开放。纪念馆建在一座长 300 米、宽 100 米的三面环水的人工半岛上，体现了总理与人民的鱼水情深。整个馆区由两组气势恢宏的纪念性建筑群、一个纪念岛、三个人工湖和环湖四周的绿地组成。馆区总面积 35 万平方米，70% 为宽阔的水面，其中主馆建筑面积 1918 平方米，附馆建筑面积 1347 平方米。在纪念馆南北 800 米长的中轴线上，依次有瞻台、纪念馆主馆与附馆、周恩来铜像和仿北京中南海西花厅等纪念性建筑。此外，还有岚山诗碑、海棠林、五龙亭、怀恩亭等景点。纪念馆平面图呈等腰梯形，俯瞰全景，纪念岛和三个人工湖构成汉字“忠”。“忠”字是周恩来一生对党对国家对人民的真实写照。周恩来纪念馆由当代著名的建筑大师、南京东南大学齐康教授负责总体设计。整个设计独具匠心地将西方现代建筑手法与我国民族传统和地方特色相互融合，用无声的建筑语言向世人描述了一代伟人周恩来的人格风范。纪念馆的设计与建设，曾获得全国设计大奖和中国建筑协会“特别鲁班奖”。

主馆

从广场上仰望，由屋顶、屋身、基台三部分组成的主馆，高达26米，结构呈四方内八角形，寓含周恩来为人方正刚直，他的精神普照四面八方，迎接四面八方的游人前来参观学习。主馆外形如同过去江淮平原上提水灌田的古老的牛车棚，寓意周恩来是一生为人民的孺子牛。它又像苏北大运河边常见的待渡亭。当年，周恩来正是从这样的待渡亭登舟北上，离开故乡走向世界的。这一走再也没有回到故乡，这座待渡亭仿佛正在等待他的归来。

主馆的屋顶呈四坡形，由四根高16米的花岗岩石柱支撑。四根石柱象征周恩来曾经多次提出的实现四个现代化的宏伟设想。主馆南侧的正门，是按照楚州本地民居的特有风格设计的。

门框与前面的拱门构成了一个汉字“周”字的图案，门楣上的“周恩来纪念馆”鎏金大字，是邓小平的亲笔题字。

一楼是陈列大厅，用图片、实物和电视显示屏集中展示出周恩来伟大光辉的一生。

从正门走上51级台阶，可以直接进入二楼。台阶的设计，寓意周恩来在51岁时开始担任新中国国务院总理的职务。对年轻人来讲，可以在不到1分钟的时间里，轻松登上51级台阶，但是，对于熟悉中国近代史的人，都会了解这51级台阶的分量和意义。

二楼的纪念大厅中间，安放着一尊周恩来的汉白玉坐姿塑像，塑像连基座在内高 4.7 米，是目前国内最大的周恩来坐姿塑像。塑像表现了周恩来生前的习惯动作：左手抚膝，右手握拳，端坐在一块岩石上，目光炯炯凝视着前方，正在思索着祖国的今天和明天，运筹着共和国的宏图伟业。汉白玉石料产自于北京的房山区，与毛主席纪念堂里的毛主席汉白玉雕像石料同出于一个采石区。纪念大厅的顶棚用双层玻璃制作，室外的自然光从天空漫射下来，柔和地照在塑像上，使塑像显得亲切而又自然。大厅四周的墙壁呈青白二色，纯朴自然，映衬出周恩来一生清白无瑕、朴实无华的人格魅力。

主馆三楼是开放式的观景平台，站在平台上，可以近观馆区风光，远眺古城新姿。主馆前，两侧有一对东西对称的石雕小品，这是中国古代用来祭祀先人的蜡烛台。主馆广场前方，半月形的草坪上有一圆形水泥平面，广场如半月，圆形平面似一轮太阳，寓意周恩来的伟大业绩与日月同辉。主馆西南角的一组亭子，称作五龙亭，宛如一条蜿蜒的巨龙，静静地守护着一方圣地。

瞻台

湖的南岸，与主馆隔湖相望的，是纪念馆最南端的建筑瞻台。它与主馆、附馆同在一条中轴线上，采用西方抽象手法设计，由中间的廊亭和两座高 16 米的剑碑组成。剑碑外框内空，无形胜似有形，寓含周恩来一生什么也没有给自己留下，但他的精神和业绩却如永恒挺立的丰碑，永远矗立在华夏大地上，矗立在人民心中。湖中的小岛上有一座怀恩亭，就是取怀念周恩来之意。再向南，即是楚州城中心，散落在城中的古迹有建于唐代的文通塔，宋代的镇淮楼，备受乡亲们爱戴的韩信祠、关天培祠和二阮祠，韩信当年蒙耻的胯下桥。城西有吴承恩故居、梁红玉祠。

附馆

向北望去，近旁的两层附馆呈“人”字形向主馆成拱卫之势，寓意周恩来永远活在人民心中。附馆与主馆之间是一座牌楼，起着连接作用。从空中俯视，附馆与牌楼组成了“八一”图案，寓意周恩来成功地领导了“八一”南昌起义。附馆北面是一个小广场，中间矗立着一尊周恩来青铜立像。再向北，是一组仿北京中南海西花厅（又称西花园）的四合院建筑，这就是周恩来遗物陈列馆。

穿过附馆，就来到了文渠码头。文渠是贯穿淮安古城的一条小河，沟通城内勺湖、萧湖和月湖，流经周恩来故居门前，周恩来童年时常在这条河里划船。1958 年，他接见淮安县委同志时还提到故乡的文渠，深情地说：“淮安是个好地方。”

周恩来遗物陈列馆

周恩来遗物陈列馆占地约 1 公顷、建筑面积 6000 多平方米，也是由东南大学齐康教授参与设计的。这座雕梁画栋的仿古建筑的上层，完全仿照 1909 年清朝政府为摄政王载沣兴建的王府中的西花园所建。当年，中共中央由河北西柏坡进北京后，先驻香山，然后进驻中南海，周恩来先住中南海内的丰泽园，后来让给毛泽东，改住西花厅。西花厅位于中南海的西北角，西邻府右街，北近文津街，不仅简朴而且遭到过兵乱的破坏，入住前也只是简单的补漏粉刷。周恩来在此一住就是 26 年。在周恩来百年诞辰前，纪念馆仿制西花厅，陈列周恩来生前的遗物，再现他生前工作、休息和会见外宾、举行重大国事活动的场景，满足广大人民群众瞻仰凭吊的意愿。

上层是仿西花园第三进院子的全部建筑。在这座四合院里，有西花园的主体建筑西花厅，是周恩来当年会见外宾、举行重大国事活动的主要场所。近旁还有周恩来的活动室、办公室、后厅会议室、邓颖超卧室、邓颖超办公室和周恩来卧室。在这里，游客可以观看到周恩来生前使用过的办公桌、地毯、窗帘、国画、沙发、挂屏、乒乓球台和卧具等。其中，唯一的高档家具沙发，还是周恩来生病以后，毛泽东派人将自己用的送给他的，因为毛泽东的身高比周恩来高十多厘米，所以还在下面加了脚凳。这些遗物和场景，再现了周恩来当年作为一个大国的国务院总理，繁忙而有序地工作，简朴而整洁的生活。

下层为展厅，设有序厅和“和平使者”、“人民公仆”、“巍巍丰碑”、“悠悠乡情”四个专题厅，共展出60多件周恩来生前使用过的遗物、手迹或相关档案资料。整个周恩来遗物陈列馆于1997年1月19日奠基开工，1998年3月5日周恩来百年诞辰时建成，并正式对外开放。

周恩来故居

周恩来故居坐落在淮安城中心，东临驸马巷，西临曲巷，由东西相连的两个宅院组成，系清咸丰到光绪年间所建，是一组曲折的三进院。整个建筑都是青砖、灰瓦、木结构的平房，呈现出明清时期苏北民居的典型建筑风格。这座老式的宅院是由周恩来的祖父周攀龙从浙江迁居淮安做师爷时，与其二哥周亥共同出资购买的，占地1987.4平方米，共有房屋32间。周恩来在这里出生、成长、学习，直到12岁。东院是周恩来祖父的住房，现在依照原样保留着三间主堂屋，也就是周攀龙的住房、周恩来诞生地以及乳母蒋江氏和继母陈氏的住房，还有周恩来小时候提过水的水井和浇过园的菜地。西院原来是周恩来二祖父周亥的住房，现在辟为“周恩来生平陈列室”，展出2000多幅照片和90多件实物。主要介绍了周恩来的童年、家世、故乡人民对他的怀念、党和国家领导人的题词。1998年3月5日周总理百年诞辰之际，在故居后花园建成周恩来墨迹碑廊，无论是作品内容，还是书法艺术，都是后人学习的楷模。

（《红色旅游导游词选编》，中国旅游出版社，2006，第218–223页。）

材料2：习近平总书记在纪念周恩来同志诞辰120周年座谈会上的讲话

同志们，朋友们：

今天，我们怀着十分崇敬的心情，在这里隆重集会，纪念敬爱的周恩来同志诞辰120周年，深切缅怀他为党、人民、国家和人民军队建立的卓著功勋，追思和学习他作为中国共产党人杰出楷模的崇高精神。

周恩来同志是伟大的马克思主义者，伟大的无产阶级革命家、政治家、军事家、外交家，党和国家主要领导人之一，中国人民解放军主要创建人之一，中华人民共和国的开国元勋，是以毛泽东同志为核心的党的第一代中央领导集体的重要成员。

周恩来，这是一个光荣的名字、不朽的名字。每当我们提起这个名字就感到很温暖、很自豪。周恩来同志在为中国人民谋幸福、为中华民族谋复兴、为人类进步事业而奋斗的光辉一生中建立的卓著功勋、展现的崇高风范，深深铭刻在中国各族人民心中，也深深铭刻在全世界追求和平与正义的人们心中。

周恩来同志出生于1898年，在他青少年时期，由于西方列强入侵和封建统治腐败，中国正处于内忧外患之中，社会危机空前深重，人民命运十分悲惨。面对国家危难和人民困苦，周恩来同志决心“为了中华之崛起”而读书，誓言“险夷不变应尝胆，道义争担敢息肩”，立下“面壁十年图破壁”的远大志向。周恩来同志和他那一代杰出中国共产党人一样，深入思索，挺起脊梁，苦苦探求救国救民的真理和道路。他投身五四爱国运动，开始接触马克思列宁主义，随后远赴欧洲勤工俭学，通过反复比较，确立了共产主义信仰。1921年，他在巴黎参与创建旅欧共产党早期组织，成为中国共产党最早的党员之一。

在新民主主义革命时期，周恩来同志为我们党探索中国革命正确道路、创建人民军队、创建革命统一战线、创建人民当家作主的新中国建立了不朽功勋。1924年，他回国后即投身大革命洪流，担任黄埔军校政治部主任，是我们党最早认识武装斗争重要性和最早从事军事工作的领导人之一。大革命失败后，周恩来同志作为党中央主要领导人之一，领导发动南昌起义，打响了武装反抗国民党反动派的第一枪，党领导的人民军队从此诞生。在极其严酷的白色恐怖下，周恩来同志积极开展党在国民党统治区的秘密工作，指导和支持各地工农武装割据斗争，为推动“农村包围城市，武装夺取政权”的中国革命正确道路的形成作出了突出贡献。周恩来同志到江西中央革命根据地后，同朱德同志等一起指挥了第四次反“围剿”斗争并取得胜利。在遵义会议上，他坚定支持毛泽东同志的正确主张，为确立毛泽东同志在红军和党中央的领导地位，为在危难中挽救红军、挽救党，为中国革命实现历史性转折，发挥了十分重要的作用。西安事变发生后，周恩来同志根据党中央的方针，亲赴西安，多方斡旋，推动了西安事变和平解决，促成第二次国共合作、团结御侮的新局面。全民族抗日战争时期，周恩来同志代表我们党长期在国民党统治区坚持工作，广泛团结和争取各界爱国人士，同国民党顽固派进行有勇有谋的斗争。抗日战争胜利后，周恩来同志陪同毛泽东同志赴重庆同国民党进行谈判，随后率领我们党代表团同国民党当局进行了长达一年多的谈判斗争。解放战争时期，周恩来同志协助毛泽东同志部署指挥一系列改变中国命运的战略大决战，并推动国统区形成第二条战线。周恩来同志代表我们党同各民主党派和爱国民主人士共商建国大计，筹备召开中国人民政治协商会议，主持起草《共同纲领》，为新中国的筹建作出卓越贡献。

中华人民共和国成立后，周恩来同志为积极探索符合我国国情的社会主义建设道路、推进社会主义革命和建设事业倾注了大量心血，作出奠基性贡献。周恩来同志担任政府总理长达26年，既是国家建设总体蓝图的重要设计者，又是将它付诸实施的卓越组织者和管理者。

周恩来同志提出:“国家面貌的改变要从经济面貌的改变做起。这样,我们的国家才能永远站立起来。”“经济建设工作在整个国家生活中已经居于首要的地位。”周恩来同志强调,要正确处理各种关系,分清轻重缓急,做到统筹全局、综合平衡、协调发展,社会主义不仅要有经济建设,还要有政治建设和精神建设,必须全面发展。周恩来同志提出科学是关系经济、国防和文化发展的决定性因素,“我们必须急起直追,力求尽可能迅速地扩大和提高我国的科学文化力量,而在不太长的时间里赶上世界先进水平”。他高度重视国防现代化建设,强调“我们要搞尖端国防。尖端和国防是密切联系在一起的”,亲自组织领导“两弹一星”大规模科技攻坚取得重大突破,极大提升了我国综合国力和国际地位。周恩来同志高度重视对外经济交往和学习外国先进技术,强调“敢于向一切国家的长处学习,就是最有自信心和自尊心的表现,这样的民族也一定是能够自强的民族”。

周恩来同志作为第一届全国政协副主席,第二、三、四届全国政协主席,高度重视发挥统一战线在社会主义革命和建设中的作用,为坚持和完善中国共产党领导的多党合作和政治协商制度作出了重要贡献。周恩来同志念念不忘祖国统一大业,为解决香港、澳门和台湾问题做了大量基础性、开拓性工作。周恩来同志是新中国外交事业的主要奠基者之一,卓有成效领导了党和国家外事工作。他首倡的和平共处五项原则成为我国外交政策的基石。他推动我国同各国特别是广大发展中国家发展友好合作关系,使我们的朋友遍天下。周恩来同志博大精深的外交思想、丰富多彩的外交实践、独具一格的外交艺术和外交风格,赢得了世界各国人民和国际友好人士普遍尊敬,为党和国家赢得了很高的国际声誉。

在“文化大革命”极端复杂的特殊环境中,周恩来同志作出了常人难以想象的努力,忍辱负重,苦撑危局,维护党和国家正常工作运转,尽一切可能减少损失。周恩来同志保护了一大批党的领导骨干、民主人士和知识分子；协助毛泽东同志粉碎了林彪反革命集团妄图夺取最高权力的阴谋，同江青反革命集团进行了坚决斗争。“九一三”事件后，周恩来同志主持中央日常工作，批判和纠正极左思潮的错误，使各方面工作有了转机。他全力支持邓小平同志领导对各方面工作进行整顿，这不仅深深影响了当时中国的政局，而且为后来中国的改革和发展准备了条件；他在四届全国人大一次会议上重申实现四个现代化的宏伟目标，极大鼓舞了全党全国各族人民。

周恩来同志从1927年起就是党中央的核心领导成员，中华人民共和国成立后长期担任党和国家重要领导职务，参与领导了革命和建设时期党的各项重大工作，为党和人民事业取得的每一个重大胜利付出了巨大心血。周恩来同志注重把马克思主义基本原理同我国具体实际相结合，善于总结党领导革命和建设正反两方面经验，善于发现和总结人民群众创造的新鲜经验，善于从中华优秀传统文化和世界文明中汲取智慧，善于进行实事求是的理论思考和深刻阐释党的路线方针政策，在政治、经济、文化、社会、军事、外交、统一战线和党的建设等领域都作出了理论建树，为毛泽东思想的形成和发展作出了重要贡献，也为改革开放新时期我们党形成中国特色社会主义理论体系提供了重要思想启迪。

同志们、朋友们！

周恩来同志半个多世纪奋斗的人生历程是中国共产党不忘初心、牢记使命历史的一个生动缩影，是新中国孕育、诞生、成长和取得崇高国际威望历史的一个生动缩影，是中国人民在自己选择的革命和建设道路上艰辛探索、不断开拓、凯歌行进历史的一个生动缩影。周恩来同志是近代以来中华民族的一颗璀璨巨星，是中国共产党人的一面不朽旗帜。周恩来同志的崇高精神、高尚品德、伟大风范，感召和哺育着一代又一代中国共产党人。周恩来同志身上展现出来的中国共产党人的崇高精神，是历史的，也是时代的，将激励我们在新时代坚持和发展中国特色社会主义征程上奋勇前进。

——周恩来同志是不忘初心、坚守信仰的杰出楷模。周恩来同志在确立共产主义信仰时就说过:“我认的主义一定是不变了，并且很坚决地要为他宣传奔走。”他还说过:“在任何艰难困苦的情况下，都要以誓死不变的精神为共产主义奋斗到底。”周恩来同志一生都遵奉自己的誓言。不论革命力量多么弱小，白色恐怖多么残酷，对敌斗争多么激烈，政治局势多么复杂，党和国家事业面临的挑战多么严峻，担负的责任多么艰巨，个人的处境多么困难，他都始终保持坚定的理想信念和旺盛的革命精神。正如他在自我解剖时说的那样:“我做工作，从来没有灰心过。”周恩来同志对党和人民事业发展、对社会主义中国的光明前途、对复兴中华民族的伟业始终充满必胜信心。在他心中，中国共产党人的初心、共产主义的信仰坚如磐石。

革命理想高于天。理想信念是中国共产党人的政治灵魂。中国共产党能够历经挫折而不断奋起，历尽苦难而淬火成钢，归根到底在于千千万万中国共产党人心中的远大理想和革命信念始终坚定执着，始终闪耀着火热的光芒。我们要向周恩来同志学习，不要忘记我们是共产党人，不要忘记我们是革命者，任何时候都不要丧失理想信念。理想信念决定着我们的方向和立场，也决定着我们的言论和行动。我们要用马克思列宁主义、毛泽东思想、邓小平理论、“三个代表”重要思想、科学发展观、新时代中国特色社会主义思想武装头脑，牢固树立道路自信、理论自信、制度自信、文化自信，做到知行合一、言行一致，用自己的实际行动坚持和发展中国特色社会主义，为实现共产主义远大理想而努力奋斗。

——周恩来同志是对党忠诚、维护大局的杰出楷模。周恩来同志为党和人民作出了巨大贡献，但他从不计较个人地位和得失，任何时候都能够正确处理个人和组织的关系，始终对党绝对忠诚，把维护和巩固党内团结、维护和巩固党的政治大局作为自己的行为准则。周恩来同志始终坚持党对一切工作的绝对领导。为警惕和“反对把自己领导的地区和部门当做独立王国，反对把个人放在组织之上”，周恩来同志在战争年代担任红军主要领导时强调，“党的领导作用要绝对地提高。红军中只能有党的领导，党要运用集中指导的原则来建立权威”。在社会主义建设时期负责政府工作时，周恩来同志提出必须加强“各部门的党组工作”，必须加强“向党中央的请示报告制度”。周恩来同志总是自觉维护党中央权威和集中统一领导，自觉维护毛泽东同志的领袖地位，坚决反对和抵制不利于党的团结和损害党中央权威的言论和行动。周恩来同志反对任何派别思想、小团体习气、地方主义、山头主义、本位主义，从不搞小圈子、小集团，要求党员领导干部在任何条件下都首先要过好政治关。

看一名党员干部的素质和能力，首先要看政治上是否站得稳、靠得住，是否自觉维护党中央权威和集中统一领导。我们要向周恩来同志学习，始终严守党的政治纪律和政治规矩，自觉维护党的团结统一，自觉在思想上政治上行动上同党中央保持高度一致，坚定执行党的政治路线，把对党忠诚、为党分忧、为党尽职、为民造福作为根本政治担当，永葆共产党人政治本色。

——周恩来同志是热爱人民、勤政为民的杰出楷模。周恩来同志说过一句很形象的话：“下山不忘山，进城不忘乡”，“如果忘了，就是忘本。”周恩来同志说的这个本就是人民群众。他说：“我们是从人民中来的，我们过去的胜利都是在人民的支援下取得的，不能忘本。”“脱离我们的基本阶级群众，就会丧失党的基础。”周恩来同志把自己看成是人民的“总服务员”，坚持人民利益高于一切，心系人民，对人民群众保持高度热爱，急群众之所急，忧群众之所忧。只要是关系群众安危冷暖之事，他总是关怀备至、体贴入微，做到了同人民群众同甘苦、共命运、共忧乐、共奋进。周恩来同志高度重视调查研究，经常深入群众、深入一线调查研究，他说：“调查研究要实事求是，不能乱搞。”“要了解真实情况，就要与老百姓平等相待。”周恩来同志用自己的实际行动，为全党树立了全心全意为人民服务的光辉榜样。“人民总理爱人民，人民总理人民爱”，人民群众用朴素的语言表达了对周恩来同志最真挚的感情。

人民是历史的创造者，是决定党和国家前途命运的根本力量。我们党来自人民、植根人民、服务人民，一旦脱离群众，就会失去生命力。我们要向周恩来同志学习，坚持立党为公、执政为民，自觉践行全心全意为人民服务的根本宗旨，把党的群众路线贯彻到治国理政全部活动之中，把人民对美好生活的向往作为奋斗目标，依靠人民创造历史伟业。

——周恩来同志是自我革命、永远奋斗的杰出楷模。周恩来同志长期担任党和国家的重要领导职务，但始终虚怀若谷、谦虚谨慎、不骄不躁，他为自己立下的座右铭是“活到老，学到老，改造到老”。周恩来同志把思想改造看成像空气一样，非有不可。他常说：“每个党员从加入共产党起，就应该有这么一个认识：准备改造思想，一直改造到老。”“一个共产党员如果以为自己改造完成了，不需要再改造了，他就不是好的共产党员。”“领导威信不是从掩饰错误中而是从改正错误中提高起来的；不是从自吹自擂中而是从埋头苦干中培养起来的。”面对不同的时代任务和时代要求，周恩来同志总是以自我革命精神迎接新的挑战，参与领导和推动中国共产党进行的伟大社会革命，使自己始终同党和人民事业一道前进。周恩来同志的一生，以自己的实际行动实践了这些自我革命、永远奋斗的誓言。

勇于自我革命，从严管党治党，是我们党最鲜明的品格。我们党要始终成为马克思主义执政党，自身必须始终过硬。我们要向周恩来同志学习，更加自觉地坚定党性原则，发扬彻底的自我革命精神，不断增强党自我净化、自我完善、自我革新、自我提高的能力，不断增强学习本领、政治领导本领、改革创新本领、科学发展本领、依法执政本领、群众工作本领、狠抓落实本领、驾驭风险本领，不断增强党的政治领导力、思想引领力、群众组织力、社会号召力，确保我们党永葆旺盛生命力和强大战斗力。

——周恩来同志是勇于担当、鞠躬尽瘁的杰出楷模。周恩来同志一生勇肩重任，勇挑重担，呕心沥血，任劳任怨。他说："为着我们子子孙孙的幸福，我们不能不暂时把许多困难担当起来。""畏难苟安，不是共产党人的品质。"新中国成立后，他平时每天工作都在12个小时以上，有时在16个小时以上。"文化大革命"时期更是辛苦，夜以继日，有时一天只能休息两三个小时，即便是得了重病之后也是如此。周恩来同志说："既然把我推上历史舞台，我就得完成历史任务。"他数十年如一日，即使在生命最后时期，还抱病操劳国事，心忧百姓。他说，死我并不怕。古人说，人活七十古来稀，我已是七十七岁多的人了，也算得上是高寿了。可是这二十几年的时间，总应该把国家建设得好点，人民的生活多改善一些，去马克思那里报到，才感到安心。现在这种状况去报到，总感到内疚、羞愧。周恩来同志真正做到了鞠躬尽瘁、死而后已。

在中国特色社会主义新时代，我们肩负着新的历史使命，面临着新的风险、新的挑战、新的困难，全党必须准备付出更为艰巨、更为艰苦的努力。我们要向周恩来同志学习，敢于担当责任，勇于直面矛盾，善于解决问题，以时不我待、只争朝夕的精神，以钉钉子精神落实好党的十九大作出的各项战略部署，努力创造经得起实践、人民、历史检验的实绩，无愧于时代，无愧于人民，无愧于历史。

——周恩来同志是严于律己、清正廉洁的杰出楷模。"海纳百川，有容乃大；壁立千仞，无欲则刚。"周恩来同志就是这样的人。周恩来同志毕生严于律己、艰苦朴素，只求奉献、不思回报。他告诫领导干部要过好思想关、政治关、社会关、亲属关、生活关，保持共产党人的政治操守和优良作风。周恩来同志身居高位，但从不搞特殊化，凡要求党员和群众做到的他自己首先做到。1935年6月底，红军到达两河口地区，党组织进行改选，警卫员魏国禄当选周恩来同志所在党小组的组长。有一次，周恩来同志问魏国禄为什么很长时间不开党小组会议，魏国禄回答说，党小组会议开过了，看到首长忙，就没有通知。周恩来同志用平常少见的严肃态度批评说，那怎么能行？我是党员，应当过组织生活。在我们党内，每个人都是普通党员，谁都要过组织生活，这是个党性问题。1958 年 1 月，周恩来同志到杭州视察，随身带着自己的枕巾、棉褥子、床单、被子。被子是解放战争时期在梅园新村用的那一床，洗得已经泛白。枕巾用了又用，中间已经破损，周恩来同志就把破了的地方剪掉、两端重新缝上继续用。浙江省警卫处的同志实在看不下去，就趁他去开会的机会从后勤部门领了一条新枕巾给换上了。周恩来同志开会回来后发现换了新枕巾，就对浙江省警卫处的同志语重心长地说，我们的国家还不富裕，要保持艰苦奋斗的传统，即使以后富裕了，也不能丢了这个光荣传统。周恩来同志坦率地说，六七亿人口的中国就一个总理，再穷也不缺那几身新衣服，但问题不是缺不缺衣服，我这样做不光是一个人的事，而且是提倡节俭、不要追求享受，提倡大家保持艰苦奋斗的共产党人本色。上世纪 50 年代，为了响应党的号召，周恩来同志带头把在淮安老家几代亲人的坟墓托人平掉，把整理出来的土地交公使用。周恩来同志严格要求自己的亲属，给他们订立了“十条家规”，从没有利用自己的权力为自己或亲朋好友谋过半点私利。周恩来同志谆谆教导晚辈，要否定封建的亲属关系，要有自信力和自信心，要不靠关系自奋起，做人生之路的开拓者。他特别叮嘱晚辈，在任何场合都不要说出同他的关系，都不许打总理亲属的牌子，不要炫耀自己，以谋私利。周恩来同志身后没有留下任何个人财产，连自己的骨灰也不让保留，撒进祖国的江海大地。“大贤秉高鉴，公烛无私光。”周恩来同志一生心底无私、天下为公的高尚人格，是中华民族传统美德和中国共产党人优秀品德的集中写照，永远为后世景仰。

党的作风是党的形象。我们要向周恩来同志学习，牢记手中的权力是党和人民赋予的，是用来为人民服务的，一身正气，两袖清风，自觉接受监督，敬畏人民、敬畏组织、敬畏法纪，拒腐蚀、永不沾，决不搞特权，决不以权谋私，做一个堂堂正正的共产党人。

同志们、朋友们！

周恩来同志青年时代曾经写下这样的寄语："愿相会于中华腾飞世界时。"周恩来同志还说过："在现在这个世界上，我们若不强大起来，不建成社会主义的现代化国家，就要受帝国主义的欺侮。"今天，我们可以告慰周恩来同志等老一辈革命家的是：近代以来久经磨难的中华民族迎来了从站起来、富起来到强起来的伟大飞跃。周恩来同志生前致力于解决的中华民族积贫积弱的现象已经一去不复返了！周恩来同志生前操碎了心的广大人民群众缺吃少穿的现象已经一去不复返了！现在，我们比历史上任何时期都更接近、更有信心和能力实现中华民族伟大复兴的目标。周恩来同志生前念兹在兹的中国现代化的宏伟目标，一定能够在不远的将来完全实现。

新时代中国特色社会主义的航线已经明确，中华民族伟大复兴的巨轮正在乘风破浪前行。在前进道路上，我们要更加紧密地团结在党中央周围，高举中国特色社会主义伟大旗帜，奋发进取，埋头苦干，勇于开拓，勇于创新，为实现党的十九大确定的目标任务，为决胜全面建成小康社会、夺取新时代中国特色社会主义伟大胜利、实现中华民族伟大复兴的中国梦而继续奋斗！

（习近平：《在纪念周恩来同志诞辰120周年座谈会上的讲话》，
《中国农业会计》2018年第3期。）

材料3：一生六件大事为共产党树立永远楷模

第一件事，参与创建和领导中国共产党。周恩来是中国共产党创建时期在欧洲的核心人物。1920年，他团结和领导了一大批美欧的先进人士，加入中国共产党。回国以后，他成为我们党的早期骨干。从1927年开始他在中国共产党核心领导层的岗位上，工作了半个世纪。在这期间，中国共产党做出的重大决策和经历的重大事件和他的关系密不可分。

第二件事，参与创建和领导了一支新型的人民军队。周恩来本人不是军人出身，但是在中国共产党核心领导层内，他却是认识军事工作重要性、从事军事工作较早的人。早在1922年，他就意识到革命非要有极坚强极有组织的革命军不可。没有革命军，军阀是打不倒的。大概在那个时期，他又敏锐地提出军队是实现理论的先锋。更重要的是，1924年回国以后，他就在黄埔军校做政治部主任，是我们党内第一个从事中国新型军队建设的实践的人。1927年，他作为前委书记领导八一南昌起义，创建了人民军队。南昌起义以后，他在党内长期担任军队方面的领导职务，包括红军总政委、中央军委副主席、人民解放军代总参谋长等，拥有大量的军事指挥实践经验。

第三件事，参与创建和领导了中华人民共和国。没有中国革命的胜利就没有新中国的诞生，没有中国革命道路的开辟就没有中国革命的胜利。在寻找和确定正确的中国革命道路的问题上，周恩来是党内领导层当中为数不多的最早的几位自觉者之一，是毛泽东最有力的支持者和帮助者之一。正因为他在寻找革命道路的过程当中建立了自己的特殊地位，所以毛泽东在构想新国家机构的时候就表示，未来政府的人选还没有定，但是有一个人是必须参加的，其性质是内阁总理。谁？周恩来。也就是说，在共产党还没有进北平的时候，毛泽东在考虑未来政府人选、考虑未来新中国的机构或人员设置时，周恩来就是当仁不让的总理角色。在具体筹建中华人民共和国时，从具有宪法性质的共同纲领的起草，到中华人民共和国政务院的组建，都是在周恩来的组织下进行的。

第四件事，参与领导新中国的全面建设。新中国成立后，要在经济文化落后的旧中国废墟上建立一个社会主义新中国，是中国共产党面临的历史格局。在艰辛探索的过程当中，周恩来协助毛泽东在治党、治国、治军，在内政、国防和外交各个领域都付出了极大的心血。周恩来参与的领域之丰富，在党内领导人中是比较少见的，而且他参与领导的工作大都很具体。

第五件事，参与创立和推动了毛泽东思想的形成和发展。毛泽东思想作为中国共产党的指导理论，是马克思主义中国化第一次历史飞跃的理论成果，也是中国共产党集体智慧的结晶。毛泽东是主要创立者，周恩来为毛泽东思想的形成和发展做出了卓越贡献。在推进马克思主义中国化、创立和发展毛泽东思想的过程当中，他具有开阔的视野和与时俱进的长久坚持。他在军事领域、统战领域、外交领域、经济建设领域、文化建设领域、促进祖国统一战线等领域都有很大的理论建树。

第六件事，树立和实践了周恩来精神。在革命和建设时期，中国共产党创造了自己特有的精神，如井冈山精神、长征精神、延安精神、西柏坡精神、大庆精神、铁人精神、雷锋精神、焦裕禄精神、两弹一星精神、红旗渠精神等。这当中，对高级领导干部来说，最具有现实启发意义，最应该带头遵行的，是周恩来树立和实践的一种精神，我们把它叫做“周恩来精神”。什么是周恩来精神？可以从不同角度去概括，但基本上是指他在实践当中体现出来的做人做事的立场、情怀和品格。在这方面周恩来确实为中国共产党人的楷模。

（陈晋：《周恩来一生六件大事树立永远的政治楷模》，http://dangshi.people.com.cn/n1/2018/0305/c85037-29847969.html。）

➲ 案例评析

淮安，一代伟人周恩来的家乡。习近平总书记曾用六个“杰出楷模”深刻阐述周恩来精神，并强调“周恩来同志的崇高精神、高尚品德、伟大风范，感召和哺育着一代又一代中国共产党人”。周恩来纪念馆是全国爱国主义的教育基地，也是党史学习教育的“打卡地”。纪念馆西花厅院落中海棠年年花落花又开。邓颖超曾在《西花厅的海棠花又开了》中写道:“在花下树前，大家一边赏花，一边缅怀你、想念你，仿佛你仍在我们中间。”周恩来精神是红色文化的重要组成部分，如何让周恩来精神薪火相传，用红色基因培根铸魂，是培育和践行社会主义核心价值观、弘扬中国精神的重要课题。上述三组材料全方位地展现了一代伟人周恩来同志的光辉形象和精神风范，可作为本课程实地讲解项目的重要参考资料。

案例二：南京雨花台烈士陵园实地讲解词

材料 1：南京雨花台烈士陵园

雨花台由来

雨花台位于南京城南中华门外 1 公里处，有“金陵南大门”之称，历来为兵家必争之地。东吴孙策平江东之战在此攻破刘繇围困；南宋金兵入侵南下也曾在此扎营；另外如太平天国时期的天京保卫战，辛亥革命时的讨伐清兵，以及抗日战争期间的“首都保卫战”，都在雨花台激战酣烈，烽火连天。20 世纪 20 年代至 40 年代末，这里成为国民党反动派屠杀革命志士们的刑场，成千上万的中华优秀儿女为了中国人民的解放事业，为了新中国的诞生，在此抛头颅、洒热血，在雨花台献出了宝贵的生命，用鲜血书写了雨花台历史上惊天地、泣鬼神的壮丽篇章，奏响了一曲悲壮的革命先驱者之歌。

相传南朝梁代天监年间，有位云光法师在建康城南的高岗上设坛讲经说法。他佛学造诣深厚，舌灿莲花，听者如痴如醉，久聚不散。有一天竟令天神也感动得泪眼婆娑，于是天上彩云过处，七彩花瓣，如雨而下，遍布山冈，雨花台因而得名。其实雨花台现在所处位置是古长江的河道。后来由于地壳变动，江道北移，造成砾石沉积，地质上称为“雨花石层”。其石呈卵形，质含玛瑙，光彩晶莹，五色斑斓，纹络旖旎。由于这里地势较高，达到海拔60米，又盛产雨花石，故称雨花台。历史上这里山冈起伏，林深泉幽，名胜荟萃，是著名的风景区，只可惜连年战火使雨花台美景不再，国民党反动派又使这里成为阴森恐怖的刑场，可以说解放前这里是一片荒芜。

新中国成立后，为缅怀先烈，追崇前贤，教育后人，启迪来者，1949年12月12日，南京市第一届各界人民代表大会第二次会议作出了修建雨花台烈士陵园的决议。1950年建起奠基纪念碑，并在烈士殉难处建立了纪念性标志。20世纪80年代起，烈士陵园建设进入新时期。1980年向全国各地征集雨花台烈士纪念碑设计方案。1983年6月，邓小平同志为纪念碑和烈士纪念馆亲笔题名。根据初期确定的“先绿化，后建设”的建陵方针，经过40多年的绿化造林工作，雨花台风景名胜区已栽植雪松、龙柏、银杏、玉兰、海棠、桂花、红枫等观赏树木240余种，近30万株，绿化覆盖率达87%。经过近半个世纪的规划和建设，雨花台已形成既是庄严肃穆的纪念圣地，又是赏心悦目的旅游景区的基本格局。

如今的雨花台景区内庄重、质朴、清新、典雅、优美的环境，横贯中轴、气势恢宏的纪念建筑群，与春夏秋冬、四时美景竞现的自然景观，以及历史悠久、丰富多彩的人文景观相互交融，美轮美奂。

雨花台烈士就义群雕

进入雨花台的北大门，展示在大家面前的雨花台烈士就义群雕，是目前我国同类题材中最大的花岗岩石刻。由我国著名雕塑家刘开渠设计，高大威武，浑厚凝重，高10.3米，宽14.2米，厚5.6米，由

179块花岗岩石装配而成，总重量约为1300吨。群雕主题突出，层次分明，上实下虚。大家请看：那戴着镣铐、蔑视敌人的工人；横眉冷对的知识分子；怒目圆睁的农民；临危不惧的女干部；咬紧牙、抿着嘴的小报童、小童工；身陷囹圄、充满胜利希望的女学生，无不栩栩如生地再现了烈士就义前的光辉形象。

这9位烈士是成千上万先烈的代表。为什么只选9个人？这是根据中国的"9"为极数的传统民俗而沿用的，寓意在雨花台牺牲的先烈人数非常之多。

雨花台共有东、西、北三个烈士殉难处，群雕耸立的地方就是当时的北殉难处，是国民党反动派杀害烈士最多的地方。西殉难处主要是掩埋遗体的地方。除了北殉难处，现在东、西殉难处都建有纪念性的标志。群雕四周鲜花簇拥，背倚苍松翠柏，环绕以如火红枫，愈加显得高大雄壮。

雨花台烈士纪念碑

雨花台烈士纪念碑景区由纪念碑、碑廊、地下展厅三部分组成。雨花台烈士纪念碑于1989年建成于海拔60米的雨花台主峰。碑高42.3米，寓意1949年4月23日南京解放。南京是旧中国首都，它的解放日其纪念意义是特殊而重大的。

纪念碑宽7米，厚5米，由碑帽、碑身、碑座三部分构成。碑帽像红旗又似火炬；碑身正面是邓小平亲笔题写的"雨花台烈士纪念碑"八个镏金大字。背面是江苏省和南京市人民政府撰写的碑文。

碑前有一尊高5.5米的革命志士青铜塑像。他目光如炬，屈臂劲张，铁链断折，阳刚之气中更显宁死不屈、视死如归的铮铮铁骨，是众多共产党人和爱国志士的象征。这座塑像将使人们感受到砸碎旧制度之不易，更加珍惜今日，倍感中华振兴的责任重大。

在纪念碑广场中间南北向有三个圆形石雕花圈，东西两侧各有五具石棺，石棺上都雕刻着一只石花圈，以志人们永远纪念之意。石棺四周用常青树衬托，象征着烈士的精神万古长青。

不知各位有没有发现，雨花台许多建筑都是用花岗岩建造的，这是因为花岗岩具有坚硬、庄重、浑厚、朴素、敦实的品格，它充分体现了烈士的精神和后人继承先烈遗志的决心，同时也展示了雨花台建筑的独特风格。

纪念碑的二层平台上，东西两侧护墙内的碑廊是我国目前最大的现代碑廊，东西侧墙上各用90块黑色大理石砌成的碑面上，镌刻着马克思、恩格斯合著的《共产党宣言》、列宁的《马克思主义的三个来源和三个组成部分》、毛泽东的《新民主主义论》等三篇经典著作，正文合计47043个字，由赵朴初、萧娴、武中奇等36位著名书法家题写。内容博大精深，书法挥洒淋漓，极具艺术价值和教育意义。

纪念池

我们面前的这个清水盈盈的水池是纪念池，又叫倒影池，它长72米，宽26米。建筑学家利用原有地形，运用光学原理，巧妙地将纪念碑、纪念馆的影像在池中南北两端水面上显现出来，形成独特的景致。

纪念池东西两侧，雪松、龙柏、红枫、海棠排列有序；蔷薇、爬山虎、云南黄馨顺坡披挂；斜坡草坪，绿茵掩映，四时花草，姹紫嫣红。

纪念池南北两端各有一块花岗岩和大理石质地的照壁，在北面的照壁上镌刻着汉、壮、蒙古、维吾尔、藏五种民族文字的《国际歌》，南面的这块则用五种文字镌刻着《中华人民共和国国歌》。

纪念池南端两侧有两座相对肃然矗立的高5.5米的圆雕，一位战士手握钢枪肃立，一位少女扶手胸前，他俩神情严肃，目光柔和，表达了人民群众缅怀先烈，继承遗志的主题。

纪念桥

纪念桥将纪念池、纪念馆连接为一体。能工巧匠们在原有的雨花湖上用钢筋混凝土修建了这座双曲不等跨拱桥。桥长103米，宽16米。桥的两侧以卧式花岗石坡面为栏，上饰有直径1.2米的花岗岩花圈24只，凝重厚实，别致新颖。桥面上砖石居中，旁铺鹅卵细石，原本中直的桥，竟有了几分曲径通幽的感觉。桥下碧波荡漾，鱼儿徜徉，好一幅立体画轴。

雨花台烈士纪念馆

雨花台烈士纪念馆坐落在距纪念碑450米处的任家山上。它是由著名建筑大师杨廷宝先生设计的。1984年4月开工,1988年7月建成。纪念馆东西长90米，南北侧翼伸展49米，面积5900平方米。为重檐屋顶的民族风格建筑，高大雄伟。馆形似“凹”字，正中为一重檐主堡，高26米，其正门上方有“日月同辉”标志图案。门庭南上方刻有邓小平亲笔题写的“雨花台烈士纪念馆”馆名。建筑侧翼两端各有一小堡，顶高23米。整个建筑的屋顶，为乳白色琉璃瓦，花岗岩贴墙面，白色的大理石为窗框，加上精美的石雕、石廊、石栏、石几、石阶，把纪念馆装点得庄重典雅。

雨花台烈士纪念馆保存着1927年至1949年牺牲在雨花台及南京地区的恽代英、邓中夏、罗登贤、何葆珍等1519位革命烈士的生平史料，以及1000多件革命文物，总体陈列分为四大版块：

一、序厅。序厅正面的红色大理石上，镌刻着由江泽民同志书写的“弘扬先烈精神，献身四化大业”的题词。左右两侧镶嵌着反映基本陈列时代背景的大型铜版画。

二、基本陈列。分为四个部分:“秦淮寒夜”、“石城星火”、“神州放歌”、“迎接黎明”。陈列将烈士个体置于某一历史背景或事件中，充分表现了中国共产党人团结奋斗、舍生忘死的群体形象。“秦淮寒夜”反映了侯绍裘等10余名烈士于“四一二”反革命政变前夕，在南京与敌人顽强抗争的历史史实。“石城星火”介绍了“四一二”以后以孙津川、李耘生、顾衡等为首的中共南京地下党组织在腥风血雨中，不屈不挠地与敌人斗争直至英勇献身的事迹。“神州放歌”讴歌了以恽代英、邓中夏、罗登贤等为代表的全国各地革命者前赴后继、血洒南京的壮丽诗篇。“迎接黎明”展示了以朱克靖、刘亚生、徐楚光等在解放战争的正面战场、隐蔽战线中慷慨就义的革命志士的英勇事迹。整个基本陈列以“百万雄师过大江”的渡江战役断后，结构紧凑，气势磅礴。

三、春满人间。电脑喷绘长卷、中心展台和灯箱展示了南京解放50年来“虎踞龙盘今胜昔”的风采。

四、时空隧道。采用了国内领先的多媒体高新技术，形象地再现了烈士们在监狱中的斗争情景，缩短了时空距离，观众和置身于电视荧屏中的烈士的扮演者面对面地对话。观众的直接参与，增强了宣传教育效果。这种新颖的表现形式，在全国尚属首创。这次陈列采用版面陈列与电脑陈列相结合的手法，除了177位烈士史料上版陈列外，另有1342位烈士史料和名单储存于电脑中，观众可自行翻阅，有效地拓展了陈列空间，极大地丰富了陈列内涵。

整个陈列史料丰富，内容翔实；形式设计庄严、肃穆；多媒体系统、随身听讲解系统、灯光、音响系统，以及著名艺术家创作的背景音乐和美术作品融为一体，营造了视听效果俱佳的氛围。

忠魂亭

忠魂亭位于雨花台中心纪念区最南端，是由南京市30万党员捐款240万元人民币于1996年修建的，总设计师是东南大学著名的建筑大师齐康教授。它是由忠魂亭、忠魂广场、《思源曲》水池、《忠魂颂》浮雕等四部分组成，建筑风格与纪念碑、纪念馆等主体建筑物协调一致。主体（亭子）建筑为尖顶方形四门钢混结构，长宽各5.8米，高8.3米，亭帽上镌凿的“忠魂亭”三个镏金大字，雄浑有力，为江泽民同志亲笔题写。

立于水池两边的《忠魂颂》浮雕由江苏省美术馆组织有关艺术家设计创作。它长20米，高3米，以“狱中斗争，刑场就义”为主题，用构思精巧的艺术手法，浓缩了英烈们威武不屈，悲壮卓绝的历史史实。

雨花石文化区

忠魂亭东北方是近年兴建的雨花石文化区。雨花石是雨花台土生土长的一种玛瑙质卵石，质地坚实，色泽艳丽，纹路纷繁，形状奇巧，具有很高的观赏和收藏价值。在雨花台成为革命先烈长眠之地后，雨花石更被赋予了深刻的寓意，成为无数先烈碧血丹心的象征。现在大家看到的这座雕塑就是“雨花台之歌”雕塑。它由黑色花岗石路面衬底，红色花岗石基座状如雨花石，银白色音符直指蓝天。雕塑的碑座上刻有由江苏著名词作家胡子林、倪亚范作词，著名作曲家吕远作曲的《雨花石之歌》。它在全国旅游景点词曲评比中获得了一等奖。这座富有时代气息的艺术雕塑，是雨花石文化区的标志。雨花石博物馆位于陵园景区东部，是中国传统庭院式建筑，有5个展厅，陈列面积500平方米，从自然和人文等方面对雨花石作了详尽的介绍。以“雨花台博物馆”为龙头的雨花石文化区内，除了博物馆的陈列之外，还结合水体规划，通过水位控制、调节，形成四季不同水体形态的“雨花滩”，供游人自己动手捡雨花石，满足游人的参与性；兴建“雨花石文化广场”，以山、水、洞为基础，以石为本，配以花草树木和亭台楼阁等，组成错落有致、赏心悦目的石文化景观木楫苑；雨花石文化区集观赏、购物、休闲、教育为一体，成为风景区内的又一胜迹。

近年来，雨花台先后被国务院颁布为“全国重点文物保护单位”，被团中央命名为“全国青少年爱国主义教育基地”，被国家教委命名为“全国中小学爱国主义教育基地”，被中宣部命名为“全国百家爱国主义教育示范基地”。作为国内外著名的纪念性景区和国家AAAA级旅游区，备受世人瞩目。

（《红色旅游导游词选编》，中国旅游出版社，2006，第211-217页。）

材料2：血洒南京雨花台的陈景星、石璞烈士

陈景星，号绍虞，1908年10月出生于辽宁省海城县陈家台村一个中农家庭。1926年，他的父母抵押了家中的几亩田，供他考入沈阳的奉天省立第三高级中学。当时，东北地区处在奉系军阀张作霖的统治下。陈景星在校读书认真，关心国事，经常参加抵制洋货和反封建的活动，还发起组织“海城同学会”。他怀着忧国忧民的心情，在《海城同学会章程》的序言里，论述了中国近代遭受帝国主义侵略的历史，号召同学们关心国家大事，团结一心，发愤图强，为振兴中华、抵御外患而奋斗终生。1926年7月，北伐战争兴起，国共合作的大革命从南方推进到北方，更激发了他的革命救国思想。这一年，陈景星与秘密担任国民党辽宁省指导委员的国民党左派人士徐寿轩有了接触，经徐介绍，他秘密加入了国共合作时期的国民党。他经常学习孙中山的学说和马列主义理论，思想水平也在不断提高。

石璞比陈景星小5岁，别号国柱，1913年3月24日出生于辽宁省铁岭城内小岭子西一个中等官吏家庭。1926年，他刚过12岁，考入奉天省立第三中学的初中部，仅以1年半时间连续跳级，读完初中。1927年9月他14岁，又以优异成绩考进东北大学附属中学的高中部。他资质聪颖，学业优秀，而且具有演讲和演戏的天赋，加之在班

级中年龄最小，深为老师和同学们喜爱，大家都亲切地称呼他为“老弟”“神童”。

1927年4月，国民党发动“四一二”政变，国共分裂，大革命失败。1928年4月，南京国民政府进行第二次北伐，奉系军阀从关内退往关外。1928年6月，统治东北的奉系军阀张作霖被日军炸死。这年底，张作霖的儿子张学良宣布易帜，归顺南京国民政府，全国实现了表面的统一。国民党在东北可以公开活动了，不少青年学生加入了国民党。1928年12月，15岁的石璞在奉天也加入了国民党。比石璞年长5岁的陈景星，在政治上要成熟些。

1929年夏，陈景星、石璞高中毕业。这年，陈景星21岁，已经结了婚，还有个小女儿；石璞才16岁。他们都满怀着学成大业、拯救中华的壮志，于6月28日在徐寿轩的带领下，与王育仁、郑辅周、金鼎铭结伴，离开沈阳，在大连乘日本客轮“大连丸”前往上海。

陈景星和石璞等人到达上海后，第二天转道南京，在花牌楼太平巷的会馆内温习功课。1929年7月初，陈景星、石璞与几个东北同学均被金陵大学录取。

金陵大学是一所由美国教会办的大学，有相对比较自由宽松的环境，有学生自治的传统，对学生的人身控制和思想控制不像一般的国立大学和私立大学那样严密，甚至倡导思想自由和读书自由。在金陵大学的图书馆和阅览室里，可以公开借阅马克思列宁主义的书籍和其他各种违禁的书籍。这就为正渴求新思想的陈景星和石璞等青年学生提供了有利的学习条件。陈景星和石璞在金陵大学里如鱼得水，大量阅读进步书籍，思想认识不断提高。

陈景星和石璞关心社会。他们目睹了国民党政府的反动腐朽和人民群众的生活悲惨，亲眼见到了南京这个所谓“革命首都”原来是达官贵人们的天堂，穷苦民众的地狱。国民政府交通部的豪华建筑，鼓楼后街上的华丽别墅，马路上飞驶的各式小轿车，西装革履、脑满肠肥的阔佬阔少，与马路旁成群衣衫褴褛、瘦骨嶙峋的灾民，形成鲜明的对比。眼前的现实打破了他们的幻想和希望，也使他们认识到国民党的贪污腐败、愚弄民众、屠杀人民的本质。他们悲愤地说："这哪像革命的首都！国民党与蒋介石向外国侵略者投降了，向中国腐败的封建势力妥协了！中国革命失败了！"他们不断地思索着，深有感触地说："今后，中国向何处去？中国的出路在哪里？我们必须重新探求一条救国救民的正确道路！"陈景星年长些，成长更快，思想更成熟，他喜欢写诗、编顺口溜，抨击时弊。

不久，陈景星与中共南京地下党组织有了接触。1929 年 10 月，他经金陵大学中共地下党员宣棣之的介绍，秘密加入了中国共产党。从此，他作为一名优秀的党员，积极地参加了中共地下党的活动。

1930 年 2 月，上海的进步人士在中共地下党的领导下，由鲁迅牵头，发起了"中国自由运动大同盟"，要求保障民权，反对国民党政府的专制统治。南京中共地下党组织接到上级指示以后，积极响应上海进步人士的行动，决定先以学校为重点，将自由运动大同盟逐步推向全社会。陈景星根据党组织的指示，和中央大学的黄祥宾，晓庄师范的刘焕宗、石俊等人，共同成立了"南京自由运动大同盟"。陈景星在学校积极宣传，公开张贴出成立"南京自由运动大同盟"的公告，并第一个签了名。

陈景星利用在"南京自由运动大同盟"里工作的机会，注意观察周围同学的思想，经常用革命道理启发他们。石璞在陈景星的启发和帮助下，秘密阅读了许多进步书籍，参加中共地下党所组织的许多进步活动。1930 年 2 月，在陈景星的介绍下，石璞和李林泮、金鼎铭等进步同学一起，加入了中国共产党。

金陵大学中共地下党的力量不断壮大，成立了金陵大学党支部，陈景星被上级任命为党支部书记。在陈景星的领导下，金陵大学党组织成为南京坚强的地下斗争"堡垒"。陈景星、石璞等常以打乒乓球等活动作为掩护，举行会议，商讨革命工作。陈景星先后化名陈大伟、刘大伟、刘列，在学校里和社会上开展地下活动。他和石璞等人一道，常常在夜深人静时在校园里和大街小巷张贴标语，散发传单，或者到中央大学、晓庄师范等学校与同志联络。他们在夜深回到学校时，往往校门已关闭，他们就翻墙而入，并习以为常。1930 年 3、4 月间，他们领导和积极参与“四·五”游行和金陵大学校内开展的反对帝国主义歧视中国人民的斗争，以及后来“红五月”的斗争。

1930 年 6 月，李立三的“左”倾路线逐步控制了在上海的中共中央，夸大了国民党政府的危机，要求全党实施不切实际的盲动。他们要求各根据地的红军进攻各大城市，夺取一省或数省的首先胜利；同时要求在白区的各地中共组织举行暴动，加以响应，配合红军攻打大城市。南京被指定为暴动的重点城市，中共南京市委接到了中央的这一指示，立即成立了“行动委员会”，通知各党支部和党团员，准备在南京举行暴动。

当时，金陵大学即将放暑假，陈景星本想回东北老家看望久别的母亲和妻子、女儿，他接到南京中共地下市委的指示后，立即放弃个人打算，留在南京。他知道，暴动是血与火的战斗，是要有牺牲的。他做好了为革命献身的准备。1930 年 6 月 3 日，他给远在数千里外家乡的母亲写了一封诀别信：“您对我的爱，对我的体贴，那是使我时时不能忘记的。您为我受了多少累，吃了很多苦，甚至于被债主们逼迫，处处你都代表着慈母的爱！”“时时您都盼望着儿子成名，能治起家来，能给你们争脸。然而慈母爱儿的亲热，我能如何报答呢？”陈景星庄严地回答：“我常想，我若是读了很多书，不能为社会上被践踏的人类谋些幸福，那我怎能对得起母亲呢？怎能对得起母亲疼儿一场呢？”短短的几句话，显示了一位共产党人以解放苦难同胞为己任的伟大胸怀。他最后深情地与母亲诀别：“您不要因为我的事情又增加了多少愁和痛苦。母亲，您应当好好管教景文（按：指陈景星的弟弟陈景文）

成人，他们要比我更能孝敬您啊，要比我更能长时期地围绕着您。”

就这样，陈景星断然斩断了亲情，义无反顾地投身到残酷的阶级斗争中去。他为了便于工作，搬离金陵大学的校园，住到南京城北长江边和记洋行的工房里。

当时，东北籍的同学郑辅周、金鼎铭，来约石璞一起回辽宁家乡，与家人团聚，度假消夏。石璞婉言谢绝了，他郑重地对郑辅周、金鼎铭说：“两个月假期，我留在南京学校中，能做很多事！我这个暑假就不回东北家乡了。”可见，石璞热爱革命工作，胜于爱自己的故乡和亲人。

1930 年 7 月，中共南京市委决定于 8 月 1 日晚举行暴动，先于 7 月 16 日在夫子庙闹市区举行群众示威，进行暴动预演。7 月 16 日下午，陈景星、石璞带领金陵大学的党团员来到夫子庙。他们和其他学校的党团员会合，在奇芳阁发表演说，散发传单，高呼革命口号，引来大批群众围观。反动军警狂吹口笛，赶来抓捕。继任中共南京市委宣传部部长的石俊等人被捕。陈景星、石璞机警地冲破了敌军警的围捕，得以逃脱。

中共南京市委主要领导人见敌人已有察觉，将暴动时间推迟到 8 月底，计划在暴动中夺取国民党政府机关。陈景星奉命代理南京市委宣传部部长，兼任南京市“行动委员会”的委员，负责领导城南地区电报局、兵工厂的工人暴动工作。他终日奔波于南京城南的街巷与山野，串联工人农民，进行暴动的发动与组织工作。石璞则受命负责南京城北地区的联络、组织工作。

南京是国民党政府的首都，敌我力量悬殊，“左”倾盲动路线迅速失败。暴动还没有发动起来，南京的中共地下党组织就遭到了破坏。1930 年 8 月 7 日夜，南京市委交通员鲁达卿被捕后叛变，敌人根据他的口供，在全城开始大搜捕。石璞在这生死关头，将同志的安危看得比自己的生命还重要。他设法向在东北家中度假的金鼎铭发去急电：“勿来京，告郑。”（下转第 84 页）郑就是郑辅周。石璞的勇敢行动保护了两位同志。

1930 年 8 月 25 日，陈景星在和记洋行被警察局便衣特务逮捕。石璞、李林泮、王育仁等革命同志也相继被捕。他们被关押在阴森恐怖的警备司令部监狱中。

陈景星、石璞等人在狱中，面对酷刑与死亡，始终横眉冷对，坚贞不屈。敌人软硬兼施，结果一无所获。

在南京的一些东北籍同乡设法营救陈景星、石璞等人，委托张学良驻南京的代表秦华出面，设法让国民党法官为他们开脱。石璞的父亲闻讯，去沈阳张学良的少帅府求救，并请律师，按照商量好的办法告知石璞："审讯时，就说年幼无知，误入歧途，所犯过失非出己愿，我可以为你辩护无罪。"石璞说："你们不如直说叫我叛变苟且偷生。但是，杀我头易，改变我信仰难！"

最后，国民党政府当局以"甘心附共，图乱首都，无法可恕"，于 1930 年 9 月 4 日凌晨，将陈景星与石璞等 7 人判处死刑。当年石璞只有 17 岁，属于未成年人，依法不能判为死刑，但阴险残暴的敌人竟将石璞的年龄改为 19 岁，将他与陈景星等人一起判以死刑。1930 年 9 月 4 日清晨，敌人将陈景星与石璞等人押向雨花台刑场。陈景星与石璞等一路高呼口号，从容就义。陈景星时年 22 岁，石璞年仅 17 岁。同时殉难的有张叔昆、李林泮、罗仲卿、冯爱萍、何月芬等同志。

（黄郁萱、孙倩：《血洒南京雨花台的陈景星、石璞烈士》，
《档案与建设》2020 年第 7 期。）

材料 3：雨花英烈家书

在本材料中选取了雨花英烈中的代表人物成贻宾、史砚芬、高文华三人，分别对人物信息进行简要介绍，并节选了三位英烈的家书片段。

雨花英烈 1：成贻宾

成贻宾一直积极投身学生运动，曾参加党的外围组织新民主主义青年社。他给未婚妻彭毓芬的多封书信中没有太多的卿卿我我、你侬我侬，而是对光明和未来的憧憬与期待。他用崇高的理想信念点燃生命的强光，用纯洁高尚的信仰指引前进的方向。他深信，只要青年人们埋头苦干，反对国民党的统治，就一定能迎来光明的未来。

成贻宾写给未婚妻的信（1944 年）（节选）

芬妹：

（将来）有一天，全国的婴儿诞生了，使送到国家组织的托儿所去。他们的母亲照常去种田或教书。孩子们有最好的营养、科学的设备，活泼地长至到四五岁。有专门的教师教他们得如何用正确的姿势学习走路发音，直到被送入了幼稚园。幼稚园的年限应延长，包括了童年的初期，幸福而快乐地他们进了小学、中学、大学。他们将来都是伟大的科学家、工程师、教育家、政治家，一直保持着小时所受教育的优良传统，把这世界建设得像天堂！

这不是梦想，这是可以实现的伟大的计划，别的国家已部分地实现了。只愿国内的大环境能够安定下来，自己不腐化、不堕落、认清目标，一点一滴地埋头苦干，胜利在向我们招手，光明就在明天！

雨花英烈 2：史砚芬

1928 年 9 月 27 日是中秋节前一天，在这万家团圆的日子，曾任共青团宜兴县委书记史砚芬（宜兴人）却从容地走向了雨花台刑场，牺牲时，年仅 25 岁。在他内衣的口袋里，藏有一封写给弟妹的诀别信。直到他的亲人冒险前来收殓遗体时，人们才发现了这封血迹斑斑的信件。

史砚芬以满腔的热情为党工作，打响了江南农民暴动第一枪。被敌人逮捕后，他依然坚贞不屈，宁死不向敌人屈服。在绝笔信中，史砚芬也将这份对党的赤诚传递给弟妹，字里行间充满了对未成年弟妹的殷切嘱托与深情眷恋。

史砚芬在狱中写给弟弟妹妹的信

亲爱的弟弟妹妹：

我今与你们永诀了。

我的死是为着社会、国家和人类，是光荣的，是必要的。我死后有我千万同志，他们能踏着我的血迹奋斗前进，我们的革命事业必底于成，故我虽死犹存。我底肉体被反动派毁去了，我的自由的革命的灵魂是永远不会被任何反动者所毁伤！我的不昧的灵魂必时常随着你们，照护你们和我的未死的同志，请你们不要因丧兄而悲吧！

妹妹，你年长些，从此以后，你是家长了，身兼父母兄长的重大责任。我本不应当把这重大的担子放在你身上，抛弃你们，但为着了大我不能不对你们忍心些，我相信你们在痛哭之余，必能谅察我的苦衷而原谅我。

弟弟，你年小些，你待姐姐应如待父母兄长一样，遇事要和她商量，听她指导。家里十余亩田作为你俩生活及教育费。固我死以后，不要治丧，因为这是浪费的。以后你能继我志愿，乃我门第之光，我必含笑九泉，看你成功；不能继我志愿，则万不能与国民党的腐败分子同流。

现在我的心很镇静，但不愿多谈多写，虽有千言万语要嘱咐你们，但始终无法写出。

好！弟妹！今生就这样与你们作结了。

你们的大哥砚芬嘱

雨花英烈 3：高文华

1929 年 12 月，被关押在南京国民党监狱里的原共青团无锡县委书记高文华（江苏无锡人）给父亲写去了一份家书。此时，距离他被捕已有一年多时间了。虽然身陷囹圄，狱中的环境极其恶劣，高文华却丝毫没有动摇革命意志，他始终抱持着乐观的革命精神。

当时已经是年底，外面下起了雪了，天地间一片银装素裹。在信中，他用雪来比拟自己的纯洁，以此表达对信仰矢志不渝的忠诚。他知道父亲也许不会理解自己，他在信中这样表示，他从没有后悔自己的选择，因为追求了共产主义真理，自己才成为“最公正无私的人”“最快活的人”！

高文华狱中写给父亲的信（1929）（节选）

亲爱的父亲：

今天已是十二月二十一号，只有九天就要过年了。雪下得这样深，天气是这般的冷，在我倒不觉得什么，就困苦了家里了。我每每喜欢下雪，不是吗？雪景是多末美丽，银白的宇宙，咳！银白的屋，银白的天空，银白的地面，一切是白了，一切都闪闪地发亮了，就连那粪坑、秽堆都穿上了最光荣最洁白的雪了。虽然它的本身是那末糟，但是在我眼里却只看见一个整个的银白的宇宙了！因此，我是十二分地喜欢！喜欢这样的雪永远永远压盖着宇宙。父亲，你说我是怎样的回转到小孩一样的心地了。

父亲，我诚然很年轻，我应该还是个小孩才好呀！但在过去却偏偏又是老大得了不得，几乎什么都像八十岁的老公公了。我自己也总喜欢去学着老，总以老的为好的，老资格为光荣的事体；但现在转变了，我处处都想学着小孩子，学着她那种天真、自然的形状，我只觉得我应该请小孩子做我的先生呀！

父亲的身体如何？母亲的身体如何？我非常想念。我总希望母亲也能看穿些，快活些，不必兢兢于一切，不必过分忧愁忧思呀！这是一时的情形，这是一个必然的过程。做人不吃苦，人是不能算人的，我们也真像吃青果一样的有滋味，我们在辛涩的里面有甜味。我们虽然苦，但我们的良心没有受罪。我们虽然苦，我们依旧有我们至高无上的精神的愉快。总之，我们是真理的追求者，我们是最公正无私的人，我们是最快活的人呀！

儿子 潮上

1929.12.22

（《见字如面！南京雨花英烈家书 字字句句家国情》，人民网，2021 年 4 月 16 日，http://js.people.com.cn/n2/2021/0416/c360300-34677835.html。）

➲ 案例评析

雨花台烈士陵园位于南京城南中华门外，是新民主主义革命时期中国共产党人和爱国志士的集中殉难地。2014 年 12 月，习近平总书记视察江苏时指出，在党的初创时期和大革命时期，江苏是我们党活动的重要区域……在雨花台留下姓名的烈士就有 1519 名。他们的事迹展示了共产党人的崇高理想信念、高尚道德情操、为民牺牲的大无畏精神，用好用活这些丰富的党史资源，使之成为激励人民不断开拓前进的强大精神力量。1949 年中华人民共和国成立后，党和政府在此兴建烈士陵园。经过 70 多年的建设发展，陵园现已成为全国重点文物保护单位、全国爱国主义教育示范基地、国家级烈士纪念设施、全国青少年教育基地、全国廉政教育基地、全国百家红色旅游经典景区。雨花台作为独具代表性的烈士陵园，对于了解先烈英勇事迹、学习先烈精神具有重要意义。上述几组材料从不同的维度、以不同的形式呈现了雨花英烈炽热的爱国情怀、坚定的理想信念、高尚的道德情操、视死如归的凛然正气，是本课程实地讲解项目难得的宝贵资料和解说范本。

案例三：嘉兴南湖景区实地讲解词

材料 1：嘉兴南湖景区

会景园

现在我们进入的景点叫会景园，这是南湖景区的主入口。你们看：会景园三面环水，园内汇集了醉仙楼、红菱廊、望湖楼台、水上大舞台、烟雨桥、水榭长廊等景点，是个集望湖赏景、休闲娱乐于一体的江南古典园林，因为集佳景于一处，因此称为会景园。

渡船码头

大家请看候船长廊的西侧是中国红色之旅纪念碑。这是为纪念新世纪、新长征、新旅游——“2004 中国红色之旅万里行”活动而立的。在纪念红军长征胜利 70 周年到来之际，为了更好地宣传中国共产党艰苦卓绝的奋斗历程，弘扬革命传统，使红色纪念地成为今日的旅游胜地，嘉兴市政府和江西省旅游局共同发起了“2004 中国红色之旅万里行”活动。“中国红色之旅万里行”车队一行 50 余人，于 2004 年 10 月 20 日从江西瑞金出发，沿着红军长征的道路，驾车跋山涉水，跨越 15 个省市，历时近 1 个月，行程达 2 万余里，最后终于到达井冈山。2004 年 11 月 11 日，“中国红色之旅万里行”车队抵达嘉兴，在南湖之畔举行了“中国红色之旅”揭碑仪式。你们看，这是当时栽下的红石榴树，象征着革命事业千秋万代，“红色之旅”红红火火。

南湖

嘉兴是著名的江南水乡，游湖的最佳方式就是像我们这样坐船观景、听景、品景。嘉兴南湖以烟雨风光著称于世，是著名的江南旅游胜地，和杭州西湖、绍兴东湖并称为浙江的三大名湖。因为南湖位于嘉兴市区东南，因此得名为南湖。南湖又分为东西两湖，俯瞰形似鸳鸯交颈。古时湖中常有鸳鸯栖息：因此雅称鸳鸯湖。南湖地处太湖流域水网地带，气候湿润，自然条件决定了南湖一年之中阴雨天极多，尤其是仲春清明时节细雨霏霏，湖波浩淼，甚至还有这么一种说法："一年三百六十天，二百八十天是阴雨天。"因此"烟雨迷蒙"是南湖景观最为突出的特征。千百年来，南湖以自己特有的风姿吸引着四方游人，历代文人学士登名楼赏美景，吟诗作画，为南湖留下了无数美妙的诗篇和动人的画卷。宋代诗人苏东坡曾经三过南湖留下了"闻道南湖曲，芙蓉似锦帐；如何一夜雨，空见水茫茫的佳句。清代文学家朱彝尊为南湖写下了一百首《鸳鸯湖棹歌》。

南湖现有水域面积800多亩，湖中有两岛，位于我们左前方的是湖心岛。这是明嘉靖二十七年（1548年）嘉兴知府赵瀛疏浚城河用淤泥垒起来的，面积约为18亩左右，它如同一颗璀璨的明珠镶嵌在南湖的中央。岛上有以烟雨楼为主体的江南古园林建筑群，相继而建清晖堂、御碑亭、菰去簃、菱香水榭、观音阁、宝梅亭、来许亭、鉴亭等建筑。亭台楼榭，假山回廊，疏密相间，错落有致。湖心岛至今还保存着宋代米芾的真迹石刻、苏东坡的"马券石刻"、明代书法家董其昌所书"鱼乐国"碑、清代书法家冀应龙"烟雨楼"手迹等文物古迹。在我们右前方的是小瀛洲，上有为纪念仓颉造字而建的仓圣祠。在仓圣祠前矗着一块高约3.8米、宽约2米的太湖石，形状似蛟龙舞蹇，故称舞蛟石。该石上有元代大书画家赵孟频所写的"舞蛟"二字是嘉兴市重点保护文物。

烟雨楼

我们现在登上的就是著名的烟雨楼。楼以唐朝诗人杜牧的诗句"南朝四百八十寺，多少楼台烟雨中"的"烟雨"二字得名。烟雨楼原为五代后晋高祖天福五年（940年）时，苏州节度使广陵王钱元璙在南湖之滨建造的登高远眺之所。明嘉靖二十八年（1549年）随着湖心岛的形成，烟雨楼也随之迁至岛上，从此楼在湖中。400多年来，烟雨楼屡毁屡建，最后一次是在 1918 年，由嘉兴知事张昌庆重修建造的。现在的“烟雨楼”匾额是“一大”代表董必武在 1965 年题写的。一楼大厅的抱柱联也是董必武的手迹：烟雨楼台革命萌生，此间曾著星星火。风云世界逢春蛰起，到处皆闻殷殷雷。为了更好地保护好烟雨楼名胜古迹，2004 年南湖景区又对此作了落架大修。

红船

停泊在我们面前的就是中共“一大”纪念船。这是一艘中型的单夹弄丝网船，船全长 16 米，宽 3 米，船头宽平，内设前舱、房舱、中舱和后舱。前舱搭有凉棚，后舱置有厨灶等物，船后系有的小拖梢船为船主一家所住，也为进城购物或接人所用。中舱的桌椅、炕几，都是按原貌布置的，当年中共“一大”南湖的续会就是在中舱举行并结束的。这艘外观不起眼的江南丝网船，却见证了惊天动地的大事变，中国的历史也因此而改变。

中国共产党的第一次全国代表大会——1921 年的 7 月 23 日，在上海的望志路 106 号（现在的兴业路 76 号）秘密召开，当时出席大会的代表共 13 人，他们代表着全国的七个共产主义小组和 53 名党员。13 位代表分别是上海的李达、李汉俊，北京的张国焘、刘仁静，武汉的董必武、陈潭秋，长沙的毛泽东、何叔衡，济南的王尽美、邓恩铭，广州的陈公博，旅日共产主义小组代表周佛海，以及陈独秀指派的代表包惠僧。共产国际代表马林和尼柯尔斯基出席了会议。当会议进行到中途时，遭到了法租界巡捕的袭扰，会议被迫中止。代表们曾多次商量，以重新确定继续会议的地点，终因意见不统一而定不下来。这时李达的夫人王会悟提出建议，将会议转移到嘉兴南湖继续进行。王会悟当时年仅 23 岁，是社会主义青年团团员，负责“一大”的会务工作。她原先在嘉兴的女子师范念过书，对南湖一带的情况比较了解。因为在 20 世纪二三十年代，南湖的旅游已经比较发达，所以她提议以游客的身份到南湖开会，比较好打掩护，不大会引起人们的注意。她的建议得到了与会代表的一致赞同，她本人也即刻先行到嘉兴安排一切。8月1日王会悟来到嘉兴，在市内张家弄的鸳鸯湖旅馆预租了两间客房，同时花了八块大洋租了一艘中型的游船（其中三块大洋作船里午饭之用）。

第二天，代表们乘坐7时35分的早班火车，从上海的北站出发到达嘉兴。广州代表陈公博因其住宿的旅馆发生了枪杀事件，并误以为事件是冲着他来的，心里感到害怕，便带着他的新婚妻子去了杭州西湖，没有出席南湖的续会；马林和尼柯尔斯基因为是外国人，容易暴露目标，因此也没有出席南湖的会议；其他代表在王会悟的引导下，在嘉兴的东门狮子汇渡口上了船。游船到达南湖以后先是绕岛一周，然后代表们登上烟雨楼极目远眺，并在烟雨楼上商定将游船停在离烟雨楼东南方向大约一二百米的水面上，一边让船自由浮动，一边在船舱里继续开会。

因为上海会议遭到袭扰，参加“一大”南湖会议的代表们一致决定缩短会期，用一天的时间完成会议的全部议程。会上大家不约而同地加速讨论. 很少长篇大论地发言，而是集中研究急需解决的具体问题。南湖的续会在上午近十一时开始进行，到下午六时左右会议圆满结束。大会审议并通过了中国共产党的第一个党纲，通过了关于开展工人运动的决议，选举产生了中央的领导机构。尽管陈独秀没有参加党的“一大”，但是根据他在“五四”时期的巨大影响和声望，以及在建党时期的特殊作用，他仍然被选举为中央局书记，张国焘任组织主任、李达任宣传主任。会议庄严地向全世界宣告：“一个完全新型的，以共产主义为目的，以马克思列宁主义为行动指南的统一的无产阶级政党，已经诞生在中国的大地上！”这颗照彻中国大地的巨星从美丽的嘉兴南湖升起，中国革命的航船就从这里扬起征帆。从此南湖成为重要的革命纪念地，南湖红船的船头也成了今天中国红色之旅的源头。

为了纪念中共“一大”，1959年，在党中央、浙江省委、省政府的直接关怀下，成立了南湖革命纪念馆。纪念馆自成立以来，发挥出了巨大的社会教育功能，成为向广大人民群众特别是青少年进行革命传统教育和爱国主义教育的重要基地。1997年南湖革命纪念馆被中宣部确定为第一批爱国主义教育示范基地。停泊在这里的南湖红船已走过了80多个春秋，迎来送往海内外游客共达2000多万人次，人们亲切地称南湖红船为“党的摇篮”。中国共产党也从当年的50多名党员发展到现在拥有6800多万名党员的伟大的执政党。

访踪亭

1964年，“一大”代表董必武来南湖视察工作，重登湖心岛。回忆“一大”情景，董老心情激动，挥毫题诗一首：“革命声传画舫中，诞生共党庆工农。重来正值清明节，烟雨迷蒙访旧踪。”为纪念董老的题诗，纪念馆建造了董老诗碑亭，取名为“访踪亭”。1986年杨尚昆同志来南湖瞻仰“一大”纪念船，应纪念馆的要求，欣然为董老诗碑亭题写了匾额。

南湖革命纪念馆

1991年，为庆祝中国共产党成立70周年，嘉兴市委市政府顺应民心，开展了“我为南湖争光辉”活动，嘉兴320万南湖儿女集资捐款320多万元在南湖之滨建造了南湖革命纪念馆新馆舍。新馆于1990年10月1日奠基破土动工，1991年6月25日建成，正式对外开放。纪念馆占地面积3800平方米，建筑面积1980平方米，从空中俯瞰犹如一个硕大的党徽图案。大家看，纪念馆的顶部矗立着外方内圆的纪念标志，象征着中国共产党的丰功伟绩犹如天地日月与世共存。纪念馆的整个建筑物造型别致，具有鲜明的纪念特征，又有强烈的时代气息。迎面的这块照壁是邓小平同志在1985年时为南湖革命纪念馆亲笔题写的馆名，照壁的背面是1991年时嘉兴人民集资建造南湖革命纪念馆的碑记。在庆祝建党80周年时，2001年5月2日，胡锦涛同志在此出席了浙江一遵义—延安三地“南湖红船圣地行”的启动仪式。当时，就在这个广场上，胡锦涛同志接见了参加仪式活动的三地党政领导，并在纪念馆的广场上向三地党政领导详细阐述了“三个代表”重要思想。

现在，我们从纪念馆的广场步入二楼陈列大厅，这里共有42级台阶，在纪念馆建造那年，正好是新中国成立42周年，这42级台阶象征着新中国在中国共产党的带领下走过的42个光辉春秋。

这里是纪念馆的基本陈列展厅《开天辟地大事变——中国共产党第一次全国代表大会史料陈列》，这艘船模就是根据南湖红船按5∶1的比例精确制作的。在庆祝建党80周年时，南湖革命纪念馆对二楼的基本陈列进行了部分调整、更新。陈列分为两大部分，第一部分为“中国共产党的成立是中国近代历史发展的必然结果”，第二部分为“中国共产党的成立是开天辟地的大事变”。陈列全面系统地介绍了自1840年鸦片战争以后，中国逐步沦为半殖民地半封建社会时，中国人民为寻求救国救民的道路，而不断进行探索和不屈不挠斗争的历史；中国工人阶级的成长壮大，马克思主义在中国的传播；中国先进的知识分子接受和宣传马克思主义，在各地组建共产主义小组，以及中共“一大”会议的召开，宣告中国共产党成立的历史过程。整个陈列详细介绍了中国共产党创建的历史背景和会议过程，展厅还增加了多媒体触摸屏、感应自控投影仪、声光电同步的自动讲解系统等先进的高科技展示手段。

……

（《红色旅游导游词选编》，中国旅游出版社，
2006，第8-14页。）

材料2：南湖红船的故事

红船的来历

1921年7月23日，中共一大在上海秘密举行。因遭到上海法租

界巡捕袭扰，会议被迫中断。8月2日上午，一大代表毛泽东、董必武、陈潭秋、王尽美、邓恩铭、李达、张国焘、刘仁静、周佛海、包惠僧等，由李达的夫人王会悟做向导，从上海乘火车转移到嘉兴。

据王会悟回忆，一大代表们以游湖为名，让船主把船停泊在离烟雨楼东南方向200米左右一片僻静的水域。上午11点左右，一大南湖会议正式开始。会议首先审议并通过了中国共产党的第一个纲领《中国共产党党纲》和中国共产党的第一个决议《关于当前实际工作的决议》。经过无记名投票，选举陈独秀、张国焘、李达三人组成党的全国领导机构——中央局。

下午六点多钟，会议完成了全部议程，庄严宣告中国共产党成立。大会闭会时，全体代表在这艘船上轻声地呼出了时代的最强音："共产党万岁！""世界劳工万岁！""第三国际万岁！""共产主义万岁！"

这次会议结束后，代表们先后悄悄离船，当夜分别离开了嘉兴，把革命的火种带向全国各地。从此，中国革命的航船从南湖扬帆启航，中国的历史开启了崭新的篇章。

随着中国共产党的诞生，红船由此得名并名扬天下。

多年以后，毛泽东这样评价红船上的这一幕历史："自从有了共产党，中国革命的面貌就焕然一新了。"

红船的建造

新中国成立后，为纪念中国共产党第一次全国代表大会在嘉兴南湖胜利闭幕这一重大历史事件，党中央决定建立嘉兴南湖革命纪念馆。

1959年10月1日，南湖革命纪念馆建成开放，以湖中烟雨楼作为馆址，按照当年中共一大代表乘坐的游船样式仿制的红船纪念船正式下水，向世人展出。

当年一大代表乘坐的那艘游船，是一种来自无锡的丝网船，最早在太湖上盛行。抗日战争期间，由于连年战火，导致旅游生意一落千丈，这种游船在嘉兴就绝迹了。解放后，找回一大召开时代表乘坐的原船已无可能。

1959 年，南湖革命纪念馆开始筹建。数位新中国成立前游览南湖的常客提供了不少重要信息。据老游客回忆：1921 年前后，南湖游船分为四种：专供游客摆渡用的摆渡船，限载两三人的小游船，有钱人私用不外租的帐船和供包租的丝网船。

据此判断，红船属于丝网船。缩小船型范围后，筹备委员会通过专项调查，了解到了更详尽的情况——这种游船长十余米，宽三米以上，内设前舱、中舱、房舱、后舱；按船首通向船尾的过道多少，分为“单夹弄”和“双夹弄”；船身用料考究，船中雕刻精致美观；这类船源于无锡，是当年的太湖游船。

筹备人员奔赴无锡，在无锡交通工具合作工厂（无锡红旗造船厂的前身）许多车间老师傅的帮助下，获得了有关船型、雕刻等更多细节，还得到了由该厂制作的一只“双夹弄”丝网船模型。

1959 年 3 月，这艘模型船来到北京。在中央办公厅同志的介绍下，筹备人员见到了负责中共一大会务工作的王会悟。

王会悟回忆说，这艘模型船与开会时乘坐的那艘船样子很像，但船型略大，开会时用的应是“单夹弄”丝网船。

按照王会悟的描述，筹备人员又做了一只“单夹弄”丝网船模型，然后寄往北京，并得到了一大代表、最高人民法院院长董必武的认定答复：“船就是这样，但大船后还有一只小船，是保卫人员坐的，万一发生情况，也可以用于撤退。”

之后，筹备委员会征询了王会悟的意见，随即又增造了一只小船模型。外观确定后，筹备委员会为恢复游船内饰，再度前往无锡交通工具合作工厂查找资料并核实，终于核准了红船的内外结构、形态。

拿到复原图纸，重造红船的工作便排上日程。当时，造船任务由嘉兴造船厂承担，1959 年 7 月 1 日，工程宣告完工；10 月 1 日，红船正式下水，停泊在湖心岛烟雨楼东南岸的水面展出。至此，南湖革命纪念馆的“镇馆之宝”，在纪念馆成立前一年与世人见面。

建成的画舫长约 16 米、宽 3 米，船头宽平，内有前舱、中舱、房舱和后舱，右边有一条夹弄贯通，当时中共一大会议就是在画舫的中舱内举行的。仿照当时的样子，中舱内摆着几张椅子，一张方桌，还放了茶壶和茶杯，在开会的画舫后面系着一艘小拖梢船。

红船的影响

作为南湖革命纪念船，红船建成后已接受 2200 多万人次的瞻仰。可以肯定地说，世上再没有第二条船能像它一样享有如此殊荣。现在南湖革命纪念船停泊处的岸上建有一座“访踪亭”，亭内竖立着董必武的诗碑，亭额“访踪亭”三字由杨尚昆题写。

1964 年，董必武重访南湖。登上画舫后，他感慨万千，挥毫题诗一首:“革命声传画舫中，诞生共党庆工农；重来正值清明节，烟雨迷蒙访旧踪。”

改革开放以后，邓小平、江泽民、胡锦涛等党和国家领导人都亲切关怀党的诞生地，或瞻仰红船，或亲笔题词，勉励全党“沿着南湖红船开辟的革命航道奋勇前进”。

1985 年，邓小平为南湖革命纪念馆题写馆名。

2005 年 6 月 21 日，时任浙江省委书记的习近平在《光明日报》上发表了题为《弘扬红船精神，走在时代前列》的署名文章，系统阐述了“红船精神”的历史及现实意义。

2017 年 10 月 31 日上午，习近平总书记带领中央政治局常委李克强、栗战书、汪洋、王沪宁、赵乐际、韩正，到上海中共一大会址瞻仰。当日下午，又从上海来到浙江嘉兴瞻仰红船，并参观了南湖革命纪念馆。参观结束时，习近平发表了重要讲话。他说:“在浙江工作期间，我曾经把‘红船精神’概括为开天辟地、敢为人先的首创精神，坚定理想、百折不挠的奋斗精神，立党为公、忠诚为民的奉献精神。我们要结合时代特点大力弘扬‘红船精神’。”

（宗郑礼:《南湖红船的故事》,《党的生活》
（黑龙江）2019 年第 7 期。）

➲ 案例评析

1921 年，中国共产党第一次全国代表大会在浙江嘉兴南湖的一条游船（后称“红船”）上胜利闭幕，庄严宣告中国共产党的诞生。从此，中国共产党引领革命航船劈波斩浪、开天辟地，使中国革命的面貌焕然一新。嘉兴作为中国共产党的诞生地之一，从此被镌刻在中国革命历史的丰碑上。嘉兴南湖的红船，也因为见证了中国历史上开天辟地的大事变，成为中国革命源头的象征，成为先进思想和文化的辐射地，形成了独特的“红船精神”。上述几组实地讲解词较为详细地介绍了南湖红船的故事，真实展现了嘉兴南湖景区背后深厚的红色文化底蕴。可以说，是极具代表性的一种红色旅游景区解说词样本，可作为本课程实地讲解项目的文本之一。

……………………………………………………………………

四　参考选题

本部分选取了八个红色文化教育基地作为参考选题，同学们可参考前述实地讲解方案及实践案例赏析部分在这些场地进行实地讲解。

主题一：江上青烈士史料陈列馆实地讲解

江上青1911年4月10日出生于扬州，1939年8月牺牲于开辟皖东北抗日根据地第一线，年仅28岁，是为新中国成立做出突出贡献的“双百英雄模范”人物。陈列馆位于扬州闹市区旌忠巷33号平民中学旧址，是一座中西合璧的青砖红窗小洋房，整个史料馆分为上下两层，主楼坐北朝南，楼上楼下均设有走廊，室内铺有木地板，旧址的南山墙上嵌有“民国二十六年改建，平民中学建”字样。1935年7月至1937年，江上青在此担任国文教员，利用三尺讲台，言传身教，宣传进步思想，传播革命道理。江上青在平民中学任教期间，还发起创办了《写作与阅读》杂志并在此编辑发行。其中江上青发表的杂文“卢沟晓月”就是当时其中一篇代表性文章。整个史料馆分为七个展厅，图文并茂全面回顾江上青烈士生平。这七个展厅主题分别是：“探索真理年代，爱国民主家庭”“投身革命，矢志不渝”“教书育人，播撒火种”“千里救亡，唤起民众”“开辟革命根据地，血洒皖东北”“多才多艺，才华横溢”“浩气长存，缅怀永远”。

主题二：扬州革命烈士陵园实地讲解

扬州革命烈士陵园是全国重点烈士纪念建筑物保护单位，是苏中地区的重要革命烈士纪念地，坐落于扬州市北部的国家级风景区蜀岗瘦西湖的万松岭上，占地面积约104亩。陵园前眺国家5A级景区瘦西湖，东临观音山和双峰云栈，西接大明寺，陵园每年的游客接待量约30万人次。扬州革命烈士陵园始建于1954年，扩建于1997年，改建于2005年，改建后整个纪念馆面积达到2500平方米，按中国近代史的时间顺序分为12个展厅和一个多媒体厅，陈展了各个历史时期的杰出英雄模范人物，其中有辛亥革命先驱熊成基烈士、100位为新中国成立做出突出贡献的英雄模范人物之一的江上青烈士、《红岩》中许云峰烈士原型许晓轩烈士。

整个纪念馆通过运用激光全息船模、电子书、多媒体声、光、电、绘画、雕塑等多种形式、现代化高科技手段来展示陈展内容。馆内设立了电子查询系统，可以对烈士资料进行查询。现陵园园内建有入口牌楼、英烈广场、英烈墙、纪念广场、烈士纪念碑、烈士墓区、革命烈士纪念馆等纪念建筑物。英烈墙以重要历史时期为节点，共收录 5303 烈士名录和十余条烈士简要事迹，通过浮雕和文字相结合的手法展现部分烈士头像，墙体之间铺设植被草坪和绿化造景，有效提升了园区崇尚英雄、缅怀先烈、学习前辈的浓厚氛围。截至 2022 年 3 月，烈士纪念碑烈士墓区共安葬了 56 位有记录烈士及 3 位无名烈士。革命烈士纪念馆按近代历史的时间顺序陈展了自鸦片战争以来，各时代的英烈及其事迹，有皖东北抗日根据地创始人江上青，苏浙军区四纵队政委韦一平，《红岩》中许云峰的原型许晓轩等全国知名烈士，是新时期红色教育的重要场所。陵园除烈士纪念馆外还下辖江上青烈士史料陈列馆和熊成基故居两大纪念性场所。江上青史料陈列馆位于扬州旌忠巷 33 号平民中学旧址，从 1935 年至 1937 年，江上青在此担任国文教员，利用三尺讲台，言传身教，宣传进步思想，传播革命真理。熊成基故居内设“熊成基生平史料陈列馆”，陈列馆的图片、文字、实物等，再现了熊成基从军报国、安庆起义、壮烈牺牲等历史场面，供世人瞻仰。

烈士陵园的功能是褒扬和教育，现陵园已与 40 多家机关、学校建立了共建单位，充分发挥自身红色资源优势，利用媒体、电视广泛开展宣传工作，并定期举行交流与讲解烈士先进事迹活动和党史教育活动。陵园工作人员创新工作理念，在陵园网站上提供网上祭扫、英烈事迹浏览等服务，扩大烈士褒扬、群众教育的范围，为广大群众更好地开展缅怀革命先烈活动提供庄严、肃穆的场所，并为人们继承先烈遗志，弘扬革命传统，坚定理想信念，传递爱国正能量搭建载体和平台。陵园连续多年被评为扬州市“文明单位”和全市民政系统先进集体，荣获省“党员教育实境课堂示范点”和扬州市“十佳人民满意政法单位”的荣誉称号，是省级爱国主义教育基地、省级优秀学校德育教育基地、省青少年校外活动示范基地、全省和全国重点烈士纪念建筑物保护单位。

主题三：杨根思烈士陵园实地讲解

杨根思（1922~1950 年），本名羊庚玺，男，汉族，江苏泰兴人，中共党员，1944 年入伍，生前系中国人民志愿军 20 军 58 师 172 团 3 连连长。新中国第一位特等功臣和特级战斗英雄。1950 年 11 月 29 日，杨根思在坚守长津湖畔 1071.1 高地东南侧小高岭战斗中，率领三排打退美军八次进攻，在最后只剩下他一人时，毅然抱起炸药包冲向敌群，与敌人同归于尽，年仅 28 岁。战后，朝鲜民主主义人民共和国授予杨根思英雄称号和金星奖章、一级国旗勋章。1951 年 5 月 9 日，中国人民志愿军总部给杨根思同志追记特等功，授予他“特级英雄”称号，1951 年 12 月 11 日命名其生前所在连为“杨根思连”。2009 年 9 月 14 日，杨根思被中央宣传部、中央组织部等 11 个部门评为 100 位新中国成立以来感动中国人物之一。2019 年 9 月 25 日，被评选为“最美奋斗者”。

杨根思烈士陵园整体建筑方案是 1978 年在“杨根思烈士事迹陈列馆”的基础上由建筑界泰斗杨廷宝和东南大学教授齐康主持设计的。1982 年 3 月 25 日杨根思烈士祠墓被确定为省三级文物。1951 年，家乡人民自动发起，筹集砖瓦木料，在烈士故居的宅地上拆除年久失修的破草棚，建起三间七架梁瓦屋，作为“杨根思祠”。1954 年元月，中国人民第三届赴朝慰问团江苏省代表和新华社记者来烈士家乡慰问，向县政府领导建议将“杨根思祠”改建为“杨根思烈士纪念祠”。1954 年 3 月 2 日，中共太兴县委和太兴县人民政府应各界人士要求呈报江苏省人民政府，后由江苏省人民政府批拨修建经费四万五千元，于 1955 年 10 月动工，1956 年 4 月 2 日落成。1956 年 4 月 2 日在“杨根思祠”的基础上建成“杨根思烈士纪念馆”。1965 年因桥桩腐朽、桥板断裂、年久失修，太兴县人民委员会将木桥拆除，重建水泥桥，为纪念杨根思烈士牺牲15周年又于同年11月29日前，将陈列室改为展览室。1970年经泰兴县革命委员会研究决定改“杨根思烈士纪念祠”为“杨根思烈士事迹陈列馆”。1977年县民政局在陈列馆大门外的空地，仿造原样重建了“杨根思烈士纪念碑”。1978年9月改“杨根思烈士事迹陈列馆”为“杨根思烈士陵园”并对陵园整体进行改扩建。1980年11月29日“杨根思烈士陵园”落成。陵园占地38666.26平方米，其中建筑物面积1760.33平方米。建筑物为古典式大屋顶结构，呈阶梯式拾级而高。陵园陈列室分南北两厅，展出内容以图片资料陈列为主，其中三级文物12件（套），一般文物17件（套）。

1987年6月15日“杨根思烈士陵园”被确定为省重点烈士纪念建筑物保护单位；1995年被确定为省级国防教育基地；1997年被确定为省级爱国主义教育基地；2009年3月2日被确定为国家级重点烈士纪念建筑物保护单位；2018年1月被中共江苏省委组织部确定为党员教育实境课堂示范点；2021年6月19日，被中央宣传部命名为“全国爱国主义教育示范基地”。

主题四：刘老庄八十二烈士陵园实地讲解

1943年3月18日，新四军三师七旅十九团二营四连82位勇士在刘老庄战斗中，与日伪军殊死血战，全部壮烈牺牲。刘老庄战斗结束后，淮阴县人民含泪收殓了烈士的忠骸。3日后，十九团指战员召开追悼大会，淮阴县党政机关和人民群众举行了公葬仪式，堆起了一座三丈高的土墓。抗日战争胜利后，苏皖边区政府用砖石砌成陵墓，后于1946年被炸毁。淮阴县解放后，人民政府于1955年拨专款重修了烈士公墓并兴建了烈士陵园。

陵园占地80亩。1984年，淮阴县委重建八十二烈士纪念碑。2009年9月14日，刘老庄战斗连成员被评为100位为新中国成立做出突出贡献的英雄模范。2013 年刘老庄战斗 70 周年纪念日之际，八十二烈士纪念馆新馆正式对外开放。高大雄伟的烈士纪念塔，是陵园建筑的主体。正面是李一氓亲笔书写的“淮阴八十二烈士墓”，左侧是三师师长黄克诚的题词：“八十二烈士殉国纪念。英勇战斗，壮烈牺牲；军人模范，民族光荣。”右侧是副师长张爱萍的题词：“八十二烈士抗敌三千，以少胜众，美名万古传。”纪念塔前一对石狮端坐守护，平台四周有朱红栏杆，前来瞻仰的人可拾级而上。陵园内还栽有 82 棵青翠挺拔的苍松，横竖成行，排列有序。每逢清明或烈士忌日，棵棵松树上挂满了扫墓群众献上的白花。八十二烈士的英雄事迹，还被编成故事，搬上舞台，写成诗歌，在人民群众中广为流传。

2014 年 9 月，为隆重纪念中国人民抗日战争暨世界反法西斯战争胜利 69 周年，经党中央、国务院批准，国务院发出通知，公布第一批 80 处国家级抗战纪念设施、遗址名录；民政部发出公告，公布第一批 300 名著名抗日英烈和英雄群体名录。刘老庄八十二烈士陵园入选第一批国家级抗战纪念设施、遗址名录，为我市唯一；刘老庄连八十二烈士入选第一批著名抗日英烈和英雄群体名录。

主题五：盐城新四军纪念馆实地讲解

新四军纪念馆是全面、系统地反映新四军抗战征程的综合性纪念馆，全馆由主馆区、重建军部纪念塔和重建军部旧址（泰山庙）三个部分组成，占地 120 余亩，建筑面积 13000 多平方米，展览面积 9000 多平方米，馆藏新四军抗战文物、史料、藏品、书画作品等 10000 余件（幅）。

新四军纪念馆主馆区主体建筑是一座现代化的地标性建筑，外形呈“四”字形设计与新四军的“四”相意会。图案醒目的“N4A”臂章镶嵌在主建筑正门上方，十分鲜明地凸显新四军的文化特征。“N4A”东、西两侧分别建有两面旗形花岗石阴雕画，艺术地再现了“两军会师”和

“重建军部”的历史场景。拾级而上，展厅门楣上悬挂着李先念题写的“国民革命军新编第四军重建军部纪念馆”金字匾额。在近5000平方米的展览大厅内，运用声光电等现代化展示手段，再现了新四军抗战的烽火岁月。新四军人物馆是主展馆陈展内容的拓展和延伸，在近3000平方米的展厅中，展示了新四军和华中抗日根据地近900位新四军杰出代表的闪光经历。人物馆开创了新四军英雄群像展览的先河，也成为红二代和广大游客追寻先辈先贤足迹的圣地。该馆分为《治国精英》《将帅风采》《群星璀璨》《英烈千秋》四个陈展部分。

新四军重建军部纪念塔位于盐城市建军中路，由青铜浇铸的纪念塔，高4米，长3.8米，重3250公斤。远远望去，一位年轻英武的新四军战士，身背大刀，手握缰绳，骑在高扬前蹄的战马背上，面向太阳昂首前进，象征新四军东进盐城、开辟华中敌后抗日根据地的坚定信念和不屈精神。塔基刻有原新四军第四师师长张爱萍上将的亲笔题词：“新四军重建军部纪念塔”，塔铭为书法家鲍审手书。

新四军重建军部旧址（泰山庙）又名东岳庙，位于盐城市区建军西路118号。民国三十年（1941）1月，震惊中外的皖南事变发生后，刘少奇、陈毅奉命在盐城重建新四军军部。泰山庙成为重建后的新四军军部机关和中共中央华中局驻地，刘少奇、陈毅等新四军领导人在这里指挥华中地区的抗日斗争。1986年10月与新四军纪念馆同时对外开放，2006年5月泰山庙被国务院列为全国重点文物保护单位。新四军重建军部旧址，作为中国人民抗战史上重大历史事件的发生地和见证人，已成为红色文化游览的圣地和爱国主义教育的课堂。

截至2020年，新四军纪念馆展览大厅分为六个展厅，展出了新四军在华中坚持敌后抗战8年的1000多幅照片、大批文物史料及一批发绣、铁画、泥塑、油画等文艺作品9000余件（幅）。在内容上，形成以时间为序，以新四军全面抗战为经、以新四军各师和各个抗日根据地为纬的4个部分、32个单元，包括“进军华中，开辟敌后抗日战场”“重建军部，全面加强部队建设”“坚持抗战，纵横驰骋江淮河汉”“反攻作战，夺取抗战最后胜利”等部分。

主题六：侵华日军南京大屠杀遇难同胞纪念馆实地讲解

侵华日军南京大屠杀遇难同胞纪念馆位于南京市建邺区水西门大街418号，通称江东门纪念馆，选址于南京大屠杀江东门集体屠杀遗址及遇难者丛葬地，是中国首批国家一级博物馆，首批全国爱国主义教育示范基地，全国重点文物保护单位，首批国家级抗战纪念设施、遗址名录，也是国际公认的第二次世界大战期间三大惨案纪念馆之一。

江东门纪念馆是为铭记侵华日军攻占中国首都南京后制造了惨无人道的南京大屠杀的暴行而筹建，是中国人民承载全民族灾难的实证性、遗址型专史纪念馆，也是中国唯一一座有关侵华日军南京大屠杀的专史陈列馆及国家公祭日主办地。

截至2015年，侵华日军南京大屠杀遇难同胞纪念馆占地面积120000多平方米，建筑面积115000平方米，展陈面积近18000平方米，馆藏文物史料20余万件。2014年接待人数达803.4万余人次，自1985年8月15日建成开放至2015年8月15日参观总人数6072.79万人次，来自美、日、德、英等90多个国家和地区的海外人士近300余万人次，此数据在全世界博物场馆中仅次于故宫博物院。

2015年12月1日，侵华日军南京大屠杀遇难同胞纪念馆的分馆——南京利济巷慰安所旧址陈列馆正式开馆，对公众开放。这是亚洲最大、保存最完整的慰安所旧址，也是唯一一处被在世慰安妇指认过的慰安所建筑。

2016年9月，侵华日军南京大屠杀遇难同胞纪念馆入选“首批中国20世纪建筑遗产”名录。

主题七：瞿秋白纪念馆实地讲解

瞿秋白（1899年1月29日至1935年6月18日），本名双，后改瞿爽、瞿霜，字秋白，生于江苏常州市。中国共产党早期主要领导人之一，伟大的马克思主义者，卓越的无产阶级革命家、理论家、文学家和宣传家，中国革命文学事业的重要奠基者之一。1917 年秋考入北京俄文专修馆学习。1922 年春，正式加入中国共产党。1923 年，主编中共中央另一机关刊物《前锋》，参加编辑《向导》。1925 年 1 月当选为中共中央局委员。1927 年 4 月至 5 月任中共中央常务委员会委员。1927 年 5 月在中共五届一中全会上当选为中共中央政治局委员，6 月任中共中央政治局常委。大革命失败后，1927 年 8 月至 1928 年 7 月任中共中央临时政治局委员、常委、主席。1928 年 7 月在中共六届一中全会上当选中共中央政治局委员。1934 年任中华苏维埃共和国第二届中央执委会委员、中央执委会主席团成员、人民教育委员会委员、中华苏维埃共和国中央政府教育部部长等职。1935 年 2 月在福建省长汀县被国民党军逮捕，6 月 18 日从容就义，时年 36 岁。

瞿秋白纪念馆位于江苏省常州市延陵西路 188 号，由故居和纪念馆两部分组成。瞿秋白故居原为瞿氏祠堂，由瞿秋白叔祖父瞿赓甫等在光绪年间捐资修建，是常州保存完整的江南祠堂建筑，1985 年正式对外开放，1996 年经国务院批准为全国重点文物保护单位。瞿秋白纪念馆 1999 年建立，是一座两层楼四合院式的仿古建筑，占地 1065 平方米，内设“瞿秋白生平展”。通过实物、图片和多媒体展示，全面、公正、科学地展示瞿秋白同志革命的、光辉的一生。瞿秋白纪念馆是进行革命传统教育的重要基地，被列为全国爱国主义教育示范基地、全国优秀社会教育基地。

主题八：大包干纪念馆实地讲解

大包干纪念馆新馆于 2014 年 1 月 31 日开放，占地面积 1.5 万平方米、总建筑面积 5500 平方米、布展面积 4900 平方米。馆名由全国人大常委会原委员长万里题写，馆内设有门厅、序厅、溯源、抉择、贡献、领航、展望、关怀、探索 9 个单元。整馆以翔实的图文资料，真实地再现了小岗村大包干从酝酿到发生到发展的全过程。

人民公社“一大二公”的生产经营方式，严重挫伤了社员的生产积极性。“辛辛苦苦干一天，不值一包光明烟（0.22 元）”，这个顺口溜便是当时农民生产积极性低落、农民收入低的真实写照。为了改变这种贫穷的现象，小岗人开始想办法，尝试着分组作业，尽管从开始的队到组、从大组分到小组，但并没有打破吃大锅饭的格局，农民生产的积极性依然没有激发出来。于是，在 1978 年 12 月的一个寒夜，小岗村 18 位庄稼汉来到一间低矮的茅草房里，他们将生产队的土地、耕牛、农具连夜分到各家各户。

“大包干的突破”部分：按下“大包干”红手印后的第一个春天，小岗的庄稼长势喜人。小岗村的大包干在各级党委政府的关心和支持下脱颖而出。县委农村政策研究室秘书吴庭美同志来到小岗村调研后写出长达 7000 多字的调查报告《一剂必不可少的补药——凤阳县梨园公社小岗生产队“包干到户”的调查》（此报告现被国家博物馆收藏），以极其鲜明的态度讴歌了“包干到户”生产责任制是医治小岗村群众和凤阳县人民贫困的一剂必不可少的补药。

1980 年 9 月 27 日，中共中央印发了《关于进一步加强和完善农业生产责任制》的通知指出，可以“包产到户”，也可以“包干到户”。大包干从此有了全国的“户口”。

实践项目六

志愿服务

志愿服务是指志愿贡献个人的时间及精力，不计名利得失，为他人和社会提供的服务，其目的在于促进社会和谐与社会进步。在高等教育中，志愿服务是三全育人模式的有机组成部分，是培育和弘扬社会主义核心价值观的重要形式，也是全面提升青年学生思想政治素养的有效途径。志愿服务因形式多样、内容丰富、功能多元而成为当代青年学生参与实践、服务社会的重要载体。作为红色理论宣讲实践课程的一种重要形式，志愿服务将马克思主义尤其是中国化时代化马克思主义最新理论成果以新颖灵活的形式向社会大众进行宣传和展示，让党的创新理论更好地进机关、进社区、进乡村、进企业、进高校，从而增进党员干部、普通群众深入学习和领悟党的路线、方针、政策。与此同时，参与志愿服务对于青年学生增强历史使命感、时代责任感和社会参与感也具有重要意义。

一　追寻红色足迹

中国古代并无“志愿服务”一词，但志愿服务精神却存续了数千年。

中国古代所称的“善者”“侠者”“仁者”“义士”等实际上表达的正是匡扶社稷、锄强扶弱、彰善瘅恶的“志愿者”。古今对于“志愿者”的称谓虽有所不同，但其精神内核却是高度一致的。中国共产党成立后，为完成民族独立、人民解放的历史重任，倡导全体党员参与志愿服务，通过志愿服务来动员群众、争取民心。青年志愿服务是伴随中国共产党的成立、共青团的建立而发展壮大起来的。一代又一代的中国青年在党的感召下投身志愿服务活动，宣讲红色理论，担负起了民族复兴的历史使命。可以说，党的百年光辉历程充分彰显了青年人矢志不渝、无私奉献的“志愿服务”精神。

新民主主义革命时期，中国共产党人充分发扬志愿服务精神，为国家进步、人民觉醒做出了巨大的牺牲和贡献。早在中国共产党成立之前，五四新文化运动的先驱李大钊便经常告诫青年学生要融入社会、服务工农。在李大钊的倡导和鼓舞下，一批青年深入工厂、走近工人，志愿为工人办夜校、办补习班，教工人读书识字，启发工人群众的阶级觉悟。中国共产党成立后，为了将党打造成马克思主义的群众性政党，党员干部投身社会实践，以志愿服务的形式在群众中传播党的思想、扩大党的政治影响、扩充党的组织规模，赢得了群众对中国共产党的信任与支持。在瑞金沙洲坝村，毛泽东为了让乡亲们吃上干净的水，曾带领红军战士为乡亲们挖井。在叶坪村，毛泽东和警卫员一道爬上房东谢大娘家的屋顶，亲手安上了一块玻璃“天窗”，为老人引进温暖的阳光。这些事例见证着毛泽东参与“志愿服务”的历史。抗战时期，以周恩来同志为代表的中国共产党人在敌后广泛团结社会各界的力量，积极开展各种群众性的救助活动，在社会上形成了巨大影响。①

社会主义革命和建设时期，青年人弘扬志愿服务精神，投身社会主义革命和新中国工业化建设。他们自愿组成青年突击队、青年志愿垦荒

---

① 陆士桢：《中国特色志愿服务概论》，新华出版社，2017，第149页。

队、青年扫盲队等组织，活跃在工业建设、农业生产和社会服务的第一线，为改变国家、社会和人民的贫穷落后面貌贡献了青春热血。1954 年 1 月，全国第一支青年突击队在北京苏联展览馆工地诞生，拉开了青年突击运动的大幕。“一五”计划期间，仅全国各地基建工地的青年突击队就有 7500 个，参加青年 13.5 万人。其中“胡耀林青年突击队”“张百发青年突击队”“李瑞环青年突击队”等一批全国著名的青年突击队成了一个时代的标志。1955 年 7 月，团中央公布《关于组织青年参加边疆建设问题的一些意见》，动员青年参加边疆地区的垦荒工作，广大青年热烈响应号召，迅速掀起了全国性的垦荒热潮。一年内全国共有 20 余万青年先后向荒山、荒地、荒原进军，“艰苦奋斗、勇于开拓、顾全大局、无私奉献”的中国志愿垦荒精神在此生根。[①] 与此同时，面对全国普遍存在的文盲和半文盲现象，党和国家全面开展扫除文盲运动。在扫盲运动中，知识青年普遍建立青年扫盲队，主动深入农村，担任民校、技工学习班等的教员和辅导员，为全国扫盲任务的完成贡献了青春和智慧。在社会主义革命和建设时期，涌现了以雷锋为代表的青年志愿服务的榜样。自 1963 年毛泽东号召“向雷锋同志学习”开始，学习雷锋活动长盛不衰，雷锋精神鼓舞着一代又一代的青年参与志愿服务。

改革开放和社会主义现代化建设新时期，青年秉持“奉献、友爱、互助、进步”的宗旨，在改革创新的最前沿、在服务“三农”的主战场、在支边支教的主阵地、在重大赛会的第一线参与志愿服务，为宣传马克思主义尤其是党的创新理论做出了重要贡献。自 20 世纪 90 年代起，“中国青年志愿者协会”及各地志愿者协会相继成立，志愿服务进入了制度化、常态化、社会化的发展时期。这一时期，西部支教是青年大学生参与志愿服务的重要形式。青年大学生响应“到西部去、到基层去、到祖国最需要的地方去”的号召，为西部地区的学生提供义务教育教学服

---

① 张斯特：《中国青年志愿服务的发展历程及经验启示》，《高校辅导员学刊》2022 年第 4 期。

务。从 2003 年开始，更大规模的“大学生志愿服务西部计划”轰轰烈烈地在全国各地开展。同年 6 月，全国学联第 23 届委员会全委会向全国应届高校毕业生发出“相约西部，放飞梦想”的倡议，号召高校毕业生积极参加国家西部开发计划，到贫困地区开展志愿服务，为振兴西部教育事业贡献力量。[①] 伴随着对外开放格局的不断拓展，中国越来越多地承接重大国际赛会，2008 年北京奥运会、2010 年上海世博会，青年志愿者成为一道道靓丽的风景线，他们在为重大赛事提供高水平服务的同时，也开展了形式多样的志愿宣传工作，提升了党的创新理论国际传播力与影响力。

进入中国特色社会主义新时代，广大青年坚决“听党话，跟党走”，在志愿服务中绽放青春风采。三下乡、双拥活动、红色理论宣讲等特色活动，活跃着青年人的身影。在抗击新冠肺炎疫情的斗争中，大学生冲锋在前，不顾个人安危，彰显了青年人“天下兴亡，匹夫有责”的历史责任感。正如习近平总书记在给北京大学援鄂医疗队全体 90 后党员的回信中所说：“广大青年用行动证明，新时代的中国青年是好样的，是堪当大任的！”[②] 在脱贫攻坚的主战场，青年人不怕苦、不怕累，攻坚克难，为打赢脱贫攻坚战贡献了青春力量。在北京冬奥会的赛场上，青年志愿者在做好服务工作的同时，也肩负着讲好中国故事、让世界深入了解中国的使命。据中国志愿服务网统计，截至 2023 年 7 月，我国实名志愿者达到 2.31 亿人，志愿队伍总数 135 万个，志愿项目 1108 万个，服务时间总数达 53.2268 亿小时，充分显示出志愿服务在中国特色社会主义现代化建设中的重要角色。特别是 2021 年党史学习教育活动开展以来，全党全社会形成了理论宣讲的热潮，青年大学生更加积极主动地参加红色理论宣讲志愿服务活动，成为中国特色社会主义思想文化建设的生力军。

百年来一代又一代青年在民族复兴的伟大征程中志愿服务人民、服务社会，为民族独立、人民解放，为国家富强、人民幸福做出了突出贡献，

① 张萍、杨祖婵：《中国志愿服务事业的发展历程》，《当代中国史研究》2013 年第 3 期。

② 《习近平书信选集》（第一卷），中央文献出版社，2022，第 266 页。

尤其是在传播马克思主义理论及党的创新理论上青年人更是勇担重任。新征程上，青年人继续响应党和国家的号召，秉持志愿服务精神，继续为传播和宣讲红色理论贡献青春力量，为实现中华民族伟大复兴持续奋斗。

二 实践操作指南

（一）主要目标及重要意义

1. 主要目标

在红色理论宣讲实践课程中，青年大学生参与“志愿服务”活动，从知识、能力与价值等层面全面提升自身综合素养。

第一，知识目标。青年大学生参与各种类型的志愿服务，要坚持向社会这所大学学习，从社会发展变迁过程中积累知识。对此，习近平强调，“要在增长知识见识上下功夫，教育引导学生珍惜学习时光，心无旁骛求知问学，增长见识，丰富学识，沿着求真理、悟道理、明事理的方向前进。”[①] 知识主要来自学习，见识主要来自实践，二者相互促进、相辅相成。志愿服务为大学生搭建了接触社会的平台，同时也为大学生运用知识提供了机会，大学生通过了解民情、社情、国情，积累历史文化知识，开阔视野和眼界，提升人生境界。

第二，能力目标。对于高校而言，提升大学生综合能力是实现大学生全面发展的内在要求，是培养担当民族复兴大任时代新人的基本要求。但提升大学生综合能力仅靠学校教育是远远不够的，还要为大学生运用专业知识、培养其他方面的能力提供更广阔的平台。[②] 志愿服务就能弥补学校教育的不足，通过社会实践教育这一育人模式，全面培养和提升学生综合素养与能力。大学生参加红色理论宣讲志愿服务活动，在服务他

① 《坚持中国特色社会主义教育发展道路 培养德智体美劳全面发展的社会主义建设者和接班人》，《人民日报》2018 年 9 月 11 日。

② 潘春玲：《新形势下高校志愿服务育人功能的作用机理及实现路径》，《思想教育研究》2021 年第 3 期。

人和服务社会的同时，有助于提升口语表达、人际交往、组织协调、应急处置等综合能力。

第三，价值目标。参与志愿服务活动是培育和弘扬社会主义核心价值观的有效路径，有利于坚定道路自信、理论自信、制度自信和文化自信。大学生在红色理论宣讲志愿服务实践中，贴近生活实际、贴近生产一线，通过感悟党和国家的发展变化，充分认识和理解中国共产党为什么能、中国特色社会主义为什么好、马克思主义为什么行、中国化时代化马克思主义为什么行，增强时代使命感和历史责任感，以时不我待的精神投身中国特色社会主义建设事业。与此同时，在志愿服务实践中，大学生自觉弘扬“奉献、友爱、互助、进步”的志愿服务精神。一方面，有助于促进社会文明水平的提高；另一方面，从服务社会和帮助他人中大学生实现自我价值，有助于升华道德素质与道德情操，提升道德境界。

2. 重要意义

在红色理论宣讲实践课程中，大学生参与志愿服务活动，具有重要的理论意义和实践意义。

第一，理论意义。通过参加志愿服务活动，大学生走进生产生活第一线，在感悟时代发展的脉搏中更加深入理解马克思主义基本原理，更加深入理解习近平新时代中国特色社会主义思想的理论内涵与思想精髓，更加深入理解中国共产党为什么能、中国特色社会主义为什么好、马克思主义为什么行、中国化时代化马克思主义为什么行的历史逻辑、理论逻辑与实践逻辑，不断提升理论素养与水平，自觉学习和运用马克思主义立场、观点和方法解决问题、参与实践。

第二，实践意义。通过参加志愿服务活动，大学生以大众化、社会化、通俗化的形式向不同群体传播红色理论，有助于凝聚社会共识，成为中华民族伟大复兴而团结奋斗的磅礴伟力；有助于培养有理想、敢担当、能吃苦、肯奋斗的新时代好青年；有助于弘扬和传承志愿服务精神，培育大学生爱国主义、集体主义和社会主义精神。

（二）具体形式及方案

1. 三下乡

大学生三下乡是接触和了解农业、农村、农民的重要形式。当前，乡村振兴战略的实施、脱贫攻坚成果的巩固都离不开人才支撑。据统计，每年暑假有超过百万名学生参与到各级“三下乡”社会实践活动中，奔赴祖国的大江南北，广泛开展理论宣讲、教育帮扶、医疗服务、科技支农、文艺演出、法律援助、环境保护等实践活动，充分展现当代青年学生的良好精神风貌和青春风采。①三下乡实践活动能够帮助大学生了解农民、农业和农村的发展现状，增强投身乡村振兴战略实施的崇高使命感与历史责任感。

三下乡社会实践活动主要分为考察调研、公益服务、职业发展三类。其中，公益服务类活动形式主要包括支教、卫生健康服务、助残敬老、关爱留守儿童、义务劳动、环境保护、科普宣传、义务宣讲、法律援助、大型赛事志愿者活动等。一般而言，在红色理论宣讲实践课程中，三下乡活动的开展主要有如下几个环节。

第一，准备阶段。准备阶段主要包括组建实践团队、联系指导教师、联系实践单位三个关键步骤。

组建实践团队。团队成员可以采取多种形式进行招募，可在全校范围内进行海选，或在某一学院范围内征集，或定向邀请某些成员加入。组建团队时应该坚持规模适度、结构合理、分工有序的原则，注意团队成员数量、性别比例、专业类别、年级结构等问题。团队成员数量少则4～5人，多则20余人，数量太少不利于活动的深入开展，数量过多容易流于形式、影响活动效果。团队尽量吸纳不同学科背景的学生为成员，发挥不同学科专业的优势。在具体分工上，要充分考虑后勤保障、对外

---

① 团中央学校部、全国学联秘书处编著《青春实践路：“三下乡”社会实践活动指南》，电子工业出版社，2017，第3页。

联络、成果取得、后期宣传等工作，根据不同学生的性格特点与专业优势合理分工。最后，通过民主推选或毛遂自荐的形式，确定团队负责人。团队负责人要具备良好的协调沟通能力、民主管理能力、决策执行能力、应急处置能力，确保实践活动的顺利开展。

联系指导教师。可选择思想政治理论课教师、专业课教师、辅导员等作为实践活动指导教师。团队成员应根据实际需要联系 1~3 名指导教师，在指导教师条件许可的情况下，可联络指导教师带队“下乡”。如果指导教师无法带队，可远程指导，团队负责人应及时向指导教师汇报每日的工作进展。团队成员应主动联系指导教师，在活动主题、策划、实施、报告写作与后期宣传等方面征求指导教师的意见和建议。同时，团队负责人应协助好指导教师当好意识形态把关人，对外宣传工作要把好政治关、思想关。

联系实践单位。选择实践单位时主要考虑该地区与实践活动的契合度、开展工作的便利程度。联系方式有两种，团队主动联系和他人帮助联系。三下乡实践单位可选择一个或数个行政村，或社区单位，或乡村学校等。如果要到某行政村调研或开展志愿服务，应提前联络村两委负责人，告知他们实践活动的策划方案，征求他们的许可。如果要到乡村学校开展志愿服务活动，应提前联系学校校长，寻求校长的支持。在联系实践单位时，针对交通、食宿、安全保障等问题应与实践单位协商一致。

活动策划方案。策划方案应包括活动目的及意义、活动主题、活动地点、活动时间、活动内容、具体安排、活动预期效果、活动可行性分析、活动注意事项等内容。策划方案需广泛征求指导教师和团队成员的意见，不可夸大活动预期效果。活动主题应紧扣红色理论的大众化和时代化这一要求，尽量选择进行义务宣讲或支教等形式，将党的创新理论以通俗易懂的方式向大众或青少年进行宣讲。

第二，实施阶段。实施阶段应该按照策划方案的内容有序推进，召开工作例会，形成工作日志与宣传资料。

工作例会。工作例会 1 ~ 2 天召开一次，各小组汇报活动进展、活动是否达到预期目的、活动中存在的问题和不足、活动改进的方案与措施。小组之间开展批评与自我批评，梳理当日活动的细节，确保下一步工作顺利进行。

工作日志。工作日志应该将每日的活动情况如实记录，包括各小组活动时间、地点、参加对象、活动效果等内容。

宣传资料。负责拍照或摄影的同学要留存好影像资料，同时注意搜集受众的反馈资料，为后期宣传工作做好准备。

注意事项。①安全问题。包括人身安全与财产安全、饮食卫生安全等。在实践活动中，团队成员应严格遵守活动纪律，不得单独外出；在前往偏远山村时，应注意当地天气状况，避开灾害隐患的地点；注意贵重物品的保管和存放；注意食品安全问题，预防中暑，应准备一些防蚊虫、防暑、防感冒等药，遇到突发情况及时就医。②礼仪问题。在前往乡村地区时，应该提前了解当地的风土民情，尊重当地的风俗习惯，不与村民发生矛盾和冲突。

第三，总结阶段。总结阶段包括形成实践报告、成果展示与对外宣传等。

实践报告。实践报告是实践活动结束后团队成员集体智慧的结晶。实践报告应包括活动背景、活动目的、活动实施、活动效果评估，尤其应凸显红色理论的宣传是否得到了大众的认可与认同，要充分反映受众对于活动的评价。

成果展示。成果展示可以利用多种形式。例如，采取公开展览的形式；或通过全校性的实践活动评比，将成果在网络上进行公示，由全校师生或社会大众进行网络投票；或由专家评委对实践活动的成果进行评分，由他们来评价实践活动的成效。

对外宣传。可利用纸质媒体或网络媒介来推广和宣传实践活动的成果。倘若实践活动成效突出，具有可推广和可借鉴的价值，还可向政府有关部门提交咨询报告。

2. 双拥

双拥即双拥工作，是指地方开展拥军优属、军队开展拥政爱民活动的统称。双拥工作是在党的领导下，以巩固和加强军政军民团结为主旨，组织发动全国军民团结奋斗的一项社会活动。实践反复证明，双拥工作的实质就是在中国共产党的坚强领导下，用共同的理想信念和奋斗目标凝聚亿万军民的意志和力量，为实现党在各个历史时期的中心任务而团结奋斗的工作。双拥活动是开展红色理论宣讲的有效形式，如井冈山精神、延安精神、抗战精神、抗美援朝精神等伟大精神彰显着中国共产党领导中国人民和人民军队英勇斗争的精神品质，充分挖掘和运用这些红色资源，有助于形成“军爱民、民拥军，军民一家亲”的双拥工作格局，进而增强全民国防观念和国家安全意识。

大学生参与双拥活动主要有如下方式：①加入校内拥军社团，系统学习国防知识，积极参与社团组织的慰问、交流、志愿服务等活动。②在导师指导下，利用寒暑假等时间自主走访军营，开展交流调研，了解军队建设和军人生活，关心支持退役军人。③发挥专业所长，为部队提供志愿服务，如进行科普宣传、开展法律咨询等。④走访慰问军属烈属家庭，号召更多的青年人帮扶军烈属家庭，帮助他们解决急难愁盼等问题。⑤组织红色文化研习活动，邀请老战士进校园、进课堂，挖掘他们身上的红色故事，传承红色基因，弘扬红色精神。参观红色革命纪念馆，搜集红色文化资源，激发青年学生敢于斗争、善于斗争的精神，在面对百年未有之大变局时有更加坚定的决心和信心实现中华民族的伟大复兴。返校后可向其他同学交流和分享经验，让更多身边的同学参与到双拥活动中。

双拥活动结束后，应积极主动进行成果宣传，或以纸质媒体的形式、或以网络媒介的形式、或拍摄短视频来记录和宣传实践过程。

注意事项：大学生在参与双拥活动时，应增强国防安全意识，牢固树立总体国家安全观，严格遵守军队相关规定和制度，不得随意发布涉及国家安全的信息。

3. 红色宣讲员

革命历史纪念场馆是红色文化资源的集中展示空间，是爱国主义、社会主义核心价值观的教育基地。充分挖掘革命历史文化纪念场馆的政治功能、育人价值与文化价值有利于坚定四个自信。近年来，越来越多的青年学生担任革命历史纪念场馆的志愿宣讲员，既服务了社会，又提升了自身的历史文化素养。担任志愿宣讲员须注意如下事项。

第一，提前通过多重渠道了解纪念馆招募信息，做好准备工作。

第二，在参与志愿宣讲前，应有意识训练自身的口语表达能力、人际交往能力，提升理论素养与水平。

第三，在担任志愿者后，应积极参加红色文化场馆组织的培训，着重围绕撰稿技巧、发音技巧、讲解技巧和礼仪规范等知识进行系统学习，不断试讲试练提升志愿服务能力。

第四，在志愿宣讲过程中，可以将中国共产党人的精神谱系有机融入。中国共产党人的精神谱系囊括了建党百年来中国共产党人在革命、建设、改革中所形成的伟大精神。这些精神类型多样、内涵丰富，展现了中国共产党人百年来的一切奋斗、一切牺牲和一切创造。宣讲中国共产党人精神谱系是红色理论宣讲的重要形式。宣讲中国共产党人精神谱系，要注意挖掘精神背后的红色故事，将革命英烈、优秀党员、先进人物的故事以鲜活、生动的形式展现出来，用先进人物的故事教育青少年和社会大众坚定理想信念，增强干事创业的精气神，坚定对实现中华民族伟大复兴的信心。

中国共产党人的精神谱系内容丰富，每一种精神形成的时代背景、精神内涵、典型代表、精神的时代价值等所包含的内容都较多。在较短的时间内，如若泛泛而论，易流于空疏玄谈，难以引起公众的兴趣和注意。因此，志愿宣讲员应该提升宣讲技巧，吃透每一种精神的具体内容，进行创造性转化。比如，针对某一种精神，以小切口、小故事的形式切入，便可以回应和彰显大的时代主题。

第五，每一场志愿宣讲结束后，志愿者应及时总结经验，分析存在的问题和不足之处，向专家求教，提出解决问题的方案和措施，通过反复演练、不断实践提升服务能力，增强宣传效果。为评估宣讲效果，可向听众发放问卷调查，对讲授内容、讲授技巧、情感态度作出量化评价；或可通过随机采访的形式，征求听众的意见和建议。

4. 红色巴士宣讲

近年来，公交大巴成为新型的传播空间，部分高校利用公交巴士这一特殊载体来传播中国化时代化马克思主义，并取得了广泛的社会影响。红色巴士宣讲作为大学生新兴的实践活动形式值得推广和运用。红色巴士宣讲可以按照如下流程进行。

第一，准备阶段。

组建宣讲团队。宣讲团队的组建关乎实践活动的最终成效，团队规模少则 4 ~ 5 人，多则 10 余人，并推选团长一名。团队成员的招募采取海选征集和定向联系的方式进行。如若采取海选征集的形式，需对团队成员进行面试和考核，主要考察成员的理论素养、口语表达能力、人际沟通能力、文字写作能力、形象得体大方等。

联系指导教师。可主动联络 1 ~ 3 名教师来指导宣讲工作，队长应邀请理论宣传经验丰富的教师作为指导教师。

联络公交公司或交通部门。可由学校出面联络公交公司或交通部门，针对不同受众群众的个性化需求，量身定制公交路线和宣讲方案。公交线路应尽量选择穿越城市地标或历史文化坐标的线路，同时该线路有一定的乘客规模、线路的距离不能过短。在确定好公交专线后，对特定的公交车车身印制红色标语字样，公交车辆内部进行装饰，为活动的进行营造良好氛围。例如，在车厢内设置革命精神宣讲角，摆放学生设计的帆布包、书签、钥匙扣等文创产品，赠送给互动的乘客。在正式开始宣讲前，要不断完善讲稿，做好彩排和演练工作。团队应该对活动的整体流程做好规划，提前到现场察看红色景点情况，对宣讲员做好培训工作，交代需要注意的事项，要求宣讲员尽量脱稿宣讲。所有宣讲文稿应该把好政治关和思想关，不能触碰意识形态的红线。在宣讲正式实施前，可以有试运行阶段。尽可能模拟真实的宣讲情境，学会应对突发情况。根据试运行情况，结合受众的反馈不断修改讲稿，进一步调整、完善路线设计。

第二，实施阶段。

所有宣讲团成员在指导教师和团长的带领下，抵达宣讲始发地。宣讲前，由团长或某位成员介绍本次宣讲的规划。宣讲开始后，由宣讲团成员接力宣讲。在宣讲过程中，可以与乘客进行互动或有奖竞答。每一宣讲部分不超过 8 分钟，尽量以 2~3 站路程的时间为一个宣讲单元。

宣讲时分享红色历史和红色故事，安排唱红歌、“读原文悟原理读书活动”等环节，活跃红色文化学习气氛。宣讲内容围绕党的创新理论进行，充分结合党史、新中国史、改革开放史、社会主义发展史的内容。为了凸显宣讲接地气，可以将城市变迁的历程与中华民族伟大复兴的历程结合起来，增进宣讲的亲和力和感染力。尤其是当红色巴士经过特定的历史文化坐标时，可以利用今昔对比的方式，来展现新中国成立前后以及改革开放前后的城市面貌变迁，增进乘客对党的百年奋斗历程的理解，让社会大众以耳闻目睹的方式感受中国共产党为什么能、中国特色社会主义为什么好、马克思主义为什么行、中国化时代化马克思主义为什么行的历史逻辑、理论逻辑、实践逻辑，增强广大乘客学习红色文化的深度和广度。

第三，总结阶段。

宣讲团成员通过发放问卷调查或随机问答的形式，评估乘客对宣讲内容的理解程度。宣讲结束后应当及时形成宣讲报告，对宣讲目的、宣讲过程、宣讲成效进行总结。

5. 环境保护志愿宣讲

在党的二十大报告中，习近平总书记强调，“大自然是人类赖以生存发展的基本条件。尊重自然、顺应自然、保护自然，是全面建设社会主义现代化国家的内在要求。必须牢固树立和践行绿水青山就是金山银山的理念，站在人与自然和谐共生的高度谋划发展。”[①]党的十八大以来，习近平高度重视生态文明建设，提出了面向绿色发展的四大核心理念，形成了习近平生态文明思想，成为新时代马克思主义中国化时代化的思想武器。

近年来，为贯彻和践行习近平生态文明思想，大学生纷纷参加环保志愿宣讲活动，习近平生态文明思想得以走进千家万户。环保志愿宣讲成为传播党的创新理论，传播中国化时代化马克思主义的有效形式。参与环保志愿宣讲，大学生要注意如下几个问题。

第一，应充分认识和理解环境污染的危害。通过学习和掌握相关专业知识，了解水体污染、空气污染、噪声污染、土壤污染等判定标准，广泛搜集环境污染的事实与材料，为宣讲工作打下坚实的基础。

第二，讲清如何保护环境这一问题。环境保护事关每一个人的生命健康，保护环境人人有责。在宣讲过程中，应该分清不同的责任主体要承担的主要任务。如立法部门应加强生态文明建设的立法工作；执法部门切实加强执法监督，加强污染治理；企业要推行清洁生产，使用清洁能源，减少污染物排放；每一个公民应承担环保义务，共同维护生态环境。

第三，通过生态文明建设的纵横对比，凸显新时代生态文明建设的重大成就。从纵的方面而言，对比历史时期中国生态环境的变化，增强对生态文明建设的自信心与自豪感；从衡的方面而言，通过搜集国内外

---

① 习近平：《高举中国特色社会主义伟大旗帜 为全面建设社会主义现代化国家而团结奋斗——在中国共产党第二十次全国代表大会上的报告》，人民出版社，2022，第49-50页。

环境保护的重要事例，凸显中国生态文明建设对全人类的贡献，讲述中国践行人类命运共同体理念的生动实践。

（三）成果展示及评价

红色理论宣讲育人功能的实现，需要科学合理的评价体系作为支撑。当前，高校志愿服务的相关评价主要聚焦于对志愿服务组织、志愿服务项目、志愿者进行表彰。通过表彰，一方面，以激励认可的方式来促进志愿服务的深入开展；另一方面，能够以此为榜样，宣传和推广好的经验做法，为其他志愿服务组织明确努力的方向。[①] 尽管以表彰为主的评价机制具有良好的激励作用，但还需要科学评价志愿服务的育人功效。

1. 育人价值评价

高校志愿服务应该抓住立德树人这一根本任务，要引导青年学生树立正确的世界观、人生观、价值观，“扣好人生的第一粒扣子”。因此，评价红色理论宣讲志愿服务的成效，应该坚持将育人价值作为首要标准。针对特定宣讲活动的评价，要看这一活动能引导青年学生坚定理想信念，增强对马克思主义、共产主义的信仰、对中国特色社会主义的信念、对中国共产党的信任和对实现中华民族伟大复兴的信心。如若能在志愿服务中回答历史和人民选择中国共产党、选择马克思主义、选择社会主义道路、选择改革开放这些基本问题则表明这一活动具有明显的思政育人价值。

志愿服务活动是彰显社会主义核心价值观的有效形式之一。社会主义核心价值观是否有机融入与科学呈现，是判断红色理论宣讲育人价值高低的标准之一。如果志愿服务活动做到了弘扬共同理想、凝聚精神力量、引领道德风尚，那么活动则具备较高的价值。

志愿服务活动是否展现中国精神和中国力量，也是判断育人价值高

① 潘春玲：《新形势下高校志愿服务育人功能的作用机理及实现路径》，《思想教育研究》2021 年第 3 期。

低的重要标准。中国精神是以爱国主义为核心的民族精神和以改革创新为核心的时代精神，是中华民族的宝贵精神财富和攻坚克难的重要法宝。红色理论宣讲志愿服务活动的优劣，要看活动内容是否彰显了爱国主义精神、改革创新精神，也要看活动内容是否对中国人民的伟大创造精神、伟大奋斗精神、伟大团结精神、伟大梦想精神有所呈现。

2. 过程实施评价

实施过程主要是考察志愿服务活动准备阶段、实施阶段、后期阶段是否流畅，各环节衔接是否到位。第一，在策划阶段，要评估方案是否成熟、是否具备可行性；资料搜集与准备的情况，资料是否翔实，数据是否真实。第二，在宣讲阶段，着重评估宣讲是否流畅，能否应对突发状况，语言动作、肢体动作、神态表情等是否合理；宣讲内容与形式是否具有创新性和可推广性。第三，在总结阶段，着重评估实践报告内容是否完整，能否提炼和总结存在的问题与不足，并提出有针对性的改进措施。

3. 传播效果评价

传播效果的评价既可以由专家进行评分，也可以采取社会化评价，由听众对宣讲进行评判，评判宣讲活动是否成功、宣讲是否接地气、是否通俗易懂、能否引人深思；媒体的关注度和曝光度是评价志愿服务活动传播效果的标准之一，特别是主流媒体的宣传和报道对扩大社会影响力具有显著作用。

4. 个人表现评价

团队的成功离不开每一个个体的努力，志愿活动的评价既要评价团队的凝聚力、组织力与创新力，也要评价参与团队的个体的综合表现。首先，参与态度。主要评价成员的积极性与主动性如何。其次，服务意识。评价成员的奉献精神和责任担当。再次，实践能力。评价成员的文稿写作能力、口头表达能力、人际交往能力、组织协调能力等。最后，成长性。评价成员的综合素质是否得到提升，眼界是否拓宽，知识结构是否更丰富等，凸显活动的育人效果。

三 实践案例赏析

本部分选取了四个具有代表性、权威性和典型性的案例。其中，既有获得习近平总书记肯定的典型案例，也有影响力较大、品牌效应不断扩大的优秀案例。通过对各个案例的形成背景、主要特色、经验做法等方面的介绍分析，帮助同学们全面了解案例的内涵及其所包含的宝贵经验，为学习和理解如何开展红色理论宣讲的志愿服务实践项目提供范例。

➲ 案例欣赏

案例一：复旦大学《共产党宣言》展示馆党员志愿服务队

材料 1：让真理的甜味沁入心田

2020 年 6 月，习近平总书记给复旦大学《共产党宣言》展示馆党员志愿服务队全体队员回信，勉励他们继续讲好关于理想信念的故事，并对全国广大党员特别是青年党员提出殷切期望。

复旦大学《共产党宣言》展示馆党员志愿服务队全体队员牢记习近平总书记嘱托，在学思践悟中坚定理想信念，在奋发有为中践行初心使命。过去一年间，队员人数从 30 名增加到 64 名；每月开展组织生活，已开展主题党日、党史讲座、读书汇报、实践总结等活动 20 余次；在做好展示馆服务的同时，队员们开展志愿理论宣讲近 100 场次。

每一次讲解都是一堂思政课

2018年5月，复旦大学将陈望道故居改造为《共产党宣言》展示馆，该校一批青年教师和学生组建党员志愿服务队，面向广大师生和社会各界开展宣讲活动。

2020年6月，党员志愿服务队的30名队员给习近平总书记写信，汇报了参加志愿讲解服务的经历和体会，表达了做《共产党宣言》精神忠实传人的信心和决心。很快，队员们收到了习近平总书记的回信。

“收到总书记回信以来，展示馆接待了很多参观者。”服务队副队长、博士生许亚云告诉记者，2020年下半年，服务队补充招募队员，报名者十分踊跃。经过三轮面试选拔之后，队员人数从30名增加到64名。

据介绍，服务队所有队员需要通过一轮集体学习、两轮专家领学和三轮测试方能上岗，学习中平均阅读各类文献10万余字，开展小组研讨和现场教学30余小时。他们还建设了关于党史知识的线上题库，用于队员们自测。

新队员、马克思主义学院2020级硕士研究生徐依泓说，大家都是带着对陈望道同志的崇敬、带着讲好关于理想信念的故事的热情入队的，“有充沛感情才能讲得足够动情，沉浸在其中才能把真理故事讲得生动。”队员们既要精读《共产党宣言》《陈望道传》，又要反复熟悉展示馆里的每一件展品实物。“每一次讲解都是一堂思政课。”新队员、马克思主义学院2020级硕士研究生杨宁说。

探索在党史学习教育中更好地发挥作用

4月14日下午，在党员志愿服务队功能党支部举办的一场“明理增信守初心 崇德厉行践使命”专题组织生活会上，复旦大学党委书记焦扬为队员们精心准备了一堂关于党史学习教育的“微党课”。

复旦大学在党员志愿服务队成立了学校第一个“功能党支部”。党支部在讲解服务、日常培训以外，每月开展组织生活，已开展主题党日、党史讲座、读书汇报、实践总结等活动20余次。为满足广大师生和校外群众党史学习、理论学习需求，在做好展示馆服务的同时，队员们开展志愿理论宣讲近100场次。

据了解，56名学生队员，半数以上同时担任院校两级学生工作。他们有的是班级辅导员、党支部书记；有的是博士生讲师团讲师、青年马克思主义研究会会员。2021年，功能党支部要求一个队员带动一个群体，一系列产品碰撞一团火花，一支服务队扛起一面旗帜，探索在党史学习教育中更好地发挥作用。

将党的故事、党的理论讲深讲透讲活

作为牵头单位，党员志愿服务队联合上海各大高校，成立了上海市学生红色文化传播志愿服务队和上海学校红色文化传播育人联盟，积极推动红色文化传播志愿服务。

队员们时刻意识到，将党的故事、党的理论讲深讲透讲活是检验志愿服务水平的关键。“讲述的目的，是要带动更广大的青年党员坚定理想信念、践行初心使命。志愿者们要往前一步、勇敢担当，发挥‘点亮一盏灯，照亮一大片’的作用。”队长钱威丞常这样提醒队员们。

除了在场馆内讲解，服务队还联合复旦大学理论类社团开发了50余门马克思主义理论和党史、新中国史、改革开放史、社会主义发展史课程，在校内校外开展主题宣讲500多场、听众逾2.3万人次；参与青年大学习课堂，全国参与互动达2500万人次……

（《复旦大学〈共产党宣言〉展示馆党员志愿服务队》，《人民日报》2021年5月2日。）

材料 2：习近平给复旦大学青年师生党员的回信

复旦大学《共产党宣言》展示馆党员志愿服务队全体同志：

来信收悉。一百年前，陈望道同志翻译了首个中文全译本《共产党宣言》，为引导大批有志之士树立共产主义远大理想、投身民族解放振兴事业发挥了重要作用。现在，你们积极宣讲老校长陈望道同志追寻真理的故事，传播马克思主义理论，是一件很有意义的事情。希望你们坚持做下去、做得更好。

心有所信，方能行远。面向未来，走好新时代的长征路，我们更需要坚定理想信念、矢志拼搏奋斗。希望广大党员特别是青年党员认真学习马克思主义理论，结合学习党史、新中国史、改革开放史、社会主义发展史，在学思践悟中坚定理想信念，在奋发有为中践行初心使命，努力为实现“两个一百年”奋斗目标、实现中华民族伟大复兴的中国梦贡献智慧和力量。

习近平

2020 年 6 月 27 日

（《习近平书信选集》（第一卷），中央文献出版社，2022，第 283 页。）

➲ 案例评析

复旦大学《共产党宣言》展示馆党员志愿服务队成立于 2018 年，通过志愿宣讲的形式，向全国和全社会传播红色理论，不仅帮助青年大学生牢固树立理想信念、践行初心使命，同时也推动了党的创新理论大众化。他们充分挖掘复旦大学的红色资源，将《共产党宣言》展示馆作为主阵地、主战场，为青年学生和社会大众带来了一场又一场精彩的宣讲，得到了习近平总书记的高度评价与肯定。

《共产党宣言》展示馆志愿服务队可以说是青年学生参与志愿服

务的典范，他们的经验与做法值得学习与借鉴。

第一，团队成员筛选严格，是保证志愿服务队提供高水平宣讲的前提。比如，在招募补充队员时，所有报名者都必须经过三轮面试的选拔。这支党员志愿服务队由青年教师、博士生、硕士生党员组成，专业覆盖文、社、理、工、医各个学科，充分调动了不同层级、不同专业师生的积极性、主动性与创造性。

第二，队员上岗经过了严格的培训，确保了志愿服务的质量。每一位队员在上岗之前，都要通过“1+2+3”的培训，即一轮集体学习、两轮专家领学和三轮测试。一轮集体学习中平均阅读各类文献10万余字，开展小组研讨和现场教学30余小时；两轮专家领学是至少邀请一位学者、一位专家，针对《共产党宣言》及经典解读文章进行逐字逐句领学；三轮测试则要求队员通过笔试、口试、现场模拟测试三轮考核。此外，他们还建设了关于党史知识的线上题库，用于队员们自测。这些做法表明志愿服务队严把质量关，通过集中学习与自学不断给团队成员赋能。

第三，所有队员精神饱满、充满活力。志愿服务团队以何种精神面貌参加服务，一定程度上影响着服务效果。展示馆志愿服务队的全体队员有着坚定的理想信念、有着强烈的责任担当和使命意识，因此他们有着饱满的热情和严谨认真的态度对待理论宣讲活动，他们的一言一行感染和鼓舞着更多的青年参与到志愿宣讲服务活动中。

第四，宣讲形式多样，始终坚持将党的故事、党的理论讲深讲透讲活，这是志愿服务队取得良好社会影响力的关键。红色宣讲要想取得良好成效，必须坚持将红色理论进行消化、吸收、再创造，用大众喜闻乐见的形式进行传播。

第五，对外联络是扩大红色理论宣讲活动社会影响力的有效途径。复旦大学《共产党宣言》展示馆联合复旦大学理论类社团开发了50余门马克思主义理论和党史、新中国史、改革开放史、社会主义发展史课程，在校内校外开展主题宣讲 500 多场、听众逾 2.3 万人次；参与青年大学习课堂，全国参与互动达 2500 万人次，极大提升了志愿服务活动的社会影响力，也有效传播了党的创新理论。

第六，社会评价是检验志愿服务活动成效的试金石。从各界的反响来看，党员志愿服务队获得了社会各界的高度认可和评价。不论是习近平总书记的回信，还是其他媒体的宣传报道都足以说明这支队伍产生的巨大影响。

案例二：华中农业大学“本禹志愿服务队”

华中农业大学“本禹志愿服务队”旗下包括研究生支教团、红杜鹃爱心社、食科一家人、阳光家园、张瑜志愿服务队、留学生志愿服务队等一大批特色志愿服务团队，成员多达 1200 多人，拥有精品志愿服务活动“六爱工程”——花朵工程、夕阳工程、暖阳工程、甘露工程、爱绿工程、和风工程。

材料 1：本禹志愿服务队：把学雷锋活动融入日常化作经常

2005 年，华中农业大学成立本禹志愿服务队，每年招募优秀志愿者赴贫困地区支教。截至目前，共计 196 名志愿者接力前往乌蒙山区、武陵山区，助力脱贫攻坚和乡村振兴。

随着志愿者到来，社会资源不断向两所小学汇聚。校园基础设施发生了翻天覆地的改善，曾经透风漏雨的土房木屋变成现代化的教学楼、宿舍楼，曾经泥泞不堪的操场变成绿茵塑胶操场，图书馆、数字阅览室等信息化教学设施也一应俱全。

从知识讲授到五育融通，志愿者们在帮助乡村儿童学习学科知识的基础上，更加重视学生全面发展。“研支团的到来如同雪中送炭，不仅充实了我们的教师队伍，还带动教学观念转变，学校教育工作焕然一新，素质教育全面落实、大见成效。”建始县摩峰中心小学校长向登双介绍，志愿者助力开齐开足音乐、体育、美术等课程，带着孩子们徜徉在艺术的世界里，丰富了精神世界，提升了综合素质。

“我们在支教中践行雷锋精神，要把学雷锋、做好事，当成一种生活习惯，在学习、生活、工作中处处发扬螺丝钉精神，争做一名有理想、敢担当、能吃苦、肯奋斗的青年。”支教队员郭子鸣说。

爱绿护绿的生态环境志愿服务既是服务，也是治理。本禹志愿服务队各分队积极参与建设美丽中国和美好世界。

蓝色精灵志愿服务队致力于保护和改善长江流域水环境，开展“共筑守护长江命运共同体”系列环保志愿服务。绿色协会志愿服务队开办了“绿之梦”自然教育学校，带领青少年走进自然、了解自然、热爱自然、保护自然。志愿服务受益面逐渐由武汉市拓展至全国。

本禹志愿服务队连续14年举办“绿色长征营”，利用寒暑期组织志愿者前往全国各地开展环保宣传活动和实践体验活动，覆盖22个省（自治区、直辖市），共有70余所国内高校的志愿者参营。每年，志愿者还通过组织全国大学生江豚保护夏令营、湖北省绿色营等活动，吸引更多大学生参与环保志愿服务事业，传播绿色梦想。

“学雷锋就是用实际行动践行全心全意为人民服务的初心，就是通过一系列志愿服务活动，带动更多人投入到保护生态环境的行动中去。”蓝色精灵志愿服务队志愿者罗腾达说。

环境就是民生，人民群众对美好生活的向往也是本禹志愿服务队的奋斗目标。志愿者们发挥专业特长扮靓人民美好新生活。在武汉市洪山区玫瑰湾社区，高低不一的树桩拼成了花园小路，各色玫瑰花、雏菊、树木相映成趣，花园围栏以及砖块上都添上了童趣的彩绘，张瑜服务队和社区居民共建的“玫瑰湾”已初见雏形。

“这块空地当初规划为小区绿化带，因为平日没人照料，就闲置了下来。居民希望把空地改造利用起来。”社区党支部书记刘玺介绍，志愿者了解需求后，联合社区居民开展改造。以共建玫瑰园为起点，服务队还与社区结对共建了新时代文明实践志愿服务基地，联合开展打造阳台“小景观”活动，动员居民一同改善房前屋后环境，共同缔造美好环境与幸福生活。

依托团中央“共创美好社区——青年志愿者社区服务行动首批试点”等项目支持，本禹志愿服务队各分队深入结对社区，开展志愿服务。“红马甲”志愿服务队结对华农东社区的困境老人，开展入户探访，为孤寡老人开展心理疏导和日常陪伴。“食科一家人”志愿服务队聚焦社区“一老一小”人群开展食品安全与营养知识科普活动，并建设起食品安全与营养线上答疑平台。

此外，本禹志愿服务队的身影也频频出现在国际舞台上，为建设持久和平、普遍安全、共同繁荣、开放包容、清洁美丽的世界作出青春贡献。

前不久，本禹志愿服务队周士月同学作为新冠肺炎疫情背景下，“中国青年志愿者海外服务计划——服务联合国机构项目”派出的首位国际志愿者，前往位于蒙古国首都乌兰巴托的联合国开发计划署蒙古办公室开展志愿服务。

周士月和同事们持续关注蒙古在羊绒生产中发生的环境问题，研究如何在提高经济效益的同时，保护和改善当地生态环境。周士月将中国在羊绒产业发展方面的工作经验进行整理，为联合国开发计划署制定未来可持续羊绒项目提供参考，尝试给出解决对策和方案。

2013 年以来，多位志愿者受邀参加国际青年能源与气候变化大会、国际青年与气候变化峰会、亚太地区适应气候变化大会等国际会议，在专业领域为人类命运共同体建设贡献青春和智慧。

2019 年，武汉举办第七届世界军人运动会，本禹志愿服务队选派了260名志愿者赴军运村，承担志愿者之家解说员、信息中心志愿者、住宿公寓楼志愿者等工作，给国际友人留下深刻印象。

“你怎样，华农就怎样；你怎样，国家和民族就怎样；你怎样，世界和人类就怎样！”华中农业大学党委书记高翅经常鼓励志愿者们，将自身命运与人类命运联系起来，融入构建人类命运共同体，为世界发展进步贡献华农力量。

（《本禹志愿服务队：把学雷锋活动融入日常化作经常》，中国日报网，2023年3月8日，https://baijiahao.baidu.com/s?id=1759784345686398664&wfr=spider&for=pc。）

材料2：华中农大“本禹志愿服务队”：接力扶贫十二年

至今，华中农大“本禹志愿服务队”已与贵州西北部乌蒙山区大水乡结缘12年，大学生换了一届又一届，但他们“支教助学、扶贫济困、服务他人、奉献社会”的团队理念始终不变。从智力扶贫到物质援助，再到致富帮扶，朝气蓬勃的大学生们一天天改变着大水乡贫穷落后的面貌。

2002年，华中农业大学学生徐本禹来到大水乡支教。他发现，当地群众食难果腹，衣衫褴褛；山路崎岖，出行不易；大水教育，硬件陈旧，师资匮乏……在这样艰苦的条件下，徐本禹坚持支教，并致力于联系慈善人士捐资助学。

在徐本禹的精神感召下，华中农大越来越多的学生加入贵州支教的队伍中。10多年来，“本禹志愿服务队”68名研究生支教团志愿者接过徐本禹的接力棒，来到大水乡支教助学，并积极为当地贫困学子争取资助，累计发放爱心资助款200余万元，已资助上千名贵州贫困儿童及中小学生完成学业，许多学生在志愿者的帮助下走出大山，有的进入知名学府深造。

在志愿者的努力和社会各界关心下，华农大石希望小学、本禹希望小学、庐山希望小学、兴田希望小学、箐角希望小学等一批希望小学相继建成，改善了当地的基础办学条件。“本禹志愿服务队”还通过与爱心企业签订共建爱心助学基地协议，开展项目化助学。目前，已顺利实施“暖心三个一”关爱农民工子女、留守儿童，“你好，电脑”，“我是卫生达人”等系列爱心助学项目。

扶贫先扶智，扶智先扶师。为提高乡村教师教学水平，华农“本禹志愿服务队”在学校的大力支持下，于2006年启动了“乡村教师来汉培训”志愿服务项目。至今，该项目已走过9年，累计有320余名来自贵州、湖北等省份贫困地区的乡村优秀骨干教师到武汉学习交流。

近年来，“本禹志愿服务队”还积极联络华中农大专家教授，为贵州山区经济社会发展把脉问诊，开展区域规划。2008年5月，贵州省百里杜鹃风景区与华中农大签订了校地合作协议，华中农大充分利用教学科研优势，在农业等领域大力支持当地发展，双方共同保护森林资源、开发当地旅游资源，并在引进栽培及深加工、生物产业方面开展合作。

为了感召更多人参与到扶贫工作中来，华中农业大学以“本禹志愿服务队”志愿者为原型，创作了校园公益剧《牵挂》，宣传扶贫志愿者的感人事迹，向社会传递正能量。2014年5月，该剧在中国人民大学、国家大剧院演出。随后，湖北省开展了“本禹志愿服务队”创建活动，越来越多的志愿者行动起来，奉献他人，服务社会。

（《华中农大“本禹志愿服务队”：接力扶贫十二年》，《人民日报》2014年10月13日。）

材料3：习近平给华中农业大学“本禹志愿服务队”回信

在中国青年志愿者行动实施20周年暨第二十八个国际志愿者日之际，中共中央总书记、国家主席、中央军委主席习近平给华中农业大学“本禹志愿服务队”回信，肯定他们在服务他人、奉献社会中取得的成绩和进步，勉励他们弘扬志愿精神，为实现中华民族伟大复兴的中国梦作出新的更大贡献，并向这支志愿服务队和全国广大青年志愿者致以诚挚问候和崇高敬意。回信全文如下。

“本禹志愿服务队”的同学们：

来信收悉。得知你们在徐本禹同志感召下，积极加入青年志愿者队伍，走进西部，走进社区，走进农村，用知识和爱心热情服务需要帮助的困难群众，坚持高扬理想、脚踏实地、甘于奉献，在服务他人、奉献社会中收获了成长和进步，找到了青春方向和人生目标，感到十分欣慰。值此中国青年志愿者行动实施20周年之际，我向你们以及全国广大青年志愿者，致以诚挚的问候和崇高的敬意！

当前，全国各族人民正在中国共产党领导下，全面贯彻党的十八大和十八届三中全会精神，满怀信心为实现中华民族伟大复兴的中国梦而奋斗。你们在信中表示，要勇敢肩负起历史赋予的责任，积极投身改革发展伟大事业，奉献社会，服务人民，说得很好。

历史和现实都告诉我们，青年一代有理想、有担当，国家就有前途，民族就有希望，实现中华民族伟大复兴就有源源不断的强大力量。希望你们弘扬奉献、友爱、互助、进步的志愿精神，坚持与祖国同行、为人民奉献，以青春梦想、用实际行动为实现中国梦作出新的更大贡献。

习近平

2013年12月5日

（《习近平给华中农业大学“本禹志愿服务队”回信》，《人民日报》2013年12月6日。）

➲ 案例评析

“本禹志愿服务队”成立于2005年，是以曾经就读于华中农业大学的感动中国年度人物、中国十大杰出志愿者徐本禹的名字命名的。“与祖国同行，为人民奉献”，这是习近平总书记对华中农业大学“本禹志愿服务队”的嘱托。十几年来，本禹志愿服务队始终不忘初心，践行志愿服务精神，服务国家重大战略需求，活跃在乡村教育、脱贫攻坚、环境保护、社区服务的主战场，彰显了新时代青年有理想、敢担当、能吃苦、肯奋斗的精神品格。他们用实干践行马克思主义、践行中国化时代化马克思主义，在志愿服务中传播党的理论、路线、方针与政策，赢得了全社会高度赞誉与肯定。本禹志愿服务队的光辉历程对青年大学生志愿服务具有重要启示。

第一，坚定的理想信念是开展志愿服务的精神动力。理想信念是精神之“钙”，志向高远便力量无穷。志愿服务因其公益性而要求参与者能够不求回报、不计名利得失，这对每一名参与者都是重大的考验。在志愿服务中，没有理想信念或理想信念不坚定，就容易半途而废、无功而返。本禹志愿服务队之所以能够长期坚持下来，就在于队员们有坚定的理想信念。他们对待公益事业有着强烈的责任心和使命感，他们将服务他人、奉献社会作为高尚的人生追求，自觉将小我融入国家和社会发展的大我之中，实现了人生价值的升华。在红色理论宣讲实践课程中，青年学生首先应该树立坚定的理想信念，做好爬坡过坎打硬仗的准备，在志愿服务中彰显新时代青年的精神、意志与品质。

第二，核心人物的引领示范作用助推志愿服务队持续运转。本禹志愿服务队是以徐本禹的名字命名的，徐本禹通过自己言传身教，影响着一批又一批的青年志愿者加入了他的团队。徐本禹曾荣获2004年感动中国年度人物称号，也是首位当选感动中国年度人物的志愿者，他的先进事迹几乎家喻户晓。徐本禹不仅带动了“本禹志愿服务队”的运行，而且在很大程度上推动了中国青年志愿者行动的蓬勃发展。作为这支队伍的核心和灵魂人物，徐本禹数十年来一直活跃在志愿服务的舞台上。红色理论宣讲不是单打独斗的工作，需要参与者树立团队意识、合作意识，凝聚集体的力量共同完成不同的任务。其中，团队核心人物能否发挥“领头雁”“排头兵”的作用至为重要。

第三，服务国家重大战略彰显了本禹志愿服务队的使命担当。从最初的西部支教活动，到脱贫攻坚、生态文明建设、抗击新冠肺炎疫情，本禹志愿服务队始终心怀国之大者，国家的需要、人民的需要就是志愿者们努力的方向。在脱贫攻坚的主战场，本禹志愿服务队成立“助力脱贫攻坚”项目，以研究生、高年级本科生为主体，组建多支扶贫小分队；2020 年新冠肺炎疫情突袭而至，在全国各地华中农业大学本禹志愿服务队下属 21 支分队、630 名返乡青年志愿者加入各地抗击疫情的“逆行者”队伍中；在乡村振兴的征程中，志愿服务队深入基层，为乡村发展提供智力支持。大学生在学习红色理论宣讲实践课的过程中，应当将这门课程作为了解社会、接触社会、融入社会、服务社会的契机，主动承担历史使命与时代责任，服务国家重大战略需求，让党的创新理论飞入寻常百姓家，成为引领各行各业发展的根本遵循与行动指南，凝聚起全社会以中国式现代化全面推进中华民族伟大复兴的磅礴伟力。

案例三：扬州大学马克思主义学院红色理论宣讲团

材料 1：扬州大学马克思主义学院红色理论宣讲团
“五四精神传薪火 青春献礼二十大”主题团日活动

（一）活动方案

宣讲专线巴士“五四精神传薪火、青春献礼二十大”主题团日活动方案

【时间地点】2023 年 4 月 27 日（周四）上午 9:00，东部客运枢纽

【参加人员】

扬州大学马克思主义学院团委老师赵老师

扬州大学马克思主义学院宣讲团成员共 7 人

扬州大学社会发展学院历史 2002 团支部学生

【活动议程】

1. 扬大马院宣讲团成员主持开场

2. 开场活动结束后，宣讲团成员及乘客代表参观主题车厢，并听取“二十大精神”主题宣讲

【活动准备】

1. 设置背景墙，准备音响等（责任单位：扬州市公交集团）

2.“二十大精神宣讲”内容及人员（责任单位：扬州大学马克思主义学院）

3. 活动全过程录像、拍照，后期编辑短视频（责任单位：扬州市交通产业集团）

4. 布置活动全方位宣传报道（责任单位：扬州市委宣传部、报业集团）

（二）活动实施

1. 4 月 27 日上午，宣讲团成员搭乘 71 路公交车从扬州东部客运枢纽出发，一路经过万福大桥、文昌阁、扬州双博馆等扬州历史文化地标。

2. 在 71 路“红色巴士”驶出后，宣讲团成员向各位乘客介绍了扬州大学马克思主义学院红色理论宣讲团的发展历程。宣讲团成立于 2012 年，以党的理论创新成果和重大方针政策为主线，每逢重大时间节点和重大历史事件，宣讲团都会及时组建宣讲队伍，全面覆盖宣讲阵地，搭建多样化“红色移动课堂”，通过理论宣讲、云端宣讲、文创展示、红色巴士等“宣讲 +”形式，让一个个感人至深的红色故事，转化为理论宣讲的鲜活素材，让“沾泥土、带露珠、冒热气”的红色

信仰落地生根，被师生和群众誉为传播党的创新理论的一支“轻骑兵”。2022年10月，党的二十大顺利闭幕后，宣讲团就第一时间成立了“党的二十大精神”博硕士宣讲团，同时联合扬州市交通产业集团、扬州报业传媒集团、扬州市公交集团、“学习强国”扬州学习平台创新开展“党的二十大精神宣讲进车厢”活动。宣讲团以71路公交为平台，串联起该条线路途经的地标性建筑，如科技馆、文昌阁、石塔寺、双博馆等等。把二十大报告中蕴含的丰富内涵与线路地标建筑历史变迁、扬州城市发展历程相结合，通过故事宣讲、情景再现、互动问答等多种立体化传播形式，力争为每一位乘客带去一场内容接地气、形式有趣味的宣讲，让党的二十大精神“搭乘”扬州公交飞入普通群众的生活中。宣讲团始终走在传播红色理论的“长征路”上，接续书写红色“后浪”的青春答卷！

3. 热身环节：由宣讲团成员向乘客们提出了问题，考察乘客对党的二十大精神的熟悉程度。

问题一：党的二十大的全称是什么？

问题二：党的二十大是在哪一天开幕的？

问题三：党的二十大报告全文字数是多少万字？

问题四：党的二十大报告包括几部分的内容？

问题五：党的二十大报告提出，十年来，我们经历了对党和人民事业具有重大现实意义和深远历史意义的哪几件大事？

问题六：教育、科技、人才是全面建设社会主义现代化国家的基础性、战略性支撑。其中，第一生产力是什么？

问题七：大家知道我们“党的二十大精神”宣讲专线巴士为什么选择了71路公交？71有什么寓意吗？可以联系重大节日进行思考。

4. 理论宣讲

热身环节过后，理论宣讲正式开始。当“红色巴士”经过万福大桥时，首先由宣讲员讲解扬州“万福桥惨案”。1937年12月14

日，日本侵略者占领扬州湾头镇、万福桥等区域，并疯狂地进行奸淫、烧杀和抢掠，扬州城沦陷。12月17日天未亮，驻扬日军在扬州城内拦街抓人，被抓的青壮年被押着运送枪支弹药和抢掠的财物去仙女庙。到了仙女庙据点，日军发路单放回，460多名青壮年拿到回家的路单以为得救了。到了万福桥，他们却被手执军刀的日军拦在桥中间，突然哨声响起，架在桥两头的日军机枪猛烈扫射起来，人群纷纷中弹倒下。这起惨案持续约半小时，除吉家庄的卞长福一人趁乱跳河，凭着好水性死里逃生，其他人全部遇难。400多名平民百姓，倒在日军的扫射下，染红了廖家沟的水。1995年，为了纪念抗日战争胜利50周年，扬州市委、市政府在万福闸建造了“侵华日军万福桥大屠杀遇难同胞纪念碑”。万福桥惨案永远镌刻在古城扬州历史的一页。

在讲解完万福桥惨案后，宣讲员号召青年勿忘昨天的苦难辉煌，无愧今天的使命担当，不负明天的伟大梦想，以“强国有我”的昂扬姿态，勇毅前行在中华民族伟大复兴的康庄大道上，惜时、努力，再奋斗！

紧接着宣讲员引导乘客深入学习党的二十大报告，特别是围绕文化自信展开宣讲。党的二十大报告提出，要“全面建设社会主义现代化国家，必须坚持中国特色社会主义文化发展道路，增强文化自信，围绕举旗帜、聚民心、育新人、兴文化、展形象建设社会主义文化强国”。作为扬州的流动风景，扬州公交车串联了古城的历史与文化。乘客们在感受扬州文化与城市变迁的旅途中，跟随宣讲员的思路领悟党的二十大精神。

宣讲员丁同学围绕“文化：创新转化”这一主题，深入宣讲扬州实践中华优秀传统文化创造性转化、创新性发展的生动案例。如皮市街、东关街、彩衣街，以及仁丰里、南河下……这些曾经破败杂乱的老街，如今已成为一扇扇打开扬州古城的人文窗口，延续着古城扬州的历史文脉和生活气息。珍园对面的千年古巷仁丰里，频频登上央视新闻频道等各大主流媒体。仁丰里的走红，不是偶然，而是10年“文火慢炖”后的厚积薄发。在700米的主干道上，53家非遗文创工作室入驻古巷仁丰里，描绘着诗和远方，一场场活动，尽显这千年小巷深藏的民俗文化、非遗文化、传统魅力。《新闻联播》在报道中说：仁丰里的传统文化，让孩子们体验了劳动智慧之美;《光明日报》点评：让年轻人把更多的非遗带回家，也把绵长的文化精神送到更远的地方。这条千年古巷里，满满都是书卷气、烟火气和孩子气。当创意遇上名胜古迹，传统文化“活”了起来；现代科技与千年文物相结合，更让传统文化历久弥新。丁莹同学宣讲结束后，向乘客进行提问互动：

问题一：扬州市有一条聚集53家非遗文创工作室的千年古巷，这条古巷是指哪里?

问题二：在座的各位乘客“打卡”过哪些老街呢？请几位乘客分享一下你游玩老街的美食攻略、心得体会或者老街故事等等。

接着，下一位宣讲员围绕“文化：保护传承”这一主题，生动讲解了扬州保护传承历史文化的历程。今年是扬州被国务院公布为首批国家历史文化名城40周年，40年来，扬州市政府始终秉持“护其貌、美其颜、扬其韵、铸其魂”原则，守护着古城风貌。随着红色巴士在文昌路徐徐前进，宣讲员娓娓道来。文昌路，是一条东西向贯穿扬州城区的主干道，同时也是一条通古达今的历史长街，沿途可见各个历史时期的名胜古迹，比如刚刚经过的琼花观、珍园、仁丰里，还有文昌阁、石塔寺等等，素有“唐宋元明清，从古看到今”的美誉。

在乘客们经过的琼花观的对面，还有一处扬州的著名地标，就是朱自清先生的故居。朱自清故居在江苏省扬州市安乐巷27号，为晚清所建，今仍完好，是扬州传统的三合院式民间住宅。朱自清先生六岁随家人迁居扬州，在这里度过了童年和少年时代。文章《背影》、《荷塘月色》几乎代表着朱自清在文坛上的地位，他对文学领域的影响深远流长，而且他还是一位令人敬佩的爱国人士。当时由于时局动荡，民不聊生，朱自清作为文人无以为生，在这种情况下他依然有着中国人应有的骨气，宁愿饿死都不吃美国人救济的粮食，因此留下一个不为五斗米折腰的历史佳话。他是从扬州走出去的一个进步学者，一身正气，是一个非常伟大的爱国主义者，至今朱自清先生的美好品质也仍然值得青年学习。

红色巴士即将抵达文昌阁，旧称魁星楼的文昌阁，是文化扬州的重要标志，也是这座城市的地标之一。扬州市政府多次进行维修，揭瓦不落架、修旧仍如旧，才让其历经400余年，仍然为扬州名城建设添彩。

文昌阁向前就来到了石塔寺，石塔寺旁的那棵银杏种植于唐代，树龄达到了1071岁，如今依然枝繁叶茂。这得益于扬州市一贯注重古树名木的保护，多次组织专家“问诊”，才能使其逐渐恢复生机。著名作家艾煊曾赞叹说：“它是扬州城史的载体”“扬州文化的灵魂”“它是一座有生命的扬州城的城标”。

讲完“文化：保护传承”这一主题，宣讲员向乘客提问：

问题一：今年是扬州市被国务院公布为首批国家历史文化名城多少周年？

问题二：石塔寺旁的那棵银杏树种植于哪个年代？

问题三：相信大家都熟知朱自清先生这位人物，大家一定也都学习过他的著作，请问你能说出朱自清先生有哪些著名的作品吗？

问题四：大家对于朱自清先生的生平事迹是否有了解呢？

问题五：大家都知道，扬州这座城市深受古人的喜爱，许多有名的诗句也流传至今，大家能说出哪些描写扬州风景名胜的古诗词呢？

随着红色巴士驶向扬州双博馆，宣讲也进入“文化：融合发展”这一主题，宣讲员首先讲解党的二十大报告中关于文化融合发展的提法，要“坚持以文塑旅、以旅彰文，推进文化和旅游深度融合发展”。近年来，我国的博物馆正迎来参观热潮，参观博物馆正在成为一种日益流行的生活方式和休闲方式。人们在其中感受中华文明的辉煌灿烂，挖掘智慧结晶，增强文化自信。扬州双博馆是扬州中国雕版印刷博物馆和扬州博物馆的合称，双博馆馆藏文物14万余件，馆内共设8个展厅，全面展示了扬州地方历史文化和中国雕版印刷发展史，被评为首批国家一级博物馆、全国爱国主义教育示范基地，已经成为扬州文化建设的标志性建筑。

除了扬州双博馆，扬州还有中国大运河博物馆、扬州科技馆、扬州艺术馆、扬州化石博物馆、扬州汉广陵王墓博物馆、扬州八怪纪念馆、史可法纪念馆、江上青烈士史料陈列馆。一座座文博场馆成了市民的“文化会客厅”、游客的“文化景点”、学生的“第二课堂”。尤其是中国大运河博物馆作为国内首座集文物保护、科研展陈、社会教育于一体的现代化综合性运河主题博物馆，展现了唐、宋、元、明、清历代河道的变化，彰显了大运河的千年底蕴。同时，馆内现代科技与古老文物相结合，是新时代文旅融合在大运河文化展示的创新尝试。习近平总书记曾经说过：“千百年来，运河滋养两岸城市和人民，是运河两岸人民的致富河、幸福河。希望大家共同保护好大运河，使运河永远造福人民。”作为大运河的原点城市，扬州人对运河始终有一种融于血脉的责任感。党的二十大代表、扬州市委书记张宝娟在现场聆听二十大报告后表示：“扬州将继续以习近平总书记提出的‘让古运河重生’要求为指引，建设大运河国家文化公园三湾核心展示园，努力将其打造成为具有鲜明标识性、可读性的运河文化新地标。”

宣讲最后，宣讲员们一致坚信，扬州将以党的二十大精神为指引，全面贯彻新发展理念，坚定不移推动高质量发展，开发利用好全市文化和旅游资源，继续擦亮“世界运河之都”“世界美食之都”“东亚文化之都”三张“金名片”，唱响新时代的“运河号子”，在推进“强富美高”新扬州建设中踔厉奋发，勇毅前行！

（资料来源：扬州大学马克思主义学院红色理论宣讲团。）

材料 2：扬大“红色巴士”开出首班车

“欢迎乘坐扬州大学‘初心号’红色巴士，请系好安全带，一起开启今天的红色之旅吧！”昨天，一辆印有“青春奋斗正当时”等字样的“红色巴士”从扬州大学马克思主义学院驶出，开往扬大马恩铜像、扬州运河三湾风景区、扬州党史文化公园……一个个身边的红色故事在车上大学生宣讲员的口中娓娓道来，成为扬城一道靓丽的红色风景线。

扬州大学大学生红色理论宣讲团于今年暑期推出“红色巴士课堂”，把扬州市 11 处红色景点、扬州大学 6 座铜像雕塑等红色资源串连成线，专线设计多条红色精品路线，并配备专员讲解，通过故事宣讲、情景再现、互动教学等多种沉浸式学习方式，打造出一堂贯穿百年历史、穿梭扬州城区的“移动思政课堂”。

“我们根据每个社区、单位的具体情况，针对老党员、儿童等不同受众群体的个性化需求，量身定制路线和宣讲方案，力争为每位乘客带去一场视、听、感、思的立体化红色之旅。”大学生红色理论宣讲团团长李璐介绍，在接到扬州市荷花池社区的“童心向党”主题活动“订单”后，红色巴士首次启程。

“小小红船承载千钧，从南湖出发……一路前行，播撒革命火种，把中国革命、建设、改革的历史串成一幅波澜壮阔的大潮行舟图。”在党史文化公园初心馆，宣讲团成员赵雅乐，为荷花池社区的近 20 名孩子们讲述了中国共产党从无到有、从弱到强的光辉历程，并带领孩子们一起学习团歌手势舞、体验井冈山革命根据地 VR 馆等，饶有趣味的形式让红色宣讲“活”起来。

据了解，自 7 月以来，该宣讲团在全校范围内遴选首批 12 名宣讲员，经过前期两个月的理论学习、文稿撰写、技能培训、试讲演练，终于登上“红色巴士”，为广大基层群众带来志愿讲解，在扬城打造了流动的红色文化阵地。

从 2012 年至今，扬州大学大学生红色理论宣讲团以贴近师生和深入群众的“上门”宣讲方式，以理论宣讲、情景剧巡演、主题作品展览、手势舞教学以及红色文创展示等宣讲形式，活跃于校园内外。十年来，宣讲团先后组织 100 余支宣讲分队，完成线上线下主题宣讲 1200 余场，足迹遍布全国十多个省份，被誉为传播党的创新理论的一支“轻骑兵”。

（《创写理论宣讲　打造移动思政——扬大“红色巴士”开出首班车》，《扬州日报》2022 年 7 月 23 日。）

➲ 案例评析

扬州大学大学生红色理论宣讲团团支部成立于 2012 年，在马克思主义学院领导下，以“播撒信仰的种子”为己任，以贴近师生和深入群众的宣讲方式，活跃在校园内外，被广大师生和群众誉为传播党的创新理论的一支“轻骑兵”。自 2012 年成立扬州大学首届大学生红色理论志愿宣讲团开始，宣讲团团支部一直引领着这支队伍乘风破浪。2018 年 3 月，宣讲团的志愿服务活动帮助扬州大学马克思主义学院荣获“江苏省青年志愿服务行动组织奖”这一重大荣誉；2021 年 9 月，在江苏省社会实践和志愿服务“十佳研究生”和“十佳研究生团队”推选工作中红色理论志愿宣讲团获评江苏省社会实践和志愿服务“十佳研究生团队”提名奖；2022年5月，宣讲团荣获“2021年度江苏省青年志愿服务行动组织奖”。十年磨一剑，红色理论宣讲团如今已成为屹立苏中的一面旗帜。十余年来，宣讲团积累了丰富的经验，对指导大学生开展理论宣讲志愿服务有着重要的借鉴意义。

其一，团支部领导是关键。红色理论志愿宣讲团团支部充分发挥团支部组织凝聚力，增强团队协同攻关的能力；团支部注重加强思想引领力，定期召开信仰公开课、青马书斋读书会、实践研学等活动，及时学习党的新思想、新理论，始终以习近平新时代中国特色社会主义思想指导志愿宣讲活动；团支部搭建服务桥梁，加强服务力，以理论宣讲服务学校、企业、社区和机关，获得社会的好评。

其二，队伍建设是核心。红色理论宣讲团累计吸纳750余名研究生志愿者，组建100余支宣讲分队。团队成员一方面提升内在素质，另一方面打造外在形象，用扎实的理论功底和有吸引力的宣讲方式，为传播红色理论做出了重要贡献。宣讲员进行了严格的培训，包括理论学习、文稿撰写、技能提升、试讲演练等，让每一个宣讲员都能以高水准、高标准开展宣讲活动。在全国知名马克思主义理论研究专家的指导下，团队不断凝练宣讲主题，构思宣讲方案，排练宣讲内容，认真对待每一个环节、每一处细节，展现了团队精益求精的精神。专业老师为其开展形象设计、仪表仪态、宣讲技能等全方位的改造和“修炼”，经过无数次打磨，团队成员逐渐蜕变为自信大方、娓娓道来的宣讲者，团队慢慢成长为又红又专的宣讲团。

其三，特色品牌是标识。扬州大学红色理论宣讲有着鲜明的特色。首先，让理论宣讲“动”起来。通过“红色巴士校园游”、“移动课堂”让党的创新理论搭载移动工具进入千家万户。其次，协同合作让理论宣讲“实”起来。学校协力打造大学生红色理论宣讲阵地，打造主题团课、主题信仰公开课，面向全体大学生开展理想信念教育。宣讲团遵循专业化运作、菜单式服务、个性化定制模式，开展分众化、互动化宣讲，让不同的受众能够认同和理解红色理论。再次，送课上门让理论宣讲“活”起来。开展移动式宣讲，围绕精心设计的研学路线，量身定制宣讲方案，为听众带去视、听、感、思的立体化红色之旅。开展沉浸式互动体验，深化受众对红色文化、红色理论的感悟和理解。大学生红色理论宣讲团在内涵建设上下功夫，突出五“专”，即专家坐镇，理论引航；专业指导，保驾护航；专属课堂，基础导航；专有竞技，朋辈引航；专项反馈，活力续航。在实践路径上，突出五“讲”，即聚焦主题深入讲，活用资源整合讲，创新形式生动讲，注重结合融入讲，面向群众广泛讲。在五“专”、五“讲”基础上，力图达到五“好”的目标，即理论水平高、专业技能硬、科研能力强、志愿实践行、综合素质优。

最后，良好的社会评价扩大了宣讲团影响力。扬州大学马克思主义学院红色巴士志愿宣讲活动在省内外取得了较好的社会反响。2022年9月，为喜迎党的二十大，扬州大学大学生红色理论宣讲团首次推出“红色巴士课堂”，将扬州市11处红色历史文化经典、扬州大学6座铜像雕塑等红色资源串联成线，打造了一堂“移动思政课堂”，受到了扬州大学生和市民的广泛关注。以此为原点，红色巴士宣讲活动渐次展开。在红色巴士宣讲活动中，青年宣讲员展现了新时代青年人的风采。2023年4月29日，中国青年报客户端以“扬州红色巴士打造青年学习‘移动课堂’”为题，对红色理论宣讲团“党的二十大精神”主题宣讲活动进行了深入报道。十余年来，红色理论宣讲团举行1200余场宣讲会，提交40余万字调研报告，服务超35万人次，12次获得国省级表彰。

……………………………………………………

案例四：清华大学博士生宣讲团

材料1：清华大学博士生宣讲团持续掀起迎接学习宣传党的二十大精神宣讲热潮

清华大学博士生宣讲团围绕迎接学习宣传党的二十大精神深入开展一系列宣讲工作，以青年话语讲述十年变革恢宏成就，带动青年深刻领悟“两个确立”的决定性意义，进一步增强“四个意识”、坚定“四个自信”、做到“两个维护”。

一、讲好十年伟大成就，带动高校师生奋发向上迎接党的二十大。在党的二十大召开前，一是联合八所高校共同举办“这十年·青年讲”全国高校宣讲联赛。来自133所高校的4400余名青年讲师分为8个赛区参赛，选手们以习近平总书记关于党的青年工作的重要论述为指导，从理论阐释、实践体悟、生活体验等不同角度宣讲这十年的历史性成就与变革，或讲述力学笃行的理论知识，或分享见微知著的身边故事，线上线下观看超过64万人次，成功打造一支思辨强、学理透、讲解深的青年讲师队伍，在全国高校青年间掀起一股宣讲热潮。二是“走一路、学一路、讲一路”，组织青年讲师赴全国各地开展宣讲。推动青年讲师深入机关、社区街道、乡镇等3500余个基层党团支部开展宣讲活动，以青年之行丈量新时代十年变革，足迹遍布全国，有效激发了青年群体学习热情，实现“讲学相长”“言行统一”。三是联动媒体平台发布宣讲话题，扩大青年宣讲的影响力。依托“这十年·青年讲”全国高校宣讲联赛形成324门精品视频课程，涵盖经济发展、脱贫攻坚、生态文明等各方面，总播放量超300万人次，产生良好社会效应；发起微博话题“十年前的愿望实现了吗”，与全国40余所高校联动，共同传递青年声音，总阅读量超320万；发布清华学子原创RAP视频《辰光》《逢时》，以青年喜闻乐见的宣讲形式共话十年发展，获《人民日报》、共青团中央、中青报等主流媒体转载，总播放量超120万人次。

二、领悟大会报告理论内涵，联动全国高校原原本本学习党的二十大精神。在党的二十大召开后，一是举办一系列研讨会、备课会、试讲会，共同研读大会报告。组织功能型党支部、分团开展丰富多彩的研讨会、备课会、试讲会，引领青年共学党的二十大精神；“立言计划”讲师培养项目面向校内和全国高校青年宣讲联盟54所高校共招募319名学员，组织开展宣讲培训交流活动。二是推出青年讲师课程清单。引领广大青年紧跟党的理论动态，精心筹备并分时段推出三批优质课程清单，共计179门课程，有的联合全国42所高校青年讲师共同录制，有的融入清华大学博士生讲师团“立言计划”学员培训课程中，进一步推动青年学生学好党的创新理论。三是在校内外广泛开展基层宣讲。以“七个讲清楚”为目标，围绕“习近平新时代中国特色社会主义思想的世界观和方法论”“以中国式现代化推进中华民族伟大复兴的使命任务”“团结奋斗的时代要求”等主题，深入党团班集体和企业社区机关开展400余场理论宣讲，用青年的语言讲好党的二十大报告的新表述、新概括、新论断，在全社会营造学习党的二十大精神的浓厚氛围，累计覆盖3.5万人次。

三、发挥宣讲矩阵效应，激励广大青年勇担使命宣传党的二十大精神。一是扩大党的二十大精神学习宣传覆盖面。组织青年讲师结合自身经历拍摄12期“青年讲”系列宣讲微视频，从国防军队、教育发展、科技攻关、绿色发展、脱贫致富等多领域入手，展示新时代十年来取得的伟大成就，带动广大青年深刻领悟党的二十大精神内涵，将个人奋斗融入国家和民族事业发展的大潮中，将个人命运与国家和民族的命运紧密相连，点击量近100万。联合数十所高校线上举办5场学习党的二十大精神全国高校接力宣讲试讲会，持续深化高校宣讲矩阵效应。二是发掘校园红色资源建设现场宣讲站，拓展学习党的二十大精神浸润式场景。将三院遗址、英烈碑、科学博物馆等19个校内红色宣讲站所包含的校史、党史与党的二十大精神相融合，并积极拓展学习“党的二十大精神”新场景、新思路，为校内师生学习提供更多学习“微空间”，已累计开展近30场，覆盖校内师生千余人次。同时引入VR技术，拍摄红色宣讲站全景视频，实现随时随地扫码浏览聆听宣讲，提供沉浸式学习新体验，打造更具“青年感”、更有“青年味”的宣讲模式，有效提升育人实效。

（《清华大学博士生宣讲团持续掀起迎接学习宣传党的二十大精神宣讲热潮》，《高校思想政治工作简报》2023年第3期。）

材料2：清华大学博士生讲师团——用青春范讲党课

400多名学生齐刷刷从座位上站起来，大家紧盯着大屏幕上关于党的十九大的问题，跃跃欲试准备举手回答。日前，在清华大学一场以“新时代，扬帆再起航”为主题的党课宣讲现场，“一站到底”的考察方式让同学们大呼过瘾。更令人惊叹的是，这是一场完全由学生自主发起、自主讲授的党课。

党的十九大胜利闭幕以来，像这样生动活泼的“朋辈宣讲”在清华已经开展了130余场，覆盖人数超过1.5万人次。而这背后的组织者和宣讲人，是一支由20多个院系的130余名博士组成的博士生讲师团。讲师团始终以“政治宣传队”为定位，围绕党的理论、形势政策、社会热点在校内外开展广泛宣讲。

“作为一名清华大学研究马克思主义的博士，我觉得自己有责任将十九大精神传递给每一位同学。”讲师团成员李璎珞说：“在十九大报告全文发布的第一时间，我们讲师团的同学们就深入学习并研究制定了一个面向全校所有学生党支部的宣讲计划。我们推出的第一场‘解读十九大报告’的专题讲座，受到来自各个院系20余个党支部的预约报名，这让大家倍感振奋。”

为了满足理工科同学的“口味”，博士生讲师们还主动结合自身专业背景设计宣讲内容。能源与动力工程系博士生俞建龙结合自己在能源领域的长期研究，围绕十九大报告中“清洁能源推进绿色发展”问题展开宣讲，赢得了不少理工科院系同学的好评。

“学生站在自己的角度去宣讲十九大精神，具有独特的优势。”清华大学马克思主义学院副教授何建宇表示：“立足青年看青年，这样的讲解形式更符合当代年轻人的思维和学习方式，能够调动他们的积极性和主动性。同时，这样的宣讲对我们思政课老师也很有启发。”

“宣讲一杯水、学习一桶水，要想‘有几把刷子’，先得多读几个本子。”作为讲师团的“金牌讲师”，公共管理学院博士生王蔚认为，要做一名讲好中国故事、发出清华声音的青年学子，理论知识的积累必不可少。“只有坚持读原著、学原文、悟原理，才能讲得深、讲得精、讲得透。”

除了在校内，宣讲团还走进大中小学、国家机关、社区街道、基层乡镇，将讲台搬到了祖国各地。当马克思主义学院学生金哲走进云南大理南涧县，面向当地8个乡镇的基层干部群众宣讲脱贫攻坚政策时，他感触很深：“走进基层、走到一线的经历，让我看到了一个生动而真实的中国，也让我的讲课更接地气、更具正能量”。

（《清华大学博士生讲师团——用青春范讲党课》，《人民日报》2018年1月30日。）

➲ 案例评析

清华大学博士生讲师团成立于1998年，是由清华大学党委研究生工作部领导、校研究生团委指导的学生组织，是清华大学开展红色理论宣讲的重要载体，也是清华大学学生开展志愿服务的重要平台。博士生讲师团以“学以致讲——以讲促学——讲学相长”为育人理念，有效助推党的创新理论“飞入寻常百姓家”，引领广大青年听党话、跟党走，坚定理想信念，为实现中华民族伟大复兴矢志奋斗。博士生讲师团受到了社会各界的广泛关注与一致好评，获得多项重大荣誉。如获评中宣部“基层理论宣讲先进集体”，第五届首都大学生思想政治工作实效奖特等奖第一名，清华大学宣传思想工作先进集体、清华大学教学成果奖特等奖（2019）等荣誉。博士生讲师团多年来所积累的经验和方法值得广大青年学习和借鉴。

第一，高水平的宣讲团队是清华大学博士生讲师团取得成功的首要前提。讲师团在招募宣讲员时严把质量关，在招募后注重讲师培养，设立“立言计划”讲师培养项目。一是提升讲师宣讲能力，通过集体学习与自主学习、专家指导等方式，以“走一路，学一路，讲一路”模式加强实践研学，全方位培育后备讲师队伍；二是完善激励制度，形成“见习讲师－校级讲师－金牌讲师－荣誉讲师”的讲师等级认定体系，鼓励讲师脚踏实地、大胆创新，争当优秀讲师；三是加强讲师队伍专业化建设，邀请知名学者开展宣讲技能培训讲座，为讲师队伍赋能；四是切实发挥党支部组织领导作用，成立博士生讲师团功能型党支部，以党建工作助推宣讲工作提质增效，党支部将全体党员凝聚在一起，打造了一支政治过硬、本领高强的高素质宣讲队伍。2017 年 10 月至 2022 年 10 月，短短五年时间，博士生讲师团累计培养 798 名讲师。

第二，主流媒体与新媒体、自媒体的关注与报道，扩大了讲师团的社会影响力与公众传播力。二十多年来，博士生讲师团受到了主流媒体的广泛关注与报道，《人民日报》、《光明日报》、《中国青年报》以及中央电视台的《新闻联播》等媒体多次向社会各界宣传博士生讲师团。讲师团的成员王蔚曾作为学生代表受邀参加中宣部学习贯彻习近平新时代中国特色社会主义思想首场研讨会，他的发言被《人民日报》（理论版）全文刊发。[①] 讲师团善于借助新媒体或自媒体的力量，将优秀的宣讲视频在微博、抖音、快手、B 站等平

① 《建设博士生讲师团　开展朋辈宣讲和浸润教育》，《北京教育》（德育）2018 年第 3 期。

台发布，形成了良好的传播效应，拉近了党的创新理论与青年学生、社会大众的距离。

第三，注重校际联动，共建宣讲平台、共享理论资源、共创精品成果。2021 年，党史学习教育开展以来，清华大学博士生讲师团发布《高校党史接力宣讲倡议书》，发起成立全国高校青年宣讲联盟。2022 年，在教育部思政司指导下，举办首届“这十年 · 青年讲”全国高校宣讲联赛，共设置八个分赛区，选拔出了一批政治强、情怀深、水平高的优秀青年讲师，推动了全国青年宣讲党的创新理论的热潮。宣讲团主动增强与其他高校的互动，充分汲取多方经验与智慧，为有志于志愿传播党的创新理论的学生提供了宝贵平台，为宣讲员提供了充分的理论支持，形成了一批有知名度和美誉度的成果。

第四，充分发挥讲师团服务社会职能，为经济社会发展贡献智力支持。讲师团每年组织讲师赴边疆地区、民族地区、乡村地区、基层一线等开展志愿服务活动，为边疆建设、乡村振兴、基层治理提供智力支撑。开展“走一路、学一路、讲一路”红色宣讲实践，将所闻所见所感充分结合党史、新中国史、改革开放史、社会主义发展史，讲好中国故事，凝聚中华民族伟大复兴的磅礴力量。讲师团成员在武汉深入挖掘长江大保护一线的最新科研成果、实践难题，分析党的十八大到党的二十大这十年来长江大保护情况，研提发展对策；在汉南深入澄迈老区，调研热带作物种植及农业灌溉情况，助力澄迈乡村振兴；在宁夏深入政府机构、企业村镇、生产车间、田间地头，开展形式多样的社会实践与田野调查。①

总之，清华大学博士生讲师团久久为功、持之以恒，始终活跃在理论宣讲的主阵地、主战场，他们以高度的使命担当、强烈的家国情怀、饱满的精神状态，赢得了社会各界的认可，创造了青年学生宣讲史上的一个又一个奇迹。在红色理论宣讲实践课程中，青年学生充分吸收

① 参见李芍毅《把大道理讲成小故事》，《中国青年报》2023 年 5 月 25 日。

和借鉴优秀志愿服务案例的经验与方法，极大提升宣讲效能、发挥志愿服务的功效，对实现青年人的社会价值与自我价值具有重要意义。

四　参考选题

本部分选择四个具有重要理论与实践意义的选题供参考或选择。同学们可结合上述典型案例的做法和经验进行具体的实践与训练。

主题一：“让党的最新理论飞入宿舍”志愿服务活动

学生宿舍是大学生生活和学习的重要场所，同学们可以充分利用这一公共空间开展志愿服务活动，推动党的最新理论在大学生群体中深入传播。例如，在公寓楼前制作“党的二十大精神学习专栏”文化墙，通过线上线下相结合的方式，持续营造学习党的二十大精神、奋进新征程的浓厚氛围。在学生宿舍传播党的创新理论时，首先要充分了解同学们的兴趣和需求，结合学生实际，突出实践特色，让同学们感受到理论的应用价值，帮助同学们用马克思主义的立场、观点、方法分析问题、解决问题。其次，创新理论传播形式，如组织每个宿舍围绕某一理论成果开展自由讨论，或制作理论知识问答手册分发到每间宿舍，或开展征文活动、组织学术沙龙深入研讨党的新思想、新理论。

主题二：“让党的最新理论走进社区”志愿服务活动

社区是基层社会的重要组成部分，是党的最新理论传播的重要阵地。同学们应该关注社区，通过开展“让党的最新理论走进社区”志愿服务活动，为社区的发展贡献才智。在社区宣讲党的创新理论时，同学们应该充分将理论与实践相结合，积极探索居民最关心、最贴近生活的内容，根据居民需求量身定制宣讲主题，运用通俗化、大众化的语言，采取图文并茂、视听结合的方式，让理论宣讲更接地气、更容易走进群众心里。以理论宣讲为主体，覆盖政策咨询、文化活动、科学普及、法律服务、敬老爱老等内容，切实帮助群众解决急难愁盼问题，发挥党的最新理论在指导基层工作与社区治理中的重要作用。

主题三："为革命烈士家属送爱心"志愿服务活动

烈士为党和国家的各项建设事业献出了宝贵的生命，是真正的人民英雄。同学们在缅怀英烈的同时，要积极参与到关爱烈士家属的行动中去，组织"为烈士家属送爱心"志愿服务活动。通过上门拜访烈士家属，与他们交流，了解他们的生活状况和困难，为他们送去慰问品和关爱。针对烈士子女，积极开展爱心助学活动，为他们提供学习辅导、资助学费等帮助。在关心关爱烈士家属的同时，也要积极宣传烈士为国为民的英勇事迹，让更多的人了解烈士的伟大精神和无私奉献的品质，从而营造全社会缅怀烈士、崇尚烈士、学习烈士的浓厚氛围。

主题四："讲好新时代英雄人物故事"志愿服务活动

英雄是民族最闪亮的坐标，一个有希望的民族不能没有英雄，一个有前途的国家不能没有先锋。英雄人物身上承载着国家、民族和社会的记忆，崇尚英雄、学习英雄是中华民族的优秀传统。在新时代，学习英雄人物的先进事迹，传承英雄人物的精神品质，有助于当代大学生弘扬和传承社会主义核心价值观。同学们在红色理论宣讲实践课程中，通过开展"讲好新时代英雄人物故事"志愿服务活动，让公众了解英雄人物的精神境界和价值追求，激发社会正能量，增强民族自豪感和凝聚力。在参与志愿活动时，要注意活化英雄故事载体、途径、手段，讲清、讲好、讲透、讲深英雄人物的故事，推动全社会敬仰英雄、学习英雄。

实践项目七
巡回展演

巡回展演是红色理论宣讲实践教学的重要形式，也是高校思想政治教育提质增效的重要法宝。巡回展演因兼具主题鲜明、形式丰富、感染力强、宣传效果好、参与范围广等特点，业已成为广受学生欢迎的实践教学形式。巡回展演的优势在于能够通过学生喜闻乐见、通俗易懂的方式，将理论与实践紧密结合在一起，在实践中促使党的理论转化为学生的理想信念和自觉行动，以达到思想政治教育的目的。就红色理论宣讲巡回展演实践内容而言，应以中华民族优秀传统文化、中国特色社会主义先进文化为底色，以中国共产党百年奋斗的历程与实践为脉络，重在宣传党的百年奋斗重大成就和历史经验；就红色理论宣讲巡回展演具体形式而言，既可以是主题诗歌朗诵、小品情景演绎、歌舞剧目演出，也可以是原创视频展演，在具有艺术观赏性的同时重在诠释红色实践主题；就红色理论宣讲巡回展演实践主体而言，大学生是巡回展演活动的主体，也是活动的主要受众，因此，要真正做到从学生中来、到学生中去，使学生在红色理论宣讲实践中学理论、悟思想、强信仰、见行动。

一 追寻红色足迹

建党百年来，在中国共产党领导人民进行革命、建设和改革的不同历史阶段，伴随着党的工作重心的转移，巡回展演在宣讲马克思主义特别是中国化时代化的马克思主义的过程中呈现出不同的特色主题、实践形式和时代价值。

中国共产党成立之初就十分重视以巡回展演的形式来推进红色理论宣讲，尤其是面向工农群众的红色理论宣讲。彼时，由于广大人民群众长期生活在社会底层，文化水平较低，红色理论宣讲只有贴近群众实际生活、内容通俗易懂、形式简单直白，才能起到良好效果。鉴于此，巡回展演成为一种较好的选择。当时的巡回展演，主要通过演讲、说书、短剧表演等方式进行。为了躲避反动势力的抓捕，在公开场合进行长时间的革命巡回展演难以实现，较多以飞行集会的方式展开，即不拘于场地和人员，在人群集中的地方通过三五分钟的演说宣传党的政策主张。其特点在于时间、地点、形式灵活，也便于保护负责宣传的同志。

土地革命时期，在党的领导下，苏区军民除积极开展土地革命、武装斗争、经济斗争之外，还深入开展文化建设。红军先后成立宣传队和剧社等文艺团体，经常采用张贴布告标语、讲演、教唱革命歌曲和进行短小精悍的戏剧演出等方式宣传共产党的主张，揭露帝国主义和国民党军阀、土豪劣绅的罪行，激发群众的革命热情。革命根据地的扩大，为红色戏剧的发展创造了物质条件。1928 年 6 月，红四军取得龙源口大捷。在祝捷大会上，红军宣传队上演了新创作的话剧《二羊大败七溪岭》，演员们活灵活现的表演，令军民观众乐不可支，反响十分热烈。红军还配合根据地群众开展土地革命，先后创作了《打土豪》《活捉萧家璧》《打倒尹道一》等话剧。此后，红军各部队都组织了随军剧团，红一军团成立了“战士剧社”，红三军团成立了“火线剧社”，红五军团成立了“猛进剧社”。这些业余剧社利用战斗间隙举行文艺晚会，官兵、军民同台演出，广泛开展各种文化与政治宣传教育。1932年春，苏区建立了第一个专业化剧团——红军学校的“八一剧团”，标志着中央苏区的话剧运动开始转入有组织、有领导地进行话剧创作和表演的新时期。“八一剧团”在中央苏区的影响日益扩大，不仅经常性地举办晚会等演出活动，甚至在中央和地方举行一些重要会议时，也经常会邀请剧团进行话剧演出。为了培养更多的话剧演员和可以领导话剧工作的干部，1933年党中央在瑞金成立了“蓝衫团”和“蓝衫团学校”，即后来的“中央苏维埃剧团”和“高尔基戏剧学校”，由李伯钊任团长兼校长。在李伯钊的带领下，剧团前往各地进行巡回演出。由于表演的内容既生动形象又主题鲜明，剧情贴近群众生活，剧团展演产生了广泛影响。

抗日战争时期，文艺运动在根据地普遍开展起来。中国共产党领导的战动剧团、抗战剧团、前线剧社、吕梁剧社、黄河剧社、太行山剧社、抗敌剧社儿童演出队等，经常深入群众进行巡回演出，掀起了群众性的创作热潮，培养了一大批来自群众的文艺人才。由于敌人和反动派阻挠等现实因素，多数情况下剧团进行“化整为零，小分队巡演”，同时也有较大规模的演出活动，形式多样、灵活多变。这一时期的剧目风格多倾向于现实主义的戏剧风格，内容取材也倾向于真正反映根据地人民的喜怒哀乐和现实困境，容易激起群众的爱国主义热情，起到教育动员群众的积极作用。

解放战争时期，巡回展演对于塑造中国共产党的形象、促进解放区红色文化发展、密切党群关系发挥了重要作用。在东北解放区，东北文工团、鲁艺文工团、松江军区文工团等，先后在大连、沈阳等地演出《东北人民大翻身》《黄河大合唱》《没有共产党就没有新中国》《日出》《白毛女》等曲目。秧歌是深受东北人民群众喜爱的地方舞蹈，具有浓郁的地方特色。东北文工团融合东北秧歌、二人转、民歌、大鼓书等形式编排了《东北大秧歌》并到各地巡演，很受群众欢迎。以话剧、舞剧、说书、演说、歌舞等为依托进行的巡回展演，为党和人民的解放事业做出了特殊贡献。

新中国成立之初，国内各项建设事业百废待兴。为了尽快确立马克思主义在意识形态领域的指导地位，党的宣传思想工作除了需要根据新中国的具体实际建章立制外，还需要行之有效的宣传方式对人民进行思想政治教育。这一时期的巡回展演主要依托人民群众喜闻乐见的艺术形式描写新生活、歌颂新人新事，帮助人民树立起正确的政治信仰。抗美援朝时期，通过宣传战斗英雄的光荣事迹广泛开展爱国主义主题教育，如组织英雄人物“现身说法”，深入基层作巡回报告，把英雄事迹编成歌曲、戏曲、画册广为传颂，在部队和全国形成了“学英雄、争立功”的浓厚氛围，广大人民受到了深刻的爱国主义、国际主义和革命英雄主义的教育。20 世纪 60 年代，一大批反映中国革命历史题材和现实生活题材的电影和舞台剧相继面世。《燎原》《红色娘子军》《林海雪原》《小兵张嘎》等革命历史题材的文艺作品播映，起到了极其重要的革命传统教育作用；而《冰山上的来客》《英雄儿女》《雷锋》等现实主义题材的作品，则对营造健康向上、拼搏进取的良好社会氛围发挥了积极影响。大型音乐舞蹈史诗《东方红》把革命精神与艺术表现形式完美结合在一起，再现了最具代表性的革命历史场面，使广大观众深受感染；经典歌曲《我们走在大路上》《唱支山歌给党听》《谁不说俺家乡好》等，其强大的艺术感染力也不言而喻。这些作品直到今天仍为观众喜爱，除了作品本身优秀外，另一个重要原因在于我们党采取了一系列切实可行的措施来宣传、普及、丰富群众的文化生活。在党的大力倡导下，当时从中央到地方的各级文艺工作者组成农村文化工作队分赴各地，开展农村文艺工作；剧团和其他文艺团体也上山下乡，为农民群众巡回演出。这一时期的巡回展演通过优秀的文艺作品用马克思主义武装了人民群众，提高了群众的思想觉悟和政治水平。

1978年12月，党的十一届三中全会的召开，标志着我国进入改革开放和社会主义现代化建设新时期。1979年10月，邓小平在中国文学艺术工作者第四次代表大会上发表祝词，全面总结新中国成立以来三十年党领导文艺工作的经验和教训，强调“我们的文艺属于人民。……文艺创作必须充分表现我们人民的优秀品质，赞美人民在革命和建设中、在同各种敌人和各种困难的斗争中所取得的伟大胜利。”①对人民负责的文艺工作者要始终不渝地面向广大群众，要力求把最好的精神食粮贡献给人民。邓小平倡导精神文明建设和思想政治教育要充分运用各种社会教育手段，开展丰富多彩的活动，吸引群众广泛参与。党在坚持“双百”方针的基础上，提出文艺发展的“二为”方向，即文艺为人民服务、为社会主义服务，极大地解放了艺术生产力，带来了文艺的空前繁荣。这一时期涌现出许多优秀的文艺作品，如《难忘今宵》《大海啊，故乡》《爱我中华》《走进新时代》等经典歌曲传唱至今，电影《茶馆》《城南旧事》《黄土地》等也广受好评。1992年党的十四大召开，党中央在肯定文艺工作在社会主义精神文明建设中重要作用的同时，强调要不断推动社会主义文艺的持续发展。进入新世纪，在建设社会主义文化强国目标引领下，国家出台了一系列文化发展的方针政策，文艺工作也取得了巨大跃迁。这一时期的巡回展演，致力于多维度的探索和试验，力求打破陈旧的创作观念束缚，在继承传统展演经验的基础上吸收、借鉴西方优秀的艺术表现手法，努力寻求作品呈现的多样化和丰富化，以新的视角塑造老一辈无产阶级革命家有血有肉、可亲可爱可敬的艺术形象，讴歌新世纪中国人民的伟大创造。

党的十八大以来，中国特色社会主义进入新时代。在以人民为中心的创作思想指导下，文艺工作者们始终保持与时代同步伐、与国家同发展、与人民同呼吸，进一步增强责任心与使命感，围绕重大主题推出一

---

①《邓小平文选》第2卷，人民出版社，1994，第209页。

批具有深刻思想内涵的优秀作品，开创了展演新格局。新时代巡回展演致力于弘扬主旋律、传播正能量，在内容、形式、题材等方面，都有了突破性进展。在内容上，贴近时代、贴近生活的主旋律，正能量文艺作品占据主导地位，创作生态持续向好；在题材上，主旋律题材作品力求更加立体和人性化的艺术表达，摆脱正面形象模式化的定式，日常生活题材作品则力求在艺术创意和制作水平上有显著提升；在形式上，快速发展的互联网时代为巡回展演突破线下实地演出限制提供了可能，为巡回展演的线上传播提供了平台和渠道。习近平总书记明确指出，源于人民、为了人民、属于人民，是社会主义文艺的根本立场，也是社会主义文艺繁荣发展的动力所在。新时代的巡回展演坚持以人民为中心的创作导向，广大文艺工作者坚持党的全面领导，坚定马克思主义立场，将文艺创造与民族复兴的伟大梦想和人民奋斗的伟大征程紧密联系在一起，致力于讲好中国故事、讲好中国共产党的故事，全方位全景式展现新时代的精神气象。

回顾党的百年奋斗历程，巡回展演在不同的历史时期始终坚持围绕中心、服务大局，对于推进党的红色理论宣讲工作发挥了重要作用。新时代的中国无论是国内经济社会发展还是国际地位都站在了历史前进的最高点，党和国家的各项事业也展现出全新的发展态势。互联网、大数据、人工智能等不仅拓宽了巡回展演的空间，也会催生新的文艺形式。正如习近平总书记所言："一切创作技巧和手段都是为内容服务的"，"艺术的丰盈始终有赖于生活"。[①] 新时代的红色主题巡回展演唯有坚守初心、守正创新，才能在新的历史发展时期开创新格局、展现新境界，也才能在全面建设社会主义现代化国家、实现中华民族伟大复兴中国梦的征程上继续前进，为增强人民力量、振奋民族精神发挥重要作用。

---

① 习近平：《在中国文联十一大、中国作协十大开幕式上的讲话》，《人民日报》2021年12月15日。

二　实践操作指南

（一）主要目标及重要意义

1. 主要目标

在红色理论宣讲实践课程中开展“巡回展演”项目，主要有三个层面的目标。

第一，知识目标。通过红色理论宣讲巡回展演实践学习，深化对党史、新中国史、改革开放史、社会主义发展史和中华民族发展史的认识，增强以习近平新时代中国特色社会主义思想指导学习和生活实践的自觉性，不断以党的创新理论武装头脑，达到知识学习、思想武装、实干践行的统一。

第二，能力目标。通过前期资料搜集、文本撰写等，提高文献检索、阅读、分析等能力，提升理论知识运用、融会贯通的能力，增强互助合作意识；通过后期红色主题巡回展演实践，在全面提高综合素养的同时，不断磨砺勇于探索、善于沟通、乐于实践的能力。掌握批判性思维方法，形成反思笔记、叙事分析、行动研究等反思方法与技能；具有一定创新意识，能够在科学分析和解决问题的实践中持续创新创造。

第三，价值目标。通过红色理论宣讲巡回展演实践学习，增强对党的创新理论的政治认同、思想认同、情感认同，坚定中国特色社会主义道路自信、理论自信、制度自信、文化自信，坚定共产主义理想信念。在增强政治认同的基础上，着力培养家国情怀、文化素养、宪法法治意识和道德修养，涵育社会主义核心价值观。

2. 重要意义

在红色理论宣讲实践课程中开展“巡回展演”项目，有着重要的理论意义和实践意义。

第一，理论意义。红色理论宣讲巡回展演实践学习，有利于在理论上厘清党的创新理论的发展脉络、主要内容、核心要义等，在此基础上推进红色文化入脑入心，多维度认识和理解“中国共产党为什么能，中国特色社会主义为什么好，归根到底是马克思主义行，是中国化时代化的马克思主义行”的深刻内涵。

第二，实践意义。红色理论宣讲巡回展演实践学习，有利于增强用习近平新时代中国特色社会主义思想武装头脑、指导实践的自觉性和主动性，坚持不懈用红色精神滋养初心、磨炼品德、淬炼灵魂，传承红色基因，激发爱国情怀，培育应对风险挑战的斗争精神，践行社会主义核心价值观。

（二）具体形式及方案

多种形式的红色理论宣讲巡回展演各有特点、风格不一、优势互补，以下仅介绍常见的几种。

1. 红色主题诗文朗诵

诗文朗诵是较为普遍的实践活动形式，因其主题鲜明、参与面广、演出成本低、感染力强等优点，往往成为高校师生巡回展演的首选实践形式。但由于红色主题诗文朗诵情节单一，要达到最佳效果，首要的是引起观众共鸣，而演员和观众合诵则能达到最佳效果，也最能够实现思想政治教育实践教学目标。在红色主题诗文朗诵巡回展演实践过程中，应重点关注以下几点。

一是注重朗诵主题选择。主题鲜明是诗文朗诵形式的最大特点。红色经典诗歌因主题突出、句式工整、形式简短、朗朗上口，是朗诵展演的首选，但并非所有诗歌都能够完全符合演出要求，必须根据演出主题和演出形式进行资源整合。如对同一主题的诗歌结合选题进行归纳梳理、调整编排为朗诵剧本，也可以分篇章进行编排，丰富演出内容，凸显演出主题。

二是注重朗诵演员排练。诗文朗诵的主体形式是朗诵，可以是独诵、对诵、集体朗诵、诗歌组合等，同时也可以加入舞蹈情境演绎等进行创编。朗诵不是孤芳自赏，朗诵者需要和广大观众进行交流。只有控制好朗诵节奏、把握好情绪情感变化，才能准确展现作品形象，引起观众的情感共鸣。因此，展演前的创排阶段应该加强对朗诵者的针对性指导，以更好地增强舞台感染力。

三是注重演出舞台效果。诗歌朗诵形式对演出时间和舞台地点等要求不高，但为了呈现更好的演出效果，最好在演出前与观众进行互动共情，让观众在朗诵展演时能主动参与到诗歌高潮部分的朗诵中，以此带动现场气氛，获得更好的宣传教育效果。

2. 红色小品情景演绎

小品是最常见的艺术展演方式，在某种意义上小品即是简短的戏剧。小品情景演绎不仅对剧本要求高，参演演员也需要一定的表演水平和台词功底。同时，小品在情景再现的基础上需要进行一定的艺术加工，也需要适当添加一定诙谐幽默的成分。在具体实践中，需要从剧本、演员、演出时间地点等方面根据受众不同适时调整演出方案，以便呈现最佳演出效果。在红色小品巡回展演实践过程中，应重点关注以下几点。

一是注重剧本选择。剧本是小品情景演绎的演出主题和具体情节的统一，是完成演出任务的首要因素。一方面，剧本的主题选择要以习近平新时代中国特色社会主义思想为指导，契合红色理论宣讲巡回展演要求，切忌一味追求表演效果而忽略主题教育目标；另一方面，对选择的主题要进行艺术化加工处理，在完成实践目标的基础上适当增强演出观赏性，或者增添延伸内容丰富情节，让观众在了解理论知识和党史国史的同时，开阔眼界、增长见识。

二是注重演员选拔。演员是小品情景演绎的主要参加者，承担着完成演出任务、应对临时状况等职责。在进行演员选拔时，既要注重演员本身的理论素养，也要符合小品角色设定。同时，要注重对演员进行有针对性的培训，如进行剧本集中讲解、表演艺术培训等。剧本讲解主要由剧本撰写者面向演员展开，主要目的是让演员了解情节缘由和内容背后更深层次的故事，以便更好塑造角色。表演培训则可以邀请表演专业的同学面向全体演员展开，以增强演员的表演意识，提升小品演绎效果。

三是注重方案实施。演出方案统筹剧本、演员、道具等必备要素，是演出具体实施的总要求。演出方案要在尊重剧本、尊重演员的基础上，充分考虑演出道具、演出时间、演出地点等因素的变化，随时进行一定调整以便适应不同受众的需要，达到最佳演出效果。

3. 红色歌舞文艺演出

歌舞文艺演出作为颇具艺术性和感染力的展演形式，广受高校师生喜爱。该形式对于艺术水准和专业素养要求较高，需要多方参与、协同配合。在红色歌舞文艺演出巡回展演实践过程中，应重点关注以下几点。

一是要注重主题形式选择。红色歌舞文艺演出并不是纯粹的文艺汇演，而是集艺术性与政治性于一体的展演形式，在表演中应始终将凸显主题放在首位。当然，在展演时也可以不局限于歌曲和舞蹈，适当穿插其他艺术展演形式，以丰富表演内容，增强展演效果。

二是要注重演员选拔培训。红色歌舞文艺演出对表演者要求较高，不仅需要演员具备一定的艺术水平和表演经验，还需要有扎实的理论修养和坚定的理想信念作支撑，以通过演出最大程度调动观众积极性，增强舞台效果和感染力，达到思想引领和理论宣传的目的。

三是要注重演出方案制定。歌舞文艺演出是参与人员和环节设置较多、舞台要求较高的表演形式。在演出前，必须制定一套全面系统且切实可行的演出方案。演出方案具体包括前期准备、演员培训、舞台道具、灯光舞美、环节设计、后勤保障等。

4. 红色题材话剧展演

话剧是以对话方式为主的戏剧形式，其主要叙述手段为演员在台上无伴奏的对白或独白，有时也可以用少量音乐、歌唱等形式作为补充。作为一门综合艺术，话剧对于剧本、演员、舞台等都有严格要求，但因其直观性、对话性、沉浸式等特点，往往最受观众喜爱。因此，红色题材话剧表演也成为高校师生进行课程实践汇报的常用方式。在红色话剧巡回展演实践过程中，应重点关注以下几点。

一要注重剧本选择。好的剧本是话剧展演的灵魂，直接决定着红色话剧展演的效果。在剧本选择上，必须坚持思想性、实践性与艺术性的统一。要坚持思想性原则，以习近平新时代中国特色社会主义思想为指导，紧扣红色理论宣讲课程实践主题，弘扬主旋律、传播正能量；要坚持实践性原则，将剧本主题与现实生活紧密联系起来，既来源于生活又高于生活；同时也要坚持艺术性原则，剧本中的角色对话必须具有自然、精炼、生动、优美、富有表现力等特点。

二要注重演员选拔。话剧是舞台的艺术，往往需要一气呵成，对演员的舞台表现力、语言感染力、体力耐力等都是很大的考验。选拔演员时，优先选择形象符合角色要求、声音条件好、表演能力强的演员。同时，要加强对演员信念感的考察。所谓信念感，即对于所诠释主题、所饰演角色、所讲述故事的深信不疑。红色话剧表演尤其是需要注重增强演员对中国特色社会主义的道路自信、理论自信、制度自信、文化自信。只有以强大的信念感影响观众，才能使他们感受到信仰力量。

三要加强演出排练。话剧是借助舞台完成的，通过大量的舞台对话展现剧情、塑造人物、表达主题，其本身具有直观性，即通过演员的姿态、动作、对话、独白等表演作用于观众的视觉和听觉，同时用化妆、服饰等手段使观众能直接观赏到剧中人物形象的外貌特征。演员只有通过多次排练不断揣摩角色，才能更好地诠释角色。必须加强红色话剧演出前的排练工作，通过排练定位舞台、熟悉舞台，增强演员之间、演员与舞台之间的匹配度，才能达到更好的演出效果。

5. 红色主题微电影展播

微电影是互联网时代的产物，是一种新媒体电影形态。其特点在于适合在各种媒体平台播放、放映时间和制作周期短、成本低，同时又具有完整的故事情节，可以单独成篇，也可以系列成剧。与电影拍摄的巨大投资相比，微电影无论在拍摄设备、资金、团队、流程、演员等方面要求都较低，更适合学生的课程实践操作需求。通过微电影的方式回顾红色经典、赓续红色血脉，已经越来越成为高校学生喜闻乐见的实践作业方式。在红色主题微电影展播实践过程中，应重点关注以下几点。

一是要注重确定拍摄主题。微电影的特点决定了其不适宜重大题材的叙事，也没有营造宏大场景的必要。其短小灵活易传播的特征，决定了选题要更具有针对性、叙事方式要更平民化、表现手法要更多样化。红色主题微电影更要在主题和剧本选择上下功夫，注重以小见大反映党的百年发展历程，并将百年时光与新时代发展紧密相连，展现出青年一代有理想、敢担当、能吃苦、肯奋斗的精神特质。

二是要注重协调拍摄过程。电影的拍摄需要由制片、导演、演员、摄像、美工、录音、化妆、服装、道具、置景、场记、剧务等人员共同完成。微电影因其体量小，很多工作往往由一人兼任，但也要有所分工：如前期需要有人专门负责将剧本转化为供拍摄用的具体、详细、明确的镜头拍摄实施方案，并就整个微电影制作过程中的拍摄计划作出详细安排，录制过程中需要的服装、道具、布景也需要提前准备好；拍摄过程中要有专人负责拍摄时间、场地、演员等的协调工作，并对已拍完的镜头做详细记录，方便后期制作等。

三是要注重后期剪辑制作。后期制作对微电影的效果呈现具有重要意义，剪辑得好，可以起到升华微电影质量的作用。通过初剪、精剪、配音、配乐、字幕、特效等一系列的制作，将前期拍摄的所有画面连贯起来，并有效凸显拍摄主题。这样可以使微电影给观众带来良好视听效果的同时，起到润物无声的育人作用。

（三）成果展示及评价

评价体系是指挥棒，对学习与实践起着重要的导向作用。以红色理论宣讲为主题的巡回展演，其本身内容丰富、形式多样，评价维度也应该多样化。

1. 评价主体

评价主体多元化。多元主体评价是由红色理论宣讲巡回展演实践活动本身的特点决定的。红色理论宣讲巡回展演面向的对象除了本班级学生外，还可能面向全院全校师生，甚至走出校园走向社会大舞台。因此，要实现自评互评、教师评价、社会评价的统一。通过自评，对实践活动进行具体的反思和总结，可以更深刻领悟实践背后的真理力量；通过互评，相互监督与提醒，培养责任意识和团队意识；通过教师评价，对实践活动整体效果进行分析点评，从宏观上增进学生的理论水平和政治素养；通过社会评价，让巡回展演面向的社会各方面受众参与到实践评价中来，有利于实现课程与实践、学校与社会的有效链接。多元主体的评价体系能够保证红色理论宣讲巡回展演实践活动评价的真实、权威、客观。

2. 评价方法

评价方法立体化。对红色理论宣讲巡回展演实践的评价方法应该是多维度的，坚持定性评价和定量评价相结合。一方面，结合平时表现对实践过程中参与者的实践态度、实践能力、实践效果等，通过观察、分析、归纳等作出定性结论的价值判断；另一方面，通过收集和分析数据资料，如巡回展演场次、受众人数、受众满意度评价、媒体报道等，实现实践活动的定量评价。定量评价具有客观化、标准化、精确化等特征，更具有权威性和说服力。要实现定量评价和定性评价相结合，保证评价的科学性和合理性。

3. 评价过程

评价过程全程化。对红色理论宣讲巡回展演实践活动的评价，要实现过程评价和结果评价相结合，既要重视实践活动的总体效果，又要注重实践活动各个环节。在前期准备过程中，注重考核是否有明确的实践主题、实践目的和意义，是否对实践活动有充分准备，是否有合理的活动方案、团队成员任务分配是否科学等；中期活动组织实施过程中，重点考核巡回展演活动宣传是否有力、组织是否有序、实施是否顺利、现场效果如何等；在后期总结过程中，重点考核对实践活动的总结与回顾是否到位，是否达到预期实践目标等。通过对巡回展演全过程的考核评价，可以多维度反映实践情况。

三 实践案例赏析

在这一部分，我们将根据以上提到的红色理论宣讲巡回展演的具体实践形式，介绍和评析实践案例。

➲ 案例欣赏

案例一：红色经典诗文朗诵

材料 1:《可爱的中国》

朋友！
中国是生育我们的母亲。
你们觉得这位母亲可爱吗？
我想你们是和我一样的见解，
都觉得这位母亲是蛮可爱蛮可爱的。
以言气候，中国处于温带，
不十分热，也不十分冷，
好像我们母亲的体温，不高不低，
最适宜于孩儿们的偎依。
以言国土，中国土地广大，纵横万数千里，

好像我们的母亲是一个身体魁大、胸宽背阔的妇人，
……
中国许多有名的崇山大岭，长江巨河，以及大小湖泊，
岂不象征着我们母亲丰满坚实的肥肤上之健美的肉纹和肉窝?
中国土地的生产力是无限的；
地底蕴藏着未开发的宝藏也是无限的；
废置而未曾利用起来的天然力，更是无限的，
这又岂不象征着我们的母亲，
保有着无穷的乳汁，无穷的力量，
以养育她四万万的孩儿?
我想世界上再没有比她养得更多的孩子的母亲吧。
至于说到中国天然风景的美丽，
我可以说，
不但是雄巍的峨嵋，妩媚的西湖，幽雅的雁荡，
与夫“秀丽甲天下”的桂林山水，可以傲睨一世，令人称羡；
其实中国是无地不美，到处皆景，
自城市以至乡村，一山一水，一丘一壑，
只要稍加修饰和培植，都可以成流连难舍的胜景；
这好像我们的母亲，
她是一个天姿玉质的美人，
她的身体的每一部分，都有令人爱慕之美。
中国海岸线之长而且弯曲，
照现代艺术家说来，这象征我们母亲富有曲线美吧。
咳！母亲！美丽的母亲，可爱的母亲！
……
我们相信，中国一定有个可赞美的光明前途。
……

到那时，中国的面貌将会被我们改造一新。
我相信，到那时，
到处都是活跃跃的创造，
到处都是日新月异的进步，
欢歌将代替了悲叹，笑脸将代替了哭脸，
富裕将代替了贫穷，康健将代替了疾苦，
智慧将代替了愚昧，友爱将代替了仇杀，
生之快乐将代替了死之悲哀，
明媚的花园，将代替了凄凉的荒地！
这时，我们民族就可以无愧色的立在人类的面前，
而生育我们的母亲，也会最美丽地装饰起来，
与世界上各位母亲平等的携手了。
这么光荣的一天，决不在辽远的将来，而在很近的将来，
……
假如我还能生存，那我生存一天就要为中国呼喊一天；
假如我不能生存——死了，我流血的地方，或者我瘗骨的地方，
或许会长出一朵可爱的花来，这朵花你们就看作是我的精诚的寄托吧！
……
亲爱的朋友们，不要悲观，不要畏馁，
要奋斗！要持久的艰苦的奋斗！

（节选自方志敏《可爱的中国》，中国青年出版社，2019，第 112-122 页。）

材料 2:《请党放心，强国有我》

今天，我们站在天安门广场，紧贴着祖国的心房。
今天，我们歌颂人民英雄的荣光，见证如他们所愿的梦想。

今天，我们向党致以青春的礼赞：

走过百年，风华正茂的中国共产党！

今天，我们对党许下青春的誓言：

新的百年，听党话、感党恩、跟党走，

同心向党，奔赴远方！

妈妈对我说，在每个人心中，中国共产党都是光荣的模样。

党是冉冉升起的旭日，驱散黑暗，带来光明，

将可爱的中国照亮！

党是高高飘扬的旗帜，昭示信念，指明方向，

为可爱的中国领航！

老师告诉我，一百年前，古老的中华大地诞生了中国共产党，

播撒信仰的火种，点亮真理的强光。

这束光，激发了井冈山上的革命理想：

星星之火，可以燎原！

这束光，照亮了长征路上的正确方向：

雄关漫道，万水千山！

这束光，辉耀了宝塔山上的民族希望：

保卫华北，保卫黄河！

这束光，映照了百万雄师横渡长江：

天翻地覆，正道沧桑！

你看，天安门广场升起第一面五星红旗：

中国人民从此站起来了！

当家做主人，建设新中国，

这是中国人民满怀豪情的激昂！

你听，“抗美援朝，保家卫国”的军歌嘹亮；

你听，大庆铁人“拼命拿下大油田”的誓言铿锵；

你听，“两弹一星”震惊世界的东方巨响；

你听，红旗渠“誓把河山重安排”的豪迈乐章——
到祖国最需要的地方去！
南海潮涌，东方风来，春天的故事在希望的田野上铺展。
故事里，有开放的特区，敢为人先；
故事里，有回归的港澳，游子团圆；
故事里，青藏铁路，连接团结进步的桥梁；
故事里，奥运火炬，点燃自信自强的烈焰——
团结起来，振兴中华！
站起来，富起来，强起来：
新时代的号角响彻河山！
脱贫攻坚，全面小康，千年梦想今朝实现——
坚持以人民为中心！
嫦娥探月，蛟龙深潜，大国重器世人惊艳——
科技强则国家强！
生态文明，绿色低碳，美丽中国展开画卷——
绿水青山就是金山银山！
和平发展，合作共赢，“一带一路”互通互联——
推动构建，人类命运共同体！
新阶段、新理念、新格局，
中国道路，中国奇迹，举世称赞！
为人民谋幸福，为民族谋复兴，
满足人民对美好生活的向往，
矢志不变。
江山就是人民，人民就是江山！
梦在前方，路在脚下，
我们都是追梦人！
为实现第二个百年奋斗目标，

为实现中华民族伟大复兴的中国梦
准备着，为共产主义事业而奋斗！
时刻准备着！
不忘初心，青春朝气永在；
志在千秋，百年仍是少年。
奋斗正青春！青春献给党！
请党放心，强国有我！
请党放心，强国有我！
请党放心，强国有我！
请党放心，强国有我！

（《请党放心，强国有我！共青团员和少先队员代表集体致献词》（全文来了），https://baijiahao.baidu.com/s?id=1704069269238710009&wfr=spider&for=pc，2021 年 7 月 1 日。）

➲ 案例评析

材料 1 为方志敏《可爱的中国》节选。《可爱的中国》是方志敏在生命的最后岁月写的散文名篇，后来广为传诵，成为对祖国母亲深情告白、对奋斗人生热情宣言的绝佳朗诵题材。方志敏牺牲时年仅 36 岁，正值青春年华。他顽强不屈的意志与品格、他对伟大革命事业的忠贞与奉献，至今依然感动着后来者。这是一篇可爱中国的宣言，它激励着一代又一代青年人继承革命先烈遗志，矢志不渝为祖国奋斗。

材料 2 为庆祝中国共产党成立 100 周年大会上共青团员和少先队员代表的集体献词。2021 年 7 月 1 日，庆祝中国共产党成立 100 周年大会在北京天安门广场隆重举行。会上，少先队员和共青团员代表集体诵读了这段献词，向党致以青春的礼赞，抒发“请党放心、强国有我”的铮铮誓言。该献词浓缩了中国共产党的百年历史，表达了青少年听党话、感党恩、跟党走的坚强决心以及对中国特色社会主义共同理想和共产主义远大理想的坚定信心。

采用红色诗文朗诵方式进行巡回展演，诗文选题非常重要。既要体现红色主题，弘扬主旋律、传播正能量，又要联系实际生活，激发共情引起共鸣，还要朗朗上口、利于表演。在实际操作过程中，参加朗诵的同学要对诗歌所表现的主题和情感有深刻理解和认知，在了解相关背景资料的基础上利用语言、体态等准确传达诗文思想内容，以感染观众、引起观众共鸣。

案例二：红色小品剧本选读

材料 1:《老师的礼物》

时间：当代

地点：刘德贵家

人物：赵正明　男，六十多岁，刘德贵的老师

刘德贵　男，四十多岁，赵正明的学生，李秀英的丈夫，某市城建局局长

李秀英　女，四十多岁，刘德贵的妻子

［幕启。李秀英拿着一个写有“刘局长亲启”字样的信封上］

李秀英　自打最近市旧城改造的消息传开后，我家出现了“三多”：一是家里的电话多了；二是请我老公吃饭的多了；三是登门拜访的多了。这不，刚才来了一个人，非要见我家老公不可，我说我老公开会去了，他就留下这信封，让我转交给我老公。唉，我简直成了我老公的义务接待员和二传手了。

［赵正明上，叩门］

李秀英　这不，又有人来了。我这义务接待员又该忙活了。来了，来了。（打开门）你找谁？

赵正明　啥？你问我是谁？

李秀英　不，我是问你找谁？

赵正明　哦，对不起，我耳朵有点背，我是来找刘德贵的。

李秀英　请进。

赵正明　哎。（进屋）

李秀英　（指了指沙发）请坐。

赵正明　哎，好，谢谢。（坐下）

李秀英　请问你找德贵是公事还是私事？

赵正明　说是公事也算公事，说是私事也算私事，就算是公私兼顾吧。

李秀英　啊呀，你来得多不巧，他开会去了。

赵正明　赶会去了？

李秀英　不是赶会，是开——会——去了。

赵正明　哦，开会去了，现在当领导的就是会多。那，他的会啥时候能开完？

李秀英　这说不上，他的会简直没完没了。有时候到省里开会，有时候在市里开会；有时候开了这个会接着又去开那个会；有时候晚上和双休日还要加班开会。你能不能改天再来？

赵正明　明天再来？

李秀英　不，是请你改个日子再来。

赵正明　哦，你是说让我改个日子再来，我听明白了。

李秀英　对。

赵正明　（笑嘻嘻地）对不起，我家离市里有100多里地呢，我年纪也大了，来一趟不容易。再说了，德贵的会这么多，谁知道他啥时候不开会？我怕时间一长把事情给耽误了。

李秀英　请问，你找德贵有啥事？

赵正明　其实我找他也没啥大事，就是有一件事老放心不下。

李秀英　你年龄这么大了，还是放宽心好，有啥事，让孩子来就行了。

赵正明　不，这事必须由我亲自来办。

李秀英　你有啥事能不能告诉我，我转告给他行不？

赵正明　有啥事告诉你？

李秀英　对。

赵正明　你再转告他？

李秀英　对呀。

赵正明　这太麻烦你了。

李秀英　没关系，我是他的二传手么。

赵正明　二把手？你是家里的二把手？二把手好。现在好多女同志在家里都成了一把手……

李秀英　不是二把手，是二——传——手。

赵正明　二传手？二传手我知道，就是把球接过来，又传给别人。

李秀英　对。

赵正明　既然是这样，不麻烦你了，这传过来传过去，太麻烦你了，还是我当面传给德贵吧。

李秀英　那，还不知道他啥时候能回来呢！

赵正明　他一会儿就回来？那，我就等他一会儿。

李秀英　不，不是，我是说他还不知道啥时候能回来呢！

赵正明　没事，他暂时回不来也没关系，反正我退休了，没啥事，我就等着他，等到晚上他总该回来了吧。对了，你要是有事，你去忙，你不用管我。

李秀英　（皱了皱眉头）这，要不我给他打个电话吧。对了，你叫啥名字？

赵正明　哦，我叫赵正明。

李秀英　（拿起话筒拨号）德贵，有个叫赵正明的人来咱家了，要见你面谈哩。啥，你马上回来，让他等着？（放下话筒）他一会儿就回来。

赵正明　再等一会儿？没关系，我再等二会儿也没关系。

［刘德贵开门进来］

刘德贵　呀，赵老师来了。（上前握住赵正明的手）赵老师，你请坐。（转身）秀英，快给赵老师拿烟、倒茶。

李秀英　（递了支烟）赵老师，请抽烟。

赵正明　（连连摆手）谢谢，我不会。

李秀英　（转身倒了一杯茶端进来）赵老师，请喝茶。

赵正明　（又连连摆手）我不会。

李秀英　啥？你连茶也不会喝？

赵正明　不，我喝了茶晚上睡不着。

刘德贵　赵老师，几十年了，你的习惯还没有变呀！

赵正明　就是的，江山易改，本性难移么。

李秀英　赵老师，你们说话，我去做饭去。（说着，走进厨房）

赵正明　对，你去忙吧。

刘德贵　赵老师，咱们恐怕有十几年没见面了。这十几年来，由于工作太忙，我一直没顾上去看你，请你原谅。

赵正明　没关系，你们当领导的工作就是忙，这我知道。这十几年来，我一直在关注着你呢。我知道你后来考上了名牌大学，毕业后分到了县城建局当秘书，后来又调到市城建局当秘书，再后来又当上了市城建局的副局长，听说你现在当正局长了，我就特意来看望你一下，一来祝贺你这个为老师争了光的学生，二来……

刘德贵 赵老师，我知道您是无事不登三宝殿，今天来找我，一定有啥事吧？

赵正明 我今天来找你……其实也没有啥大不了的事。

刘德贵 赵老师，不管大事小事，你的事就是我的事。

赵正明 德贵，真的没啥大事，只是有一件事，我总是放心不下。

刘德贵 赵老师，有啥放心不下的事，你只管说，我一定会尽力的。

赵正明 （慢悠悠地从口袋里取出一个信封放在茶几上）这是我的一点……我的意思，都在这里面了。

刘德贵 别，别……赵老师，有啥事，你只管说。

赵正明 其实真没啥大事。

刘德贵 赵老师，我知道你为人正直，不轻易求人，我想，一定是你的亲戚托你来的吧？

赵正明 不是的。

刘德贵 那一定是你的朋友托你来的？

赵正明 不，不，不是的。

刘德贵 （想了想）对了，我想起来了，你儿子，不，我国庆哥现在干啥？是不是还在建筑公司当经理？是不是他让你来的？

赵正明 不，不，不是的。

刘德贵 那，究竟是谁托你来的？你只管说吧，就冲着你是我的老师，又是我的救命恩人，只要是我职权范围能办的事，只要不违反原则，我一定尽力，你放心好了。俗话说，知恩不报非君子。那年，在上学的路上，我不幸被蛇咬伤后，是你用自行车把我及时送到医院的，要是没有你，哪有我的今天……

赵正明 德贵，那都是过去的事了。我今天来，没有谁托我，也没有啥大事，只是想看看你，表示一点心意而已。这人见到了，东西也给你了，我该走了。（说完，拔腿欲走）

刘德贵　老师，你这么老远来，吃了饭再走吧。

李秀英　（也连忙跑出来）赵老师，你吃完饭再走么。

赵正明　你们都忙得很，老师就不打扰了。（说完，抬脚就走）

刘德贵　（连忙把信封塞进赵老师口袋）老师，这个你拿走。

赵正明　不，这是我的一点心意。（把信封递给刘德贵）

刘德贵　（用手挡住）赵老师，你的心意我领了，可是这信封，你一定要拿走。

赵正明　这是我的一点心意，你就收下吧。（把信封递给刘德贵）

刘德贵　赵老师，我真的不能收。（把信封塞进赵老师口袋）

赵正明　（把信封掏出来，拿在手上）这是老师的一点心意，你们要是让我拿走，老师可就要生气了。德贵呀，我的千言万语，都在这信封里了。你一定不要辜负老师的希望。（说完，把信封搁在茶几上走了）

刘德贵　赵老师……赵老师……

［赵老师头也不回地走了。

刘德贵　（刘德贵回到客厅，看着茶几上的信封）这……咋办呀……

李秀英　（手里拿着一个信封）给，这儿还有一个信封呢。（说着把信封也放在茶几上）

刘德贵　这里面装的啥？

李秀英　我咋知道？人家在上面写着你亲启哩。

刘德贵　（打开信封，见是一沓100元的人民币）是钱？这么多？你咋把人家的钱收下哩？

李秀英　我咋知道呢？我要知道是钱，说啥也要让他拿走。

刘德贵　他是谁？

李秀英　他说他是金水县建筑公司的，姓魏。

刘德贵　原来是他呀。

李秀英　（指着茶几上赵老师的信封）对了，德贵，你快把这个信封也打开看一下，没准里面装的也是钱哩。

刘德贵 （拿起信封，掂了掂）有可能，但我猜肯定还有一封信。肯定是有人托赵老师来找我的，赵老师一定不好意思当面向我说，才这么做的。（说着，拆开信封倒出来一看，原来是一张刑事判决书）

李秀英 （接过判决书）原来是一张判决书呀！（不由自主地念起来）金沙市人民法院刑事判决书（2006）金刑初字第10号，被告人许金生，男，1960年9月12日出生，汉族，江苏金沙人，大学文化，1998年10月至2005年10月任金沙市城建局局长，2005年11月22日被逮捕，现在押。现经查明，被告人许金生在任职期间，共收受他人贿赂370万元，依据《中华人民共和国刑事诉讼法》第一百九十条规定，判处被告人许金生死刑，剥夺政治权利终身，并没收个人全部财产。（念完后）德贵，赵老师这人咋这么怪的，他把这判决书送给我们是啥意思么？亏他还是你的老师哩，这是啥老师么？

刘德贵 不！秀英，这是赵老师送给我们最珍贵的礼物。

李秀英 （不解地）最珍贵的礼物？这是啥珍贵礼物么？

刘德贵 秀英呀，你知道不，这是赵老师的一片苦心。他是担心我在城建局局长这个岗位上受贿犯罪啊。（深情地）赵老师，谢谢你。（说完，猛地拿起那个装钱的信封）秀英，咱走！

李秀英 去哪？

刘德贵 咱一块把钱交市纪委去！

［剧终］

（编剧：曹豫龙，选自《优秀小戏小品剧本选》，陕西省文化厅、陕西省戏剧家协会编，三秦出版社，2007，第287-293页。）

材料 2:《谁最美》

人物表

娟　娟　村民，30 岁，女，客串乡村春晚主持人

田　根　35 岁，男，有闯劲有干劲的热血壮年，妻子患有严重肾病，被列入扶贫户后搞农田生态种植

杨　群　45 岁，男，有头脑持成稳重的中年人，话少却能说到点子上，因意外交通事故腿部残疾、下岗，上有卧床七十老母，下有刚上大学的儿子，在扶贫干部的帮扶下，搞特色养殖脱贫，还带动了部分乡亲就业

焦糖糖　22 岁，女，某师范高校应届毕业生，戴眼镜、略带文静书生气，村小学“三支一扶”支教教师

盛　世　33 岁，男，脑子灵光、爱耍小聪明、接话把，早年丧母、少年丧父，初中辍学，游荡社会没有稳定工作，染上赌博陋习，婚姻成了老大难，去年戒赌被列为贫困户

[田根、杨群同时上场。杨群一手拄拐杖，一手拿稿子，口中念念有词]

田　根　杨叔，带着演讲稿竞选呢?

杨　群　这叫重视，你也参加?

田　根　参加！不带稿子的，都在这儿呢（拍着胸脯）。

杨　群　哦，胸有成竹。

田　根　那可不，为了这 10 万，我理论上、实践上，那是早早地做足了功课。

杨　群　那走吧，看看还都有谁。

田　根　哟，小焦老师，盛世兄弟已经来了啊。

[盛世和焦糖糖守在舞台另一侧。焦糖糖拿一笔一本]

主持人　观众朋友们，大家晚上好。我是主持人娟娟，我是主持

人小辉，下面将开始“脱贫路上我最美”的评选，获胜者可获得“天使资金”10 万元用于扶贫工作。现在 4 位选手已经到场。请每位选手在 2 分钟内完成竞选演讲，并解答其他选手向您的提问，最后，行使各自的投票权——“我选他”。

盛　世　那都自己选自己得了，这是个多余的环节。

杨　群　小点声。

田　根　遵守规则就行了。

主持人　那我们现在开始，有请一号。

田　根　我，田根，我的竞选演讲题目是“昨天、今天和明天”。昨天，俺那口子患有严重肾病，两个上学的孩子、庞大的医疗费使我成了门上挂牌牌的扶贫户……

杨　群　我们都知道。

盛　世　是的，别说昨天了，煽情!

田　根　今天，今天大家也都看到了，扶贫就扶我这样的——不怕困难、敢想敢干又勤奋的人呐。咱生态种植，20 多亩地，有套种、有间种、有轮种，合理利用时间、空间和土地资源……

盛　世　打住打住，说点我懂的，我好提问。

田　根　咦，一个农民不懂种地，好意思你。说点你懂的：我老婆的病是一天比一天好转，说明我医药费从未拖欠，说明今天我的日子一天比一天好啊。

［焦糖糖用笔在本子上奋笔疾书，记录的样子］

盛　世　要超时了吧？明天、明天，说明天。

田　根　明天，我种植茶叶并深加工，我已经跟咱村其他 10 家贫困户商量好了，连片种植 20 亩，现在急需种苗、材料、人工费 10 万，咱村贫困户劳动力也能解决啦。我田根就是要把根在田地里扎深、扎牢了！！！

盛　世　完了吧？

田　根　完了。谢谢！

盛　世　请杨叔发难——不是发难，是提问、提问。

杨　群　昨天，似乎就在眼前，可是也已经有三年。年轻人，政府的三年期扶贫贴息贷款该还了吧？

田　根　是、是、是要到期了。

盛　世　啊？昨天的债还没还，就展望明天？到时候怕连你们工钱都发不出来——

杨　群　干事业，规模先做小，市场要做大。

田　根　我市场、我……

主持人　叮铃铃，2 分钟已到。

田　根　我……

盛　世　再说！再说超时出局。

主持人　下面有请咱村的科学养殖致富带头人杨群开始他的演说，有请。

杨　群　乡亲们好，我承诺我杨群让你发“羊”财、生活喜洋洋。首先，我的贫困帽子是，去年戴、今年摘，后劲十足，另外……

盛　世　哎哎哎，杨叔，你都摘帽了，就不要跟我们争了吧。

杨　群　摘帽相当于刚骑上马，这不还需要政府送一程嘛。脱贫以后的扶贫政策还可以享受三年，避免返贫呐。

盛　世　完了，这 10 万要给他拿去了，（对田根）你想个招儿啊。

杨　群　另外，我贷款已经还完，是轻装上阵。我的项目引进澳大利亚的“澳洲”纯种肉用种羊，它生长快、体型大、繁殖率高、适应性强，是世界公认用于终端杂交的优良品种，跟咱们的“霍里羊”杂交为“澳霍”羊，开发羊羔、羊肉两条线，收益可观，咱村凡是养霍里羊的牵来配种，都实物出资入股。下面请各位提问。

［大家面面相觑，没人发声］

盛　世　噢嗬，噢嗬，噢嗬，一个“澳霍”羊把大家弄噢嗬了吗？这才几十秒就把大家撂倒了？小才女，你冒个泡哎（拉小焦往前站）。

焦糖糖　哎——，我，我本人不是贫困户，到这个台上，算是个“插班”生，请大家包涵，但是我的班级里有6名贫困户的孩子，我为他们来。

田　根　小焦老师，我家的两个孩子劳您费心了。

焦糖糖　您客气了。刚才您和杨叔的发言很让我感动。田哥，您儿子都小要照顾，嫂子重病在身离不开人，如果再把规模扩那么大，可有时间照顾家?

盛　世　女人视角，高。（对田根）你，出局已定。

田　根　去。

焦糖糖　杨叔，您是我们的榜样，不但要脱贫，还要带领大家致富。

盛　世　完了，她要选他。

焦糖糖　我跟杨叔汇报个事，我班的孩子现在都在争着抢着到十几里地的河滩去割草，拿回来卖，说因为全村的秋收秸秆早都已经被您收购了，才刚刚满足您的养殖场。您要新增品种，那草料……

杨　群　我去外县收购。

焦糖糖　可是咱们村头，前不久被大水冲塌大半边的桥，是过不了大车的。

田　根　对，每次运菜我都提心吊胆。

杨　群　政府会修的。（小声）时间问题。

盛　世　（对杨群）你要给羊画饼充饥吗？（对焦糖糖）有文化真可怕，他俩OUT，请发表你的演讲。

田　根　（对杨群）切，他俩OUT也选不了你啊。

杨　群　他就是来混的。

焦糖糖　我的想法是争取资金给孩子们建一个“多媒体教室”，

有电脑、电视、投影、电子白板等，这是一扇了解外面的精彩世界的窗口，比我口头描述更能激发他们的学习兴趣。

杨　群　对着呢，孩子是家家户户的命根子。

焦糖糖　教育，是拔掉穷根的重要途径。

盛　世　拔掉，那么好拔掉啊?！俗话说，龙生龙、凤生凤，老鼠的儿子会打洞。

田　根　你看你这觉悟，那还有俗话讲，勤劳能致富、人无一世穷呢。

盛　世　好好好，你们就没什么提问小焦老师的?（两人摇头）你俩这是在告诉我：好男不跟女斗啊。好，我也不提问。该我发表竞选演讲了（面向焦糖糖，欲哭，二胡声）我早年丧母、（面向田根）少年丧……

田　根　少年丧父。

盛　世　（面向杨群）初中辍学没文化，（欲哭）还染上……

杨　群　还染上赌博陋习，去年戒赌后才被列为贫困户。这都乡里乡亲、知根知底儿的，你也别煽情了，说重点。

盛　世　重点就是，我一个老大难、光棍汉，要骑着互联网的黑马一路奔腾，迎接我心爱的娘子了。

田　根　看看，想老婆想疯了。

杨　群　这孩子。

焦糖糖　温馨提示，请注意时间。

盛　世　谢谢谢谢。言归正传，我去年被列为贫困户后，参加了农村电商培训脱贫班。

盛　世　我还自学了半年网课，网课上还网住了一枚志同道合的女生。

田　根　恋爱啦? 祝贺！

杨　群　盛世跟着时代走，没错，接着说。

盛　世　我想给咱小马村打造一个“马上到”电子商务平台，（面向田根）“你种我销”，（面向杨群）“你养我卖”。

田　根　咋个卖法？

盛　世　与淘宝、京东、苏宁、阿里巴巴合作。

杨　群　哎，阿里爸爸，你爸爸他不是？

焦糖糖　杨叔，阿里爸爸，不是，阿里巴巴是网上交易的一个平台。（面向盛世）现在抖音、快手的带货直播也很火呢。

盛　世　对，以我这形象，肯定网红嘛，我这头直播你的田间、你的羊圈、你的课堂，还有他、他、他各位乡亲的脱贫战场，我再盘一个快递物流点，帮助贫困乡亲们打通农产品销售渠道最后一公里。

杨　群　打住，物流点、最后一公里，在哪里？

盛　世　在，在，在村头的小学门口吧。

田　根　嗨！你也没戏，那物流车还不是要过桥？！

盛　世　先卖小件，小件，用三轮、用摩托、用……

主持人　（叮铃铃）好，时间到。

盛　世　嗨～

主持人　感谢四位的演讲。乡亲们看到了，他们手头的项目啊各有优势和短板，其实我们还有第五位选手，因为她在处理很重要的事情，不能来到现场，所以请我代为宣读她的竞选宣言。

主持人　（读稿件）乡亲们，我是咱村的挂职扶贫干部李春霞，谢谢你们的信任，我很惭愧来争这笔资金，我应该多利用自身资源、引进外资进村。招商资金不能马上到位，而修建咱村头那塌大半边的桥却迫在眉睫。为了大家的安全，为了产品的销路不受阻，这桥，得抓紧时间修，修建了这座桥，能助力大家快脱贫，实现共同富裕。其实，大家在我心中都是脱贫路上最美的人，扶贫只是外因，真正让你们脱贫的是你们的内因，自己有志气、有想法。

主持人　（走向杨群）杨群最美，美在脱贫路上身残志坚，还长年照顾卧床吃药的老母亲，他自学了几大捆科学养殖书籍，拄着拐杖把养殖场搞得风生水起。

杨　群　多亏了李书记的鼓励，还给我请了养殖专家传授经验。

主持人　（走向田根）田根最美，美在脱贫路上苦干实干，虽然妻子重病一年花费好几万，但是他从来没有放弃自己，用自己的双手摘掉贫困户的帽子。

田　根　我的种植技术都是李书记手把手教的，多少个白天黑夜都是李书记和她的学生们在陪伴。

主持人　（走向焦糖糖）小焦最美，美在脱贫路上从娃娃抓起，用知识和智慧把穷根拔起，放心，你的多媒体教室由我的一个校友包啦！

焦糖糖　李书记是我的学习榜样。

主持人　还有盛世，改掉赌博恶习，从以前的游手好闲到今天的自立自强。

盛　世　是李书记苦口婆心的劝导才让我洗心革面，重新做人！

主持人　乡亲们，建好那座桥，激活整个村，脱贫路上让我们手拉手，心连心，从修桥开始，大家说好不好！

田　根　那这10万块钱？

杨　群　听李书记的。

四　人　修桥！

［剧终］

（编剧：吴玲玲，选自《2019—2021长三角地区主题创作小戏小品剧本征集活动获奖作品选》，上海市剧本创作中心、上海市戏剧家协会编，上海人民出版社，2022，第151—158页。）

➲ 案例评析

材料1《老师的礼物》是陕西省百县千场农村文艺调演活动，陕西戏剧奖·小戏小品剧本奖二等奖作品。剧本以曾经的老师给已经身为党员干部的学生准备一份“特殊的礼物”为主线，展现了老师费尽心思提醒学生清廉为官的良苦用心。作品同时也警示人们要坚守廉洁底线，弘扬清风正气，树廉洁之心、行廉洁之事、做清廉之人。

材料2是2020年“为了明天——长三角地区主题创作剧本征集活动”二等奖作品。剧本通过塑造脱贫攻坚路上五个经历不同、性格各异的鲜活典型，从小微视角反映了脱贫攻坚干部和群众满怀信心迎难而上、攻坚克难的生活片段。

相较于其他艺术表现形式，小品虽然情节简单、短小精悍，但所反映的题材、事件大多源于人们的生产生活实践。小品在选题和创作过程中，要坚持贴近生活、角度新颖、语言精练、感染力强；同时，又要源于生活、高于生活、适度夸张，如此才能引起观众的兴趣，也才能使观众在演员的嬉笑怒骂中获得生活的启示和思想的升华。

案例三：红色歌舞文艺演出

材料1：庆祝中国共产党成立100周年文艺演出《伟大征程》节目单

盛典仪式

歌曲《跟着共产党走》

启航

节目一

戏剧与舞蹈《破晓》

歌曲《国际歌》

第一篇章　浴火前行

节目二

情景舞蹈《起义 起义》

湖南民歌《秋收起义歌》

节目三

歌舞《土地》

江西民歌《苏区干部好作风》

鄂豫皖革命民歌《八月桂花遍地开》

赣南民歌《十送红军》旋律（节选）

节目四

戏剧与舞蹈《长征》

歌曲《红军战士想念毛泽东》

歌曲《遵义会议放光辉》旋律（节选）

红军歌曲《会师歌》（节选）

节目五

情景大合唱《怒吼吧 黄河》

歌曲《保卫黄河》

节目六

合唱与舞蹈《向前 向前 向前》

歌曲《中国人民解放军军歌》

交响乐《激情燃烧的岁月》旋律（节选）

第二篇章　风雨无阻

节目七

舞蹈《开国大典》

交响乐《红旗颂》旋律（节选）

节目八

情景合唱与舞蹈《战旗美如画》

歌曲《我的祖国》旋律（节选）

歌曲《中国人民志愿军战歌》旋律（节选）

歌曲《英雄赞歌》

节目九

戏曲与舞蹈《激情岁月》

歌曲《咱们工人有力量》旋律（节选）

歌曲《祖国颂》旋律（节选）

第三篇章　激流勇进

节目十

舞蹈《春潮澎湃》

歌曲《在希望的田野上》

节目十一

歌舞《特区畅想曲》

歌曲《青春啊青春》

歌曲《假如你要认识我》

歌曲《与我同行》

歌曲《走四方》

歌曲《春天的故事》

节目十二

情景合唱与舞蹈《回归时刻》

歌曲《我的中国心》

歌曲《今夜无眠》

节目十三

诗朗诵与合唱《跨越》

歌曲《走进新时代》

节目十四

情景舞蹈《党旗在我心中》

歌曲《我们和党旗在一起》

节目十五

合唱与舞蹈《行进的火炬》

歌曲《我和你》

歌曲《江山》

第四篇章　锦绣前程

节目十六

戏剧与歌舞《东方奇迹》

歌曲《小康之歌》

歌曲《唱支山歌给党听》

节目十七

情景交响歌舞《人民至上》

歌曲《生命至上》

节目十八

情景歌舞《强军战歌》

歌曲《我们从古田再出发》

歌曲《强军战歌》

节目十九

诗朗诵与合唱《强国力量》

歌曲《未来你好》

节目二十

鼓乐歌舞《新的天地》

歌曲《不忘初心》旋律（节选）

歌曲《新的天地》

节目二十一

器乐、童声合唱与舞蹈《命运与共》

歌曲《和合之美》

领航

歌曲《领航》

歌曲《没有共产党就没有新中国》

（《庆祝建党百年文艺演出〈伟大征程〉节目单公布》，https://wenhui.whb.cn/third/baidu/202107/01/412289.html，2021 年 7 月 1 日。）

材料 2：学习贯彻习近平新时代中国特色社会主义思想主题教育红歌会节目单

第一篇章　筚路开山河

朗诵《觉醒年代》

合唱《保卫黄河》

合唱《社会主义好》

合唱《春天的故事》

第二篇章　盛世谱华章

朗诵《在中国大地上报道》

合唱《我和我的祖国》

合唱《新的天地》

合唱《在灿烂阳光下》

合唱《五月的光芒》

第三篇章　热血赴未来

朗诵《请党放心 强国有我》

合唱《强国一代有我在》

合唱《我的祖国》

合唱《走向复兴》

➲ 案例评析

2021年中国共产党成立100周年之际，文艺演出《伟大征程》在国家体育场盛大举行，材料1为该演出节目单。演出以大型情景史诗形式呈现，共分为四个篇章，综合运用多种艺术手段，生动展现中国共产党百年来带领中国人民进行革命、建设、改革的壮美画卷，热情讴歌党的十八大以来，在以习近平同志为核心的党中央坚强领导下，中国特色社会主义进入新时代，昂首阔步迈向全面建设社会主义现代化国家新征程的伟大篇章。

2023年，全国上下掀起学习贯彻习近平新时代中国特色社会主义思想主题教育热潮。扬州大学围绕主题教育开展了丰富多彩的活动，材料2是其中一部分。在此所摘录的红歌会节目单，以“筚路开山河”“盛世谱华章”“热血赴未来”三个篇章，串联起中国共产党领导人民实现民族复兴的昨天、今天和明天。所选择的歌曲皆是不同时代民族精神的缩影，具有典型性和代表性，能够激发同学们的爱国、爱党、爱社会主义热情。

以红色歌舞文艺演出的方式进行展演，具有参与面广、影响力强、辐射面大等特点。在实际操作过程中，要注意前期的组织工作，尽量使所有的节目紧紧围绕主题。红色歌舞文艺演出往往有多个节目，节目与节目之间的组织协调需要有专人负责；同时，演出的后勤保障工作，如主持人、演出场地、灯光、音响等，都需要在演出前协调到位。为保证良好的演出效果，在正式演出前进行节目彩排是十分必要的。

……………………………………………………………………

案例四：红色话剧剧本选读

材料 1：八场话剧《刘胡兰》(节选)

第七场

时　间：前场后的第三天后半夜。

地　点：同前场。

幕　启：占元嫂端油灯，刘胡兰给李班长换药完毕，缠绷带。刘胡兰挪开脸盆，李班长在室内走动了几步，虽感有疼痛，但已显得好多了，刘胡兰、占元嫂相视一笑。

李班长　胡兰子，你白天到各村动员运公粮，晚上回来给我洗伤换药，看把你累的……

刘胡兰　啥也别说，你伤好得越快，我们心里越高兴。

李班长　大嫂，这几天你也太累了，该休息休息啦！

占元嫂　不累。打心眼里愿叫你把伤养好了再走，可是今天……

李班长　我离开部队好几天了，真想同志们。今天最后一批公粮上山，我得跟上走啦！哎，大嫂，我的棉袄呐？

刘胡兰　这不是。(递过棉袄)

李班长　这不是吧？（端详着）

占元嫂　那天你在地上爬得尽是泥，胡兰子给你拆洗了。

李班长　（感激地）胡兰子，你的任务那么忙，还……叫我说啥好呢？

刘胡兰　再忙也能挤出时间，插空就办了。

[占元、玉仙上]

玉　仙　李班长，怎么样？

李班长　好多了！

刘胡兰　玉仙，我去的几个村，公粮都准备好了。你们那边呢？

玉　仙　都好了。

占　元　都好了。

玉　仙　羊六哥一回来，全部送上西山。

占　元　羊六前天黑夜走的，今个该回来了！

［刘锁上］

刘　锁　胡兰子，公粮准备得差不多了，说走就走，啊！（李班长欲出）

玉　仙　还不走哪，看把你急的！

李班长　我得拿我的枪去。

占　元　你的腿走路还不行，我去。

李班长　在场院玉菱杆垛里。

［占元、刘锁出屋正与送粮归来的石羊六相遇］

占　元　羊六，送粮的都回来了？

石羊六　都回来了。全福大爷你们先回吧，有事找你们。

［全福与占元等下，刘胡兰等迎出］

刘胡兰　羊六哥，路上没出事吧？

石羊六　顺顺当当胜利归来啦！最后一批公粮还没走？

玉　仙　就等你的信啦！

刘胡兰　快进屋。

［众进，刘锁放哨］

石羊六　李班长，按照你说的那路线儿，一直送到咱十二团，张连长问你的伤怎样？我说今晚上就归队啦。

刘胡兰　有什么好消息？

石羊六　嘿，一进三道川直达目的地，部队扎得满满地，真是照芳叔说的，那叫大兵团哪！

众　　　快打了吧？

石羊六　前两天，咱们集中了几个团，一个急行军冲到了开栅镇，三下五除二把两团勾子军收拾了个一干二净，缴的那战利品像山一样。

众　　　真痛快!

李班长　这样的漂亮仗没参加上，唉!

石羊六　部队首长说:“这是练练兵，打大仗还在后头哩!”

[众笑]

刘　锁　小声点。(下)

石羊六　我们还听传达了毛主席指示。

众　　　毛主席怎说了?

石羊六　毛主席说:“深入和彻底地解决了土地问题的地方，农民即和我党我军站在一道反对蒋军进攻。”

刘胡兰　毛主席说得多好，咱云周西村不就是这样吗!

石羊六　毛主席还说:“必须明白……斗争的性质依然是长期的，残酷的。但是我们一定能够胜利。”

众　　　真好!

刘胡兰　毛主席早就说过:“一切反动派都是纸老虎”。咱们得把毛主席指示和胜利消息宣传出去!

众　　　对!

[石三槐跑上]

石三槐　胡兰子!

刘胡兰　三槐爷，向敌人告密的那个人是谁?

石三槐　石五则!

众　　　石五则?

石三槐　你们冲散以后被抓去的。敌人一吓唬，他就爷爷奶奶的叫喊，把什么都说了。

刘胡兰　怕死鬼!

石羊六　早就看着这小子不牢靠。

玉　仙　自从撤了他农会秘书就怀恨在心了。

刘胡兰　还有什么情况?

石三槐　我出村的时候，看见勾子军跑步集合了，恐怕有行动。李班长和你、公粮得快点走，我去看着。(下)

[小兰拿鸡蛋上。

小　兰　姐姐！鸡蛋煮熟了。

[狗咬声，刘锁上]

刘　锁　胡兰子，狗咬声很厉害，快走吧！

玉　仙　不行，占元哥去找枪还没回来。

占元嫂　这么长功夫，还找不回来！

石羊六　我去看看。(下)

刘胡兰　别慌！李班长，为了行动方便，还是穿便衣吧。(李班长脱下黄棉袄，刘胡兰包好)小兰子，把棉袄拿回家藏好，等李班长回来好穿。

小　兰　(接过)嗯。

刘胡兰　告诉妈我上山了。(小兰下)刘锁大爷，把石五则投降的事告诉人们，做个准备。(刘锁下)玉仙，你去各村传话，今晚公粮、布匹全部送上西山。

玉　仙　好，这是各村坚壁公粮户的名单，带上山吧。(下)

占元嫂　看这人，还没把枪找回来。

李班长　还是我去吧。(欲下)

[占元拿枪上]

占元嫂　你可回来了，把人都急死了。

占　元　哎呀，真难找，急得我浑身冒汗。(狗叫声)担架在那边，走吧！

刘胡兰　把鸡蛋带上，李班长路上吃。(交给占元。刘胡兰出外察看动静，占元扶李班长出，刘胡兰发现有人走来)有人，快走！

[占元扶李班长下，石五则从李班长去的方向寻看着上

场，刘胡兰突然挡住去路。

石五则　胡兰子……

刘胡兰　你从哪来？（抓住石五则胳膊）

石五则　我……咱们被冲散以后，到我姑姑家躲了两天。

刘胡兰　跟我上山！

石五则　上山？

刘胡兰　走！

石五则　我回家一趟。（甩脱了被刘胡兰抓住的棉袄，跑下）

刘胡兰　站住！

[石羊六上]

石羊六　怎么啦？

刘胡兰　石五则回来了。

石羊六　在哪儿呢？

刘胡兰　往那边跑了，赶快抓住！（石羊六追下）

[胡兰妈跑上]

胡兰妈　胡兰子！勾子军悄悄进村啦！刚才到家里去抓你，快躲吧！

[玉仙上]

玉　仙　胡兰子！勾子军进村了！

刘胡兰　是石五则引敌人来的。

玉　仙　啊！是石五则？村子都给包围了！你快躲起来。

[占元嫂闻声，慌忙开门出来]

占元嫂　胡兰子！快进家。

胡兰妈　你占元嫂刚生娃娃，门口有红布条，敌人不会进去。

玉　仙　对！就躲在这儿吧，我看看去。（跑下）

[刘胡兰被占元嫂拉进家]

胡兰妈　可别出来，我去看看小兰去。（跑下）

［刘胡兰烧纸单］

［村里一片狗吠声、冷枪声和敌人砸门、打骂吵闹声。三四个妇女惊慌地跑来，正寻找躲避之处，玉仙跑上，叫开占元家门，招呼妇女们进家］

［张宝成、霍玉兰也被敌人堵回，只好进占元家］

刘胡兰　（向众）同志们，万一咱们谁叫人抓住，可什么也不能说。

妇女们　（纷纷表示）“打死咱也没话。”“问啥也不说。”

［连续枪声。石羊六边打边退，退到破墙处急隐蔽起来。冲过两个勾子军，石五则上］

石五则　（找寻地）刚才还在这儿。

石羊六　石五则！

石五则　羊六！

石羊六　叛徒！（开枪打死石五则）

［匪兵冲上，石羊六子弹打光，和敌人硬拼，被捕带走。这时两个匪兵捆绑着石三槐过场］

［匪兵们四处叫嚷抓刘胡兰，有两个匪兵持火把过场，高喊着“谁家窝藏刘胡兰不交出来，杀他全家。”刘胡兰从里屋冲出，被妇女们拉住。

匪　兵　你们听着！不交出刘胡兰，就杀你们全村！

宝　成　胡兰子，他喊他的，别出去！

玉　兰　胡兰子，我替你去！

妇女甲　我去，我就是刘胡兰！

妇女乙　我是刘胡兰！（都被刘胡兰挡回）

众　　　要死一块儿死！

刘胡兰　姐妹们，敌人抓的是我一个人，你们都出去，不正称了敌人的意了？要坚持工作！

［大胡子、石廷璞、匪排长上］

大胡子　在哪儿？在哪儿？刘胡兰在哪儿？

石廷璞　石五则说，刚才就在这儿碰上。

大胡子　搜！

［屋内人们紧张。玉仙想掩护刘胡兰，刘胡兰急把玉仙推进里屋。这时匪兵走到门前，见到红布条］

匪　兵　报告，门上挂红布条，有坐月子的。

大胡子　混蛋！搜！

匪　兵　是！（往门前走）

［与此同时，刘胡兰急示意玉仙到里屋隐蔽，玉仙执意要刘胡兰躲进里屋］

刘胡兰　（急拦住玉仙，严肃低声对玉仙）要保存力量！

［匪兵叫喊："开门，开门！"］

大胡子　把房子点着！

［匪兵持火把上］

［刘胡兰挺身而出，敌人为之震动］

石廷璞　特派员，她就是刘胡兰！

大胡子　就是她！

刘胡兰　走吧！

［幕急落］

第八场

地　点：同五场

时　间：紧接前场。

幕　启：护村堰上，北风呼啸，警卫森严。匪班长庙外放哨，匪排长由庙内气势汹汹地走上。

匪排长　一班长，老百姓都赶来了？

匪班长　都在那边等着。（指了指幕后）排长，刘胡兰说出什么来没有？

匪排长　正在审问。一班长，要加强警戒，跑掉一个老百姓，就会给八路军送信去。

匪班长　是。（下）

［幕后："立正，稍息"。大胡子身披日本大衣，手执皮鞭，洋洋得意地走来］

大胡子　一排长，老百姓都赶齐了？

匪排长　都在那边等着。

大胡子　好啊！

匪排长　特派员，师长对我们今天的胜利……

大胡子　我抓住了刘胡兰，师长非常赞赏，说我首建奇功，为全师增了光，马上传令嘉奖。

匪排长　这都是特派员指挥得好。

大胡子　师长命令我，要从刘胡兰嘴里掏出这一带共产党的地下组织，然后一网打尽。

匪排长　好！

大胡子　那我就可以升团长，升旅长，升，升……哈……一排长，刘胡兰招出什么来了？

匪排长　还没有，问什么她也不吭气。

大胡子　啊！（欲进庙，幕后群众喧嚷声起："我们全村保刘胡兰！""刘胡兰是好人！"大胡子又返回）一排长，看哪个捣乱，给我枪毙几个！

［匪排长下，威吓群众声，鞭打群众声］

大胡子　我真想不通，人一沾了共产党的边，连命都不要了！（匪排长复上）一排长，边哨放出去了没有？

匪排长　放出去了。

大胡子　多远？

匪排长　大庙附近。

大胡子　不行，一里开外！

匪排长　一里开外？

大胡子　这是什么地区？共产党统治多年，老百姓都赤化了。听说大股共军集结东西边山，昨在文、交一带又吃掉咱们两个团，此地随时都有被包围的可能。

匪排长　特派员，传说山东、河北、延安一带我军损失惨重，处境相当困难。

大胡子　这消息不能泄露出去。他妈的！我要杀这些共产党分子，为阎会长效忠。

匪排长　师部……

大胡子　师长命令，速叫刘胡兰自白，当即撤离此地。（欲进庙）

［石廷璞狼狈走上］

石廷璞　特派员，刘胡兰打死也不说一句话。

大胡子　啊！

石廷璞　我看拉出去当众处死算了。

大胡子　处死容易，我上哪儿再抓一个共产党员区干部！要她当着民众的面，向国军自白。

石廷璞　她死不开口，怎么办？

大胡子　哼！漫说她是一个小丫头，她就是铜头铁臂的硬汉子，也要把她捏成泥化成水。一排长，先把边哨放出去，发现不测，鸣枪为号！速去执行！（匪排长下）石财主，对付共产党不能一杆子捅到底，要多拐几个弯儿。

石廷璞　是，是！……现在？

大胡子　把刘胡兰给我带出来！

石廷璞　（向庙内）带刘胡兰！

［匪兵押刘胡兰上，她的棉衣已被打烂］

石廷璞　刘胡兰，迈一步就是死，退一步可就是活呀！这可是你最后的机会了。

大胡子　早有人报告，你是八路军的区干部！

刘胡兰　不，我是区妇联干事。

大胡子　还招出来你是共产党！

刘胡兰　我是共产党。

大胡子　好！原来是这么一个痛快人，早这样，何必受这个苦呢？别怕！别怕！

刘胡兰　我根本就没怕。

大胡子　那好……说吧！……你给八路军都做过什么事？

刘胡兰　什么都做过！

大胡子　好！……你们这个区上有多少共产党？

刘胡兰　就我一个。

大胡子　不能，这么大个区，每个村都有支部，怎么能就你一个呢？说吧！……最近你和谁有过联系？

刘胡兰　那可多了。

石廷璞　石村长是谁杀的？

刘胡兰　布告上写得明白，你瞎了眼啦！

石廷璞　王照芳跟武工队作案以后，到什么地方去了？

刘胡兰　武工队就在周围，他会找你们算账的！（石廷璞举棍欲打，大胡子制止）

大胡子　你们村都谁是共产党？

刘胡兰　不知道。

大胡子　不知道？石五则早说了，我清楚。

刘胡兰　清楚还问我干什么？

石廷璞　看你是不是自白。

刘胡兰　石廷璞！土改斗争政府宽大了你，你今天还做坏事！你看见石大成的下场了没有？

石廷璞　你再嘴硬我枪毙了你！

刘胡兰　随便！

大胡子　小小年纪受毒如此之深，什么闹革命啦！土地改革啦！阎长官的兵农合一、按劳分配都包括进去了！

刘胡兰　哼！

大胡子　只要你自白，将来编组分地的时候，我送你一份好土地。

刘胡兰　你就是给我一座金山，也休想叫我说出一个字来。

大胡子　（又一次克制）好！我不为难你了，只要你当着民众承认你是共产党，啊，这一条开头你就承认了。你再向民众说一句，今后再不给共产党干事了，咱们大事一桩就算完了。

刘胡兰　那，办不到！

大胡子　（怒极）来人！把老百姓给我赶上来！

［群众拥上，叫喊："胡兰子""刘胡兰"。匪兵阻挡，石廷璞、大胡子急躲上庙台，胡兰妈扑向刘胡兰］

群　众　胡兰子！

胡兰妈　（冲到跟前）胡兰子！

刘胡兰　妈！不要哭！（摘下顶针）顶针是你给我的。你把它收藏好。想我了就拿出来看，就和我在你身边一样。

胡兰妈　我的孩子……

刘胡兰　妈！你失掉一个胡兰子，你会得到千千万万个胡兰子！你要挺得住。妈，你不要在这儿，回家吧！

胡兰妈　我的好女儿……

大胡子　他妈的，拉上去！（匪兵拉胡兰妈下场）你还不知道血是红的还是黑的！带石三槐、石羊六！

［匪兵押石三槐、石羊六上场］

刘胡兰　三槐爷！羊六哥！

石三槐　胡兰子！

石羊六　胡兰子！

刘胡兰　我们生为革命生，死为革命死！就是头断骨折也不变心！

石三槐　对！有骨气！

石羊六　头断志不屈！

大胡子　拉下去！

石三槐　（大声地）乡亲们！不要低头。记住这笔血债。要报仇！

大胡子　（吼叫地）拉下去，拉下去！

（匪兵硬拉）

石羊六　（向匪兵）狗日的！你打吧！杀吧！你们没几天活头啦！落到我手里，抽你们的筋！扒你们的皮！（二人被拉下）

大胡子　（吼叫地）铡！铡！把那六个人，一起给我铡了！让刘胡兰看着！

［匪兵应声强逼刘胡兰面对刑场，刘胡兰仇恨地甩开匪兵，目送同志们英勇就义。群众骚动，匪兵镇压］

［传来石三槐、石羊六的口号声："打倒阎锡山！消灭反动派！"］

大胡子　铡！

［一片敌人行凶的吼叫声，烈士们英勇就义。群众哭泣，有的妇女惨叫地冲了下去。刘胡兰欲冲向刑场，被匪兵刺刀逼住］

［静场片刻——］

大胡子　刘胡兰！你看见了吧！拒不自白就是这个下场。我想……你是不愿走这条路的。

刘胡兰　你知道中国有多少共产党员？

大胡子　有多少杀多少！

刘胡兰　共产党你杀不完，穷人你杀不尽！

大胡子　刘胡兰！就是死我也不叫你痛痛快快地死。拿棍子！（一匪兵抱几十根棍子，放在群众面前）你们拿棍子给我打、打、打。你们不打！机枪！我喊一二三，你们再不打，我就用机枪扫了你们！一，二，预备，（刘锁儿、全福、妇女甲等拿起棍子，径直奔向大胡子，大胡子急忙后退，喊叫）机枪！

刘胡兰　我说！（大胡子以为她要“自白”，制止了一下机枪，刘胡兰暗示群众不要动）你想要知道各村共产党吗？东堡、北贤都有共产党，正带着群众支援前线；贯家堡还有共产党，早就埋好了地雷等着你们，只要敢去，就把你们粉身碎骨；延安还有我们伟大的领袖毛泽东，他像红太阳，有了他，革命就有了方向，有了他，胜利就有了保障！

石廷璞　住嘴！

刘胡兰（向群众）别看他们张牙舞爪，装模作样，一提到毛泽东三个字，他们就浑身发抖，一说到共产党，他们就胆战心寒。

大胡子　不许你讲！

刘胡兰　我们从四面八方布下了天罗地网，把你们团团围住了，你们现在插翅难飞，有腿难逃，等着受审判吧！

大胡子　难道你真的不怕死？

刘胡兰　怕死不当共产党。（一掌打在大胡子脸上）我怎么死法？

大胡子　跟他们一样！抬铡刀！

［匪兵抬铡刀上，群众：“胡兰子！”“胡兰子！”刘胡兰环视了群众一下，向乡亲们告别。然后她理了理头发，以沉稳的步伐，走向铡刀。她转过身来］

刘胡兰　叔叔大爷、婶子大娘们，不要难过，要跟着共产党战斗到底，胜利就在明天！（天幕上出现弹道火光，远炮隆隆，冲锋号响起）听，冲锋号吹起来了，大反攻的炮声打响了，反动派就要灭亡，全国就要解放。共产党万岁！毛主席万岁！

［光暗］

（节选自编剧：杨威、郭健、孙伟、方彦，选自山西省话剧团建团三十周年《剧本选集（上集）》，中国戏剧家协会山西分会、山西省话剧团合编，第 451-464 页。）

材料 2：大学生话剧剧本《如约而至》

时　间：当代

人　物：

田春生　农学院学生，大四回到家乡建设美丽乡村

方　宇　新闻学院学生，来自城市，不知民生疾苦，后在田春生影响下观念发生改变

孟　然　文学院学生，为自己的毕业论文寻找灵感

第一幕

场景布置：舞台中偏后是一张桌子三把椅子加饭菜，偏前一面屏风上挂了玉米。灯光起，6 人歌舞表演。

［方宇上，孟然追着方宇上，歌舞表演人员下］

孟　然　方宇，你干嘛呢？鬼鬼祟祟的，像个贼。

方　宇　谁像贼！他田春生才像贼呢！不辞而别，躲到这世外桃源来了。把我们抛在一边，把咱们的同学情谊抛一边。我今天就是要来看看，他在这儿，到底在干什么！

孟　然　我想，他肯定有难言之隐。

方　宇　难言之隐？哼！你瞧瞧这里，山清水秀，地肥物美。诶，这就是现在最流行的美丽乡村。要不是没带单反（相机），我真

想在这采个风，给我的毕业设计找找灵感。要我说，他田春生就是想在这，独享幸福，独享人生。

孟　然　不就是我们有疑问，才来这里探个究竟嘛。别下结论太早了！

［田春生上］

田春生　孟然！方宇！

孟　然　春生！

田春生　你们可算是到了。

方　宇　好你个田春生，终于找到你了，不对啊，可算到了，你怎么知道我们会过来?

孟　然　是我说的。

方　宇　哦！好家伙，这次是你们两个合起伙来算计我呢！

孟　然　哎，什么算计啊，我今天，就是想来春生这里，看看究竟是什么让他乐不思归。

田春生　行，你们路上辛苦了，正好，也到中午了，咱们吃点农家菜，边吃边聊。

方　宇　正好，我肚子也饿了。

田春生　快跟我来！

方　宇　走！

孟　然　走！

田春生　快坐！

孟　然　哇！这么多啊！

方　宇　看来今天，我要大饱口福喽。（拿桌上的馒头，孟然制止）

孟　然　你别……

田春生　让我来给你们介绍：蒸南瓜、炖鸡蛋、炒青菜、煮玉米、杂粮馒头，还有玉米粥，这玉米和水稻用的可都是我们农学院培育出来的新品种。

方 宇 行了行了，就是不知道味道怎么样。我先来尝尝！蒸南瓜是吧，我先来口炖鸡蛋。

田春生 你啊，（拿馒头递给孟然）孟然！

孟 然 谢谢！

田春生 你的毕业论文搞定了吗？

方 宇（拿起一个馒头）没味啊。

孟 然 别提了，导师看了我的论文初稿，说我还需要挖掘民俗文化的时代意义，她还说，只有和时代对接，民俗文化才有价值。

方 宇 还是没味。（偷偷丢掉馒头）

孟 然 别光说我了，春生，这里的景色可真美，我刚到这里就被吸引住了，就像海子的诗，家乡的风，家乡的云，收聚翅膀，睡在我的双肩，麦浪——

田春生 打住，孟然，这是水稻，可不是麦子。

孟 然 哎呀，我这不是缺乏生活经验嘛，但是对美的感受是共通的嘛。

田春生 那当然，我们这里的田野和庄稼，一年四季都在散发自己独特的美。我爷爷说只要你俯下身，走近它们，你甚至能够听懂它们说的话。

孟 然 说得好！都说诗意来自生活，这么久不见，你都成大诗人了。

方 宇 （喝了口粥）咳咳咳。

田春生 方宇，你没事吧。

方 宇 没事没事。就是这粥有点卡喉咙。

田春生 我们这里的饭菜味道肯定不如城里，但是原材料都是最好的，你要是喝不惯这粥，来，吃个馒头。

方 宇 馒头……就不用了吧。

田春生　别跟我客气，再吃一个吧。

方　宇　不用啦！

孟　然　春生让你吃，你就吃吧。

方　宇　我不吃！

［方宇走到一边，田春生追过去，发现了方宇丢在地上的馒头］

田春生　方宇，这是你扔的？你这是干什么呀！

方　宇　我只是不喜欢吃而已。你总不能让我把吃过的馒头再放回去吧。

田春生　你这是浪费粮食！可耻！

方　宇　怎么就可耻了？你要是觉得浪费，那这样，我买单！我付双倍饭钱！可以了吧！

田春生　你！

方　宇　我自己花钱买的，想怎么处理，都可以。

［田春生吃刚刚捡起来的馒头］

孟　然　春生，别吃了，都脏了。

田春生　我要吃完，不能浪费。

方　宇　田春生，你这是干什么。

田春生　我爷爷说了，种粮不易，一点粮食都不能浪费！

方　宇　你这是给谁难堪呢！你就算吃完这些又能怎样？带动国家经济？真是，小农意识！

孟　然　方宇！

方　宇　可笑！

田春生　你！

孟　然　春生，别冲动啊。

田春生　（对某个群演）丹姐，帮我把剩下的这些饭菜打包。

［田春生上前，拉方宇下］

孟　然　春生！春生！

方　宇　你干嘛！我的包！

［孟然提起方宇的包下］

孟　然　春生别冲动！

第二幕

［绕过屏风走到另一侧，大屏转为研究所］

孟　然　春生别冲动！

方　宇　放开！你到底要干嘛！

孟　然　哎呦，方宇！春生，这是什么地方？

田春生　这是我们村曾经的水稻育种研究所，许多研究人员在这座老房子里奉献出了自己的一生，就为了能够让更多人吃上一顿饱饭。他们知道，民以食为天，粮食就是百姓的天，国家的命！曾经，为了保护试验田的稻谷，甚至有人付出了自己的生命。

方　宇　付出生命！

孟　然　付出生命！（雷声）

第三幕

［灯光转换至另一侧］

群演A　上游已经溃坝了，过不了多久咱们这就要被淹了，大家快点逃到后山上去啊！

田爷爷　试验田的稻子！稻子还在田里！

群演B　老田，快走吧，稻子淹了就淹了！以后还可以再种！

田爷爷　这批稻子是研究所专门从海南找来的良种，顾不了那么多了，我先去救稻子！

群演A　老田，危险！

群演B　老田，危险！

群　演　老田！老田！

田春生　爷爷！危险！

第四幕

孟　然　爷爷？

田春生　对，那个人就是我的爷爷。

方　宇　那后来呢？

田春生　他在从研究所回来的路上遇到了洪水，不幸遇难了。

孟　然　春生……

田春生　爷爷的遗愿，就是让所有人都能吃上饱饭，让大家都能过上幸福的日子。

孟　然　所以，你才报考了我们学校的农学院，现在又选择回村工作。

田春生　是的，我要像之前研究所里那些不怕苦不怕累的研究人员一样，为国家的良种培育献上自己的一份力量！

方　宇　春生，我……

田春生　方宇，刚刚我不是斤斤计较，也不是要让你难堪，实在是，我们从骨子里就珍惜每一粒粮食。你知道吗？你刚才扔掉的那个馒头，在过去可能是一家人一天的口粮，我们看不得祖辈用生命守护的粮食被浪费掉。

孟　然　春生，我们这次来，就是要了解你为什么要离开城市，回到村里，现在，我们都明白了。

方　宇　春生，我也明白了，刚才，是我一时犯浑，对不起！你说得对，民以食为天，粮食就是百姓的天，国家的命！待会儿，我就去把打包的饭菜全吃完！

孟　然　行啊！方宇，知错就改，给你点赞！

［群演上，舞蹈表演，大屏转为乡村风景图］

田春生 你们听，我们村的庆丰收表演开始了！你们看！村民们在地上画出的圆圈就是他们心中的粮仓！那放在中间的粮食，就是他们对五谷丰登、粮食满仓的美好期盼！

孟 然 对啊，这不就是我导师所说的现实意义嘛，等会我要记下来！

方 宇 我也有灵感了，我要设计乡村系列的文创产品，来宣传美丽乡村文化，呼吁人们爱惜每一粒粮食！

田春生 怎么样，明年的丰收季还会如约而至，你们还来吗？

方 宇 来，我带着我的文创产品来。

孟 然 我带着我发表的论文来。

田春生 我在这里等你们来。

众 我们明年一定！如约而至！

[剧终]

（该剧本由李苗摘录自江苏省第六届大学生艺术展演甲组特等奖作品《如约而至》。）

➲ 案例评析

材料1为15岁凛然就义的刘胡兰，在中国革命的历史篇章中留下了浓墨重彩的一笔。毛泽东曾为她挥笔写下“生的伟大，死的光荣”八个大字，邓小平也曾经为她题词:“刘胡兰的高贵品质，她的精神面貌，永远是中国青年和少年学习的榜样。”以刘胡兰的英勇革命事迹为主题创作的红色话剧、歌舞剧有很多，这些作品淋漓尽致地表现了共产党人的初心理想和使命担当，也激励着一代又一代青年人从红色革命精神中汲取昂扬奋斗的前行力量。

材料2为江苏省教育厅主办的江苏省大学生艺术展演，是江苏省规模最大的大学生艺术类活动，每三年举办一次，已经成功举办了六届。该剧本摘录自江苏省第六届大学生艺术展演甲组特等奖作品。作品以节约粮食为主线，通过三位同学的对话和情境演绎，展现了前辈们为今天幸福生活的付出，呼吁大学生珍惜粮食、服务社会，投身乡村振兴。

以话剧作为红色理论宣讲巡回展演实践形式，对于大学生而言颇具挑战性。话剧演出虽然因其直观性、沉浸式等特点受到观众的喜爱，但其本身对剧本、演员、舞台等都有较高要求。要排演一场成功的话剧，既要有符合思想性、实践性、艺术观赏性等原则的剧本，又要有符合角色特点、具有表演力的演员，还要做好舞台情境的设置。只有通过不断地磨合，使演员与剧本之间、演员与演员之间、演员与舞台之间形成一种良好的互动关系，才能够保证演出效果。

案例五：红色主题微电影剧本选读

材料 1：微电影文学剧本《草原电影院》

1. 北方草原 傍晚 外

字幕：20 世纪 70 年代

一望无际的草原，风雪交加的天空。

积雪覆盖的土路上，一辆改装过的军用吉普车冒着白毛风疾驰而来。

留在雪地上的车轱辘印向天边延伸。

2. 吉普车上 傍晚 内

身穿旧军装的老兵（蒙古族）驾车。穿新军装的新兵（汉族）坐在副驾驶座位上。两位军人的领章、帽徽闪闪发光（特写）。

吉普车颠簸连连。

老兵：“桶里还有多少油？”

新兵:“没了。”

老兵的脸上掠过一丝愁容。

新兵接着说:“油没了。到了部队拿什么放电影啊?”

老兵:“先到公社买啊。”

吉普车又一次大幅度颠簸。

新兵:“这颠得心脏都快跳出来了。”

老兵一笑:“刚来的时候谁都一样,慢慢会习惯的。”

新兵心急地:“太阳快要落山了。还没到目的地。”

老兵“哼”一声:“要是没迷路,早到了。”

新兵埋怨地:“从早到晚整整跑了一天。老兵,你不是说自己跑遍了草原吗?怎么还迷路呢?”

老兵:“外面刮白毛风什么也看不见,能不迷路吗?”

新兵:“早上出来的时候就刮起了白毛风。你怎么还出来啊?”

老兵情绪激动:“国防工地上施工的官兵等着我们去放电影呢。我们受的这点苦跟他们相比算得了什么呀?他们在工地上又劳累,又枯燥,又寂寞,唯一的乐趣就是看电影。”

就在这时,发动机轰鸣声突然消失,吉普车慢慢停下了。

新兵惊慌地:“油没了。”

老兵不慌不忙:“下去看看。”

3. 草原土路 傍晚 外

两个人一下车,“咻”一声迎面吹来一股寒风。新兵被风吹得不由后退,背靠车头才稳住身子。老兵绕着吉普车向四处张望。虽然太阳还没彻底落山,可白毛风遮挡视线,什么也看不见。

新兵大声喊道:“老兵,看见村庄了吗?”

老兵虽然心里发紧,可神情泰然自若:“上车。”

4. 吉普车上 傍晚 内/外

新兵上来就连连哆嗦,不停地揉手。

老兵脱掉军皮大衣说:“坐下。”

新兵不解地坐下，愣愣地看老兵。

老兵用军皮大衣裹新兵的身子。

新兵惊慌地:“我不是穿着大衣吗。裹我身子干什么?”

老兵:“记住，到什么时候也别下车，别离开车。我找到人帮忙就回来接你走。如果有人路过，你就跟他走。千万不许一个人走开，很危险。”

新兵心慌地:“你要去哪儿?”

老兵:“去找牧户。”

新兵掀开大衣:“我跟你一起去。”

老兵按住他肩膀:“你是新兵，又是个南方人，下车没走多远就会冻僵的。”

新兵:“那你呢，你不冻吗?”

老兵:“我是北方人，耐寒。”

新兵:“那你穿大衣走啊。”

老兵:“雪地上穿大衣走路不利索。”说完要下车。

新兵道:“带手电筒。”

老兵拿上手电筒下来，绕到车头弯下腰拧开水箱盖子放出里面的水。热水冒出热气。老兵离车而去。

5. 草原上 黄昏 外

风雪肆虐的草原上出现一位骑马赶牛的牧民老人。突然，一头母牛离群，顺风而逃。牧民老人掉转马头去追。当老人把那头母牛赶回来时，雪地上出现的一串脚印引起了他的注意。牧民老人跳下马，俯身仔细看了看脚印，露出不安的神情。这时牛群渐渐远去。牧民老人沿着脚印走了几步停下，思考片刻，上马奔去。

6. “敖特尔”蒙古包 黄昏 外

扎营在草原腹地的蒙古包一旁有栅栏圈和牛棚。蒙古包天窗里冒出的炊烟瞬间就被风吹散。随水草而居的游牧民族有春夏秋冬四季牧场，拿蒙语说，牧民们转场叫做“走敖特尔”。这是冬季牧场。

牧民老人把赶来的牛群圈进牛圈。

牧民额吉闻声出来用蒙语说：“老头子啊，冻坏了吧？快进去热乎热乎。”

牧民老人说（蒙语）：“不进了。我先去找一个人。”

牧民额吉惊慌地（蒙语）：“啊，又有人迷路了？”

牧民老人：“回来的时候发现了脚印。”

牧民额吉惶惶不安地：“这里是无人区。方圆几十里没人家。”

牧民老人：“所以我得赶紧去找，不然有生命危险。”

牧民额吉：“胡日咳得（可怜），快去吧。”

牧民老人翻身上马刚要奔去。

牧民额吉突然喊道：“等一下。”

牧民老人勒住缰绳停下。

牧民额吉跑进蒙古包，片刻之后，她抱着白色羊皮袍出来。牧民老人从马背上俯身把皮袍接过去。

牧民额吉扭头就跑进蒙古包。

牧民老人奔马而去。

7.“敖特尔”蒙古包 黄昏 内

火炉里新添的干牛粪“呼呼”燃烧。火炉上放的铜锅里煮着砖茶。

牧民额吉点亮佛灯。靠墙放的老式木柜上摆着一座佛像。牧民额吉双手合在胸前，嘴里念念有词，为迷路的人祈祷平安。

8. 草原无人区 黄昏 外

夜幕降临。白毛风越刮越来劲儿。牧民老人跟踪脚印进入无人区。老人的眉毛和胡子上都沾了一层霜，皱纹纵横的脸冻得发红发紫。

脚印向天边延伸……

9. 军用吉普车上 夜 内 / 外

一到黑夜，车内也变得更暗。吉普车被风吹得左右摇晃。新兵等得不耐烦，掀开裹身的大衣推开门下去。

白毛风拂面而袭。新兵含了一口冷风“咯噔”一声靠车停下。

天地间一片漆黑。风声越来越大。

新兵满脸恐惧地向远处呼喊：“老兵，回来了吗？”

四处没有回应。

突然传来“嗷呜”的狼嚎声。新兵吓得迅速上车关门。

10. 草原无人区 夜 外

老兵又饿又累，在冰天雪地里浅一脚深一脚艰难地迈步。前方出现一片野杏树。老兵跌倒又爬起来。他举起手电筒照亮前方。手电筒射出的亮光尽头依然是一片旷野。

11. 草原无人区一处 夜 外

牧民老人牵马跟踪脚印。因为天黑，雪地上的脚印越来越模糊不清。雪地上突然出现跌倒的身印。牧民老人吓白了脸。

12. “敖特尔”蒙古包 夜 内

洋油灯微光摇曳。牧民额吉看了看快要烧尽的灯油，吹灭了灯。蒙古包里变得黑咕隆咚。牧民额吉给佛灯加点黄油。佛灯又发出了微光。牧民额吉合手开始祈祷……

13. 草原无人区 夜 外

空旷的无人区深处，老兵忽然向前卧倒再也没爬起来。手电筒脱手掉地直射地面。

14. 军用吉普车上 夜 内

军用吉普车依然停在土路旁。

新兵拿军皮大衣紧紧地裹着身子。

狼嚎阵阵，由远及近。

新兵为了壮胆嘴里不停念着：“下定决心，不怕牺牲。”

15. 草原无人区 夜 外

牧民老人跟踪脚印而来。黄骠马忽然发现地面上躺着的一束亮光，左右闪躲。

牧民老人拽着缰绳，小心谨慎地向前迈步。趴在地上的老兵一动不动。牧民老人伸手试探地抚摸老兵的后背。老兵还是纹丝不动。牧民老人干脆把老兵抱到马背上，从地上捡起手电筒骑马奔去。

16.“敖特尔”蒙古包 夜 外

牧民老人奔马来到蒙古包前停下。

早已出来等候的牧民额吉帮助老伴把老兵抬进蒙古包。

17.“敖特尔”蒙古包 夜 内

牧民额吉把羊毛毡子拿出铺在地上。牧民阿爸把老兵放在毡子上头。

牧民额吉连忙摇动老兵：“孩子啊，快醒醒。”

牧民阿爸：“别叫了。快出去端一盆干净的雪回来。”

牧民额吉拿上和面的盆跑出去。

牧民阿爸忙着脱老兵的军服。老兵的腿和手都冻僵了。

牧民额吉端着一盆白净的雪进来。

牧民阿爸：“把灯光调亮点。”

牧民额吉扭身调灯芯。牧民从盆里抓把雪往老兵的大腿上搓了又搓。牧民额吉端上挤奶桶要往外走。

牧民阿爸：“哎，再煮点饭。这孩子饿昏了。”

牧民额吉：“我去挤点奶回来熬奶茶。”

牧民阿爸：“快点啊。”

牧民额吉急速走去。

经过一番搓雪，老兵冻僵的大腿逐渐恢复了血色。

牧民额吉进来，把挤奶桶里的鲜奶“唰”一声倒进铜锅里。锅里一股香味儿升腾。

牧民阿爸搓完老兵的大腿，又开始搓胳膊。老兵猛地睁开了眼睛。

牧民额吉高兴地：“老伴儿，孩子苏醒了。”

牧民阿爸兴奋地："孩子啊，你醒了。"

老兵一时蒙圈儿，双眼愣着不说话。

牧民阿爸一边给老兵搓手，一边说："老伴儿，把灯再调亮点。"

牧民额吉左右为难，迟迟不动。

牧民阿爸瞪眼："快调灯啊！太暗了，看不清。"

牧民额吉扭头走去，把放在角落里的椭圆形绿瓶（灌洋油的瓶子）拿过来悄悄举给丈夫看。

阿爸扭身把手电筒拿过来递给老伴儿说："拿手电筒往这边照明。"

老兵逐渐缓神，左右寻看，用蒙语问道："新兵蛋呢？"

老两口迷惑不解地望着对方。

老兵猛地起身就向外跑去。

牧民阿爸用蒙语喊道："哎，还没搓完呢。"

老兵已经冲出包门。

老两口惊慌地追了出去。

18. 草原无人区 深夜 外

老兵举着手电筒拼命地跑在前面。牧民阿爸骑马跟在其后。

手电筒照亮前方的路。

牧民阿爸大声说："孩子，先找到那条路。"

19. 草原土路 深夜 外

牧民阿爸和老兵沿着土路跑来。

手电筒突然照射到前方的军用吉普车。

黄骠马受惊而躲闪。

老兵跑来就拉开车门。强光照射到瑟瑟发抖的新兵脸上。

新兵紧握老兵的手，哽咽说不出话。

老兵安慰地："军人没有眼泪啊。"

新兵立刻擦干眼泪。

牧民阿爸用蒙语说："咱们快走吧。"

老兵："阿爸，您带新兵走吧。我留下看守吉普车。"

新兵："老兵，你要是在车上过夜，到不了明早就会冻死的。"

老兵："车上有放映机和发电机。"

牧民阿爸："放心吧，这方圆几十里没人。明早我赶牛车来把吉普车拉回去。"

20. 草原上 深夜 外

两位军人叠骑黄骠马赶路。牧民阿爸牵马走在前面。

老兵愧疚地："阿爸，还是您老骑马吧，我牵马。"

牧民阿爸厉声地："别跟我争了。"

21. "敖特尔"蒙古包 深夜 内

牧民阿爸领着两位解放军战士推开包门进来。

蒙古包内黑咕隆咚。

牧民阿爸："怎么不点灯啊？"

牧民额吉："等你们呢。"说着划根火柴点亮洋油灯。

火炉里的干牛粪"呼呼"燃烧着。

新兵欲伸手烤火。

牧民阿爸用蒙语说："别烤火。"

新兵听不懂他的话，左看右看。

牧民阿爸补充说："冻僵的手见火就滴水的。"

老兵给新兵翻译老人的话。

新兵才明白，赶忙向后退去。

牧民额吉倒一碗奶茶先给新兵送来："孩子啊，喝奶茶热乎身子。"

新兵头一回看见奶茶。

老兵拿汉语做介绍。

牧民额吉把蒸出来的玉米面窝窝头摆在小方桌上。

牧民阿爸用蒙语说："你们凑合着吃吧。我们这儿没好吃的。"

两位军人拿上玉米面窝窝头就狼吞虎咽。

洋油灯突然自然熄灭。

两位老人无奈地摇头相看。

老兵注意到老人的神情，他拿出手电筒照明室内。

22. 草原无人区 清早 外

风雪交加的原野上，牛车拉着军用吉普车赶路。牧民阿爸走在前面牵着牛。两位解放军战士推吉普车跟随其后。

23. “敖特尔”蒙古包 早 外

军用吉普停在一旁。牧民阿爸刚要给牛卸套。

老兵连忙说：“阿爸，我想借用您的老牛车。”

牧民阿爸：“借车干什么呀？”

老兵说：“我们的车油烧没了。想赶牛车去部队拉油回来。”

新兵连忙说：“不会白用您的车，付钱。”

老兵给老人翻译。

牧民阿爸：“嗨，付什么钱啊。”

老兵翻译。

新兵：“我们解放军有‘三大纪律八项注意’，不拿群众一针一线。”

牧民阿爸微笑说：“孩子啊，不是我不给借。罕盖公社离这儿一百多里路。赶牛车去什么时候到啊。”

老兵惊讶地：“啊，那么远啊？”

牧民阿爸点头。

老兵：“最近的卖汽油的供销社离这儿多远啊？”

牧民阿爸：“六十多里。赶牛车去明天才能回来。”

老兵心急地：“可我们今天必须去国防施工工地上放映。”

新兵插话说：“明天还要去白彦温都部队放映。”

牧民阿爸不解地：“放映是什么呀？”

老兵：“放电影。”

牧民阿爸："电影是什么呀？"

新兵惊讶地："啊，这么大岁数了，没看过电影？"

牧民老人看到他惊讶的表情问道："这孩子说什么呢？"

老兵用蒙语说："他问您没看过电影吗？"

牧民阿爸："嗨，我和老伴从年轻时候就来这无人区走奥特尔给大队放牛。去哪儿看那玩意儿啊。"

老兵把老人的话给新兵翻译。

新兵："太可怜了。"

牧民阿爸："骑马走的话当天就能赶回来。"

老兵看向高头大马："阿爸，我不会骑马。"

牧民阿爸转向新兵。

老兵："他是南方人。"

牧民阿爸想了想："那我去吧。"

老兵转向新兵："快把油桶拿过来。"

新兵跑去，从车上拿出军用汽油桶。牧民阿爸给马套鞍，把油桶绑在鞍桥边上。

老兵从衣兜里拿出三十元递给老人："阿爸，拿二十元买汽油。这十元是您的工钱。"

牧民阿爸生气："别动不动就拿钱说话。"

老兵尴尬地笑。

牧民阿爸从他手里拿上二十元就翻身上马奔去。

牧民额吉端碗出来，向着天敬茶祈祷平安。

24．"敖特尔"蒙古包附近丘陵 日 外

太阳偏西。白毛风还在肆虐。

两位军人站在"敖特尔"附近的丘陵上向牧民阿爸奔去的方向张望。

新兵不耐烦地："老阿爸怎么还不回来啊？"

老兵忐忑不安地:“老阿爸不会是出事儿了吧?”

新兵突然伸手指向蒙古包:“老兵,你看!”

老兵顺手指方向一看,拔腿就跑。

25.“敖特尔”蒙古包 日 外

牧民额吉拎着柳条筐拿着铁叉进栅栏圈捡牛粪。

突然传来黄骠马的长嘶鸣声。

牧民额吉嘀咕着“老头子回来了”从圈门跑出看着眼前的黄骠马,额吉呆立。

跑来的两位军人看到马背上不见牧民阿爸吓白了脸。

黄骠马来到蒙古包门前向牧民额吉又鸣鼻又甩尾。

老兵惶惶不安地:“马怎么自己跑回来了,阿爸呢?”

新兵:“肯定出事儿了。”

黄骠马高跳嘶鸣,绑在鞍桥后面的汽油桶“咣当咣当”响。

新兵说声“汽油”就向马跑去。

老兵:“额吉,我需要一壶开水。”

牧民额吉扭头跑进蒙古包。

新兵帮助老兵把汽油桶卸下来,倒进车油箱里。

牧民额吉提一壶开水出来。

老兵:“新兵,快往水箱里倒水。”

新兵跑去从额吉手里接过开水壶往水箱倒。

老兵把筐里的干牛粪倒在车底下,上头浇点汽油点火。干牛粪熊熊燃烧起来。

黄骠马又一声长嘶掉头向来的方向跑去。

牧民额吉:“你们快开车跟马走。”

老兵明白了老人的意思应声上车。等新兵上来忙打方向盘奔去。

黄骠马四体腾飞在前面奔跑。吉普车紧随不舍。

26. 草原无人区地沟 日 外

黄骠马跑到一道地沟岸边停下了。

跟随而来的吉普车停在旁边。两位军人急速推门下车。

黄骠马俯身向沟底嘶鸣。

“西日呼，你回来了吗？”沟底传来牧民阿爸的呼喊声。

“西日呼”是黄骠马的名字，拿汉语译为黄毛儿子。因为牧民阿爸把黄骠马当作儿子一样看待，所以给马起了这么个名字。

两位军人跑进地沟。

牧民阿爸向马问道：“西日呼，你把汽油送到了吗？”

两位军人喊着“阿爸”跑到趴在沟底的牧民老人身边。

牧民老人满脸疼痛的表情。

老兵：“阿爸，您怎么了？”

牧民阿爸解释说：“嗨，不是急着赶路吗，一只野兔从树丛里跑出来，马受惊闪躲，把我摔进了沟里。”

老兵：“阿爸，您没事儿吧？”

牧民阿爸淡定地：“脚关节脱臼了，不要紧。”

老兵背着老人从地沟里爬出来。

新兵跑去拉开车门。

牧民老人说：“孩子啊，把我扶上马。”

老兵：“阿爸，我们把您送到医院去。”

牧民阿爸：“不用。把我放到马背上。然后你们赶紧走。”

老兵：“阿爸，您受伤了。”

牧民阿爸：“巴音大队有个传统正骨人。”

新兵：“那我们用车送您去。”

牧民阿爸：“不用，让西日呼带我回家吧。”

老兵：“阿爸，路上摔下去怎么办啊？”

牧民阿爸：“放心吧，西日呼不会让我掉下去的。你们沿着西边那条路一直朝北走必然路过巴音大队，那儿有个正骨人，你们找他去。

告诉他巴桑摔马，脚关节脱臼。”

老兵把老人放到马背上。牧民阿爸拿上马缰绳。两位军人还是不放心，犹豫不决。

牧民阿爸命令似的：“天不早了。你们快去放电影啊。”

两位军人忐忑不安地钻进车门。

牧民阿爸趴在马鞍上“驾”一声喊，黄骠马轻轻地向前走去。

27.“敖特尔”蒙古包 夜 内

巴桑老人躺在毡子上。浮肿的脚关节青一块紫一块。正骨人（五十多岁）把他的脚放在一把木凳上。巴桑老人疼得“哟哟”呻吟。

正骨人：“拿酒来。”

牧民额吉为难地：“家里没酒。”

正骨人凶巴巴地：“没酒怎么正骨啊？”

巴桑老人：“老弟啊，这里离公社远。”

正骨人从包里拿出半瓶散白酒。

巴桑老人：“老弟，先用你的酒吧。哪一天我去公社打一瓶酒送给你。”

正骨人嘴里含一口酒往巴桑老人的脚关节上“咻”一声吹去。酒像迷雾一样散落到巴桑老人的脚面。接着，正骨人用手摸着按摩老人的关节，突然猛地往脚关节上使劲压下去。巴桑老人疼得“哎呀呸”失声呻吟。正骨人继续摸摸拍拍。巴桑老人脸上露出的疼痛表情逐渐消失。

正骨人：“还疼吗？”

巴桑老人惊喜地：“不疼了。”

正骨人严厉地：“下地走路。”

巴桑老人惊恐地：“啊！”

正骨人提高嗓门：“下地！”

巴桑不由起身，可那只脚不敢落地。

正骨人：“踩地走两步。”

巴桑老人不敢违抗，踩地走了又走。

牧民额吉紧张地：“老伴儿，不疼吗？”

巴桑摇头：“不疼。”

28. 国防施工工地 夜 外

穿二十世纪七十年代军装的全体官兵整整齐齐坐在银幕前。

老兵操作放映机，新兵启动发电机。

银幕上呈现片名“英雄儿女”。

29.“敖特尔”蒙古包 日 外

奔驰而来的军用吉普车停在蒙古包门前。推开车门下来的老兵手里提着一瓶洋油和军旅包。新兵抱着放映设备下来。

牧民阿爸和额吉闻声出来迎接客人。

老兵惊奇地看向老人的脚：“阿爸，您的脚？！”

牧民阿爸跺跺脚：“好啦。”

牧民额吉：“正骨人给治好的。”

新兵敬佩地：“太神奇了。”

巴桑老人请客人进包。

（选读编剧：温都斯、刘哈斯，选自《中国作家》（影视版）2023 年第 5 期。）

材料 2：大学生自编微电影剧本《错位时空》

人物表

马薇珉　近代革命者

向魏莱　现代大学生

群演 A　近代学生

群演 B　现代学生

［画面分为两半］（打铃声）

[左画面]近代

群演A 快走快走！李校长已经带领学生上街了！我们也快去吧！

马薇珉 这就来！（把本子放进课桌洞）

[右画面]现代

向魏莱 哎，又开始上课了。

群演B （不出境只出声音）别抱怨了，这节课老师提问，快点拿书出来吧。

[现代画面]

向魏莱 （从桌洞里拿出本子）这也不是我的本子啊。（边说边翻）

[镜头向本子]

马薇珉 （旁白）1919年5月3日，星期六，天气大雨。得知山东的权益要被日本继承，吾深感屈辱！明天吾将与同学们一起走上街头，誓死捍卫中华民族之主权！

向魏莱 这写的啥呀都是，1919年？上党史课上魔怔了？（在本上写字）

向魏莱 （旁白）集美，你这是在玩语C吗？但是从1919年开始未免也太离谱了吧！（合上本子）

向魏莱 （手肘戳了一下旁边的人）这课也太无聊了，你说我们下课去……（被打断）

群演老师 后面两个上课不要讲话，听课！（手敲了敲黑板）

[镜头拉向黑板“五四运动”四个字，画面渐暗，画面全黑，出现如下旁白]

（旁白:“外争主权，内除国贼”“誓死力争，还我青岛”“收回山东权利”“废除二十一条”“宁肯玉碎，勿为瓦全”）

［画面渐亮，切到“五四运动”相关影像资料画面］

［出现微电影题目］错位时空

［双画面］

［左画面］近代

马薇珉　（走到桌子旁）诶，谁动了我的本子？（拿起本子看，疑惑的表情）语C是什么？集美又是什么？（在本子上写：这是我的日记本，请问你是谁？）

［马薇珉被群演A扯走，下楼梯时与人相撞把本子掉落在地上。］

［右画面］现代

向魏莱　（下楼梯，弯腰捡起本子）诶？这不是教室里那本本子吗？（翻开本子看到字）我去！不是吧，电视剧都不带这么演的。（顺势坐下掏出笔写到：你真是1919年的人？没骗我吧？）

马薇珉　是啊，我叫马薇珉，你呢？

向魏莱　我叫向魏莱，我这里是2023年。

［双画面］

向魏莱　今天吃了重庆小面，小卡一刷，真方便。

马薇珉　重庆？真想去那里看一看，那里诞生过秦良玉，谁说女子不如男，我也想成为和她一样的人，遍地哀鸿满城血，无非一念救苍生。

向魏莱　差点迟到，还好借到了小电驴。

马薇珉　电驴？（笑着摇头，轻声呢喃：真奇怪）这个年代连自行车都很奢侈，只能跑着去上课了。

［转变宿舍场景］

马薇珉　诶，今天先生问我们未来会走向何种职业，魏莱，一直没问过你，你想做什么？

向魏莱　那都是很久以后的事了，也许？做个老师吧……你呢？

别老是上街游行，你后面可不太平。

马薇珉　我知道，但政府的无能让外国列强有了可乘之机，那些卖国求荣、倾心媚外的行径，沉重积压在我的心上，国将不国矣。虽然只能在漫漫长夜中蹒跚行进，吾辈也不能退缩。我曾看到过一本小说，叫《巾帼英雄》，里面的主人公洪飞影便是一位女侠，侠之大者，拯救民族于倒悬之中，这便是我五月四日那天加入学生队伍游行的原因。

[向魏莱睡着，手下垂]

马薇珉　（起身望天，独白）灵台无计逃神矢，风雨如磐暗故园。寄意寒星荃不察，我以我血荐轩辕。

[马薇珉合上日记本，将日记本夹在腋下，向远处奔去]

[向远处奔去的场景中，演员需要完成服装的变换。“向远处奔去”象征着马薇珉的救国事业一直没有停止；“服装的变换”则象征着时间的变换（1919—1927 年）。]

[双画面]

马薇珉　（旁白）1927 年 2 月 12 日，星期五，天气多云。魏莱，我要告诉你一个好消息！今日我有幸被黄埔军校录取了！之前听闻黄埔军校要招女学员，我就开始打探消息，抓紧学习，以期被录取。没想到真能如愿。今日入学，领了军服，和男学员们一样，也是灰蓝色的，真气派。明天就要开始正式训练了，真期待！（手撑下巴，不自觉地微笑）

向魏莱　（环顾了一下周围，偷摸从桌洞里抽出日记本）黄埔军校？你好厉害！你在里面学些什么呢？

马薇珉　我被编入救护队了，隶属军医处。今天恽代英教官说，“办女子队阻力很大，国民党右派反对，封建势力拼命阻挠，守旧的人也不赞成。我们党下决心要在军校培训妇女骨干，毕业后参加领导中国妇女翻身解放的斗争。你们的责任重大，你们要努力呀！”他们越是反对女子入学，我便越要努力干出一番成就来！革命不只是男人的事，我们女子也可以轰轰烈烈地闹革命。

向魏莱　就是就是。我跟你说啊，我们现在女子也可以靠工作养活自己。偷偷告诉你，我妈妈的工资比我爸还高些呢！（偷笑）

马薇珉　（手轻轻拂过向魏莱写下的文字，顿了片刻，心生向往）魏莱，你能跟我讲讲你看见的中国吗？

向魏莱　现在啊，（语气稍稍拖长）我们的国家，有飞机，有大炮，有坦克，也有许许多多你想不到的高端军事武器，例如航空母舰、洲际导弹、量子通信卫星等。人民的生活也富裕了起来，我们顿顿能吃上肉，能买上自己喜欢的衣服鞋子，出门可以坐车，用手机可以相隔千里看到对方的影像。人民的生活真正富裕起来了，我们不再吃不饱穿不暖。谢谢你，马薇珉！

[转全屏]（视频插入新中国伟大成就画面）

[回到双画面]

[右画面]（下课铃响了）向魏莱肩膀被群演B拍了拍。

群演B　看什么呢？这么入迷？走走，下课了，跟我打双人成行去。

向魏莱　哦，好！（一下子回过神来，将日记本匆匆合上放入包里）

[向魏莱和群演B走出画面。]

[左画面]

马薇珉　（旁白）这就是我们连想也无法完全设想到的新中国啊！

[切为近代视角单画面]

[马薇珉坐在椅子上。]

[镜头逐渐拉近，将整个日记本放在屏幕之内。日记翻开新的一页。]

[视角再由日记本拉远，以马薇珉为拍摄主体。]

［近代画面］

马薇珉　（旁白加写字）1927 年 2 月 24 日，星期四，天气小雨。魏莱啊，我最近总觉得内心难安。国民党最近实在是太安静了，反倒让我感觉有什么事情会发生。

向魏莱　（画外音）你……加入了哪个党派？

马薇珉　中国共产党啊！

向魏莱　（画外音）（愣了两秒才开始说话）蒋介石会发动反革命政变，在四月十二日！你要……多加小心。

马薇珉　（愣住，良久之后才提笔回复）好的，谢谢你。（匆匆合上了日记本，把日记本藏在书本最下面，匆匆跑出画面）

［画面由亮转暗，又渐渐转亮。仍旧是近代画面］

［马薇珉与群演 A 的对手戏］马薇珉找了一个新的偏僻的藏身之处，以防备蒋介石反革命政变。

［马薇珉和群演 A 从偏僻的地方走出来，两者凑得极其近，好似在谋划些什么。］

马薇珉　（手遮住嘴巴，凑在群演耳边讲话）这里没人知道吧？

群演 A　（扬扬下巴）放心，不会查到这里来的。

马薇珉　嗯。

［两者左右张望了一下，相背而行离开］

向魏莱　（独白）在那很久之后，马薇珉都没有回复我。我不知道她有没有相信我，抑或是把这样的话放在心上。说实话，换作是我，我也会觉得这样的错位时空对话，是不是只是一场梦呢？但我也做不到揣着明白装糊涂。自从认识了马薇珉，那些革命者在我心中活了过来。那些为了革命牺牲的先烈们，也不再是书本上的一串串数字，他们好像有了具象的脸……

［转为现代］

［向魏莱写下日记日期：1927 年 2 月 28 日。该时间打在

屏幕右下角，最好为打字机特效。无须演员念出来。]

向魏莱 （写字加台词）你还好吗？

[向魏莱写下日记日期：1927 年 3 月 5 日]

向魏莱 马薇珉，你现在怎么样了？

[向魏莱写下日记日期：1927 年 3 月 8 日]

向魏莱 诶，有空回我一下啊！（焦急语气，拿着日记本踱步，时不时翻出来看看是否有回复，一直没有消息，边叹气边低头）

[1927 年 3 月 12 日]

[转为双画面]

马薇珉 抱歉，魏莱！太久没有回复你了，谢谢你的挂念。自从得到你的消息，我就没停下过。我将这个消息透露给周围的人，可惜，我只能告诉他们这是一种猜测。如果我说我跟 2023 年的人通信了，他们大抵只会觉得我是神志不清了。希望他们能从目前国民党的态度中看见一些端倪，好有准备地应对国民党的反动围剿。我已经找到了隐蔽的落脚之处，请不要为我担心。接下来可能会很忙，回复你可能会不太及时，请你担待。

向魏莱 你可算是回我了。你已经有应对方法了？那就好，那就好！一定要保重。如果可以的话，有空给我留一段话吧，几个字也好，好让我知道，你还安好。

马薇珉 好！（郑重承诺的语气）

[近代画面]

[1927 年 3 月 30 日]

马薇珉 最近的氛围太平静了，倒像是暴风雨前的宁静。

向魏莱 （台词独白）看完这句话，我的心不由自主地提了起来。很庆幸，自己可以为马薇珉提前预警，但也只能通过一个小小的日记本发出预警，让我产生了深深的无力感。看到马薇珉的留言，我甚至不知道如何去安慰她，于是，变成了她讲我听。

[1927年4月1日]

马薇珉　4月来了。

[1927年4月5日]

马薇珉　别担心。

[1927年4月10日]

马薇珉　今天我又去了那边一趟，很隐蔽。

[双画面]

[1927年4月11日]

向魏莱　记得跟我报平安！实在是忍不住了，明天就是四月十二了。

马薇珉　你终于舍得给我留言了？没事的，会没事的。

[播放四一二反革命政变影像资料]

[双画面]

[1927年4月12日]

马薇珉　你说得是对的！不过，还是有同志牺牲了……

向魏莱　别太自责，这不是你能左右的。如果可以的话，还是有空跟我讲讲话吧。保重！

马薇珉　好。

[近代画面]

[1927年4月14日]

马薇珉　魏莱，见字如晤！通过这几天的深思熟虑，我觉得此时不应苟且偷生。在党最需要我的时候，我更应该挺身而出。一日入党，便终身为共产党员。我作为救助队队员，更应该全力救治被迫害的同胞们、同志们。国共合作，是孙总理的三民主义。蒋介石等人反对共产党，破坏合作，就是对（三民）主义的背离。革命军校，不容背叛；同室操戈，相煎太急。人民还生活在水深火热之中，同志们还在用生命接续革命。我做不到，也不能够熟视无睹。如果一定要有人为此牺牲，我愿意做那朵落花，滋养革命的土壤。如果，我是说如果，我无缘看到那个伟大的新中国，那就请你做我的眼睛，帮我多看看那太平盛世。你看到这里的时候，我应该已经在救治伤员的途中了，祝你一切安好。有缘再见，魏莱！

[现代画面]

[向魏莱在睡梦中突然惊醒，连忙翻开日记本。看见这段话，眼泪滴在日记本上，呜咽之声不绝]

向魏莱（独白）我们都知道，这一次可能是真的诀别。但我们甚至都没来得及……好好道别。

[向魏莱在日记本上写到：如果还在，一定要记得，告诉我。]

（旁白：接下来的日子里，向魏莱心中惴惴不安，仍旧是日记本不离手，时不时拿出来看一眼，直到日记本的封面出现了几个血手印。）

[转双画面]

[这里作双人分屏处理，先是马薇珉的页面昏暗，有一只手从屏幕外探进来，用两个指尖，试图将日记本纳入怀中，无果，手无力垂下死去。然后向魏莱页面日记本出现手印。]

[剧终]

（该剧本由肖恬圆、毛瑞根据相关资料创编。）

➲ 案例评析

微电影也可以呈现大主题。材料 1 虽为微电影剧本，却展现了一幅宏阔的草原场景。在苍茫草原、肆虐狂风、冰天雪地背景下，老兵对新兵的关爱、军人为完成任务的牺牲和担当、牧民与人民子弟兵的鱼水情等，通过朴素的言行表达出来，反而更让人感受到久久萦绕心头的温暖和悸动。信仰的力量、军民的情谊，剧本中虽没有直白的语言呈现，却无时无刻不在表达和传递。

材料 2 是扬州大学思想政治教育专业学生在专业课程实践中根据相关资料创编而成的微电影剧本，学生同时将该剧本拍成了微电影，作为课程实践作业在课堂上进行展示，反响热烈。剧本通过一个日记本内容的“穿越”，再现了革命战争年代革命者坚定的理想信念和为了人民解放、民族复兴而抛头颅、洒热血的壮烈场景。通过两个角色过去和现在学习、生活的对照，也激励新时代青年担负起时代赋予的责任和使命。

鉴于微电影形式新颖、便于操作、易于传播、感染力强等特点，越来越成为常用的课程实践作业方式。红色主题微电影拍摄的过程，也是学习历史、感悟党的百年奋斗历程、颂扬新时代成就的过程。但同时也应该认识到，要拍摄一部高质量的微电影作品，既需要把握好主题、选择好剧本，更需要所有创编人员的共同努力。

……………………………………………………………………

四　参考选题

在这一部分，我们结合前文介绍的红色理论宣讲巡回展演实践具体形式，提供以下展演选题。同学们可根据前述的实践方法，在红色理论宣讲过程中结合以下选题开展巡回展演实践。

主题一：“红色经典咏流传”诗歌朗诵展演

诵读红色经典，传承红色精神。在中国共产党带领人民站起来、富起来、强起来的伟大征程中，形成了具有中国特色、反映中国精神的中国特色社会主义文化，红色文化则是其重要组成部分。通过红色经典诗歌朗诵，感悟中国共产党人和广大人民群众共同创造、蕴含着丰富革命精神和厚重历史内涵的红色文化，体悟红色精神在当代中国依然能熠熠生辉的永恒魅力。

主题二：“红色基因薪火相传”小品展演

小品是较短的关于说和演的艺术。以红色小品的形式进行情景演绎和主题实践，对演员的要求相对较低，只要语言清晰、形态自然，充分理解和表现所要表达的主题，就能够起到很好的展演效果。小品的剧本可以根据现有的经典剧本改编，也可以根据确定好的主题进行创编。无论是改编还是自编，都应该紧扣红色主题、传承红色基因。

主题三：“奋进新时代 青春献给党”歌舞展演

歌舞文艺演出的优点是形式活泼、感染力强、参与度高。通过歌唱、器乐演奏、舞蹈等多种形式，在充分展现中国共产党领导下新时代中国精神风貌的同时，能够引起观众的强烈共鸣。需要注意的是，歌舞曲目的选择和编排要避免单一化，在反映时代特点的同时要有所创新，如此才能给人以耳目一新的感觉。

主题四：“初心不忘 使命在肩”红色话剧展演

相较于小品，话剧这一实践展演形式对编剧、导演、演员、场务等都提出了更高的要求。因此，选择这一实践形式，不仅要选择好剧本，在演员的选择上也应该尽量符合角色设定。话剧的编排有较强的专业性，在实践中可以邀请专业人员进行指导。一出好的话剧，能够给观众留下深刻的印象，达到预期的展演目的和效果。

主题五:“青春永不负 梦想终启航”红色主题微电影展播

微视频和微电影是当前大学生喜闻乐见的实践方式。微视频的拍摄和剪辑往往比较大众化，而微电影的拍摄却需要团队合作共同完成。拍摄红色主题微电影，在提前确定好主题的同时，剧本、演员、摄像、剪辑等也需要有专人负责。虽然拍摄和制作流程相对复杂，但相较于传统的实践方式，高质量的微电影作品在网络平台的传播却能影响更多人，达到意想不到的宣传教育效果。

主要参考文献

一 著作

《马克思恩格斯全集》第 1 卷，人民出版社，1956。

《马克思恩格斯文集》第 1 卷，人民出版社，2009。

《毛泽东选集》第 1 卷，人民出版社，1991。

《毛泽东选集》第 2 卷，人民出版社，1991。

《毛泽东文集》第 2 卷，人民出版社，1993。

《毛泽东文集》第 8 卷，人民出版社，1999。

《毛泽东早期文稿》，湖南人民出版社，2013。

《毛泽东农村调查文集》，人民出版社，1982。

《毛泽东选集》第 3 卷，人民出版社，1991。

《毛泽东文集》第 3 卷，人民出版社，1999。

《毛泽东年谱（1949—1976）》第 2 卷，中央文献出版社，2013。

《毛泽东邓小平江泽民论教育》，中央文献出版社，2002。

《邓小平文选》第 1 卷，人民出版社，1994。

《邓小平文选》第 2 卷，人民出版社，1994。

《邓小平文选》第 3 卷，人民出版社，1993。

《江泽民文选》第 1 卷，人民出版社，2006。

江泽民:《论党的建设》，中央文献出版社，2001。

习近平:《高举中国特色社会主义伟大旗帜 为全面建设社会主义现代化国家而团结奋斗：在中国共产党第二十次全国代表大会上的报告》，人民出版社，2022。

《习近平谈治国理政》第 4 卷，外文出版社，2022。

习近平:《干在实处 走在前列——推进浙江新发展的思考与实践》，中共中央党校出版社，2006。

习近平:《之江新语》，浙江人民出版社，2007。

《习近平关于调查研究论述摘编》，党建读物出版社、中央文献出版社，2023。

《习近平书信选集》(第一卷)，中央文献出版社，2022。

习近平:《在“不忘初心、牢记使命”主题教育总结大会上的讲话》，人民出版社，2020。

中共中央党史和文献研究院、中央学习贯彻习近平新时代中国特色社会主义思想主题教育领导小组办公室编《习近平新时代中国特色社会主义思想专题摘编》，中央文献出版社、党建读物出版社，2023。

《中共中央关于党的百年奋斗重大成就和历史经验的决议》，人民出版社，2021。

中共中央文献研究室、中央档案馆编《建党以来重要文献选编》第 15 册，中央文献出版社，2011。

中共中央文献研究室:《建国以来重要文献选编》第 19 册，中央文献出版社，1998。

中共中央宣传部编《中国共产党宣传工作简史》(上、下卷)，人民出版社，2022。

中共中央党史和文献研究院编《马克思主义中国化一百年大事记(1921—2021 年)》，中央文献出版社，2022。

姜华宣等:《中国共产党重要会议纪事(1921-2006)》，中央文献出版社，2006。

薄一波:《若干重大决策与事件的回顾》(下)，中共党史出版社，2008。

《广州农民运动讲习所资料选编》，人民出版社，1987。

《苏区教育资料选编(1929-1934)》，江西人民出版社，1981。

夏征农、陈至立主编《辞海·第六版缩印本》，上海辞书出版社，2010。

《国家“十一五”时期文化发展规划纲要》，人民出版社，2006。

《社会学概论》编写组:《社会学概论》，人民出版社，2020。

郑杭生主编《社会学概论新修》，中国人民大学出版社，2013。

风笑天:《现代社会调查方法》，华中科技大学出版社，2009。

团中央学校部、全国学联秘书处编著《青春实践路“三下乡”社会实践活动指南》，电子工业出版社，2017。

陆士桢:《中国特色志愿服务概论》，新华出版社，2017。

《中国共产党思想政治教育史》编写组:《中国共产党思想政治教育史》，高等教育出版社，2018。

梁淑安:《话剧史话》，社会科学文献出版社，2011。

谷海慧:《中国百年话剧史稿》(现代卷)，黄会林主编，北京师范大学出版社，2009。

陕西省文化厅、陕西省戏剧家协会编《优秀小戏小品剧本选》，三秦出版社，2007。

上海市剧本创作中心、上海市戏剧家协会编《2019-2021长三角地区主题创作小戏小品剧本征集活动获奖作品选》，上海人民出版社，2022。

《红色旅游导游词选编》，中国旅游出版社，2006。

张国祚:《中国文化软实力发展报告2013》，北京大学出版社，2014。

二 期刊

习近平:《在二十届中央政治局第一次集体学习时的讲话》,《求是》2023 年第 2 期。

习近平:《思政课是落实立德树人根本任务的关键课程》,《求是》2020 年第 17 期。

习近平:《学习马克思主义基本理论是共产党人的必修课》,《求是》2019 年第 22 期。

习近平:《努力成为可堪大用能担重任的栋梁之才》,《求是》2022 年第 3 期。

孙晓云:《中央红军长征入甘考述》,《档案》2021 年第 8 期。

杨晔城:《释放鲁迅文化的时代活力——全国鲁迅博物馆(纪念馆)资源特性与融合发展初探》,《绍兴文理学院学报》(哲学社会科学)2017 年第 3 期。

刘欣:《人物类博物馆文创产品开发思路初探——以北京鲁迅博物馆为例》,《中国博物馆通讯》2016 年总第 350 期。

潘春玲:《新形势下高校志愿服务育人功能的作用机理及实现路径》,《思想教育研究》2021 年第 3 期。

张斯特:《中国青年志愿服务的发展历程及经验启示》,《高校辅导员学刊》2022 年第 4 期。

张萍、杨祖婵:《中国志愿服务事业的发展历程》,《当代中国史研究》2013 年第 3 期。

庞立生、王林:《毛泽东对新中国"教育与生产劳动相结合"的探索》,《湘潭大学学报》(哲学社会科学版)2022 年第 5 期。

中共湖北大学法律系 56 年级二支部试验田小组:《谈现场教学和课堂教学的辩证关系》,《政治与经济》1959 年第 4 期。

贾楠:《改革开放以来红色旅游发展的历史考察》,《当代中国史研究》2019年第4期。

黄郁萱、孙倩:《血洒南京雨花台的陈景星、石璞烈士》,《档案与建设》2020年第7期。

刘晓哲、魏巍:《充分运用红色资源的理论价值及实践价值》,《人民论坛》2022年第2期。

习近平:《在纪念周恩来同志诞辰120周年座谈会上的讲话》,《中国农业会计》2018年第3期。

宗郑礼:《南湖红船的故事》,《党的生活》(黑龙江)2019年第7期。

范国盛:《中国共产党早期干部教育研究》,华东师范大学博士学位论文,2020。

李坤:《中国共产党劳动教育政策的历史演变及基本经验研究》,吉林大学博士学位论文,2023。

文霞:《建国以来我国高校实践育人的理论与实践研究》,陕西师范大学硕士学位论文,2013。

洪晓畅:《新时代高校实践育人协同创新研究》,东北师范大学博士学位论文,2022。

熊若愚:《马克思主义在中国的传播研究述要》,《重庆社会科学》2021年第4期。

柳建辉、潘鹏:《十一届三中全会以来〈论十大关系〉研究述要》,《党的文献》2007年第3期。

过勇、白本锋、赵璞:《建设博士生讲师团 开展朋辈宣讲和浸润教育》,《北京教育》(德育)2018年第3期。

三 报纸

习近平:《在北京大学师生座谈会上的讲话》,《人民日报》2018年5

月3日。

习近平:《推动全党学习和掌握历史唯物主义 更好认识规律更加能动地推进工作》,《人民日报》2016年12月5日。

习近平:《深刻感悟和把握马克思主义真理力量 谱写新时代中国特色社会主义新篇章》,《人民日报》2018年4月25日。

习近平:《在纪念马克思诞辰200周年大会上的讲话》,《人民日报》2018年5月5日。

《习近平在十九届中央纪委五次全会上发表重要讲话强调 充分发挥全面从严治党引领保障作用 确保“十四五”时期目标任务落到实处》,《人民日报》2021年1月23日。

《习近平在中国政法大学考察》,《人民日报》2017年5月4日。

习近平:《在庆祝中国共产主义青年团成立100周年大会上的讲话》,《人民日报》2022年5月11日。

何长工:《井冈功业铭千载——回顾毛泽东同志开辟和坚持井冈山革命道路的伟大实践》,《人民日报》1981年6月12日。

荣毅仁:《坚持把实践作为检验真理的唯一标准》,《人民日报》1992年6月15日。

《人与自然和谐发展,浙江安吉——一泓清水入太湖》,《人民日报》2004年5月13日。

《坚定不移走中国特色社会主义伟大道路(社论)——热烈祝贺中国共产党第十七次全国代表大会开幕》,《人民日报》2007年10月15日。

周振国、王菲:《马克思主义中国化第二次飞跃的新境界》,《人民日报》2009年12月9日。

《科学发展观的提出》,《光明日报》2010年1月9日。

白钢:《把握不易、变易、简易“三大原则”从中华优秀传统中汲取智慧养分(势所必然)》,《人民日报》2017年9月24日。

《决胜全面建成小康社会 夺取新时代中国特色社会主义伟大胜利——

习近平同志代表第十八届中央委员会向大会作的报告摘登》,《人民日报》2017 年 10 月 19 日。

《习近平在党史学习教育动员大会上强调 学党史悟思想办实事开新局以优异成绩迎接建党一百周年》,《人民日报》2021 年 2 月 21 日。

习近平:《在庆祝中国共产党成立 100 周年大会上的讲话(2021 年 7 月 1 日)》,《人民日报》2021 年 7 月 2 日。

姜辉:《马克思主义中国化新的飞跃(深入学习贯彻党的十九届六中全会精神)》,《人民日报》2022 年 3 月 24 日。

《一条文昌路见证沧桑巨变》,《扬州日报》2021 年 7 月 1 日。

《今天的连环画依然老少咸宜》,《光明日报》2023 年 7 月 7 日。

《经济日报携手京东发布数据——红色文创前景广阔》,《经济日报》2022 年 7 月 2 日。

《文创产业,增添城市发展新活力(国际视点)》,《人民日报》2021 年 7 月 27 日。

《飞越岭下"红军花"开》,《雅安日报》2021 年 4 月 3 日。

《以小见大讲述国家百年历史巨变》,《中国新闻出版广电报》2021 年 7 月 21 日。

《依托馆藏资源 让红色文创"火"起来》,《中国出版传媒商报》2021 年 9 月 24 日。

《中央印发〈关于在全党大兴调查研究的工作方案〉》,《人民日报》2023 年 3 月 20 日。

《习近平在全国教育大会上强调:坚持中国特色社会主义教育发展道路 培养德智体美劳全面发展的社会主义建设者和接班人》,《人民日报》2018 年 9 月 11 日。

李芍毅:《把大道理讲成小故事》,《中国青年报》2023 年 5 月 25 日。

伊日桂等:《让红色基因代代相传》,《中国旅游报》2022 年 7 月 1 日。

四 网络资源

中国军网,《“年画战”：八路军与日寇之间一场特殊的文化战》，http://www.81.cn/js_208592/jdt_208593/10132227.html。

《关于实施革命文物保护利用工程（2018—2022年）的意见》，https://www.gov.cn/zhengce/2018-07/29/content_5310268.htm。

中国小康网,《红色文化产品如何成爆款？——独家解密“一大文创”背后的故事》，https://baijiahao.baidu.com/s?id=1735056074640230762&wfr=spider&for=pc。

广西师范大学出版社官网,《曾祖父心中的歌——没有共产党就没有新中国》，http://www.bbtpress.com/bookview/1408.html。

中国国家博物馆官网,《刘毅长征途中采的野菜》，http://www.chnmuseum.cn/zp/zpml/gmww/202112/t20211207_252701_wap.shtml。

杭州图书馆公众号,《赠书｜请安静下来，聆听曾祖父心中的歌》，https://mp.weixin.qq.com/s?__biz。

陈晋:《周恩来一生六件大事树立永远的政治楷模》，http://dangshi.people.com.cn/n1/2018/0305/c85037-29847969.html。

《见字如面！南京雨花英烈家书 字字句句家国情》，http://js.people.com.cn/n2/2021/0416/c360300-34677835.html。

后 记

成功始于对梦想的追求，欣慰源于对硕果的见证。自“红色理论宣讲”社会实践课在扬州大学本科生中开设以来，以扬州大学马克思主义学院院长胡立法教授为首席专家的红色理论宣讲实践教学团队念兹在兹的一件重要事情，就是把多年来教学团队在开设“红色理论宣讲”社会实践课过程中不断探索与实践的宝贵经验以教材的形式呈现出来，从而在便于后期的日常教学的同时助益于社会各界对本课程的了解与借鉴。可以说，这个夙愿始终是推动以胡立法教授为首席专家的红色理论宣讲教学团队不懈探索、呕心沥血、踔厉奋发和勇毅前行的深层动力。

令人欣喜的是，在胡立法教授的谋篇布局和全面指导下，在全体教学团队人员的共同努力下，“红色理论宣讲”社会实践课教程的编写任务终于如期完成。全书由胡立法教授提出整体写作构想并作总体框架设计，各章具体写作分工为：徐俊负责导论、后记的写作并承担全书的统稿和校对；平成涛负责“实践项目一 经典研学”的写作；王雪婷负责“实践项目三 文创产品”的写作；周申倡负责“实践项目二 专题报告”和“实践项目四 调查研究”的写作；崔慧丽负责“实践项目五 实地讲解”的写作；梁坤负责“实践项目六 志愿服务”的写作；杨绍琼负责“实践项目七巡回展演”的写作。

在本书即将付梓之际，一要特别感谢扬州大学马克思主义学院历届党政领导班子在领导和组织大学生红色理论宣讲团社会实践过程中所探索和累积的第一手红色理论宣讲资料与经验，没有他们的先锋性和基础性探索和实践，本书构思的灵感与写作的推进都将缺乏坚实的根基；二要特别感谢本书在写作过程中借鉴和参考的所有文献的作者，没有他们提供的学术观点和思想启迪，我们完成本书写作的难度将加大；三要特别感谢为本书写作、发表和出版提供支持的人们，尤其是要特别感谢社会科学文献出版社生态文明分社任文武社长为本书的出版所付出的辛勤劳动。同时，由于受水平、时间、资料以及实践教学探索经验所限，本书难免存在不当之处，敬请各位专家、学者、读者和同学批评指正。

图书在版编目(CIP)数据

红色理论宣讲实践教程 / 胡立法主编. -- 北京：社会科学文献出版社, 2024.5

ISBN 978-7-5228-3668-3

Ⅰ. ①红… Ⅱ. ①胡… Ⅲ. ①中国共产党 - 宣传工作 - 学习参考资料 Ⅳ. ①D261.5

中国国家版本馆CIP数据核字（2024）第098862号

红色理论宣讲实践教程

主　　编 / 胡立法
副 主 编 / 徐　俊

出 版 人 / 冀祥德
组稿编辑 / 任文武
责任编辑 / 丁　凡
责任印制 / 王京美

出　　版 / 社会科学文献出版社 · 生态文明分社（010）59367143
地址：北京市北三环中路甲29号院华龙大厦　邮编：100029
网址：www.ssap.com.cn
发　　行 / 社会科学文献出版社（010）59367028
印　　装 / 三河市尚艺印装有限公司

规　　格 / 开　本：787mm×1092mm 1/16
印　张：28　字　数：388 千字
版　　次 / 2024年5月第1版　2024年5月第1次印刷
书　　号 / ISBN 978-7-5228-3668-3
定　　价 / 98.00元

读者服务电话：4008918866